야망계급론

야망계급론

The Sum of Small Things

엘리자베스 커리드핼킷 지음
유강은 옮김

하나하나 손으로 잘 익은 열매만 선별 수확해 빈티지 로스터기로 볶은 스페셜티 커피	$ 1.50
샌타모니카 루이스네 뒷마당에서 자란 살구	$ 61.99
독일 척추건강협회가 인증한, 안정적인 고관절 발달과 척추 건강에 좋은 아기띠	$ 199.00
부티크 주인이 아일랜드에서 직접 골라온 회색 캐시미어 스웨터	$ 200.00
로컬 생산자 협력 레스토랑에서 가족모임	$ 895.44
아름다운 자세를 위한 필라테스 수강료	$ 340.00
《뉴요커》 〈이코노미스트〉 신문/잡지 구독료	$ 53.00
주 2회 가사도우미와 주 5일 베이비시터 급여	$ 4,720.00
첫째 아들 하키 수강료	$ 450.00
환경단체 후원금	$ 50.00
연금 저축	$ 1,700.00

A Theory of the Aspirational Class

9 791168 730960   03300

비과시적 소비의 부상과
새로운 계급의 탄생

오월의봄

올리버. 에즈라. 리처드.
내 모든 것의 총합인 그들에게.

차례

일러두기

1. 본문의 주는 모두 저자의 것이다.
2. 독자의 이해를 돕기 위해 옮긴이가 덧붙인 내용은 '[ ]'로 묶어 표시했다.
3. 본문에 언급되는 도서 중 한국어판이 있는 경우에는 번역 출간된 제목을 쓰고 원제를 생략했다.

유한계급의 침식,
야망계급의 등장

수세공 은수저라는 이유로 시장에서 10~20달러에 판매되지
만 수저 자체의 원래 용도를 감안해본다면 그것의 실용성이
일반적으로 기계로 만든 은수저보다 크지는 않을 것이다. 어
쩌면 그 숟가락은 실용성이 더 떨어질지도 모른다. …… 값비
싼 수저는 그것의 유일한 주요 용도는 아닐지라도 우리의 취
미와 미적 감각을 만족시킨다. …… 수세공 수저의 재료는 하
급 금속에 비해 표면의 결이나 색깔도 대단히 탁월하지 않고
실용성도 월등하지 않지만 100배나 비싼 값을 받는다.

― 소스타인 베블런,《유한계급론》(1899)

1920년대 영국 케임브리지에서 뮤리얼 브리스틀은 여름
오후에 열리는 티파티에 참석했다. 많은 교수와 교수 부인들

이 참석한 파티였다. 바로 이날, 파티를 연 주인은 브리스틀에 게 차를 따르고 그다음에 우유를 부어주었다. 브리스틀은 언짢은 기색으로 자신은 "우유 먼저" 따르는 걸 좋아한다고 말했다. 그렇게 따라야 차 맛이 더 좋다는 것이었다. 참석자들이 갸우뚱하며 반발했지만, 브리스틀은 맛의 차이를 구분할 수 있다고 주장했다. 그 자리에 있던 한 사람, 훗날 《실험의 설계The Design of Experiments》라는 유명한 책으로 현대 통계학의 대부이자 '피셔 경'이 되는 인물인 로널드 에일머 피셔는 아이디어를 하나 내놓았다. 홍차를 8잔 만드는데 4잔은 "우유 먼저" 따르고, 4잔은 차를 먼저 따라서 브리스틀 부인이 정확하게 구분하면 그의 주장이 옳은 걸로 하자는 것이었다(우연히 맞힐 확률은 70분의 1이었다). 다른 모든 참석자와 마찬가지로 피셔도 브리스틀이 실패할 것이라고 믿었다. 다시 말해, 사람들은 차 맛에 차이가 난다는 브리스틀의 믿음이 실제가 아니라 그릇된 미학과 취미감각에 근거한 것이라고 생각했다. 결과적으로 브리스틀은 8잔 전부에 대해 차와 우유의 순서를 정확히 맞혔다.

통계학과 현대 과학을 바꾼 피셔의 실험은(이 실험은 '귀무가설null hypothesis' 검증의 기초가 되었다)* 차를 마시는 방법이 사회적 지위 및 그것과 연관된 미학과 깊숙이 연결되지 않았더라면 불가능했을 것이다. 우유를 먼저 넣는지 나중에 넣는지는 빅토리아 시대 이래 사회적 지위를 보여주는 표지였다. 이 선택은 한 사람의 계급적 지위를 함축했다.

실제로 이 차이는 사용하는 식기의 재료 때문에 발생했다.

야망계급론

빅토리아시대에 품질이 떨어지는 찻잔을 만드는 데 사용된 재료는 뜨거운 차를 부으면 금이 가는 일이 잦았다. 우유를 먼저 부어야 찻잔이 망가지지 않았던 것이다. 하지만 돈 많은 사람들은 뜨거운 차를 곧바로 부어도 되는 고급 자기를 살 수 있었기 때문에 우유를 나중에 넣는 것은 높은 경제적 지위를 보여주는 표지가 되었다.[1] 우유와 차의 순서는 실용적인 문제였지만 취향보다는 계급이 드러났다. 어쨌든 고급 자기를 가진 이들은 이런 사치를 보여주기 위해 우유를 나중에 넣곤 했다. 그 시대[1903년에서 1930년 사이.—옮긴이]를 배경으로 하는 유명한 영국 드라마 〈업스테어스, 다운스테어스Upstairs, Downstairs〉에서 집사는 이렇게 말한다. "아래층 사람들은 우유를 먼저 넣는 반면, 위층 사람들은 우유를 나중에 넣습니다."

현대에 접어들어 거의 모든 식기가 뜨거운 차를 바로 부어도 끄떡없을 만큼 품질이 좋아졌는데도 우유를 먼저 붓는 것은 여전히 사회적 계급의 표지로 남았다. 20세기 영국 소설가 낸시 밋퍼드는 하층계급을 묘사하기 위해 '우유 먼저M.I.F.'[milk in first

---

* 오늘날 '차 맛을 알아보는 부인 실험'은 최초의 통계실험 가운데 하나이자 통계학자들이 '귀무가설'이라고 부르는 가설, 즉 두 가지 이상의 관찰된 현상— 이 경우에는 홍차를 타는 방식을 판단하는 부인의 능력과 실제로 우유를 먼저 넣는지 나중에 넣는지 여부—이 서로 관련이 없다는 주장의 토대이다. 피셔의 실험에서 귀무가설(부인이 차 타는 방식을 알 수 없다는 가설)은 부정되었다(실제로 부인이 맞혔기 때문에). 나는 데이비드 샐즈버그David Salsburg가 2002년에 쓴 《차 맛을 알아보는 부인: 20세기에 통계학은 어떻게 과학을 변혁했는가The Lady Tasting Tea: How Statistics Revolutionized Science in the 20th Century》에서 이 이야기와 피셔의 정식화를 처음 접했다.

의 약어. ─ 옮긴이]라는 용어를 사용했고, 이런 절묘한 표현은 지금도 대중미디어에서 노동계급이나 세련된 사교술을 갖추지 못한 이들을 묘사하는 데 풍자적으로 사용된다. 오늘날 유명한 영국의 홍차 브랜드 포트넘앤메이슨은 이 선택을 "까다로운 문제"라고 규정하면서 자사 웹사이트에 글 한 편을 할애해 차 마시는 법을 설명하고 있다.

이토록 평범한, 언뜻 무해해 보이고 별로 중요하지도 않은 것 같은 선택이 어떻게 계급을 보여주는 표지로까지 증폭될 수 있었을까? 오랜 세월에 걸쳐 겉으로는 실용적인 것처럼 보이는 문제들이 지위의 상징으로 발전했다. 빅토리아시대 잉글랜드에서는 응접실에 약을 진열해놓는 것이 의사의 진찰을 받고 약을 살 수 있음을 보여주는 표지였다. 프랑스혁명 전 파리에서는 양초가 비싸고 귀했기 때문에 램프(나중에는 전기) 사용이 한층 대중화된 뒤에도 저녁 식사시간에 양초를 밝히는 것이 취향과 교양을 보여주는 표지로 남았다.[2] 종이 냅킨을 써도 충분한데(게다가 세탁을 하는 번거로움도 없는데) 천 냅킨을 쓰는 것도 마찬가지다.

우리가 하는 모든 행동에는 사회적 의미가 담겨 있다. 우리의 어린 시절, 가정생활, 소득계층 및 우리가 속한 사회적 집단은 어떻게 살아야 하고 세상과 어떻게 상호작용해야 하는지를 이런저런 방식으로 가르쳐준다. 우리는 좋든 싫든 간에 행동과 물질적 재화 둘 다를 통해 사회경제적 지위를 드러낸다. 유명한 사회학자 피에르 부르디외Pierre Bourdieu가 《구별짓기》에서 관찰한 것처럼 지위는 평범한 문화적 형식과 표지에서, 그리고 가장 근

야망계급론

본적으로 우리가 살아가는 방식에서 나타난다.

우리는 언제나 지위 문제에 사로잡혔다. 나 이전에도 많은 이가 여기에 주목했는데, 영국의 위대한 인류학자 메리 더글러스Mary Douglas가 가장 뛰어나게 관찰했을 테고, 최근에는 대니얼 밀러Daniel Miller의 《소비와 그 결과Consumption and Its Consequences》가 돋보인다. 우리가 어떤 물건을 손에 넣고 그것을 어떻게 사용하는지는 종종 우리의 지위를 세상에 보여준다. 여기에는 분명하게 비싼 물건들이 있다―잘사는 동네의 저택, 스포츠카, 고급 자기, 고가 시계 등이다. 매너 또한 가정교육과 일정한 생활 방식을 보여준다―이메일 대신 짧은 손편지를 쓰는 것, 식사를 마치고 숟가락과 포크를 내려놓는 방식, 사랑하는 이에게 꽃다발을 보내는 것 등등. 이런 행동들은 거의 모두 사회적 지위를 보여주며, 가시적인 재화 및 그것을 특정한 방식으로 사용하는 방법에 의존한다. 더글러스가 《재화들의 세계The World of Goods》에서 말한 것처럼, "재화는 하드웨어인 동시에 소프트웨어, 즉 하나의 정보체계다. …… 신체적 욕구를 관장하는 재화―식품과 음료―는 발레나 시 못지않은 의미의 매개체다".[3]

따라서 지위재goods for status 소비를 가볍거나 단순한 문제로 보아서는 안 된다. 소비는 개인으로서, 그리고 사회집단(구성원과 외부자로, 때로는 동시에 둘 다로)으로서 우리가 우리 자신을 어떻게 규정하는지에 관한 판단의 일부다. 우리는 우리의 재화 소비를 인간이 이루는 사회체제의 복잡한 일부로 볼 필요가 있다. 우리의 노동이나 가족 구조가 우리의 정체성을 형성하는 것처럼, 우리가 구매하는 물건과 우리가 배우는 행동규범 또한 마찬가지다. 우리는 소비를 단순히 눈에 보이는 것보다 훨씬 더 깊숙한 의미에서 어떤 신호를 보내는 표지로 보아야 한다.[4]

유한계급론

사회비평가이자 경제학자인 소스타인 베블런만큼 소비의 사회적 의미를 포착하고 명쾌하게 설명한 이는 없을 것이다. 1800년대 말 출간된 《유한계급론》은 물질적 재화와 지위의 관계를 정밀하게 표현하며 논쟁을 불러일으켰고, 지금까지도 고전으로 전해지는 명저다. 도금시대의 정점이자 산업혁명이 승리를 거둔 직후에 출간된 베블런의 저작은 그가 살던 시대를 고스란히 반영한 표지였다. 베블런은 이윤 및 자본주의의 부에 따라 나란히 등장한 소비와 낭비를 조롱하며 혁신주의시대의 지도적 사상가이자 인기 있는 비평가가 되었다. 그는 사람들이 자신의 지위를 드러내는 데 특정한 재화를 사용한다는 '과시적 소비conspicuous consumption' 개념으로 가장 유명하다. 베블런의 비판 중 많은 부분은 쓸모없고 기능적이지 않은 품목들인 물질적 재화를 통해 사회적·경제적 지위를 헛되이, 끊임없이 과시하는 부유하고 게으른 집단으로서 '유한계급leisure class'을 겨냥한 것이었다.*

베블런의 이론은 격렬한 반발에 맞닥뜨렸다 — 한 사회계층 전체를 쓸모없고 피상적이라고 비방하면서 그들이 사회적 지위와 그것을 드러내는 신호에만 거의 전적으로 반응한다고 비난했기 때문이다. H. L. 멩켄H. L. Mencken은 이렇게 대꾸했다. "내가 좋은 목욕을 즐기는 게 존 스미스가 그럴 여력이 없다는 걸 알기 때문인가, 아니면 깨끗한 걸 좋아하기 때문인가? 내가 베토벤 5번 교향곡을 찬미하는 게 국회의원과 감리교 신도들이 그 음악을 이해하지 못하기 때문인가, 아니면 정말로 음악을 사랑하기 때문인가? 내가 예쁜 여자와의 키스를 좋아하는 게 수위도 청소부와 키스할 수 있기 때문인가, 아니면 예쁜 여자가 외모도 낫고 좋은 향기가 나며 키스도 잘하기 때문인가?"[5]

《유한계급론》은 사회 상층계급을 신랄하게 비판하며 사람들이 돈의 효용을 극대화하기 위해 지출한다는 생각의 기반을 이루는 정통파 경제이론에 이의를 제기했다.[6] 베블런은 우리가 어떻게 돈을 쓰는지에 관한 전통적 통념에 맞서면서 모방과 흉내가 소비 습관의 동기이며, 이러한 소비 습관의 대부분은 비합리적이고 낭비적이라고 주장했다. 베블런이 유한계급의 과시적 소비를 드러내고자 언급한 유명한 사례는 수세공 은수저의 사용이다. 다른 재료나 기계로 만든 숟가락도 충분히 괜찮고 값비싼 수저와 그 기능이 전혀 다를 바 없지만, 수세공 은수저는 쓰는 사람이 특정한 사회적 지위에 속한다는 걸 보여준다. 베블런은 또한 쓸데없이 지팡이를 사용하거나(손을 써서 노동할 필요가

---

* 베블런은 사회의 모든 계층에서 지위 모방이 벌어진다고 항상 신중하게 지적했지만, 가장 비판한 것은 유한계급이다.

없는 남자임을 함의한다) 코르셋을 입는 것(꽤 답답하기 때문에 노동할 수 없는 여자임을 함의한다)을 헐뜯으며 관찰했다. 유한계급에 속하는 이들만이 그런 물건을 손에 넣고 실제로 사용할 수 있었다. 이런 구체적인 비판으로 베블런은 유명해지고 악명을 떨쳤다―그리고 100여 년이 지난 지금까지도 그 명성이 유효하다.*《유한계급론》은 지난 2세기 동안 쓰인 경제사상에 관한 책들 중에서도 여전히 매우 중요한 책으로 손꼽힌다.**

베블런은 과시적 소비 비판으로 가장 유명하지만, 지위에 관한 그의 연구는 일반적으로 축약되는 내용보다 한층 더 복잡하고 심층적이다.*** 베블런이 제시한 가장 중요한 명제는 현대사회를 이해하는 핵심에 사회적 구분과 계층화의 인식이 자리

---

* 20세기의 위대한 공공 지식인 존 케네스 갤브레이스John Kenneth Galbraith가 베블런에 관해 말한 것처럼, 그는 자신이 쓴 글대로 실천했다. 베블런의 집은 돼지우리 같았고, 침대는 지저분했으며, 동료 대부분이 기독교와 신학을 추종하던 시대에 그는 무신론자였다. 베블런은 당대 사람들과 전혀 어울리지 않았다. 유명한 경제학자 T. W. 허친슨T. W. Hutchinson은 1957년《리스너The Listener》에 쓴 글에서 베블런을 "경제학계의 이단자"라고 칭하면서도 그가 인간의 조건을 규정하는 사회적·경제적 문제를 연구하고 이해한 "미국의 으뜸가는 예언자에 가깝다"고 말했다.

** 갤브레이스는 19세기 경제학자가 쓴 저서들 가운데 지금까지 사람들이 읽는 유일한 책은《유한계급론》이라고 언급했다.

*** 지위에 관한 베블런의 관심은 여성의 종속에서부터 모든 사회가 여전히 부족적(따라서 야만적)이라는 주장, 지위의 경계를 표시하는 습관과 사물에 관한 연구에 이르기까지 수많은 다른 핵심적 개념들에 초점을 맞췄다. 그가 관심을 기울인 지위 구분 개념은 아마 현대사회에 가장 비판적일 것이다. 특히 과시적 유한(교육, 지성주의, 스포츠활동)과 돈과 무관한 습관(에티켓과 매너), 과시적 낭비(불필요한 하인 고용이나 콰키우틀족의 담요 태우기 같은), 그리고 물론 과시적 소비 등의 연구가 그러하다.

한다는 것이다. 한 사람의 사회적 지위는 그가 세계에 기여하는 어떤 가치나 유용함보다 더 중요하게 여겨진다. 아이러니하게도, (소비, 유한, 돈과 무관한 습관 등을 통해) 높은 사회적 지위를 드러내는 것은 종종 재화와 활동의 **쓸모없음**을 통해서였다. 베블런은 또한 '과시적 유한(여가)' ─ 옥스퍼드에서 고전 읽기, 해외여행, 스포츠 및 비기능적인 일에 시간을 쓰기, 그리고 '과시적 낭비' ─ 과 집 안팎에 쓸데없이 노동자나 하인을 두는 등의 현실을 관찰했다. 특별한 생산적 목적이 없는 일에 시간을 쓰는 것은 상층계급에게만 가능한 선택이었다. 누군가 가진 재화 자체의 효용 부재, 즉 쓸모없음은 지위를 보여주는 가장 두드러진 표지였다. 베블런의 세계관에서 은수저, 그리고 지팡이나 코르셋을 통해 사용 안 함을 신호하는 것은 겉모습이 실제 행복이나 편안함보다 더 중요하다는 것을 시사했다. 카를 마르크스처럼 베블런도 경제를 당대의 사회적 현실의 지배적인 일부로 보았다.[7] 그는 경제가 제공하는 기본적인 구조적 틀 안에서 모든 사회가 등장하고 형성되고 상호작용한다고 믿었다. 따라서 우리가 소비하는 것, 우리가 소비하기 위해 경제적 수단으로 가진 것, 다른 이들이 우리의 소비를 보는 것에 따라 사회 안에서 우리가 차지하는 자리가 결정되었다.

그로부터 100여 년이 지난 지금도 과시적 소비라는 용어는 여전히 이런 특정한 유형의 경제적·사회적 행동을 포착하는 데 사용된다. 하지만 베블런의 시대 이래 사회와 경제는 극적으로 바뀌었고, 이에 따라 사회적 지위를 드러내기 위한 새로운 형태의 소비와 행동이 등장했다. 베블런이 《유한계급론》을 쓰고 한 세기 뒤, 기술의 대대적인 변화와 세계화는 우리가 일하고 생활하고 소비하는 방식을 바꾸었다. 산업혁명과 제조업의 발전은 중간계급[이 책 전체에서 저자는 '중간계급'을 중위 소득집단의 의미로 사용한다.—옮긴이]을 창출하고 물질적 재화의 비용을 낮추어 과시적 소비가 보편화되는 결과를 가져왔다. 이와 동시에, 유한계급은 새로운 엘리트로 대체되었다. 이 엘리트는 능력주의 및 지식과 문화의 습득에 바탕을 두며, 예전에 비해 경제적 지위로 뚜렷하게 정의되지 않는다. 이 새로운 집단과 더불어 일련의 새로운 규범과 가치가 나타났다. 그들은 더 오랜 시간 일하며, 그들의 능력주의와 문화적 가치는 대체로 생득권보다 더 소중히 여겨진다. 현대자본주의는 물질적 소비의 수문을 개방하는 동시에 불평등을 심화했다.* 하지만 계급 간 격차는 사람들이 가진 물건만으로 간단하게 정의되지 않는다. 이런 변화는 노동과 여가의 관계, 소비 방식, 소비가 지위와 연결되는 방식 등을 뒤바꾸고 있다. 대니얼 부어스틴Daniel Boorstin의 말을 인용하자면, 언뜻 "사치의 민주화"가 이루어진 듯 보이는 21세기는 과거 어느 때보다도 심각한 사회경제적 불평등을 겪고 있으며 엘리트층과 그 밖의 사람들 사이의 거리는 더욱 멀어졌다.

사회와 경제에서 벌어지는 이런 온갖 다양한 변화는 21세

---

* 자본주의는 잉글랜드 귀족층과 농업 생산자들 사이에 긴장이 조성된 14세기까지 거슬러올라가지만, 일명 상업자본주의인 현대자본주의는 16~18세기 잉글랜드로 그 기원을 추적할 수 있다.

기의 지위 획득과 소비의 의미에 영향을 미치며 이를 변화시키고 있다. 오늘날 소비는 어떤 모습이며, 지난 수십 년간 소비는 어떻게 바뀌었는가? 우리의 성별, 인종, 직업, 거주지 등은 우리가 무엇을 소비하는지에 어떤 영향을 미치는가? 오늘날 누구나 비교적 공평하게 물질적 재화를 획득할 수 있다면, 부유한 엘리트들은 자신들의 지위를 어떻게 유지하는가? 만약 베블런이 21세기에 발을 들여놓는다면 뭐라고 말할까? 이 책은 이런 변화들, 그리고 이 변화들이 우리가 돈과 시간을 쓰는 데, 이런저런 방법으로 우리의 지위를 드러내는 데 어떤 영향을 미치고 있는지를 다룬다.

그럼 우선 지위라는 것이 어떻게 인간 문명에서 항상 중심을 차지했는지 살펴보도록 하자.

과시적 소비의 기나긴 역사

과시적 소비는 참으로 자본주의적인, 산업혁명 이후의 스펙터클처럼 느껴지지만, 사실 인간은 인류 문명이 시작된 이래 계속해서 지위 전쟁을 벌였다. 베블런은 20세기 전환기에 자신이 관찰한 많은 현상이 이미 선사시대부터 나타난 것이라고 주장했다.**

** 예를 들어, 그는 모든 사회적 위계가 단순히 계급이 아닌 사회적 다원주의나 약탈적 행동과 많은 관계가 있다고 보았다.

고대로마 사회에 관한 앤드루 월리스해드릴Andrew Wallace-Hadrill
의 연구를 보면, 서기 79년보다 한참 전부터 과시적 소비가 넘쳐
났음을 알 수 있다. 평면스크린 텔레비전과 저금리 할부 자동차
가 등장하며 현재의 계급 구분선을 흐릿하게 만들기 수천 년 전
에도 부유하지 못한 이들은 상층계급을 모방했다. 초기 폼페이
와 헤르쿨라네움 주택에 관한 고고학 연구에서 월리스해드릴은
"가장 거대한 주택에서 발견되는 것과 똑같은 지위 표지가 조
금 드물기는 해도 상당히 작은 집에서도 발견된다"고 말했다.[8]
예를 들어, 부유층은 집에 아주 기본적인 지위의 상징인 장식물
을 진열했는데, 공간이나 재력이 부족한 빈곤층도 이를 흉내냈
다는 것이다. 이후 로마제국시대에 이르러 로마가 부유하고 강
력해짐에 따라 장식물 유행은 확대되고 보편화되었다. 부유층
을 열망하는 평민들은 그들의 관습을 더욱 의식적으로 흉내냈
다. 그러나 하층계급이 여러 형태의 장식물을 손에 넣게 되자 엘
리트들과 서민이 진열하는 장식물 사이의 품질 차이가 급격히
커졌다고 월리스해드릴은 말한다. 엘리트들이 자신들의 지위를
확인하는 방편으로 희귀 재료나 독특한 기법을 활용한 장식물
을 선호했다는 것이다. 이는 더 이상 과시적 재화 자체만으로는
지위를 보여주지 못했기 때문이다. 예를 들어 모자이크는 구성
하기가 어렵고 모조품을 만들기도 불가능하며, 제대로 된 기술
과 재료가 없으면 애초에 만들기도 힘들었기 때문에 엘리트 지
위를 상징하는 드문 표지로 남았다. 빅토리아시대 잉글랜드의
상층계급 주택에 돌출식 창bay window과 스테인드글라스 같은 유

리창이 사용된 것도 희소성을 활용해서 지위를 드러낸 사례다.[9] 이런 상층계급 주택들은 잉글랜드의 웅장한 귀족 저택에서 볼 수 있는 건축 미학을 차용한 것이었다.

지위를 나타내고 모방하기 위해 장식물을 사용하는 관행은 17세기 유럽 전역에서 지속되었다. 네덜란드 제국 시절, 델프트에 사는 가구의 3분의 2는 회화작품을 한 점 이상 소유했다─엘리트들만이 소유하던 회화작품을 부유층이 아닌 사람들도 따라하며 구매했기 때문이다. 혁명 전 프랑스에서 중간계급은 궁전의 태피스트리와 비슷하게 고안된 벽지,[10] 대리석과 비슷해 보이는 스투코stucco, 감쪽같이 금 같은 자기 등을 사용해서 귀족을 모방했다. 벽에 나선형의 가짜 책장을 설치해 장서가 행세를 하기도 했다.[11] 여자들은 왕족과 가까워지려는 노력의 일환으로 마리 앙투아네트의 머리 모양을 흉내냈다.[12] 거의 한 세기 뒤에도 빅토리아시대 잉글랜드 궁정 사람들이 신던 실크 스타킹을 노동계급이 소모사 스타킹의 형태로 순식간에 따라 신었다─이번에도 역시 재료는 저렴하지만 똑같은 효과를 발휘했다.[13]

이 모든 사례는 의심의 여지 없이 열망에 기반한 흉내를 보여준다─엘리트들이 사용하는 제품을 낮은 품질로 베껴 만들어서 지위를 과시하고자 하는 것이다. 오늘날의 사례와 마찬가지로 이런 역사적 사례에서도, 짝퉁 루이비통이든 가짜 원목 마루든 간에, 육안으로 그 차이를 식별하기가 쉽지 않다. 서기 79년 누군가의 관찰은 베블런의 시대나 오늘날과 마찬가지로 여전히 사실이다. 윌리스해드릴은 "물론 호화스러운 엘리트층 주택과 평민들의 소박한 열망 사이에는 거대한 심연이 놓여 있다"고 말했다. "하지만 중요한 것은 양쪽이 서로 다른 문화적 우주에 속하지 않는다는 사실을 이해하는 것이다."[14] (오늘날 우리는 대리석을 모방한 리놀륨을 구입할 수 있다. 혁명 전 프랑스에서 스투코를 사용한 것과 크게 다르지 않다.) 요컨대 기록된 인류 문명의 시초부터 지위를 드러내려는 욕망, 또는 상층계급을 흉내내고 그들과 동화하려는 욕망이 뚜렷이 나타난다. 윌리스해드릴은 나와의 인터뷰에서 이렇게 말했다. "우리는 과시적 소비가 자본주의 이전 사회에서부터 나타났다는 사실을 확인할 수 있습니다. 과시적 소비를 자본주의적 현상으로 보는 건 아주 이상한 관점이에요."

주류가 된 과시적 소비 : 대량생산과 중간계급

자본주의가 과시적 소비를 낳은 것은 아닐지 몰라도 산업혁명이 보통 사람들에게 소비의 수문을 열어준 것은 사실이다. 산업혁명이 가져온 번영은 언뜻 보기에 평등주의적이었고, 완전히 새로운 사회계층―중간계급―을 만들어냈다. 18세기 이전 세계 소득이 2배로 늘어나는 데는 1500년 가까이 걸렸지만, 산업혁명과 근대자본주의는 19세기 들어 불과 70년 만에 세계 소득을 2배로 증대했다. 20세기에는 겨우 35년이 걸렸다.[15]

산업혁명과 증기기관의 탄생 이전에 많은 물건은 진짜 부유층만 살 수 있었다. 재봉틀과 타자기 같은 제품(빅토리아시대판 전자제품)은 일반 대중에게 여전히 그림의 떡이었다. 1851년 런던 대박람회에서는 윌리엄 모리스William Morris가 디자인한 벽지와 피아노 같은, 급격히 성장하는 산업 세계의 사치스러운 물건들이 대거 전시됐지만 이 또한 대개 부유층의 전유물이었다.[16] 기계화와 전문화로 상당한 양의 상품 생산이 가능해지자 점증하는 중간계급을 위한 소비재 유통이 시작되었다. 이제 모방은 엘리트와 가까워지는 유일한 통로가 아니었다. 대량생산과 신용거래(20세기 후반부터 발전했다)를 통해 한층 더 많은 사람이 엘리트와 똑같은 제품을 소비하기 시작했다.

베블런의 시대에 엘리트 유한계급은 재산을 소유했고, 생산수단과 물질적 재화를 획득하는 수단을 지배했다. 산업혁명은 대대적인 경제 구조조정과 중간계급 사업가 및 노동자들의 유입을 가져왔다. 이 새로운 노동자들은 귀족계급 아래서 억압당한, 이전의 땅 없는 프롤레타리아트와 달랐다. 이후 수십 년간 중간계급도 상층계급처럼 자산을 획득했고, 부와 가처분소득을 창출함으로써 소비를 통해 지위를 구매했다. 20세기 초에 이르러 중간계급은 꾸준히 성장하는 미국 자동차 산업으로 말미암아 자동차를 구입했다(처음에는 모델 T를, 그다음에는 셰비와 캐딜락을). 1950년대에 이르면, 많은 이가 제대군인원호법GI Bill과 연방주택공사Federal Housing Authority를 통해 교외의 주택을 소유했다. 신기술과 신속한 생산공정의 발전과 함께 이들 중간계급은 텔레비전과 에어컨, 스테레오를 손에 넣었다. 이런 제품들이 더욱 빠른 속도로, 저렴한 비용으로 생산되었기 때문이다.

오늘날 과시적 소비는 워낙 흔해서 BMW나 루이비통 가방 등 지나칠 정도로 현란하게 부와 높은 사회적 지위를 드러내는 상품과 동의어가 됐을 정도다. 벼락부자들은 특히 과시적 소비의 장본인이지만, 러시아와 중국의 올리가르히oligarch[소련에 속했던 국가들이 자본주의를 도입하는 과정에서 나타난 신흥 재벌.—옮긴이]들과 떠오르는 상층 중간계급도 그에 못지않다. 심지어 일부 학자들은 빈곤층이 부유층보다 더 과시적 소비에 몰두한다고 주장한다.[17] 존 케네스 갤브레이스는 저서 《풍요한 사회The Affluent Society》에서 너무도 많은 사람이 사치품에 돈을 쓸 수 있게 된 탓에 그런 상품이 더는 구별짓기의 표지가 되지 못한다고 말했다. 실제로 부의 과시는 '철 지난' 행동으로 간주되며 이제 과시적 소비는 최상위 부유층보다 오히려 다른 모든 계층에서 나타나는 현상이 되었다. 갤브레이스와 동시대의 지식인인 C. 라이트 밀스C. Wright Mills는 《파워 엘리트The Power Elite》에서 미국에는 귀족층이 없기 때문에 돈을 가진 자들—"속이 빤히 보이는, 노골적이고 천박한"—이 어느 분야로든 진입할 수 있다고 말했다. 그리하여 진정한 엘리트들은 부와 소비 습관 대신 암묵적인 지위의 표지를 찾을 수밖에 없다고 주장했다.

현대사회에서 과시적 소비가 확산된 또 다른 요인은 라이프스타일에 대한 엘리트들의 인식이 높아졌다는 것이다. 19세기 초, 빅토리아 여왕과 앨버트 공은 자택에서 가재도구를 배경으로 사진을 찍었다. 1800년대 말에는 광고가 등장하면서 열망의 대상이 되는 라이프스타일의 이미지들이 한층 널리 퍼져나 갔고, 그리하여 새로운 중간계급의 소비자 경제가 만들어졌다.[18] 20세기 후반, 다이애나 왕세자비의 사치스러운 라이프스타일은 세계 곳곳에서 수많은 잡지를 통해 전시되었다.

언제나 자국의 부를 민주적 시각으로 바라보는 미국에서 부유층은 누구나 될 수 있는, 무일푼에서 거부가 된 호레이쇼 앨 저Horatio Alger와 같은 존재로 여겨졌다. 오래된 동부 연안 사회는 캘리포니아 사회보다 신비에 싸여 있기는 했지만, 이디스 워튼, 도미니크 던, 트루먼 커포티, 톰 울프 등의 소설에서 포착된 것 처럼 부유층은 뉴욕과 보스턴을 과시하듯 활보했다. 오늘날 미 국 언론과 셀러브리티 전문 타블로이드 신문은 할리우드 귀족 층의 저택과 구두, 다이아 반지, 그들이 드나드는 레스토랑을 샅 샅이 보여준다. 어쨌든 미국의 상류사회는 귀족이라는 출신이 나 수백 년에 걸쳐 생득권으로 얻은 사회적 지위로 구성된 적이 없기 때문에, 이들은 주로 부를 통해 자신들의 우위를 구축했다. 엘리트 라이프스타일에 관한 정보에 접근할 수 있게 되자 평범 한 사람들은 더 많은 것에 굶주리게 되었다(자신도 그런 부를 달성 할 수 있다는 믿음에 빠지는 것과 함께). 이런 갈망은 저렴해진 소비 재와 맞물리며 욕망을 추동했다. 과시적 소비는 더 이상 엘리트 계층의 전유물이 아니게 된 것이다.

과시적 소비의 민주화

1990년대 후반에서 2000년대 초반의 라벨 의식 현상label-consciousness을 가장 잘 포착한 것은 아마 당대에 가장 인기를 끈 텔레비전 프로그램 〈섹스 앤 더 시티〉일 것이다. 이 드라마는 번쩍이는 롤렉스 시계나 빨간색 밑창과 연필처럼 가는 스틸레토 힐을 시그니처 스타일로 하는 루부탱 구두가 사회에서의 일정한 지위를 나타낸 시대를 충실하게 기록했다. 마찬가지로 아르마니와 랄프로렌, 오스카드라렌타 등의 명품 시장을 통해 부가 전시되었고, 대중은 뉴욕 타임스퀘어에서 모조품 구찌 스웨트 셔츠를 사면서 이를 모방했다. 골프 셔츠에 자수로 수놓인, 내달리는 폴로 선수 모양의 시그니처 마크나 빳빳한 버튼다운 셔츠는 흔하지만 **뚜렷하게** 품질이 좋은 옷에 꽤 많은 돈을 썼음을 여실히 보여주었다—베블런이 말한 은식기의 21세기판 제품이었다. 가짜 프라다 핸드백은 이따금 뛰어난 감식안을 가진 사람조차 깜빡 속아 넘어갔지만, 진짜 명품—진정한 명품 핸드백, 랄프로렌 골프 셔츠, 아르마니 드레스—은 가격 면에서나 쉽게 구할 수 없다는 점에서나 여전히 대중의 손이 닿지 않는 곳에 있었다. 명품의 지위는 제품 전체에 선명히 새겨진 요란한 로고에 의지했다. 로고가 크면 클수록 좋았다. 프라다 핸드백은 어떤 제품이든 검은색과 은색으로 반짝이는 삼각형 로고가 뚜렷하게 박혀 있었기 때문에 누구나 알아볼 수 있었다. 명품 로고는 이 시대를 상징하는 과시적인 부와 월스트리트 머니의 부상, 벼락부자를 위한 주선율이었다.

하지만 로고와 지나친 사치로 무장한 이 앞선 시대는 분명 대중들의 욕망을 부추겼고, 이 욕망은 서서히 충족되고 있었다. 1990년대 중반과 2000년대 사이 불과 몇 년간 수많은 브랜드가 이른바 '보급형 라인diffusion line'을 구축했다―패션기업들이 한층 가격을 낮춘 의류와 액세서리를 내놓기 시작한 것이다. 아르마니의 아르마니 익스체인지(A/X, 1991), 랄프로렌의 폴로(1993), 마크바이마크제이콥스(2001) 등이 그러한 브랜드들이다. 보급형 브랜드들은 리넨 제품과 가정용품도 내놓기는 했지만(로라애슐리, 랄프로렌), 무엇보다 의류가 과시적 소비의 변화와 민주화의 중심축을 이루었다. 이렇게 대량생산된, 기존의 명품과는 다른 종류의 명품 의류가 쇼핑몰과 시내 쇼핑센터에 등장하기 시작했다―1983년 갭은 바나나리퍼블릭을 인수해 고가 클래식 의류 브랜드로 이미지를 쇄신했다. 제이크루는 원래 파퓰러클럽플랜이라는 의류 카탈로그 회사였지만 1989년 명칭을 바꾸고 매장을 열면서 랄프로렌의 중저가 버전 브랜드로 자리매김했다. 명품을 대중시장으로 끌어오려는 시도들은 열렬한 수요와 만났다. 아르마니 익스체인지는 31개국에 270개 점포를 자랑하며, 제이크루는 287개 점포에서 25억 달러의 수입을 올린다. 랄프로렌은 460개 점포에서 74억 달러의 판매고를 기록하고, 갭은 세계 곳곳에 3700개 점포를 열었다.[19]

전 세계를 기준으로 보자면 주류 명품 의류는 물론이고 보급형 브랜드들도 여전히 비싸다. 바나나리퍼블릭에서 100달러

이하로 옷 한 벌을 사기는 쉽지 않다(종종 훨씬 비싸기도 하다). 하지만 이런 의류의 값은 원래 명품 라인보다는 훨씬 저렴하며, 그러면서도 아주 비슷한 미학을 풍긴다─랄프로렌의 빳빳한 명문가 룩이나 케이트스페이드의 특이한 프레피 룩을 바나나리퍼블릭이나 제이크루가 쉽게 흉내낸다. 마크바이마크제이콥스 제품은 플래그십 브랜드와 똑같은 재단이나 고품질 원단으로 만들지는 않지만, 디자이너 마크 제이콥스에게 유명세와 팬층을 안겨준 자유분방함과 전복성을 고스란히 담아낸다.

또한 온라인 쇼핑이 증가하면서 소비자들이 탐내는 브랜드에 접근할 수 있는 가능성이 활짝 열렸다. 예전에는 캔자스나 미주리의 소도시에 거주하는 사람이 고급 패션을 손에 넣으려면 대도시까지 찾아가야 했다. 오늘날에는 삭스피프스애비뉴Sak's Fifth Avenue 웹사이트에서 클릭 한 번만 하면 마놀로블라닉의 'BB' 슈즈를 미국 어디서든 받아볼 수 있다. 이런 특권을 누리기 위해 600달러를 쓸 마음만 있다면 말이다. 명품 브랜드들은 또한 시즌이 지난 제품을 다양한 할인 패션 사이트에서 판매한다. 블루플라이Bluefly(1998), 자포스Zappos(1999), 오버스톡닷컴Overstock.com(1999), 그리고 사이버공간에서 할인 판매 선구자인 이베이 같은 의류와 신발 웹사이트는 주류 소비자들도 할인된 가격으로 과시적 소비에 참여할 수 있게 했다. 이 흐름에 최근 합류한 웹사이트로는 길트Gilt(2007)와 루라라Rue La La(2007) 등이 있는데, 이곳들은 '플래시 세일'을 통해 카르티에 시계부터 샤넬 핸드백에 이르기까지 다양한 명품을 대폭 할인된 가격으로 판매한다.

2만 달러짜리 에르메스 핸드백을 1만 달러까지 할인하거나 라펠루 란제리를 한정된 시간(몇 시간 또는 하루 정도) 동안만 60퍼센트 할인하는 식이다. 솔직히 이 제품들은 세일 여부에 상관없이 저렴하지 않다. 2009년 하버드의 두 천재가 설립한 렌트더런웨이Rent the Runway는 여성들에게 고급 디자이너 드레스를 염가에 빌려주는 곳이다. 무료로 예비 사이즈 드레스까지 보내준다. 임시방편이긴 하지만, 이 회사는 그런 드레스를 실제로 구입할 형편이 전혀 안 되는 대다수 여성들에게 중요한 행사에서 걸칠 명품을 제공한다.

브랜드 제품에 대한 사람들의 욕망과 함께 그러한 브랜드들이 원래 고객으로 삼았던 상층계급을 넘어 확대된 시장이 생겨났다. 타깃Target은 현재 하이엔드 디자이너들과 협업해서 미쏘니, 릴리퓰리처, 프로엔자슐러 등 상대적으로 저렴한 브랜드를 만들었고, 콜스, 메이시, 케이마트 등은 킴 카다시안이나 제시카 심슨(또는 다른 셀러브리티)의 스타일 감각을 제공하며 셀럽 브랜드들을 판매한다. 롤렉스의 튜더 라인은 롤렉스보다 저렴하다(유럽에서만 구매할 수 있다). 자동차 브랜드 중에서는 폭스바겐 그룹이 동일한 제품을 여러 버전으로 만들어 각기 다른 가격을 붙이는 데 달인이다. 어느 자동차 매니아는 이렇게 일갈하기도 했다. "람보르기니 가야르도는 기본적으로 아우디 R8이었다. 아우디 A3는 세아트레온과 플랫폼이 같은 골프다. 폭스바겐 그룹은 고객들이 무엇을 중시하는지를 파악하는 데 무척 기민하게 움직이고 있다. …… 아우디 구매자들은 '프록코트를 입힌 골프'를 그 정체로 모른 채 돈 주고 사는 셈이다. 소비자들은 더 좋은 플라스틱이나 광낸 알루미늄 등을 좋다고 구매한다."

세계화, 대중 마케팅, 대량생산, 모조품의 등장과 함께 훨씬 더 많은 사람들이 과시적 소비를 즐기게 되었다. 이처럼 물질적 재화가 넘쳐난다는 건 상층계급의 과시적 소비를 둘러싼 장벽이 거의 뿌리뽑힌 상황을 의미한다. 한때 부유층의 라이프스타일과 관련되었던 '물건'—자동차, 여러 개의 핸드백, 옷으로 가득 찬 옷장—은 이제 평범한 사람들도 쉽게 구매할 수 있게 되었다. 언뜻 보기에 과시적 소비가 민주화된 듯하다.

반동

과시적 소비의 민주화는 반동적 흐름을 불러일으키기도 했다. 1990년대 말, 버버리는 테일러드 트렌치코트의 안감에 쓰던 유명한 체크무늬 원단을 우산, 지갑, 휴대전화 케이스 등 다른 많은 제품에 넣기 시작했다. 시장점유율을 높이려는 시도였다. 체크무늬가 여기저기 쓰이자 버버리는 잉글랜드 귀족의 제복에서 아이러니하게 재해석된 청년층 하위문화의 휘장으로 전락했다('차브 체크chav check'라는 멸칭이 붙었다). 스카프, 넥타이, 모자 등에 선명하게 체크무늬를 새긴 모조품이 암시장에 나타났고 '차브'들은 이를 자기 것으로 만들기 시작했다. '차브'는 디자이너 로고가 화려하게 붙은 모조품을 선호하는 영국의 노동계급 청소

년,《이코노미스트》의 표현을 빌리자면 "문제를 일으키려고 안달이 난 전형적인 백인 노동계급 비행 청소년"을 가리키는 멸칭이다.[20] 이 집단이 버버리의 지위를 전유하자 회사에는 핵심 소비자 기반이 떨어져나가는 악몽이 닥쳤다. 1800년대 중반 이래 버버리가 줄곧 겨냥해온, 미묘한 전통을 즐기는 소비자층이 이탈하기 시작한 것이다. 버버리의 매출은 로지 마리 브라보와 앤절라 애런츠(각각 전 최고 경영자), 그리고 현 최고 경영자이자 최고 크리에이티브 책임자인 크리스토퍼 베일리가 주도권을 잡고 브랜드를 재창조한 2000년대에 들어서야 간신히 회복되었다.[21] 이들은 체크무늬 사용을 줄였으며 베일리는 독특한 원단을 사용한 고급 디자인 맞춤 의류를 선보였다. 엄청나게 비쌀 뿐만 아니라 흉내내기도 어려운 제품이었다. 가령, 베일리가 내놓은 수천 달러짜리 워리어 가방은 메탈 장식과 징이 촘촘히 박혀 있어 모조품을 만드는 게 거의 불가능했다.

거의 모든 것(아마 버버리의 워리어 가방 정도만 예외일 것이다)을 복제하거나 싼값에 손에 넣을 수 있는 세상에서 새로운 엘리트집단의 지위 게임은 어떻게 바뀌었을까? 2008년 대불황 이후에도 의문의 여지 없이 부유층은 줄곧 더 부유해지고 있으며, 그들은 이런 부를 바탕으로 모방이 불가능한 물건을 사들인다. 《파이낸셜타임스》에 이런 문제들에 대해 글을 쓰는 사이먼 쿠퍼의 설명에 따르면 오늘날 상층계급은 한정판 제품을 손에 넣는 식으로 배타성을 유지한다. 장인이 만든 치즈든, 한정판 빈티지 와인이나 페라리든—가격에 상관없이— 해당 제품은 단지 비싼 가격이 아니라 순전히 희소성 때문에 지위를 인정받는 다는 것이다. 현재 제조업체들이 1만 5000달러짜리 대중시장용 자동차를 판매하는 데 애를 먹고 있는 유럽에서 최저가 차량이 27만 5000달러인 페라리는 승승장구하는 중이다.[22]

유한계급의 침식, 야망계급의 부상

과시적 소비의 민주화와 함께 유한계급의 침식도 풍경을 바꿔 놓았다. 유별난 트러스트펀드 플레이보이[부모나 조부모로부터 자 산을 물려받아 놀고먹을 수 있는 이들을 지칭하는 표현.-옮긴이]나 이 제 막 사교계에 나온 올리가르히의 딸을 제외하면, 유한계급은 더 이상 존재하지 않는다. 디자이너 제품에 수십만 달러를 펑펑 쓰는 많은 개인들은 스스로 돈을 벌고 있다-대다수는 정당한 고된 노동을 통해서(그리고 자타가 공인하듯 일부는 비교적 쉽게). 부 유하고 게으른 귀족집단이 사라지고 교육받은 자수성가형 엘리 트(일각에서는 능력주의 엘리트라고 부른다)가 부상함에 따라 이제 '유한'은 상층계급과 동의어가 아니다. 하지만 이처럼 지위가 평 등주의적으로 형성되는 데는 대가가 따른다. 코넬대학교의 경 제학자 로버트 프랭크Robert Frank의 연구에 따르면, 부유층에서 여 가와 행복은 뚜렷하게 감소하고 있다. "실제로 소득 불평등이 확 대되고 있지만, '여가 불평등'-즐기고 노는 데 쓰는 시간-도 거울상처럼 증가하고 있다. …… 저소득자의 여가가 늘어나는 한

편 고소득자의 여가는 줄어들기 때문이다."²³ 1985년부터 2003
년까지 부유층 남성의 여가시간은 일주일에 34.4시간에서 33.2
시간으로 줄어든 반면, 저소득층 남성은 같은 시기 36.6시간에
서 39.1시간으로 여가시간이 늘어났다. 여성도 동일한 패턴이
나타났지만 고소득층 여성은 해당 기간 동안 2시간이 감소하는
더 큰 차이를 보였다.* 조너선 거슈니Jonathan Gershuny는 저서 《변화
하는 시대: 탈산업 사회의 노동과 여가Changing Times: Work and Leisure in
Postindustrial Society》에서 베블런의 시대와 달리 오늘날 최상층 사회
경제 집단은 시간이 더 많은 게 아니라 부족하며, 노동과 여가라
는 두 변수가 '반비례관계'—시간은 생산, 즉 새로운 형태의 고
부가가치 생산에 필요한 노동에 영향을 받는다—를 갖는다고
말했다. 오늘날 풍요로운 여가시간은 더 이상 높은 지위를 나타
내지 못한다는 것이다.²⁴

이런 통계 수치는 개인의 선택을 나타내는 것일 수도 있지
만, 베블런의 시대부터 오늘날까지 세계경제의 원대한 재구조
화가 이루어졌음을 감안하면 부유층과 빈곤층 양쪽 모두 주체
성을 크게 잃었다는 사실을 의미하는 것으로 보아야 할 것이다.
제조업 경제는 생득권이나 지주 지위가 없어도 소득을 통해 사
회적 이동성을 획득할 수 있는 수단을 제공했다. 실제로, 특히
20세기 중반 공장 일자리에서 생겨난 소득 덕분에 광범위한 사

---

*   이 연구는 교육을 부의 대용물로 사용한다. 두 변수가 대체로 상관관계가 있
기 때문이다.

람들이 자산과 주택뿐만 아니라 집 안을 채울 수 있는 안락의자나 커튼 같은 소비재도 획득할 수 있었다. 1960년대 내내 많은 중간계급 가정이 공장직과 관리직에서 얻은, 상대적으로 높은 소득 때문에 물질적으로 풍요로운 삶을 누렸다. 대개 대학 졸업장(전문직 면허나 대학원 학위는 말할 것도 없고)이 없어도 경제적으로 잘사는 데 문제가 없었다. 가령, 1950년에는 전체 남성의 7.3퍼센트만이 대학을 졸업했고 1962년에도 그 비율이 전체 남성의 11퍼센트를 약간 넘는 정도였다(여성은 두 시기 모두 그보다 낮았다). 남성과 여성 모두에서 약 3분의 1이 대학을 졸업한 2014년과 이 통계를 대조해보라.[25] 20세기 중반의 사회적·경제적 이동성은 조직에 대한 개인의 충성도와 상당한 관련이 있었다. 이 시대에 조직에 대한 충성(가령 포드모터스컴퍼니나 제너럴일렉트릭에서 40년간 일하는 것)은 중간계급 소비자의 라이프스타일을 뒷받침하는 지속적 승진, 임금 인상, 기타 보상과 연결되었다. 사람들은 아이비리그 졸업장이나 경쟁 조직이 눈독을 들여서가 아니라 그들이 일하고 생계를 의지하는 조직—군대, 정부, 기업, 노동조합—에 꾸준히 헌신하기 때문에 중요하게 여겨졌다. C. 라이트 밀스의 '파워 엘리트' 개념은 이러한 조직들이 경제와 사회의 풍경을 지배하는 축이라는 사실에 크게 의지한다. 이런 경제구조에 대한 의미심장한 비판은 1950년대와 1960년대에 등장했다. 그중 가장 유명한 윌리엄 화이트William Whyte의 《조직인The Organization Man》(1956)은 '주식회사 미국corporate America'의 집단적 사고가 개인주의와 창의성을 질식시킨다고 주장했다. 조직에 대한 노동자들의 충성심은 개인의 생각과 포부보다 우선시되었지만, 밀스의 주장처럼 이는 보상을 받았고 지속적인 성장으로 나아가는 길을 닦아주었다. 고전영화 〈회색 양복을 입은 사나이〉(1956)와 최근에 방영된 텔레비전 드라마 〈매드맨〉[1960년대 뉴욕에 자리한 광고회사를 배경으로 하는 드라마로 2007년에서 2015년까지 총 7시즌이 방영되었다.—옮긴이]은 이런 관계에 관한 대중적 주류의 묘사를 보여준다.

그러나 제조업 경제가 붕괴하면서 사회적·경제적 이동성의 흐름은 상당히 바뀌었다. 서구 각국(특히 미국과 영국) 경제의 탈산업화는 주로 다음과 같은 세 가지 핵심 요인으로 설명된다. 시장의 과포화 상태(한 가구가 살 수 있는 식기세척기가 너무도 많다), 기술과 자동화(공장 라인에서 기계는 사람보다 저렴하고 빠르다), 세계화(다른 나라의 인건비가 더 저렴하고, 컴퓨터와 나란히 운송 기술이 발전해 동남아시아나 남아메리카로 생산을 아웃소싱할 수 있다).[26] 그 결과, 미국인들의 안락한 삶을 가능하게 했던 고임금 공장 일자리들이 빠른 속도로 사라졌다. 1970년 미국 노동력의 4분의 1은 제조업 부문에 고용돼 있었으나 2005년에 이르면 그 수치가 10퍼센트로 떨어진다.[27] 이런 수치는 단순히 통계적으로만 놀라운 게 아니다. 제조업 감축의 이면에는 중간계급이 맺었던 사회적·경제적 계약의 파기가 자리한다. 이런 일자리들은 고임금이지만 상대적으로 숙련된 노동을 요구하지는 않았기 때문에 미국 중간계급의 많은 성원이 생득권 없이도, 그리고 오늘날 상향 이동의 공식과 정반대로 대학 졸업장이 없이도 번영과 물질적 안락을, 경제적·사회적 안정을 달성했다. 이런 공장 일자리들이 개발도상국으로 옮겨가고 미국 공장이 문을 닫자 안정적이었던 중간계급은 결국 생존수단을 잃어버렸다. 탈산업화는 주요 거점 도시(많은 공장이 자리한 도시)를 잠식하면서 나라 곳곳에서 실업을 야기했다.[28]

제조업이 사라지자 서비스 경제가 부상했고, 경제구조는 뚜렷하게 양극화되었다. 세계화는 제조업 부문에서 나타난 저렴한 노동의 아웃소싱뿐만 아니라 사회학자 사스키아 사센Saskia Sassen이 말한 것처럼 엘리트 '글로벌 시티'의 등장을 통해서도 모습을 드러냈다. 글로벌 시티들은 새로운 경제적 생산수단—정보와 금융자본—을 위한 장소가 되었다. 이윤 창출을 극대화해야 하는 노동시장 엘리트들이 전문직 부문—회계, 금융, 법률, 의료, 즉 사센이 말한 이른바 '고급 생산자 서비스'—에서 선발되었다. 이런 경제 재구조화에 관한 또 다른 서술은 비슷하면서도 더 간단한 설명을 제공한다. 글로벌 경제가 제품 생산에서 아이디어 생산으로 이동한 결과, 이런 아이디어를 창출하는 사람들, 즉 로버트 라이시Robert Reich가 말한 '상징 분석가들symbolic analysts'[29]이나 리처드 플로리다Richard Florida가 이름 붙인 '창조 계급 creative class'이 신경제의 승자가 되었다는 것이다.*

---

*   경제 재구조화에 대한 플로리다의 이해에는 "유의미한 새로운 형태"를 창출하는 모든 부문과 직종이 포함된다. 여기에는 화가, 음악가, 작가, 과학자, 엔지니어, 그 밖에 온갖 "창조 계급"을 포함한 다른 노동자 전체가 포함된다. Florida 2002를 보라.

대학 졸업장은 사센이나 라이시, 플로리다가 이름 붙인 범주의 성원으로 포함되는 데 분명한 기준은 아니지만 확실히 도움이 되며, 대다수 성원은 실제로 대학 졸업장을 가지고 있다. 그리하여 혁신과 지식에 의존하는 경제의 부상은 또한 전문적 숙련에 의존하는 경제이기도 하며, 이런 숙련은 대부분 교육을 통해 얻어진다. 새로운 세계 질서의 최상층으로 올라가는 이동성은 생득권이나 여러 세대에 걸쳐 보유한 자산, 그리고 많은 이에게 유감스럽게도 자신이 일하는 조직에 대한 충성이 아니라 지식의 획득에 좌우된다. 하지만 이 새로운 엘리트들은 단지 경제적 성공만으로 묶이지 않는다. 이들은 금권정치인이 아니며 반드시 경제 피라미드의 꼭대기를 차지하지도 않는다. 교육을 받고 지식을 쌓은 많은 이들은 실제로 노동시장의 부유한 엘리트들이지만, 그렇지 않은 사람도 많다. 이 새로운 계급에게 지식은 경제적 효용과 무관하게 소중하다. 이 집단에 속하는 은행가나 법률가, 엔지니어는 교육과 전문화된 지식 덕분에 세계경제에서 상향 이동성을 확보하고 있다. 하지만 좀 더 넓게 보자면 지식을 획득한 이들 ─ 예일대에서 문예창작 학위를 받은 이들, 아직 시나리오를 팔지 못한 시나리오작가들, '미국을 위한 교육 Teach for America'[1989년 프린스턴을 갓 졸업한 웬디 콥이 설립한 비영리 기구. 대졸자와 전문직을 자원 교사로 선발해서 미국 전역으로 보내 저소득층 어린이와 청소년에게 무상에 가까운 교육을 제공하는 단체다. ─ 옮긴이] 자원 교사들 ─ 또한 새롭게 형성된 문화적·사회적 집단의 성원들이다. 이 새로운 집단은 소득수준이 아니라 **문화적 관습**

1장 | 유한계급의 침식, 야망계급의 등장   **39**

과 **사회규범**으로 하나로 묶인다. 이 새로운 엘리트 문화집단의 성원들을 관통하는 특징은 소득수준보다는 지식 습득과 가치관에 있다. 이들은 더 높은 사회적, 환경적, 문화적 의식을 얻기 위해 지식을 활용한다. 사회적 지위는 지식을 습득하고 계속해서 가치관을 형성하는 과정 자체에서 드러난다. 따라서 무엇보다도 이 새로운 집단은 비슷한 지식을 습득하고 동일한 가치를 공유하며, 이 모든 것을 통해 자신들의 집단적 의식을 구현한다. 문화평론 읽기, 최신 뉴스 따라잡기(특히 《뉴욕타임스》나 《월스트리트저널》, 《파이낸셜타임스》를 통해), 유기농 식품 섭취 등은 그들이 경제적 수준과 무관하게 서로 연결되는 다양한 방법 중 몇 가지다. 이런 노력의 이면에는 선의의 목표가 존재한다. 지식과 문화자본은 무엇을 먹을지, 환경을 어떻게 대할지, 어떻게 더 좋은 부모, 더 생산적인 노동자, 더 식견 있는 소비자가 될 수 있을지 등에 관해 합리적인 결정을 내리는 데 활용된다.

이 새로운, 지배적인 엘리트 문화집단을 아주 간단하게 **야망계급**aspirational class이라고 부를 것이다. 이들의 상징적 지위는 간혹 물질적 재화를 통해 드러나기도 하지만, 대체로는 지식과 가치관을 보여주는 문화적 기표들—디너파티에서 신문 칼럼을 놓고 나누는 대화, 정치적 견해와 그린피스 지지를 나타내는 범퍼 스티커, 농민 직거래 시장에서 장보기 등—을 통해 드러난다. 이런 행동과 기표들은 야망계급의 가치관을 함축하고 있으며, 그런 가치관이 형성되는 과정에서 습득한 지식 또한 넌지시 드러내준다. 오늘날의 야망계급은 커리어에서부터 식품점에서 구입하는 식빵 종류에 이르기까지 온갖 선택을 하고 의견을 형성하는 데서 가치관과 문화적·사회적 의식, 지식 습득을 소중히 여긴다. 이들은 크고 작은 온갖 선택을 할 때마다 자신이 사실에 근거해(유기농 식품, 모유 수유, 전기차 등의 장점에 관해) 올바르고 합당한 결정을 했다고 믿으면서 자신의 결정이 식견 있는 것이며 정당하다고 느끼고 싶어 한다. 요컨대 베블런의 유한계급이나 데이비드 브룩스David Brooks의 '보보스bobos'[보헤미안 부르주아 bohemian bourgeois.—옮긴이]와 달리, 이 새로운 엘리트는 경제학적으로 정의되지 않는다. 야망계급은 특정한 가치관과 지식 습득에 기반한 집단 의식을 가지고 있으며, 지식을 얻는 데 필요한 희소한 사회적·문화적 과정을 통해 형성된다.

데이비드 브룩스는 《낙원의 보보스Bobos in Paradise》를 통해 1960년대 반문화 속에서 성장한 보보스가 성인이 되어 누리는 부에 마음속 깊이 불편을 느끼는 인지부조화를 기록했다. 이 집단은 경제적으로 탄탄한 엘리트로, 브룩스의 말을 빌리자면 "새로운 상층계급"이기도 하다. 많은 보보스가 과거 비물질주의적인 히피 시절과 새롭게 손에 넣은 부 사이에서 균형을 잡고자 하며 느낀 불편함은 값비싼 물건을 소비하면서도 궁극적으로는 돈과 거리를 두려고 하는 시도로 이어졌다. 부유한 보보스는 물질주의를 초월하려고 하면서 서브제로 브랜드 냉장고를 사고 점판암 벽체와 선禪의 미학으로 욕실을 리모델링한다(하지만 그러려면 역시나 많은 돈이 필요하다). "욕실에 2만 5000달러를 쓰는 건 고결한 일이지만, 사운드 시스템과 와이드스크린 텔레비전에 1만 5000달러를 쓰는 건 천박한 짓이다. 야외 자쿠지에 1만 달러를 쓰는 건 타락한 짓이지만, 점판암으로 사방을 두른 초대형 샤워 공간에 그 2배를 쓰지 않는다면 소박한 삶의 리듬을 감상하는 법을 배우지 못했다는 징표다. …… 가구가 낡아 보인다면 양심의 가책을 느낄 필요가 없다."[30]

오늘날의 야망계급은 이런 자의식이 거의 없으며, 과거의 보보스만큼 경제적으로 풍요롭지도 않다. 야망계급은 스스로 확신하는 가치에 따라 움직이며 정보를 수집하고 견해와 가치관을 형성하는 폭넓은 과정을 통해 자신의 생활 방식을 능동적으로 선택한다. 이 과정 가운데 일부에는 돈도 필요하지만 대개 돈보다는 문화자본에 의지한다. 이들이 전통적인 물질적 재화와 거리를 두는 건 (보보스처럼) 부를 불편해하기 때문이 아니라, 더 이상 물질적 재화가 사회적 지위를 보여주는 뚜렷한 표지가 되지 않으며 문화자본이나 지식을 드러내는 유용한 수단도 아니기 때문이다. 부유한 올리가르히들과 중간계급은 둘 다 '물건'을 손에 넣을 수 있지만, 야망계급이 스스로를 남들과 구별하는 지점은 지식을 습득하고 정보를 활용해서 사회와 환경을 의식하는 가치관을 형성하려고 노력하는 데 있다. 야망계급의 소비 중 농민 직거래 시장에서 하나에 2달러짜리 에어룸 토마토 heirloom tomato[개량이나 육종, 유전자 변형을 거쳐 획일화된 일반 토마토가 아닌, 토종 종자를 자연수정해서 유기농으로 기르는 토마토. —옮긴이]를 사는 게 상징적으로 그토록 중요한 반면 흰색 레인지로버 자동차는 별로 중요하지 않은 것도 이 때문이다. 야망계급의 소비는 그 성원들의 삶의 철학과 가치관을 보여주는 표지로 기능한다. 물론 이 새로운 엘리트 문화집단 내부에는 경제적 격차가 존재한다. 야망계급에는 육아도우미, 아이비리그 등록금, 유기농 딸기에 돈을 펑펑 쓰는 부유한 성원들—로펌 변호사 등—도 있지만 실업 상태의 시나리오작가나 로드아일랜드디자인스쿨을 졸업한 화가 등도 있다. 후자의 성원들은 경제적으로는 간신히 이 세계에 참여할 뿐이지만, 대단찮은 수단을 동원해서 자신도 야망계급의 성원임을 나타낸다. 시나리오작가도 《뉴욕타임스》를 보고, (어쩌면 비합리적으로, 자신의 경제 상황 대비 무리하면서까지) 홀푸드마켓에서 유기농 딸기를 사 먹는다. 그는 문화적 지식을 드러내고 당대의 지적 흐름에 참여한다는 또 다른 표지로 정치적 또는 문학적 문구가 적힌 에코백을 들고 다닌다. 요컨대 이 새로운 문화적·사회적 집단은 성원에게 요구되는 물질적이고 상징적인 표시 때문에 엘리트이지만, 궁극적으로 야망계급의 성원들은 경제적 지위는 부차적인 것으로 둔 채 삶의 모든 측면에서 그들 나름대로 더 나은 인간이 되기를 **야망한다**.

세계경제를 움직이는 원동력이 지식이라면, 이 새로운 엘리트집단에게 지식은 스스로를 정의하고 지위 표지—물질적인 것이든 상징적인 것이든—를 획득하는 화폐이기도 하다. 따라서 정보와 지식의 습득은 단지 새로운 경제적 세계 질서에서뿐만 아니라 삶의 모든 문제에서 소중해진다. 야망계급의 사회규범과 사회적 재화는 그들의 소비 실천의 밑바탕을 이루는 암묵적 지식과 지식의 습득을 반영한다. 《이코노미스트》를 보거나 내셔널퍼블릭라디오NPR를 듣거나 요가 강습을 받는 등 야망계급의 여가는 마치 노동처럼 지식과 생산성으로 가득 차 있다. 야망계급의 모성 실천은 단지 돈이 아니라 3세 이하 아이를 먹이고 달래고 가르치는 완벽한 방법에 대한 광범위한 학습을 의미한다. 이런 지식은 물질적 재화와 실천으로 기표화되며 이는 다시 이 희귀한 집단의 성원임을 드러낸다.

베블런을 다시 생각하다

세계경제 및 우리가 사회적·경제적 이동성을 획득하는 수단이 근본적으로 바뀌었음에도, 계급 지위의 기표를 어떻게 이해할 것인가에 관한 베블런의 이론은 특이하고 복잡한 방식으로나마 오늘날에도 유효하다. 베블런의 책이 처음 출간되고 한 세기가 지난 오늘날 그의 이론은 과거 어느 때보다도 더 유효하며, 우리 모두에게 더 잘 적용된다. 베블런은 은수저와 게으른 유한계급 성원들이 모두 어디로 갔는지 의아해하겠지만, 그들이 있던 자리에서 야망계급과 푸어오버 방식의 추출 도구인 케멕스로 내린 커피를 발견하게 될 것이다. 1800년대와 마찬가지로, 21세기에 사는 우리가 지위를 드러내려는 욕망 역시 현재의 경제적·사회적 세계 질서와 밀접한 관계를 맺고 있다.

베블런 저작의 전통을 이어받은 《야망계급론》[이 책의 원제 The Sum of Small Things는 '작은 것들이 합쳐지면 큰 게 된다'는 관용적 문장에서 따온 것으로, 작은 차이들이 모여 큰 차이가 된다는 뜻이다. ─옮긴 이]은 소비와 사회적 관습이라는 렌즈를 통해 사회와 계급이 어떻게 의미를 갖고 구현되는지를 살펴본다. 프랭크 트렌트먼Frank Trentmann은 15세기부터 오늘날까지 소비의 역사를 살펴보는《물건의 제국Empire of Things》에서 이렇게 말했다. "여기서 소비는 개인의 선호(합리적이든 그렇지 않든)라기보다는 관계적인 것이며, 사람들이 자신의 위치를 드러내는 사회적 지위체계의 일부다."[31] 과시적 소비는 사회적 지위를 드러내는 데 여전히 중요한 수단이지만, 21세기의 야망계급에 속하는 이들은 자신들의 지위를 보여주는 새로운 수단을 찾아냈다. 이 책에서 나는 세 가지 소비 현상이 동시에 나타나고 있다고 주장한다. 첫째, 과시적 소비의 민주화는 중간계급에게 훨씬 더 많은 물질적 재화를 제공했지만, 이런 변화는 그들에게 손해로 작용한다. 중간계급이 물질적 지위 상징에 더 많은 돈을 지출하게 됨에 따라 세대 간 상향 이동성을 증대하는 길을 닦는 영역에서는 지출이 줄어들고 있기 때문이다. 둘째, 과시적 소비가 주류화된 결과, 야망계급이 자신의 사회적 지위를 과시하는 수단은 한층 복잡해지고 있다. 야망계급 성원들은 정체성을 확립하는 새로운 수단을 찾아냈고, 그러한 수단으로서 이들이 돈을 쓰는 행동과 재화는 반드시 과시적이지는 않으며 또한 항상 물질적이지도 않다. 이 새로운 엘리트들은 전통적인 과시적 소비 품목은 덜 소비하며 그 대신 과시적 생산과 비과시적 소비를 통한 더 미묘한 지위 표시에 눈길을 돌린다. 야망계급의 부유층 성원들은 자신의 삶을 더 편안하고 효율적으로 만드는 데 경제적 자원을 쏟아붓는다. 비과시적 소비는 많은 돈이 들지 않고 호사스럽지 않으면서도 사회적 지위를 나타내는 데는 중요해진 몇 가지 행동과 재화를 야망계급이 전유하고 있음을 보여준다. 요가를 배우고, 아이에게 축구보다 하키를 가르치고, 일반 우유 대신 아몬드 우유를 마시고, 매주 마트 종이봉투를 재사용하는 선택은 모두 지위를 드러내는 다른 방법들보다 비싸지는 않지만 식견이 있다고 여겨지는, 본질적으로 지위를 드러내는 기표다. 마지막으로, 베블런이 '과시적 유한'이라고 지칭한 많은 행동―가령 대학 졸업장과 스포츠 즐기기―이 지금은 계급 상승의 필수 요소가 되었다. 야망계급에게는 유한(여가)도 대부분 생산적인 활동으로 이루어진다.

베블런이 유한계급에 관한 시론을 쓸 때만 해도 과시적 소비는 극히 특수한 일부 사회계층에 국한된 것이었다. 물론 모든 사회계층이 어느 정도는 과시적 소비를 했지만, 물질적 재화를 사용해서 지위를 드러낼 수 있는 집단은 유한계급이 유일했다. 오늘날 물질적 재화는 풍부해졌지만, 이 재화가 사회적 이동성을 드러내거나 가능케 하는 능력은 점점 줄어들고 있다. 더 이상 지배적인 유한계급은 존재하지 않는다. 그 자리를 차지한 야망계급은 소비 양식을 새롭게 쓰는 동시에 전통적인 과시적 소비에서 손을 떼고 있다. 이들은 반드시 비싸지는 않지만 야망계급의 전유물인 풍부한 문화적·사회적 자본을 함축하는 한층 더 미묘한 행동과 재화를 통해 지위를 드러낸다. 야망계급의 성원들은 월스트리트의 악당이나 런던과 맨해튼 부동산을 마구잡이로 사들이는 러시아 올리가르히가 아니며, 개인 제트기를 소유한 금권정치인도 아니다. 이들은 유한계급이 아니다. 이들 모두가 엄청난 돈을 벌지는 않지만, 교육수준이 높고 지식을 소중히 여기며 이런 가치관과 문화자본을 반영하는 소비 실천에 참여한다. 하지만 바로 이런 긍정적 특성 때문에 야망계급은 언론에서 비난받는 슈퍼리치나 19세기의 유한계급보다 훨씬 더 유해할 수 있다. 세상에 억만장자나 석유 거물은 많지 않다. 하지만 야망계급은 거대하고 강력한 문화집단을 이루고 있다. 무엇보다 중요한 것은 어떻게 돈을 쓰고, 어떻게 행동하며, 무엇을 높이 평가할지 등에 관한 야망계급의 미묘하고 점점 더 비과시적으로 달라지는 선택이 자신과 자녀들의 사회적·문화적(그리고 종종 경제적인) 특권을 강화하면서 나머지 모두를 배제한다는 사실이다. 야망계급 성원들은 자신의 결정에 대한 확신과 자신들이 누리는 사회적 지위가 정당하다는 인식에 기반해 사회 전체에서 점증하는 불평등을 무시할 수 있다. 최소한 이들은 자신들이 비난받아야 한다고는 생각하지 않는다. 이 책을 쓰기 위해 수행한 연구와 데이터의 성격상 여기서 다루는 내용은 주로 미국의 소비 양상이다. 하지만 계급, 사회적 지위, 야망계급의 등장에 관한 진술은 미국의 경계를 훌쩍 넘어선 여러 지역에서도 들려오고 있다. 실제로 서구의 부유한 나라들 곳곳에서 새로운 비물질적 지위 표시의 수단—비과시적 소비, 과시적 생산, 모성 실천—이 출현한 것을 볼 수 있다. 런던 노팅힐을 가로질러 걷다 보면 샌프란시스코나 브루클린 파크슬로프에서 볼 수 있는 것과 똑같은 소비 양상을 목격할 수 있다. 《야망계급론》은 21세기를 사는 사람들의 소비 습관이 어떠하며 그것이 어떻게 변화했는지, 현대의 소비 양상이 어떻게 크고 작은 방식으로 우리의 사회적·경제적 지위를 반영하는지, 그리고 이런 선택과 실천이 우리의 지역사회와 도시, 나아가 사회 전체에 어떤 영향을 미치는지를 파헤쳐보고자 한다.

2장

21세기의 과시적 소비

우리가 부자와 높은 사람들을 **찬미하고** 따라서 그들을 흉내 내려는 경향이 있기 때문에 그들은 이른바 유행을 만들거나 이끌 수 있다. 그들이 입는 옷이 유행하는 복장이 되고, 그들이 대화에서 사용하는 언어가 유행어가 된다. 그들의 외모와 행동거지가 곧 유행이 된다. 심지어 그들의 악덕과 어리석은 행동까지도 유행이 된다.

─ 애덤 스미스, 《도덕감정론》(1790)

《유한계급론》에서 소스타인 베블런은 부유층에 속하지 않는 이들, 그의 말을 그대로 쓰자면 "무일푼 계급"도 과시적 소비를 한다고 말했다. 이 가난한 사회계층은 중요하지 않은 데 돈을 썼다. 유한계급이 은수저나 크로케 게임에 쓰는 만큼은 아닐지 몰라도 베블런이 지적한 것처럼 수렵채집 사회부터 오늘날에 이르기까지 대다수 인간은 남들과 어울리려는 욕망을 가지고 있으며, 이 욕망은 대개 사회적 구성물에 의지해서 실현된다. 베블런은 계급과 소비에 관한 저술로 경멸받긴 했지만 그 후 수십 년간, 그리고 오늘날까지도 작가이자 학자로서 주목받는다. 그는 중요한 진실을 정확히 짚어냈다. 우리가 어떤 사람이며 사회 체제 안에서 어디에 서 있는지를 물질적 재화가 정의한다는 것이다.

그로부터 50년 뒤, 존 케네스 갤브레이스는 《풍요한 사회》를 통해 불필요한 소비, 그의 표현대로라면 "소비자-수요 창출"에 사회 전반이 관여한다고 말했다.[1] 갤브레이스는 우리가 구매하는 물건의 대다수는 정말로 필요한 것이 아니라고, 즉 생명 유지와 '유기적'이지 않다고 주장했다. '사적 수요'와 소비자 경제의 부상은 공익의 희생을 대가로 했다. 밴스 패커드Vance Packard는 1957년 저서 《숨은 설득자들The Hidden Persuaders》에서 소비재 수요가 급증함에 따라 광고업자, 마케터, 홍보 담당자가 소비자의 욕망을 창출하고 이를 통해 물질주의의 순환이 영속화된다고 주장했다.* 갤브레이스는 이런 순환이 불안을 낳는다고 보았다. 사회가 물질주의에 흡수될수록 부유층과 나머지 사람들의 차이가 한결 흐릿하게 보였기 때문이다. 소비주의의 표면적인 민주화

---

* 패커드는 《지위를 좇는 사람들The Status Seekers》에서 물질적 재화가 실제로 지위를 드러내는 것은 아니라고 주장한다. 사회적 행동의 많은 과시적 요소들은 단어 선택이나 억양 같은 숨겨진 행동과 규범에 의존한다.

는 불평등을 비가시적으로 만드는 한편, 사실상 사회를 진정시키면서 모든 사람이 한 조각씩의 파이를 받는다고 생각하게 만들어 부의 격차라는 현실의 문제를 은폐했다.

사회경제적 지위를 나타내기 위해 사회적으로 가시적인 물질적 재화를 소비하는 것은 수천 년 전부터 이어져온 관행이다. 역사학자 폴 존슨Paul Johnson이 말한 것처럼, 20세기 후반에 저렴한 재화가 홍수처럼 쏟아져나오기 전에도 빅토리아와 에드워드 시대 잉글랜드 노동계급은 '나들이옷Sunday best'[평소에는 아껴두었다가 일요일에 교회에 나갈 때나 입는 좋은 옷.—옮긴이]을 입고(또는 나들이옷을 살 형편이 되지 못하면 작업복에 장신구를 걸치고) 해변 휴가, 영국식 표현으로는 '태양 휴가'에 돈을 펑펑 썼다. 중간계급은 이런 낭비적이고 쓸데없는 행태에 경악했다. 하지만 노동계급은 중간계급과 유한계급의 실천을 자신들만의 사회경제적 세계에서 행했을 뿐이다. 그 수단이 다르긴 했지만 말이다. 존슨이 언급한 것처럼, 중간계급은 노동계급 문화 세계의 일부가 아니었기 때문에 앞서와 같은 활동이 동화와 지위 표지의 중요한 수단이 되는 이유를 이해하지 못했다. 중간계급과 상층계급이 자기들 집단 내에서 사회적 지위를 암시하는 수단을 찾은 것처럼, 노동계급도 그들 나름의 수단을 찾은 것이다.[2] 다른 한편, 귀족 집단과 무관하게 하나의 거대한 경제 세력으로 상승한 부르주아지는 새로운 중간계급의 일원이 되었음을 확인하기 위해 저택을 사서 화려하게 장식했다. 어쨌든 중간계급은 생득권에 의지하지 않고도 점차 상향 이동했다.** 베블런은 사회가 점점 산업화되면서 전반적인 소득이 상승하고 새로운 소비재가 물밀 듯이 나타나는 길이 닦임에 따라 과시적 소비가 확산될 것이라고 보았다. 시카고대학교의 역사학자 대니얼 부어스틴은 퓰리처상 수상작인 《미국인: 민주주의의 경험The Americans: A Democratic Experience》에서 미국이 수립된 환경과 하나의 사회로 발전한 과정의 관계를 설명했다. 지금까지도 유의미한 부어스틴의 분석 가운데 하나는 백화점의 등장과 호화로운 상품의 진열이 대중에게 '사치의 민주화'를 가져다준 최초의 사례로 손꼽힌다는 것이다.

이 책에서 나는 주로 21세기 야망계급의 습관과 규범, 소비 양상에 초점을 맞춘다. 하지만 이 문화집단은 그 이전의 문화집단 없이는 존재하지 못했을 것이다. 야망계급이 어떻게 소비하는지를 이해하려면 미국인 일반이 어떻게 소비하는지, 그리고 이런 소비가 시간의 흐름에 따라 어떻게 바뀌었는지를 이해해야 한다. 모든 집단이 그렇듯, 야망계급으로서의 인식도 일부는 차별화로, 일부는 동화로 이루어지며, 종종 두 가지가 한꺼번에 나타난다. 이 장에서는 소득수준 전반에 걸쳐 시간의 흐름에 따라 미국인들이 어떻게 소비해왔는지, 그리고 이런 소비 습관에 인종과 성별, 직업, 위치, 소득수준이 어떠한 영향을 미치는지를

** 역사학자 도나 로프터스Donna Loftus가 내게 말해준 것처럼, 빅토리아시대 잉글랜드의 중간계급은 과시적 소비와 다소 긴장관계를 형성했다. 한편에는 극도로 검소하게 절약과 내핍, 오트밀 식사의 중요성을 선언하는 이들이 있었고, 또 다른 한편에는 내부를 화려하게 장식한 멋진 저택을 구입하는 이들이 있었다.

살펴보고자 한다. 이를 통해 우리는 21세기 미국의 소비문화라는 폭넓은 맥락의 일부로 야망계급의 습관과 실천을 이해할 수 있을 것이다.

지난 수십 년간 미국인의 소비 행동에는 세 가지 중요한 거시적 추세가 있었다. 첫째, 부유층과 상층 중간계급―즉 소득 상위 1퍼센트와 상위 5퍼센트 및 10퍼센트 계층―은 과시적 소비에서 미국인의 평균 지출액 대비 덜 지출하는 반면, 중간계급―소득 상위 40~60퍼센트―은 더 많이 지출한다. 둘째, 지출 비중으로 볼 때 중간계급은 소득에 비해 과시적 소비의 비중이 큰 반면, 부유층(그리고 극빈층)은 적다. 셋째, 부유층의 과시적 소비는 '비과시적 소비'로 대체되고 있다. 즉, 이들의 소비는 더 많은 여가를 얻고 장기적으로 삶의 기회를 창출하는, 비과시적이면서도 고가인 서비스로 대체되고 있다. 교육, 의료, 육아, 보육, 정원사, 가사도우미 같은 노동집약적 서비스가 여기에 포함된다. 이 장에서는 첫 번째 추세를 다루면서 세 번째를 간단히 논하고자 한다. 비과시적 소비에 대해서는 3장 전체에 걸쳐 이야기할 것이다. 우선은 미국인들이 어떻게 소비하는지, 특히 이런 지출 양상에서 과시적 소비가 어떤 역할을 하는지 살펴보도록 하자.

미국인들이 어떻게 소비하는지에 관한 세부 사항을 어떻게 알 수 있을까? 거시적인 소비 추세를 파악하기 위해, 박사과정 학생인 이효정과 나는 소비자지출조사Consumer Expenditure Survey, CES라는 독특하면서도 별로 연구되지 않은 데이터 집합을 분석했다. 수십 년간 소비자지출조사는 미국인 가계의 소비 습관에 관해 면접하고 조사하면서 미네소타의 주민들이 평균적으로 소비하는 콘플레이크의 양에서부터 뉴요커가 신발과 육아, 집세, 은식기에 얼마나 많은 돈을 쓰는지에 이르기까지 모든 것을 기록했다. 정부의 노동통계국에서 관장하는 소비자지출조사는 두 가지 경로를 통해 데이터를 수집한다. 일주일 동안 각 가정에서 기록한 일지 데이터와 노동통계국이 수행하는 분기별 가계 면접이 그것이다. 일지 데이터 덕분에 감자칩부터 커피에 이르기까지 일상생활과 관련된 사소하고 빈번한 구매를 추적할 수 있다. 면접 데이터를 통해서는 모기지, 자동차 할부금 납입, 텔레비전 구입같이 더 큰 지출을 포착한다. 이렇게 통합된 데이터는 미국인들이 어떻게 돈을 쓰는지에 관한 전반적인 그림을 보여준다. 이러한 정보를 활용해서 우리는 지난 20년간 미국인의 소비 습관에 일어난 거시적 변화를 연구했다. 이 데이터의 특성으로 우리는 인종, 교육수준, 성별, 지리적 위치, 그 밖의 수많은 인구학적, 사회경제적 특징에 따른 소비 습관을 연구할 수 있었다. 처음 이 데이터 집합을 발견했을 때, 우리는 지위를 나타내기 위해 이루어지는 듯 보이는 '쓸데없는' 지출에 특히 주목했다. 하지만 이 데이터는 미국인이 어떻게 소비하는지, 그리고 시간의 흐름에 따라 소비가 어떻게 바뀌었는지에 관한 전반적인 양상을 분석하는 데도 도움이 되었다. 그리하여 우리의 연구는 과시적 소비의 초상을 그려내면서도 거주지, 직업, 연령, 인종, 혼인 여부 등이 놀라운 방식으로 소비 습관 형성에 영향을 미치는 광범위한 추세를 밝혀내게 되었다.

야망계급론

미국 소비의 초상

놀랍게도, 한 사회의 소비 습관은 수십 년 동안 대체로 비슷한 양상을 보인다. 무슨 말인가 하면, 지위의 표지로 기능하는 품목이 달라지기는 해도(케일 대 시금치, BMW 대 캐딜락, 식기, 휴가지) 우리가 지출하는 식품, 주거, 주류, 오락, 보험, 연금 등의 비중에는 예측 가능한 패턴이 존재한다는 것이다.

예를 들어, 1996년에 우리는 총지출 가운데 14.2퍼센트를 식료품에 소비했는데, 2014년 지출에서도 식료품 소비가 15퍼센트를 차지한다.* 주류도 비슷해서 연간 총지출의 1퍼센트에 약간 못 미치는 수준이며 담배도 마찬가지로 거의 변화가 없다(지난 15년에서 20년간 대규모로 진행된 금연 캠페인을 고려하면 놀라운 결과다). 우리는 개인 보험과 연금(총지출의 약 11퍼센트), 주거(30퍼센트를 살짝 넘는다)에 늘 비슷한 비중으로 돈을 쓴다. 이런 조사 결과를 보면, 가계의 기본적인 욕구와 비용―주거와 식료품 구입―이 일정한 수준을 유지한다는 사실을 알 수 있다. 몇 가지 부분은 확실히 지출이 줄었다. 의류(1996년 총지출의 4.1퍼센트에서 2014년 2.2퍼센트)와 교통(1996년 19.7퍼센트에서 2014년 16.9퍼센트) 지출은 둘 다 세계화 때문에 자동차와 의류의 값이 저렴해진 현

---

*   이 장에 나오는 수치는 주로 소비자지출면접조사Consumer Expenditure Interview Survey의 공용 미시데이터Public-Use Microdata에서 가져온 것이다. 소비자지출일지Consumer Expenditure Diary나 통합조사Integrated Survey의 수치와 약간 다를 수 있지만, 전반적인 추세는 일치한다.

표 2.1 연간 총지출 내 비중으로 본 전반적인 지출 양상(전체 소득집단, 연도별 퍼센트)

	1996	2000	2004	2008	2012	2014
연간 총지출	100.0	100.0	100.0	100.0	100.0	100.0
식료품	14.2	13.6	13.7	14.8	15.0	15.0
주류	0.9	0.8	0.8	0.7	0.7	0.8
주거	30.3	30.9	32.0	33.3	32.2	33.0
의류	4.1	3.7	3.0	2.5	2.3	2.2
교통	19.7	20.0	19.0	17.3	17.8	16.9
의료	5.1	5.3	5.9	5.9	6.8	8.1
오락	5.2	4.9	5.1	5.1	4.6	4.6
개인용품	0.9	0.8	0.7	0.6	0.6	0.6
독서	0.5	0.4	0.3	0.2	0.2	0.2
교육	1.4	1.5	2.0	2.1	2.3	2.1
담배	0.8	0.9	0.7	0.7	0.7	0.6
기타	2.5	2.0	1.6	1.6	1.6	1.1
별거 수당, 기부금 등 현금 공여	3.3	3.6	3.5	3.6	3.9	3.5
개인 보험 및 연금	11.2	11.5	11.9	11.6	11.3	11.2

상을 반영한다. 우리가 과거에 비해 더 많은 비중으로 지출하는 항목은 의료(5.1퍼센트에서 8.1퍼센트로 증가)와 교육(1.4퍼센트에서 2.1퍼센트로 증가) 두 가지다. 〈표 2.1〉

한 사회를 이루는 우리는 모두 외식을 더 많이 하고, 술을 더 많이 마시며, 냉장고나 가구, 직물, 시계 등 집에 사용하는 물건을 더 많이 구입하고 있다. 이런 상품들에 대한 지출은 우리의 소득과 비례관계를 보인다. 돈을 많이 벌수록 이런 품목에 더 많이 지출한다. 극빈층을 제외한 대다수 사람은 이런 품목에 지출하는 비중이 거의 동일하다. 한 가지 예외가 있기는 하다. 자

야망계급론

기, 식기, 은수저 등은 1996년에 비해 오늘날 지위 표지로서의 기능이 줄어들었다. 모든 소득집단이 절대 금액으로나 지출 비중으로나 식기류에 돈을 덜 쓴다. 상위 1퍼센트를 예로 들어보자. 1996년에 이 집단은 고전적인 베블런 지위재에 총지출의 최소한 0.1퍼센트를 썼다. 그러나 2014년에는 같은 품목의 지출이 거의 0퍼센트에 가깝다.

언뜻 보기에 한 사회로서 우리는 20년 전과 거의 똑같아 보인다. 하지만 소득집단에 따른 소비 양상을 분석해보면 미묘한 차이가 드러난다. 소득과 계급을 가로지르는 커다란 차이에 관한 한, 과시적 소비와 물질적 소비에 대한 베블런과 갤브레이스의 우려는 빙산의 일각이었음을 시사하는 결과다. 이에 대해서 더 자세히 이야기해보자.

예를 들어, 전체 교육 지출은 1996년 이래 60퍼센트 증가했지만, 상위 1퍼센트, 5퍼센트, 10퍼센트 소득분위로만 좁혀 살펴보면 300퍼센트 가까이가 늘어났다. 반면, 다른 집단은 교육 지출 비중에 거의 변화가 없었는데, 이는 상위집단들의 교육 지출이 총 교육 지출의 증가를 추동했음을 시사한다. 지난 18년 동안 부유층의 총지출에서 주거가 차지하는 비중은 거의 같았지만, 중간계급과 하위 소득집단의 경우에는 3~4퍼센트가 증가했다. 식료품은 소득분포에서 백분위 40~60과 백분위 60~80 계층에서 그 비중이 커진 반면, 다른 모든 집단에서는 변화가 없었다. 중간계급의 기본 생활비가 증가한 탓에 교육, 현금 공여cash contributions[별거 수당, 이혼한 배우자에게 지급하는 양육비, 같이 살지 않는 자녀의 교육비, 기부금 등 소비자 개인의 소비와 무관한 현금 공여를 가리킨다.—옮긴이], 연금 등—고소득집단에서는 뚜렷하게 증가한 지출로, 대체로 당장에 만족을 주기보다 미래에 영향을 미치는 지출이다—에 대한 소비력이 줄어든 것일까? 상위 1퍼센트는 1996년 이래 개인 보험과 연금, 그리고 현금 공여의 지출 비중이 각각 25퍼센트와 28퍼센트 늘어난 반면, 평균적 소비자의 경우는 변화가 없었다(상위 5퍼센트와 10퍼센트는 현금 공여와 교육 지출이 늘었지만 개인 보험은 늘지 않았다). 상위 소득집단에서 이런 지출의 비중이 늘어났다는 사실은 여러 가지 방식으로 미래의 궤적이 정말로 달라질 것을 시사한다. 교육 투자 증가의 혜택을 입은 아이들은 거기서 그치지 않고 더 나은 일자리와 높은 소득, 자신의 가족을 위한 더 나은 미래를 확보한다. 여력이 있는 이들은 연금과 보험에 더 많은 돈을 쓰고, 더 나은 은퇴(실제로 은퇴를 **할 수 있다**), 더 나은 의료, 더 나은 삶의 질을 누린다. 이런 유형의 투자는 지출 능력이 있는 이들에게 유의미하게 다른 결과를 안겨준다.

과시적 소비와 '베블런재'

프린스턴의 경제학자였던 하비 라이벤스타인Harvey Leibenstein은 과시적 소비의 대상이 되는 재화를 설명하기 위해 '베블런재Veblen goods' 또는 '베블런 효과'라는 용어를 만들어냈다. 소득에 따른 소비 양상을 검토하면 이런 고전적 베블런재를 과시적으로 소비하는 방식에서 소득계층별로 차이가 나타남을 알 수 있다. 이 장서두에서 언급한 첫 번째 추세를 살펴보자. 부유층은 부를 드러내는 재화에 돈을 덜 쓰고 있다. 1996년,* 상위 1퍼센트는 다른 모든 이들보다 과시적 소비─의복, 시계, 보석, 자동차, 그 밖에 사회적으로 가시적인 재화─에 거의 4배의 지출을 했다. 부유층의 소득이 국민 평균보다 5배 이상 많다는 점을 감안하면 전혀 놀랄 일이 아니다─상당히 많은 돈이 남기 때문이다. 하지만 오늘날 여전히 다른 이들에 비해 소득이 6배 이상 많은(10배, 20배를 버는 이들은 말할 것도 없이) 부유층은 과시적 소비에 3배 정도만 더 지출한다.

여기서 중요한 관계는 **소득 대비 과시적 소비의 비율**이다.** 이 비율을 통해 우리는 국민 전체에 비교했을 때 어느 정도 수입이면 과시적 소비에 얼마만큼 돈을 쓸 수 있는지를 대략적으로 추정할 수 있다. 만약 그 비율이 1.00이라면, 소득수준을 기준으로 예상되는 만큼을 전부 과시적 재화에 쓴다는 뜻이다(100퍼센트). 이러한 기준을 참고해서 살펴보면, 상위 소득집단은 소득 대비 과시적 소비율에서 허용되는 수준의 65~80퍼센

---

* 1996년은 이런 분석을 수행할 수 있는 세부적인 데이터가 처음 만들어진 해다.
** 여기서 소비율은 (a)미국인의 평균적인 과시적 소비 대비 특정 소득집단이 과시적 소비에 쓴 돈의 액수와 (b)미국인의 평균소득 대비 특정 소득집단의 소득/수입의 비율로 정의된다. [소비율=(i집단이 과시적 소비에 쓴 금액÷미국인의 과시적 소비 평균 금액)÷(i집단의 소득÷미국인의 평균소득)]

트만을 지출하고 있다. 더욱이 상위 1퍼센트와 5퍼센트의 경우에는 1996년 이래 이 비율이 각각 18퍼센트포인트, 12퍼센트포인트 감소했다(상위 10퍼센트는 10퍼센트포인트 감소했다). 예외가 있다면 의복과 액세서리다. 상위 5퍼센트와 10퍼센트는 여전히 소득 대비 소비율에서 허용되는 것보다 상당히 적은 돈을 쓰지만, 1996년에 비해서는 많이 쓴다. 중간계급과 저소득집단은 여전히 이 항목에서 예상보다 더 많이 지출하지만 1996년과는 거의 같은 비율이다.

중간계급과 저소득집단(백분위 0~39)은 나란히 소득-소비 비율이 권고하는 수준보다 과시적 소비에 더 많은 돈을 쓴다. 빈곤층의 경우, 기본 생활비 관련 지출이 소득에서 훨씬 큰 비중을 차지하기 때문에 과시적 소비에 쓸 돈이 있더라도 그 금액이 많지 않다. 1996년 이래, 저소득집단의 과시적 소비는 의류와 자동차에서는 감소했지만 전체로 보면 증가했다.

하지만 세계 각지에서 밀려오는 비교적 저렴한 소비재의 물결을 활용하는 중간계급 소득집단은 반대의 추세를 보여준다. 중간계급(소득 백분위 40~59)의 소득 대비 소비율은 16퍼센트포인트 증가했다. 이 시기 동안 제조업의 세계화와 신기술 덕분에 의류와 액세서리 가격이 전반적으로 내렸지만, 중간계급은 1996년에 비해 35퍼센트 더 과시적 소비에 지출한다.* 〈표 2.2〉

---

* 저소득집단은 소득-소비 비율에서 예상되는 것보다 38퍼센트 더 소비하지만, 1996년에 비해서는 4퍼센트포인트 낮아진 것이다.

표 2.2 1996년과 2014년의 소득 대비 과시적 소비율(선별된 항목)

연도	전체		의류와 액세서리		자동차		텔레비전, 오디오기기	
	1996	2014	1996	2014	1996	2014	1996	2014
전체 가구	1.00	1.00	1.00	1.00	1.00	1.00	1.00	1.00
상위 1퍼센트	0.65	0.47	0.61	1.06	0.58	0.31	0.77	0.44
상위 5퍼센트	0.76	0.64	0.80	0.91	0.69	0.58	0.62	0.62
상위 10퍼센트	0.80	0.70	0.86	0.90	0.75	0.67	0.71	0.70
백분위 60~89	0.99	1.03	0.97	0.97	0.98	1.04	1.01	0.95
백분위 40~59	1.19	1.35	1.11	1.11	1.28	1.46	1.18	1.42
백분위 0~39	1.47	1.51	1.46	1.38	1.50	1.38	1.68	1.78

의류와 액세서리, 자동차, 텔레비전, 오디오기기 같은 특별한 유형의 과시적 재화인 경우에도 같은 추세가 나타난다. 2014년, 상위 1퍼센트는 1996년에 비해 텔레비전에 돈을 덜 썼는데, 이는 감소 규모가 가장 큰 항목이었다. 소득-소비 비율을 기준으로 상위 1퍼센트는 자동차와 텔레비전 등에 예상되는 것보다 절반 이하를 지출하는 반면, 중간계급은 둘 다에 대해 예상되는 것보다 40퍼센트 이상 더 소비한다.〈표 2.2〉

하지만 확실히 해둘 것은, 부유층의 전반적인 소비가 갑자기 줄어든 것은 아니라는 점이다. 실제로 총지출에서 차지하는 비중으로 보자면 상위 5퍼센트와 상위 10퍼센트는 다른 소득 집단들과 비슷한 비중을 과시적 재화에 지출한다—그들의 소득이 많기 때문에 훨씬 더 많은 금액을 지출할 수 있을 뿐이다. 2014년, 부유층은 총지출의 17퍼센트를 과시적 소비에 쓴 반면, 중간계급은 18.1퍼센트를 썼다. 과시적 소비의 지출 비중이 비숫하다는 사실은 돈이 많을수록 과시적 소비의 기회도 더 많아지긴 하지만, 소득이 적다고 해서 가시적, 물질적 재화를 소비하지 않는 건 아니라는 점을 시사한다. 베블런이 100여 년 전에 관찰한 현상은 오늘날에도 유효하다.

부유층의 과시적 소비

오늘날 많은 과시적 재화는 모든 소득집단이 손에 넣을 수 있게 되었고, 이에 따라 부유층은 많은 사람이 손에 넣을 수 있고 중간계급도 어렵지 않게 살 수 있는 재화를 통해 스스로를 구별하지 않는다(중간계급은 재정계획과 신용거래를 통해서만 살 수 있긴 하지만). 과시적 소비의 전통적인 품목들은 많은 미국인의 삶에서 핵심적인 부분이 되었으며, 부유층은 이제 고급 시계와 보석, 보트에 압도적으로 많은 돈을 쓴다―평균적인 미국인은 구매할 수 없을 정도로 엄청난 가격표가 붙은 사치품들이다. 바로 이런 제품들이 부유층을 위한 새로운 지위 품목이다. 데이터를 살펴보면, 상위 1퍼센트는 절대 금액으로 보나 총지출에서 차지하는 비중으로 보나 다른 이들보다 시계와 보석에 훨씬 많은 돈을 썼다. 2014년, 상위 1퍼센트는 상위 5퍼센트가 쓴 것보다도 2배 이상 많은 돈을 썼고, 총지출에서 이러한 금액이 차지하는 비중도 국민 평균에 비해 훨씬 높았다. 값비싼 시계와 보석을 수리하는 경우도 마찬가지다. 부유층은 언제나 고급품 수리에 더 많은 돈을 쓰긴 했지만 오늘날 상위 1퍼센트는 절대 금액으로 국민 평균보다 8배 많은 금액을 지출하며, 상위 10퍼센트는 국민 평균보다 50퍼센트 더 많이 지출한다. 물론 이런 추세는 부유층이 수리할 가치가 있는 시계와 보석을 소유하고, 수리비도 많이 들기 때문이다. 롤렉스나 그 비슷한 시계를 '분해 점검'하는 데만 500달러에서 1000달러 정도가 소요되는데, 이 금액은 평범한 사람들이 애당초 시계를 사는 데 쓰는 돈보다도 많은 액수다. 자동차 수리와 회원제 카센터의 경우도 마찬가지다. 상위 10퍼센트는 국민 평균보다 2배 가까이 많은 돈을 쓰며, 중간계급은 국민 평균보다 덜 쓴다.

예상 가능한 일이겠지만 보트는 21세기 부유층의 과시적 소비에 해당하는 한 가지 품목이며, 평균적 가계에서는 거리가 먼 재화다. 2014년 상위 1퍼센트는 국민 평균보다 3배 더 많은 돈을 보트에 썼다. 총지출에서 차지하는 비중으로 보면 소비 입지계수(1.1~2.1)에서 알 수 있듯이 상위 소득자들이 대체로 국민 평균보다 6퍼센트에서 100퍼센트 이상 더 쓴다. 중간계급과 하위 소득집단은 다른 집단보다 보트에 돈을 덜 쓰며 각각 국민 평균의 50퍼센트, 26퍼센트에 해당한다(각각 입지계수 0.8과 0.3으로 나타난다). 〈그림 2.1〉

과시적 소비에 관한 마지막 관찰 한 가지는 다음과 같다. 하위 소득집단에서 주목할 만한 지출 항목은 장례식이다. 1996년 이래, 저소득 가구는 일관되게 총지출에서 장례식에 가장 많은 돈을 썼고, 부유층은 같은 기간 국민 평균보다 덜 썼다. 2014

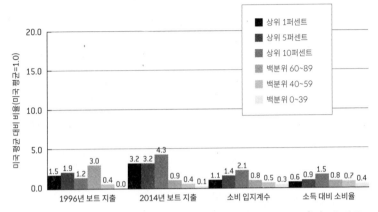

그림 2.1 보트가 총지출에서 차지하는 비중 및
국민 평균과의 비교, 그리고 소득 대비 소비율

데이터 출처: Consumer Expenditure Survey, Bureau of Labor Statistics.

년 절대 금액으로 볼 때 상위 1퍼센트는 다른 이들보다 장례식
에 상당히 돈을 덜 쓴 반면, 빈곤층은 총지출에서 장례식이 차지
하는 비중이 국민 평균보다 26퍼센트 많고, 중간계급은 국민 평
균과 비슷하다. 이런 양상은 전체 기간 동안 유지되는데, 그 이
유에 관한 설명을 역사학자들에게 들을 수 있었다. 폴 존슨은 에
드워드시대와 빅토리아시대 잉글랜드에서 노동계급 사이에 지
위를 과시하는 중요한 수단이 장례식이었던 반면, 부르주아에
게는 그렇지 않았다고 말한다(부르주아는 지위를 과시할 다른 방법
이 많았다). 부유층이 박물관 개관식, 자선 행사, 끝없이 벌어지
는 디너파티를 주최하고 참석하는 데 비해, 빈곤층은 과시적 소
비에 관여할 수단이 상대적으로 제한돼 있었다는 것이다. 《최
후의 거대한 필수품: 미국사의 묘지들The Last Great Necessity: Cemeteries in

American History》을 쓴 도시사학자 데이비드 슬론David Sloane이 설명한 것처럼, "노동계급 가정에게 죽음, 특히 어린아이나 가장의 죽음은 전통적으로 막대한 파급력을 지닌다. 또한 저소득층 지역사회는 대개 매우 높은 수준의 사회적 자본을 갖고 있고 생존을 위해 그런 사회적 자본에 의지한다. 대다수 가정은 장례식의 공동체적 측면—아일랜드의 경야經夜 같은—뿐만 아니라 수행적 측면—존중을 나타내기 위해 필요한 비용—에도 상당한 액수의 돈을 쓴다". 슬론의 말을 계속 들어보자. "또한 부유층 가정은 …… 죽음과 망자, 장례식에 대해 다른 태도를 보인다. …… 많은 이가 죽음을 매우 사적으로 간직하며, 따라서 많은 비용을 들이지 않는다. 추도식과 연회를 열기도 하지만 비용을 제한한다. 마지막으로, 부유층일수록, 또 식자층일수록 화장할 가능성이 높다. 노동계급 가정은 대개 매장을 하는 경우가 많은 반면 부유층 가정은 화장을 더 많이 한다—항상 그런 것은 아니지만 대부분 화장이 더 저렴하다."[3]

베블런 효과: 인종, 교육, 결혼 여부는 소비에 어떤 영향을 미치는가

많든 적든 소득은 우리의 소비에 영향을 미치며, 과시적 소비에 얼마나 많은 돈을 쓰는지뿐만 아니라 장례식이든 시계든 우리가 어디에 지출할 것인지 선택하는 데도 영향을 미친다. 소득은 과시적 소비에 영향을 미치지만 그 외에 다른 많은 요인도 물질적 재화에 대한 우리의 욕망에 영향을 미친다. 사회적으로 가시적인 재화에 우리가 반응하고 그것에 의해 동기를 부여받는 것, 즉 경제학자들이 말하는 이른바 '베블런 효과'는 연령, 직업, 인종, 혼인 여부, 심지어 우리가 사는 곳까지도 관련되어 있다.

우리의 과시적 소비가 어떻게 이뤄지는지를 이해하는 데 상당히 기여한 두 편의 학술 논문이 있다. 이 논문들은 과시적 소비 실천에 단순히 얼마나 많은 소득이 영향을 미치는지를 넘어 경제적, 사회적, 인구학적 변수들을 살펴보았다. 시카고대학교와 와튼스쿨의 경제학자들인 커윈 찰스Kerwin Charles, 에릭 허스트Erik Hurst, 니콜라이 루사노브Nikolai Roussanov는 2007년 발표한 논문을 통해 지위 구매status purchasing에서 인종이 어떤 역할을 하는지 탐구했다. 소비자지출조사를 활용한 이 연구는 모든 인종에서 사람들이 더 부유해지고 교육수준이 높아질수록 과시적 소비에 더 많은 액수를 쓴다는 사실을 발견한다. 다른 모든 요인을 통제하고 인종의 영향만 살펴본 찰스와 동료들이 발견한 바에 따르면, 흑인과 히스패닉은 동일한 소득 및 교육집단에 속하는 백인에 비해 소득에서 더 많은 비중을 과시적 소비에 쓴다. 찰스는 이런 결과를 차별의 영향으로 추측한다. 이들은 소수자로서 백인이나 아시아계보다 자신의 사회적 지위를 가시적으로 드러내야 한다는 더 큰 압력을 받는다는 것이다. 이들은 좋은 차를 타고 잘 차려입은 모습 등을 보여줌으로써 자신의 계급을 암시한다. 차별을 겪은 역사를 지닌 소수자들에게 과시적 소비는 사회적·경제적 위치를 효율적으로 드러냄으로써 차별로부터 벗어나는 수단이 된다.[4] 이러한 결과는 상층계급 와스프White Anglo-Saxon Protestant, WASP 문화에서 관찰되는 것과 거의 정반대다. 어떤 차별이나 억압도 경험하지 않은 와스프집단은 물질적 재화를 아무렇지 않게 무시한다. 피부색만으로도 자신의 사회적 위치가 드러날 것이라고 생각하기 때문이다.

과시적 소비를 연구한 또 다른 이들은 다양한 인구학적 특징과 관련하여 특정한 물질적 재화들이 어떤 역할을 하는지 분석하려 했다. 코넬대학교의 경제학자 오리 헤페츠Ori Heffetz는 과시적 소비를 '문화적으로 가시적인' 재화의 소비로 본다. 즉, 단순한 생필품(물이나 빵 등)이 아니라 특정한 사회경제적 맥락에서 이뤄지는 소비가 과시적 소비라고 본 것이다. 찰스와 그의 동료들과 마찬가지로, 헤페츠도 부유한 사람일수록 가시적 재화에 (절대 금액으로) 더 많은 돈을 쓴다는 사실을 발견한다(인종이나 민족적 배경과는 무관하다). 헤페츠는 저소득집단이 소득의 더 많은 비중을 과시적 소비에 쏟아부을지라도 과시적 소비의 효과는 부유층이 더 톡톡히 본다고 주장했다.[5] 이런 주장은 상위소득집단이 다른 집단에 비해 과시적 소비에 지출하는 비중이 상대적으로 적다는 앞서의 논점과 모순되는 것처럼 보일지 모른다. 하지만 우리는 여기서 두 가지를 염두에 두어야 한다. 첫째, 부유한 사람일수록 과시적 재화에 절대적으로 더 많은 금액을 쓰는 게 사실일지라도 이는 그들의 전체 소득에서 극히 일부일 뿐이다. 롤렉스 시계가 1만 달러라고 한들 당신이 아주 부자라면 그 1만 달러는 중간계급 가정의 50달러와 비슷할 것이다. 즉, 중요한 것은 과시적 소비에 지출하는 절대 금액이 아니라 소득 대비 비중이다. 둘째, 다른 모든 요인을 통제하면 소득이 많은 사람일수록 과시적 소비에 더 많은 돈을(지출 비중이 아니라 절대 금액으로) 쓰지만, 이런 관찰 결과는 상위 소득집단이 전체 소득에서 더 적은 비중을 과시적 소비에 쓰는 양상과 모순되지 않는다. 이런 폭넓은 양상에서는 소득이 유일한 결정 변수로 분리되지 않는다. 헤페츠는 전체 부유층집단을 살펴보면서 인구학, 직업, 연령 등을 고려했다. 부유층을 집단적으로 연구하면 그들이 과시적 소비에 돈을 덜 쓰고, 비과시적 소비에 더 많이 쓴다는 사실이 분명해진다.

과시적 소비에 대한 연구에서 이효정과 나는 찰스, 헤페츠, 그리고 두 연구자의 동료들의 연구를 참고하며 데이터를 최근 10년간까지 갱신하고 확장했다(이전 시기와 더 많은 변수를 추가했다). 우리는 무엇이 우리의 소비 양상에 영향을 미치는지를 보여주는 더 자세한 최신의 초상화를 제시하고자 한다. 우리의 연구는 교육, 인종, 연령, 지리, 도시 규모, 가구원 수, 주택 소유 여부, 결혼 여부, 소득탄력성 등의 상호작용을 고려한다. 따라서 각각의 경우에 우리는 특정한 변수(가령 교육)를 따로 떼어놓고 그것이 지출에 미치는 개별적 효과를 연구했다. 예를 들어, 우리가 인종을 고려할 때는 인종을 제외한 다른 모든 기준에서 동일한 세대주들을 살펴볼 것이다. 이 개인들은 교육수준이 동일하고, 수입이 같으며, 자녀의 수가 같고, 그 밖에도 모든 요인이 동일하다. 이를 통해 우리는 사람들이 소비하는 방식에 인종(또는 수입이나 교육, 그 밖의 특정한 다른 모든 변수)이 미치는 영향을 정확하게 확인할 수 있다. 우리는 또한 21세기의 소비 양상에서 그 중심을 차지하는 또 다른 요소, 즉 지위와 사회경제적 위치를 드러내는 새로운 형태의 소비를 추가했다. 사회 전체적으로 과시적 소비가 증가하는 상황에서, 상이한 집단들은 어떻게 서로 구별 짓기를 하는가? 이 장의 서두에서 나는 부유층에서 나타난 새로운 추세를 강조했다. 비과시적 소비의 부상이 그것이다. 다시 말해, 사회적·문화적으로 드러내려는 소비가 아니라 정원사나 돌보미, 자동차 관리사를 고용하거나 교육과 퇴직연금에 지출을 집중하는 식으로 계급적 위치를 드러내는 소비다. 이 재화들 가운데 어느 것도 물질적이거나 지위를 드러내는 데 사용되지 않으며, 이러한 재화의 소비는 다만 지출을 감당할 여력이 있다는 사실을 드러냄으로써 부를 보여준다. 새로운 엘리트집단 안에서 비과시적 소비가 어떤 역할을 하는지는 3장 전체에서 살펴볼 것이다. 여기서는 우리가 과시적 소비와 비과시적 소비 중 어느 쪽에 지출하는지, 또는 왜 어느 쪽에도 지출하지 않는지에 영향을 미치는 다른 변수들을 검토해보자.

연구 결과를 보면 인구학적인 우리의 정체성이 소비 방식에 심대한 영향을 미친다는 사실을 알 수 있다. 연령을 보자. 다른 모든 인구학적, 사회경제적 요인들을 통제하면 젊은 사람일수록 과시적 소비와 비과시적 소비 둘 다에 더 많은 돈을 쓰는 것으로 나타났다. 하지만 비과시적 소비에서는 연령에 따른 차

표 2.3 세대주 연령에 따른 소비율(16~24세=100.0)

	과시적 소비	비과시적 소비	기타 소비
16~24세	100	100	100
25~34세	88	83	122
35~44세	75	78	126
45~54세	69	78	128
55~64세	61	82	124
65~74세	52	91	113
75세 이상	19	95	104

이가 그만큼 크지 않다. 과시적 소비에 가장 적게 쓰는 사람은 45~54세와 75세 이상이다. 이러한 결과는 자연스러워 보인다. 16~24세 사람들은 나이가 많은 집단보다 의무가 적다. 45~54세 사람들은 가구와 자녀 양육에 관련된 지출(모기지대출이나 자녀 의류, 학비 등)이 가장 많을 때로, 과시적 소비에 덜 지출한다. 비과시적 소비의 경우 75세 이상 사람들이 16~24세 연령집단과 거의 비슷하게 지출하는 반면, 35~54세 사람들은 가장 적게 지출한다. 75세 이상 집단의 경우에는 재택 돌봄이나 가사도우미 등 노동집약적 서비스에 어느 정도 의존하고 있을 가능성이 높은 것으로 보인다. 〈표 2.3〉

인종 또한 사람들이 소비하는 방식에 영향을 미치는 중요한 요인이다. 우리의 분석 결과는 커윈 찰스와 그의 동료들이 수행한 선행 연구, 즉 소수 인종에게 과시적 소비가 지니는 의미를 입증한다. 연구 결과, 히스패닉이 과시적 소비에 가장 많이 지출하는 것으로 나타났다. 히스패닉은 과시적 소비에 비히스패닉

표 2.4 세대주의 인종/종족에 따른 소비율(비히스패닉계 백인=100.0)

	과시적	비과시적	기타 소비
비히스패닉계 백인	100	100	100
아프리카계 미국인	89	82	95
아시아 태평양계	86	68	94
히스패닉	104	69	96
기타	98	86	98

계 백인보다 4.4퍼센트, 흑인보다 15퍼센트, 아시아계보다 거의 20퍼센트를 더 지출하며, 비과시적 소비에는 아시아계 다음으로 가장 적게 지출한다. 비히스패닉계 백인은 비과시적 소비에 가장 많은 돈을 쓰고, 그다음은 흑인이다. 다른 모든 요인을 통제하면, 아시아계는 과시적 소비와 비과시적 소비 둘 다에 가장 적게 지출한다.〈표 2.4〉

결혼 여부를 보자. 과시적 소비에 가장 많이 지출하는 건 기혼 상태인 사람들이며 사별한 남성이 가장 적게 지출한다. 결혼하지 않은 사람들의 과시적 소비 지출은 기혼자에 비해 18퍼센트 가까이 적은데, 상대적으로 가정의 의무가 적고 시간적, 금전적으로 더 여유로울 것이라는 점을 생각하면 놀라운 결과다. 기혼자는 생일, 크리스마스, 그 밖에 배우자를 위한 지출에 영향을 미치는 공휴일과 이와 비슷하게 자녀를 위한 공휴일같이 정기적인 '의무'가 있기 마련이다. 주택 소유자는 임차 거주자에 비해 과시적 소비에 더 많은 돈을 쓰는데, 이는 아마도 주택 소유자의 생애주기가 임차 거주자와 다르다는 점, 즉 가구와 자동차에 관련된 지출이 늘어나기 때문일 수 있다.*

헤페츠, 찰스와 마찬가지로 우리 또한 부유한 개인일수록 절대 금액으로 과시적 소비에 더 많은 돈을 쓴다는 사실을 발견했다(하지만 소득에서 더 많은 비중을 사회적으로 가시적인 지출에 쏟아붓는 건 저소득집단이다).** 하지만 흥미롭게도, 소득의 증가는 과시적 소비보다 비과시적 소비에 대한 지출과 더 밀접한 관련이 있는 것으로 나타났다. 우리는 소득탄력성 기준을 사용해서 과시적 소비와 비과시적 소비, 기타 지출에 대한 엥겔곡선을 만들었다. 엥겔곡선을 통해 우리는 특정한 품목에 대한 지출이 소득수준과 소득변동에 따라 달라짐을 알 수 있다. 에른스트 엥겔이 발견한 가장 유명한 사례는 소득이 적은 가계일수록 예산의 더 큰 비중을 식료품에 지출하는 경향이 있지만, 가계소득이 증가한다고 해서 식료품 예산이 정확히 같은 비율로 증가하지는 않는다는 것이다. 식료품은 소득과 무관하게 필수적인 지출 항목이기 때문에 가계는 일정한 금액을 식료품 소비에 할애해야 한

---

* 연구한 모든 변수의 전체 목록과 회귀분석 결과에 대해서는 이 책의 부록을 보라.

** 상이한 인구집단별로 소비 행동이 어떻게 다른지 검토하기 위해 이 연구에서는 다음의 방정식을 계산한다. $y_{ijt}=X_{ijt}\beta+a_j+\tau_t+\varepsilon_{ijt}$ 여기서 y_{ijt}는 해당 연도(t)에 대도시 지역(j)에서 가구 소비(i)의 로그값이다. 우리는 과시적 소비, 비과시적 소비, 기타 지출 등 각기 다른 유형의 소비의 회귀계수를 비교한다. X_{ijt}는 개별 가구의 인구학적, 사회경제학적 특징의 벡터값이고, a_j는 대도시 지역이라는 특징, τ_t는 1년 고정효과다. 샘플링 설계를 처리하기 위해 회귀에서 샘플링 가중치를 사용하며, 강건robust 표준오차를 사용해서 이분산heteroscedasticity을 바로잡는다. 더 자세한 정보에 대해서는 온라인에서 볼 수 있는 소득계층별소비Consumption by Income Class 표와 이 책의 부록을 보라.

다. 하지만 우리가 필요로 하는 식료품은 일정한 양 이상을 넘기지 않기 때문에 단지 부유해진다고 해서 식료품에 더 많은 돈을 지출하지는 않는다. 유기농이나 수입 식품을 구매하기 시작한다 하더라도, 기본 식료품과 사치 식료품 사이에는 다른 재화, 가령 포르쉐와 혼다 사이만큼의 가격 차이가 있지 않다. 기본 필수재(가령 주거와 식료품)에 대한 가계 지출에 관한 우리의 연구는 엥겔의 초기 연구 결과를 입증한다. 우리는 엥겔곡선에서 특정한 소득집단의 소득이 1퍼센트 증가했을 때 어떤 현상이 나타날지 궁금했다. 우리가 발견한 바로, 소득탄력성이 가장 큰 집단은 상위 1퍼센트 집단이었지만 이들은 가시적인 지위재보다 비과시적 재화에 더 많은 지출을 할애할 가능성이 높은 것으로 나타났다. 상위 1퍼센트의 경우, 소득이 1퍼센트 증가하면 과시적 지출은 0.23퍼센트, 비과시적 지출은 0.24퍼센트 늘어난다(총지출은 0.21퍼센트 증가한다). 상위 1퍼센트의 기타 지출은 거의 증가하지 않는다. 저소득 가계의 추가 소득이 식료품이나 공과금 등으로 지출되는 것과는 정반대다. 상위 1퍼센트 가계는 소득의 증가가 필수재 지출이 아닌 사치재 지출에 영향을 미친다. 기본적 욕구가 이미 충족된 상태라면, 새로운 차, 시계, 보트 등을 구매하거나 육아도우미를 더 오래 고용하거나 정원사에게 조경을 맡기지 않겠는가? 소득 증가율 자체는 작아 보일지 몰라도 이미 부유한 계층이라면 이야기가 달라진다. 상위 소득집단의 소득은 일반적으로 1퍼센트보다 훨씬 높은 비율로 증가한다(보너스를 받는 경우도 많다). 소득이 4퍼센트 증가하면 과시적 소비와 비

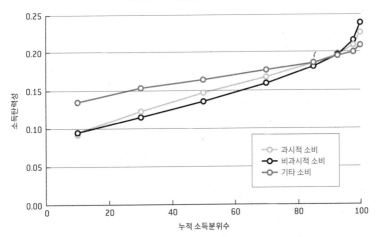

그림 2.2 소득집단별 소득탄력성

소득탄력성 / 누적 소득분위수

범례: 과시적 소비 / 비과시적 소비 / 기타 소비

데이터 출처: Consumer Expenditure Survey, Bureau of Labor Statistics.

과시적 소비는 모두 1퍼센트 늘어난다.

　이런 결과를 백분위 20에 속하는 이들과 비교해보자. 이들은 소득이 1퍼센트 증가할 때마다 매우 작은, 거의 무시해도 괜찮을 만큼 적은 금액을 과시적 소비나 비과시적 소비에 추가로 지출(0.09퍼센트)하는 반면, 식료품과 주거 같은 기타 지출에는 약 0.14퍼센트를 더 지출한다. 실제로 상위 10퍼센트, 5퍼센트, 1퍼센트를 제외하고 소득이 증가한 모든 소득집단은 비과시적 소비나 과시적 소비가 아닌 필수적인 기타 소비에 더 많은 돈을 쓴다. 〈그림 2.2〉

　우리는 또한 대다수 소득집단의 소득탄력성이 예측 가능한 직선을 따르며, 다만 상위계층에서는 소득이 조금만 늘어나도 비필수재 지출이 한층 급격하게 증가한다는 사실을 발견했다.

이러한 결과를 보면, 대다수 소득집단의 경우 소폭의 소득 증가는 일상적인 청구서와 생활비를 처리하는 데 도움이 될 뿐 갑작스러운 사치재 소비로 이어지지는 않는다는 사실을 알 수 있다—부유층의 경우 소폭의 소득 증가는 추가적인 휴가나 신발, 조경 등 기본적 욕구의 충족과 무관한 재화나 서비스로 곧바로 전환된다.〈그림 2.2〉 저소득층 가계라면 똑같이 1퍼센트 증가한 소득으로 식료품을 더 사거나 공과금을 낼 것이다. 헤페츠는 다양한 소비재, 특히 자동차, 항공 여행, 교육, 보석 등에 대한 엥겔곡선에서 비슷한 결과를 도출했다. 이러한 품목은 모두 상위 소득집단의 구매율이 압도적으로 높다.

소득수준 외에 과시적 지출과 비과시적 지출을 예측할 수 있는 가장 중요한 지표는 교육수준이다. 학사학위나 석사학위 또는 그 이상(의학박사, 법학박사, 철학박사 등)을 가진 사람들은 과시적 소비에 고등학교 중퇴자보다 35퍼센트, 고등학교 졸업자보다 약 20퍼센트, 전문대학 졸업자보다 5퍼센트를 더 지출한다. 이 분석은 소득을 통제했기 때문에 교육이 이런 지출에 필요한 소득을 제공한다고 단순하게 볼 수 없다. 그보다는 헤페츠가 말한 것처럼, 특정한 교육적 배경을 갖춘 이들이 과시적 소비를 높이 평가하는 사회적 환경에 속하며, 교육이 '항구적 소득', 즉 평생 동안 계속해서 벌 수 있을 것으로 기대되는 소득의 적절한 척도가 된다고 볼 수 있을 것이다. 이러한 관점에서 보자면 교육수준이 높은 사람들이 어째서 자동차나 주택, 새 시계에 더 많은 돈을 쓰는지를 이해할 수 있다—그들의 경제적 상황은 대체로

표 2.5 세대주의 교육수준에 따른 소비율(고등학교 중퇴=100.0)

	과시적 소비	비과시적 소비	기타 소비
고등학교 중퇴	100	100	100
고등학교 졸업	118	132	105
전문대학 졸업	129	163	108
학사학위	135	188	114
석사학위 이상	135	204	116

그림 2.3 세대주의 교육수준에 따른 소비율

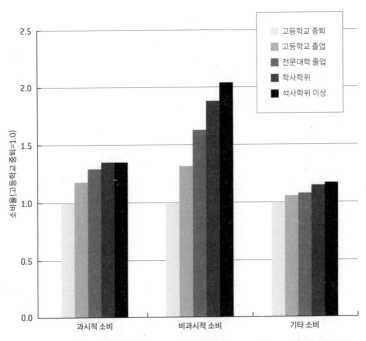

데이터 출처: Consumer Expenditure Survey, Bureau of Labor Statistics.

더 안정적이다. 더 중요한 사실은 교육수준이 높을수록 비과시적 재화에 대한 지출이 늘어난다는 것이다. 석사학위 소지자는 고등학교 중퇴자보다는 100퍼센트 더, 학사학위 소지자보다는 약 15퍼센트 더 지출한다. 교육수준에 따른 비과시적 소비 지출의 증가는 점진적이라기보다는 도약에 가깝다(다른 지출은 좀 더 선형적으로 증가한다). 고등학교만 졸업해도 중퇴자보다 비과시적 소비에 32퍼센트를 더 지출한다.〈표 2.5〉,〈그림 2.3〉 내 생각에 이런 지출 양상이 나타나는 데는 가시적 재화가 중요한 사회적 맥락뿐만 아니라 높은 교육수준과 관련된 일자리의 특성이 영향을 미치는 것으로 보인다. 예를 들어 의사, 변호사, 컨설턴트는 장시간 노동을 하기 때문에 가사도우미나 정원사, 돌보미, 그 밖의 재화나 서비스에 대한 지출로 가정생활의 편의를 도모할 수 있다. 그들은 장시간 일하지만 높은 보수를 받으므로 가사노동을 외주화할 수 있다(그들과 똑같이 주 60시간을 일하지만 소득수준이 낮아서 가사도우미나 정원사를 고용할 수 없는 이들의 경우를 비교해보라). 이런 직종은 높은 고정소득이 보장된다(의사와 변호사가 해고를 걱정하는 경우는 거의 없고, 금융계 종사자들은 그런 위험을 감수하긴 하지만 그만큼 충분한 보수를 받는다). 즉, 소득 증가와 노동시간 증가의 결합이 이런 유형의 지출 양상이 나타나는 데 영향을 미칠 수 있다.

지리적 위치와 규모의 측면에서 우리가 어느 도시에 사는지, 도시에 사는지 아닌지 또한 우리의 소비에 영향을 미친다. 다음 장에서 도시별로 확연하게 다른 소비 양상을 자세히 검토

표 2.6 인구조사 지역별 소비율(남부=100.0)

	과시적 소비	비과시적 소비	기타 소비
북동부	93	102	102
중서부	99	106	99
남부	100	100	100
서부	100	119	108

하겠지만, 지위재는 대체로 북동부에 사는 사람들이 가장 적게 소비하고 남부와 서부에 사는 사람들이 가장 많이 소비하는 경향이 있다. 〈표 2.6〉 서부(애리조나, 캘리포니아, 네바다, 뉴멕시코 등)에 사는 사람들은 과시적 소비와 비과시적 소비 모두 (절대 금액으로) 가장 많이 지출하며, 기타 소비도 가장 많다. 이 주들의 일부 지역은 동부 연안에 비해 주택 가격이 훨씬 저렴하기 때문에 다른 부분에 지출할 수 있는 여분의 소득이 있을 수 있다. 또한 이 지역에 사는 사람들은 다른 지역에 사는 사람들에 비해 대체로 과시적 소비를 더 우선시하는 것으로 나타난다. 도시 규모 또한 중요하다. 대도시에 사는 사람일수록 소도시에 사는 사람에 비해 과시적 소비, 비과시적 소비, 기타 소비에 더 많은 돈을 쓴다. 실제로 대도시에 사는 이들의 과시적 소비와 비과시적 소비는 소도시에 사는 이들보다 평균 15퍼센트 더 많으며 총지출은 20퍼센트 더 많다. 일정 부분은 생활비의 영향으로 설명할 수 있을 것이다─로스앤젤레스나 뉴욕 같은 대도시는 생활비가 비싸다. 또한 부는 대도시에 집중되는 경향─대기업, 은행, 영화 스튜디오 등의 높은 수익과 이러한 고임금 산업에 종사하는 이들이 모

표 2.7 도시 인구 규모별 소비율(12만 5000명 이하=100.0)

	과시적 소비	비과시적 소비	기타 소비
400만 명 이상	114	115	119
120만~400만 명	110	112	112
33만~119만 명	112	112	108
12만 5000~32만 9900명	106	112	105
12만 5000명 이하	100	100	100

이므로 ─ 이 있다. 대체로 대도시는 조밀하고 활력이 있으며 사교활동이 활발하게 이루어져 가시적 재화의 구매를 자극하고 그런 재화를 높이 평가하는 환경이다. 이와 대조적으로, 소도시(인구가 12만 5000명에서 32만 9000명인 도시)는 인구 12만 5000명 이하인 도시에 비해 그렇게까지 많은 돈을 과시적 소비에 지출하지 않는다. 〈표 2.7〉 비과시적 소비의 경우, 대도시의 지출 비중이 더 높은 이유 중 하나는 대도시 일자리의 성격상 비과시적 서비스를 이용하기가 쉽다는 것이다. 주요 대도시는 장시간 노동으로 비과시적 소비를 필요로 하고 여기에 지출할 수 있을 만큼 고소득을 올리는 수많은 전문직 종사자들의 본거지다. 대도시에는 돌보미 중개소나 가사도우미 업체, 박물관과 오페라극장, 고급 시계와 보석을 수리하는 전문 수리점 등 노동집약적 상품과 서비스가 넘쳐난다. 이는 대도시에서 소비가 증가하는 또 다른 이유이기도 하다. 대도시는 보다 많은 이윤을 창출하며, 러시아 올리가르히부터 할리우드 거물, 월스트리트 헤지펀드 매니저에 이르기까지 세계 최고 부유층을 끌어모은다. 대도시에 집

중된 거대한 부와 생산성은 막대한 구매력으로 이어지며, 그 결과 소매점과 서비스 산업이 대도시에 자리를 잡고 이윤을 창출한다.

지금까지 살펴본 것처럼, 지난 15년간 소득수준은 우리의 소비와 그에 따른 삶의 방식이 점차 달라지는 데 영향을 미쳤으며 나아가 미래 세대의 운명 또한 달라지게 만들고 있다. 21세기의 부유층은 베블런의 유한계급보다 훨씬 더 신중하고 합리적인 소비를 한다―이들은 시간을 아껴주고 더 나은 삶의 질에 보탬이 되는 교육과 재화, 서비스에 돈을 투자하고 있다. 여전히 베블런 시대의 부유층과 마찬가지로 과시적 소비에도 참여하긴 하지만 말이다.

그러나 과시적 소비는 더 이상 부유층의 전유물이 아니다. 과시적 소비는 보편화되었다. 누군가는 과시적 소비가 민주화된 덕분에 다른 소득집단도 자신과 자녀의 복지를 증진하는 장기적인 투자보다 지위재에 지출하는 것을 선택할 수도 있는 것 아니냐고 주장할 수도 있다. 하지만 비과시적 재화가 훨씬 비싸며 해마다 점점 더 비싸지고 있다는 점을 고려해야 한다. 지위재에 점점 더 많은 돈을 쏟아부으며 대학 등록금 지출을 줄이는 이들에게는 후자의 선택지가 아예 없을 수도 있다는 것이다. 예를 들어 100달러가 생겼다고 가정해보자. 당신은 핸드백이나 신발, 전자기기를 살 수 있을 것이다. 하지만 5만 달러의 등록금이나 막대한 연간 의료보험료를 내자면 새 발의 피일 뿐이다. 푼돈도 돈이라고 말할지 모르겠다(많은 아버지가 저축과 복리의 가치에 관해 일장연설을 늘어놓으며 읊어대는 오랜 격언이다). 하지만 우리가 어떻게, 왜 소비하는지를 뒷받침하는 심리를 생각해보자. 신발이나 아이폰 액세서리는 지금 당장 만족감을 주며, 대학 등록금을 **실제로** 지불할 수 있는 사람들도 마찬가지다. 그런데 그렇게 많은 비용이 드는 일에 소액의 돈만 지출할 수 있다면 (따라서 학자금 완납이 언감생심이라면) 그러한 지출은 어떤 편익이나 만족감으로 이어지지 못한다. 그러므로 어떤 이들에게는 아이폰 케이스가 등록금 일부를 내는 것보다 더 큰 만족감을 준다. 후자는 지출을 고려할 수조차 없을 정도로 너무 동떨어진 일이기 때문이다.

부는 우리가 어떤 소비를 왜 하는지를 이해하는 일부분일 뿐이다. 우리의 소비는 젊음(또는 젊음의 상실), 관계 상태, 의학박사 학위인지 전문대학 졸업장인지, 대도시에 사는지 소도시에 사는지 등에 영향을 받는다. 여러 요인이 우리의 지위 욕망이나 과시적 소비에 대한 갈망을 형성한다. 과시적 소비를 하는 사람들이 항상 비과시적 소비를 하는 것도 아니다(부유층과 식자층은 예외다). 어쨌든 우리가 무엇을 어떻게 소비하는지는 중요한 문제다. 우리가 하는 소비는 대부분 우리가 어떤 사람이 되고 싶어 하는지, 우리가 어떤 가치관을 갖고 있는지와 연결되기 때문이다. 과시적 소비를 모조리 함부로 재단해서도 안 될 것이다. 인종과 관련된 것처럼 어떤 형태의 과시적 소비는 차별을 차단하려는 시도일 수 있다. 우리 대다수에게 소비는 다른 사람들과 어울리는 문제다.

하지만 비과시적 소비는 엘리트집단이 수행하는 가장 일관된 구별짓기 소비 실천이며, 이를 통해 그들은 다른 모든 이들과 정말로 구별된다. 다음 3장에서는 일반적으로 비가시적이지만 동류집단에게는 지위를 드러내는 비과시적 소비가 어떻게 엘리트와 나머지 집단을 가르는 가장 유해한 실천인지를 자세히 살펴보고자 한다. 엄청난 비용이 들면서도 비금전적일 수 있는 비과시적 소비 실천은 과시적 소비로는 살 수 없는 기회와 이동성을 가져온다.

3장

비과시적 소비와
새로운 엘리트들

에시 와인가튼Essie Weingarten은 그냥 매니큐어 색깔을 좋아하는 사람이었다. 1981년 와인가튼은 가방을 챙겨들고 라스베이거스에서 열린 무역박람회에 가서 초기의 12색깔 매니큐어를 전시했다. 와인가튼이 설명한 것처럼, 그녀의 컬렉션에는 "트루레드, 블루레드, 핑크레드, 오렌지레드"와 나란히 반투명핑크, 화이트톤 등 유명세를 안겨준 색깔도 있었다. 에시는 순수한 컬러를 강권하다시피 한 업계의 선두 주자다. 에시의 발레 슬리퍼스 컬러는 배너티 페어리스트(에시#505), 베이비즈 브레스(#5), 슈거 대디(#473), 마드무아젤(#384)과 나란히 상징적 색조가 되었다. 에시는 이렇게 설명한다. "개인적으로 그런 스타일을 좋아했는데 아무도 하지 않았어요." 1989년, 엘리자베스 여왕의 헤어드레서가 에시에게 발레 슬리퍼스(#162)를 요청하는 짧은 편지를 보냈다. 에시는 이렇게 회고한다. "그 제품이 출시되고 2년쯤 뒤에 여왕 전속 헤어드레서한테서 왕실 직인이 찍힌 편지를 한 통 받았어요. '드디어 때가 왔구나'라고 생각했죠."

그 후 수십 년간 발레 슬리퍼스와 자매 색조들은 베벌리힐스, 뉴욕 어퍼이스트사이드, 런던 켄싱턴에 사는 특정 집단의 여성들에게 필수 매니큐어로 패권을 장악했다. 미를 의식하는 엘리트 여성들은 물론이고 잉글랜드 여왕까지 열광적으로 숭배한 사실을 고려하면, 발레 슬리퍼스에는 특별한 무언가가 있는 게 분명하다―보는 각도에 따라 달라지는 광채나 특유의 미네랄 성분 등 그토록 열광적인 숭배를 낳는 어떤 특성이 있을 것이다. 하지만 발레 슬리퍼스는 그 색채가 "나 좀 봐줘요"라거나 "나 방금 매니큐어 발랐어요"라고 고함치지 않는다. 한 번 바르면 손톱이 약간 붉어지고, 두 번 바르면 은은한 핑크빛이 감도는 불투명한 화이트가 연출된다. 거의 아기 같은 이 섬세한 색깔은 여성들이 자신을 가꾸고 있다는 미묘한 신호를 풍길 뿐이다.

상류사회 여성들 사이에서 유행하는 매니큐어에 관해 내가 처음 한 생각은 이들이 일상적으로 매니큐어를 애용하기 때문이리라는 것이었다. 이들에게 잘 다듬어진 손톱은 그 자체로 일상이기 때문에 굳이 손톱을 다듬는 행위의 특별함을 알리기 위해 선명한 색깔을 바를 필요가 없다고 생각한 것이다. 하지만 현실은 정반대였다. 이 여성들이 연한 색깔을 바르는 것은 그들이 참여하는 모임과 행사를 감안할 때 손톱을 절대 당연시해서는 **안 되기** 때문이었다. 그들은 사교생활에 손톱까지 동화해야 하

야망계급론

는 희소한 집단이었다. 그리하여 연한 색조의 매니큐어는 **언제 나** 외모가 중요시되는 엘리트 세계의 상징이 되었다.

이 여성들이 발레 슬리퍼스를 선택한 건 가격 때문이 아니다—이 매니큐어는 2만 달러짜리 한정판 버킨백이나 희귀한 빈티지 와인과 달리 그리 비싸지 않은 명품에 속한다. 펜실베이니아 소도시에 사는 여성이 에시의 밝은 산호색 제라늄 컬러(#043)를 7.99달러에 사는 것처럼, 상류사회 여성들도 같은 가격에 발레 슬리퍼스를 산다. 그럼에도 에르메스 가방과 발레 슬리퍼스는 둘 다 지위를 보여주는 표지다.

역사적으로 전문 손톱관리는 상류사회와 부유층의 전유물이었다. "1980년대 이전까지 손톱관리를 받는 건 아주 특별한 일이었습니다." 에시의 설명이다. "그전에는 돈을 내고 손톱관리를 받는 게 격분할 일이었죠." 그러다 사정이 바뀌었다. 1980년대를 시작으로 저임금 서비스 노동자가 늘어남에 따라(주요 도시에 집중되었다) 손톱관리 비용이 큰 폭으로 떨어져서 일반 여성들도 네일살롱에 갈 수 있게 되었다. 오늘날 여성들은 지나는 길에 네일살롱에 들러 15달러만 내면 손톱관리를 받을 수 있다.

글로벌 시장조사 회사 유로모니터인터내셔널에 따르면, 오늘날 손톱관리는 10억 달러 규모의 산업이다. 6개월 동안 2700만 명이 살롱에서 손톱관리를 받고 3200만 명이 발톱관리를 받는다. 이 산업은 계속 규모가 커지는 추세다. 2010년부터 2011년까지 손톱관리를 받는 사람들의 비율은 24퍼센트 증가했다. 그리하여 예전에는 상류사회의 전유물이었던 매니큐어 또한 대중에 널리 퍼졌다. 에시가 볼 때, 매니큐어는 과거 사회적 엘리트가 누리던 사치재와 지위재에 접근하는 민주적 수단이었다—상류사회의 취향이 일반 사람들의 수중에도 들어온 것이다. 오늘날 에시 와인가튼의 이름을 딴 매니큐어 브랜드 에시는 미국 여성이라면 누구나 아는 것이 되었으며 세계 곳곳의 드러그스토어와 네일살롱에서 불티나게 팔린다.

매니큐어 가격이 내려가는 가운데 새로운 색조(파란색, 검은색, 녹색, 살구색)가 더욱 대중화되고 있다—특히 매니큐어의 저렴한 가격은 여성들이 큰 비용을 들이지 않고도 색깔을 바꿀 수 있게 한다. 매니큐어는 점점 더 일회용품이 되어가는 추세다. 이런 흐름에도 불구하고 상류사회와 전문직 세계의 많은 여성은 여전히 연한 색조를 바른다. 무엇이 먼저인지, 즉 기능적이거나 실용적인 이유로 은은한 색조의 매니큐어가 선택된 것인지, 아니면 은은한 색조가 특정한 사회적 위치를 나타내는 표지이기 때문인지 구분하기는 쉽지 않다. 어쨌든 중요한 것은 매니큐어가 해석되는 방식, 즉 선택한 색조다. 더 물질적이고 사치스러운 형태의 과시적 소비와 달리, 이런 매니큐어와 그것을 바르는 여성은 어떤 장벽을 분명히 보여준다. 특정한 사회계층을 정의하는 암묵적인 세부 사항에 대한 지식과 정보의 비용이 그것이다.

손톱을 어떤 색깔로 칠할지에 관한 선택을 프랑스 사회학자 피에르 부르디외가 보았다면 그는 이를 대상화된 문화자본의 일상적인 사례라고 말했을 것이다. 부르디외는 기념비적 저서 《구별짓기》에서 한 사람의 '취향'은 벽에 걸린 특정한 그림이나 몰고 다니는 자동차보다는 지식과 사회적 관계망, 교육을 통해 누적되는 문화자본과 더 관계가 있다고 주장했다.[1] 문화자본(경제적 자본인 돈과 대립되는 의미의 자본)은 독특한 미학, 기술, 지식의 집합체다(대개 교육과 가정환경을 통해 획득된다). 대상화된 문화자본은 특정한 대상이 그것에 할당된 금전적 가치를 초월하는, 그리고 종종 그 가치보다 큰 문화적이거나 상징적인 가치를 지니고 있음을 의미한다. 따라서 사회계급은 소비를 통해 만들어지는 게 아니라(물건을 '산다'고 해서 상층계급이 되는 건 아니다) 일정한 가치와 미학을 받아들이고 물질주의를 넘어서는 상징과 신호를 해독하는 능력을 통해 획득하는 것이다. 이런 가치와 미학, 취향이 일상생활의 '하비투스habitus' — 우리가 특정한 관점(맨해튼의 부유한 백인이나 미시시피의 가난한 아프리카계 미국인, 마이애미의 부유한 라티노, 또는 미국 소도시의 부르주아)에서 세계를 바라보고 규범적 판단을 내리는 방식 — 를 형성한다. 하비투스는 단지 소비 양상이 아니라 무엇을 소비할지에 관한 지식이다. 그리하여 연분홍 매니큐어는 특정한 사회적·경제적 계급의 장신구를 신체적으로 구현한 것과 같다. 여성들은 손톱에 발레 슬리퍼를 바르는 것이 뉴욕 어퍼이스트사이드에 살면서 습득한 문화자본과 하비투스의 상품화된 기표임을 안다.

대부분의 소비 선택은 특정한 계급의 경제적, 문화적, 사회적 가치들이 교차하는 지점에서 이루어지며, 이러한 가치는 각기 다른 집단을 의식적, 무의식적으로 서로 구분하는 기준이 된다.[2] 누구든 과시적 소비에 접근할 수 있는 시대에 사회적 위치는 실로 자주, 우리가 볼 수 없는 것들에 의해 정의된다. 밴스 패커드가 《지위를 좇는 사람들》에서 언급한 것처럼, "미국인들은 과시적 행동 양상에서 형식적으로 평등주의를 취하지만, 때로는 알면서, 때로는 자신도 모르게 거동과 말투, 취향, 음주 및 식사 습관, 선호하는 취미 등의 미묘한 차이를 통해 자신의 계급 지위를 나타낸다."[3] 마찬가지로, 21세기에 사회적 지위는 단순히 자동차나 시계뿐만 아니라 접근하기 어려운 기회와 정보, 투자를 통해서도 나타난다. 야망계급에게 이런 기표들은 내가 '비과시적 소비'라고 부르는 것, 즉 알 만한 이들에게만 자신의 지위를 드러내는 더 미묘하고 덜 물질주의적인 형식이다. 때로 이런 소비 선택은 아예 지위를 드러내려고 하지 않는 경우도 있다. 모든 사람이 구매하는 재화 가운데 가장 고가의 제품이든 자녀의 삶의 기회에 대한 투자든 간에 이 새로운 형태의 비과시적 소비는 삶을 더 편하게 만들기 위해, 복지(지적인 복지든 신체적 복지든)를 개선하기 위해 재화와 서비스를 구매하는 것으로 이뤄진다. 하지만 이 엘리트들(문화적으로 부유한 야망계급과 경제적으로 부유한 사람들 모두)의 평범하면서도 심오한 비과시적 소비는 자신과 자녀의 사회경제적 위치를 공고히 한다.

비과시적 소비의 부상에는 세 가지 중요한 추세가 있다. 첫째, 수많은 물질적 소비재의 접근성이 낮아지고 그러한 소비가 공공연해진 탓에 야망계급은 의식적으로든 무의식적으로든 자신들의 사회적 위치를 드러내기 위해 덜 알려지고 암호화된 상징을 찾아냈다.* 둘째, 이제 '유한계급'이란 존재하지 않는다. 세

야망계급론

계경제가 재구조화됨에 따라 토지 소유가 아니라 지적 능력을 통해 생산수단을 소유하는 능력주의 엘리트층이 높이 평가된다. 이 노동시장의 엘리트들(그들 다수가 야망계급이다)은 상향 이동을 신봉하고 자녀들도 자신과 똑같이 누리기를 원한다. 그들의 지배적 신념—열심히 일하고 지식을 습득해야 한다는 것—은 또한 문화적 헤게모니로서 모든 계층에 확산되고 있다. 유니버시티칼리지런던의 경제사회학 교수 조너선 거슈니Jonathan Gershuny가 현대사회의 노동과 여가의 관계에 대해 설명한 바에 따르면, 많은 돈을 버는 이들은 그것을 달성하고 유지하기 위해 매우 열심히 일하며, 따라서 여가시간은 모든 사람에게 가장 희소한 자원이 되었다. 그는 또한 여가시간의 대부분이 점차 소비활동으로 채워지고 있다면서, 더 많은 여가시간을 갖기 위해서는 역설적으로 더 열심히 일해야 한다고 말했다.[4] 오늘날의 노동

---

* 독일 사회학자 게오르크 지멜Georg Simmel은 패션을 다룬 1957년의 에세이에서 중간계급이 엘리트의 복식 형태를 흉내내기 시작하자 엘리트들이 다시 구별짓기를 하기 위해 스타일을 재구성했다고 말했다. 패션이 그렇게 많이, 그토록 빠르게 바뀌는 것도 이런 이유 때문이라고 그는 분석한다. 지멜은 계급이 없다면 패션이 존재하지 않을 것이라고 주장했다. 패션의 존재 이유는 본질적으로 시각적 단서를 통해 현존하는 계급 구분선을 재확인하는 것이다. 똑같은 논리를 말투나 버릇, 삶의 방식에도 적용할 수 있다. 지멜의 주장에 따르면, 중간계급이 삶에서 점점 부를 과시하고 공개적으로 드러내기 시작하자 상층 중간계급은 베블런 시대의 바로크적 장식에서 벗어나 좀 더 미묘한 사회적 지위의 기표들로 옮겨갔다. 와스프는 언제나 신중함과 정보에 밝은 지위 상징 형태들(부피가 큰 바버Barbour 코트, 촌스럽고 소박한 햄프턴스에서 휴가 보내기)을 높이 평가했지만, 이처럼 좀 더 미묘한 형태의 계급 동일시가 새로운 엘리트들 전체에 확산되고 있다.

시장 엘리트들, 특히 야망계급에 속하는 이들은 육아, 가사, 정원관리, 사치스러운 휴가 등에 상당한 돈을 지불하는 식으로 여가시간을 확보하며 또한 이를 최대한 활용하기 위해 돈을 퍼붓는다. 마지막이자 가장 중요한 점으로, (특히 2008년 대불황 이후) 물질적 소비는 더 이상 교육이나 은퇴, 의료같이 **중요한 지출**에 자원을 투자하는 것보다 우선시되지 않는다. 교육, 은퇴, 의료 등에 대한 소비는 모두 높은 가격으로 평범한 사람들을 배제하는 동시에 야망계급 지위를 재생산하고 이들이 나머지 전체와 자신들을 한층 더 분리하는 결정적인 통로다.

이런 소비에는 많은 돈이 들지만, 언뜻 보면 지위를 드러내려는 시도는 아닌 것처럼 보인다(실제로는 지위를 드러낼지라도 말이다). 이처럼 비과시적 소비는 두 가지로, 거의 양분된 형태를 띤다. 매니큐어 색깔이나 특정한 문화적 지식같이 그리 비싸지 않고 돈과 무관하다시피 한 기표들인 **정보비용이 드는 비과시적 소비**와, 육아, 의료, 대학 수업료같이 비용을 감당할 수 있는 이들의 삶의 질을 크게 개선하는 동시에 기존의 계급 구분선을 강화하고 보강하는 **대단히 값비싼 비과시적 소비**가 그것이다. 이 장에서는 이 두 가지 소비 유형에 관해 차례대로 이야기할 것이다. 거의 모든 비과시적 소비의 핵심은 아는 사람만 알아차릴 수 있을 만큼 비가시적이며, 따라서 암묵적 정보나 상당한 돈이 없으면 모방하기가 어렵다는 것이다. 비과시적 소비는 새로운 계급 구분의 원천이다.

정보비용: 돈과 무관한 비과시적 소비

지위를 보여주기 위해 돈과 무관한 수단을 사용하는 건 베블런의 시대에도 아주 생소한 현상은 아니었다. 베블런은 '매너'와 '올바른 예절' 또한 지위의 표지로 보았다(그리고 비판했다). 매너를 습득하고 보여주기까지는 시간이 걸렸고, 이는 대개 유한계급의 삶을 사는 사람들에게나 가능한 일이었다. 베블런이 주목한 상층계급의 두 가지 주요 특징을 전형적으로 보여주는 예시다. 언어 또한 언제나 사회적 위치를 드러내는 수단이었다—매너와 마찬가지로, 특정한 어휘 선택과 표현 방식을 습득하고 활용하는 데는 시간이 걸린다. 사회비평가 폴 푸셀Paul Fussell의 말을 인용하자면, "물려받은 돈이 얼마나 있고 …… 당신이 사는 곳, 당신의 외모 …… 저녁 먹는 시간, 우편 주문 카탈로그에서 사는 물건 등이 무엇이든 간에 …… 계급은 당신이 입을 열 때 가장 뚜렷하게 드러난다."[5] 푸셀은 계속해서 중간계급의 "상류층 흉내내기"에 관해 이야기한다. 그들은 변소를 변소toilet라고 부르고(그보다는 화장실restroom/lavatory/power room이라고 불러야 한다) 주정뱅이를 주정뱅이drunk라고 부르는 것(그는 '알코올 문제가 있는with alcohol problems' 사람이다)을 불편해하며, 욕설이나 죽음death이라는 단어(그보다는 '돌아가셨다passing away'거나 '소천하셨다taken to Jesus'고 해야 한다)의 사용을 꺼린다. 또한 상층계급이 제멋대로 쓰는 단어들도 의식적으로 꺼린다. 멋진divine, 뛰어난outstanding, 끝내주는super, 따분한tedious, 지루한tiresome 등이 그 예다. 이들은 이러한 단어 대신 좋은nice이나 지겨운-boring같이 평범하고 포괄적인 단어를 쓴다.

이런 관찰은 돈과 물질적 재화를 벗어난 계급 구분에 다다른다. '정보비용'과 지식을 통해 쌓는 문화자본이 그것이다. 야망계급은 전통적인 지위재와 달리 일반적인 중간계급과 똑같은 금액을 쓸지 몰라도 희소한 정보를 통해서만 접근할 수 있는 재화를 사용함으로써 자신을 규정한다. 지위를 드러내는 가시적, 물질적 수단에 누구나 접근할 수 있는 상황에서 야망계급은 다른 집단들과 구별짓기 위한 미묘한 상징과 문화자본, 언어를 찾았고, 자신과 남들을 가르는 중요한 구분선으로 지식을 활용한다. 그리하여 야망계급은 오직 같은 계급의 성원들과 문화자본의 공급업자라는 위치를 통해서만 획득할 수 있는 정보를 통해 자신들의 위치를 형성하고 보여준다. 발레 슬리퍼스가 특별히 비싸지 않은 것처럼, 연한 색조의 매니큐어가 표준으로 여겨지는 엘리트 세계에서는 값을 치러야 하는 다른 대가가 있다. 이는 비과시적 소비의 다른 부분들에서도 마찬가지다. 비금전적이고 비기능적인 재화의 가격은 같을지 몰라도 이러한 소비에는 장벽이 있다. 이 장벽은 재화에 매겨진 실제 가격이 아니라 정보비용이다.

컬럼비아대학교의 사회학자 셰이머스 칸-Shamus Khan은 이처럼 돈과 무관한 행동으로 가치를 전용하는 것을 "학습된 형태의 자본"이라고 부른다. 다시 말해, 어떤 행동을 하는 방법에 관한 지식은 내면화되는데 이를 습득하는 반복적인 과정 자체가 가치를 지니게 된다는 것이다. 뉴햄프셔주 콩코드의 엘리트 학교

인 세인트폴고등학교에 관한 연구에서 칸은 계급 동화의 미묘한 형식들, 즉 '감춰진 커리큘럼'이 과시적, 물질적 상징보다 여러 면에서 사회적 지위를 더욱 강화한다고 주장했다. 칸이 인터뷰한 소년들은 세인트폴고등학교에 입학하기 위해 열심히 공부한 이야기를 하면서 자신들의 노력으로 성공을 거뒀다고 주장하지만, 칸이 민족지학 연구에서 관찰한 바에 따르면 그들 대다수는 거의 공부를 하지 않는 것처럼 보인다. 실제로 세인트폴의 문화에서 성공이란 노력하지 않고 '쉽게' 거둬야 하는 것이었다. 교과서 없이 수업에 들어가는 것이 지위의 표지였고, 책이 가득 담긴 묵직한 가방을 메고 도서관에 가서 열심히 숙제를 하는 학생들은 멸시를 받았다. '고된 공부'는 표면상 능력주의적인 이 새로운 엘리트 세대(이들은 자신이 열심히 공부했으므로 사회적 서열에서 차지하고 있는 위치를 누릴 자격이 있다고 믿는다)에서 등장한, 그들이 입으로 신봉하는 중요한 가치였다. 하지만 실제로 학생들 대부분은 이전의 엘리트들처럼 특권을 누렸고, 그들의 사회적 행태는 이를 반영한 결과였다. 칸은 고된 공부라는 믿음이 특권을 가리는 "언어적 덮개"가 되었다고 말한다. 칸과 뉴욕대학교의 사회학자 콜린 제롤맥Colin Jerolmack은 다음과 같이 정리한다. "평생 동안 성공을 누릴 가능성이 가장 높은 이들은 혜택받은 배경 출신의 학생들이다. 이런 장소의 문턱을 넘기 전부터 그들은 그동안 쌓은 소양과 문화자본 덕분에 남들보다 유리한 자리를 차지한다. 그들은 자신들이 '타고난' 바로 그 행동을 하는 대가로 보상이 주어지는 환경 안에서 편안함을 느낀다."[6]

사회학자 더글러스 홀트Douglas Holt가 이야기한 예시를 빌리
자면, 오페라를 관람하는 행위는 문화자본이라기보다는 공연
일정이 언제이고 어디서 표를 사야 하는지에 관한 지식, 음악을
감상하는 법, 다른 주제를 논할 때도 공연을 참고할 수 있는 능
력, 그 경험을 함께할 수 있는 사람의 존재 여부, 그리고 마지막
으로 오페라 관람이 가치 있는 시간 활용임을 인식하는 능력이
결합된 결과물이다.[7] 마찬가지로, 《뉴욕타임스》 칼럼니스트 폴
크루그먼이 한 많은 논평은 거대한 불평등과 실업, 대불황의 여
파에 관해 조금만 생각해봐도 쉽게 이해할 수 있는 내용이지만
중요한 것은 크루그먼의 실제 통찰이 아니라 그의 글을 읽는 것
이 중요하다는 인식이다. 《뉴욕타임스》는 야망계급이 공유하
는 언어 중 하나이며, 디너파티에서 크루그먼을 인용하는 것(그
리고 그가 노벨상 수상자임을 아는 것)은 이 집단에 어울리는 과정의
중요한 일부다. (송구스럽지만) 크루그먼의 시각이 아니라 그의
이름과 《뉴욕타임스》를 아는 것이 문화자본을 보여준다. 하지
만 《뉴욕타임스》의 가치는 장소와 맥락에 따라 달라진다. 맨해
튼의 어느 디너파티에서 크루그먼의 이름을 꺼내는 건 인정받
거나 동화하는 데 전혀 도움이 되지 않을 수 있다. 펜실베이니아
소도시의 크리스마스 파티에 참석한 것이라면 크루그먼이 다루
는 주제들(불평등, 조세정책, 대통령 선거)이 관심을 받을 수도 있겠
지만, 그렇다 해도 그의 말을 인용하는 건 사교에 별로 도움이
되지 않을 것이다. 바로 여기에 7.99달러라는 가격표를 훌쩍 넘
는 발레 슬리퍼의 가치가 있다.

문화자본은 돈과 물건이 아닌 전혀 다른 것들에 의해 형성된다. 부르디외를 비판한 많은 이들은 고급 예술과 미학에 대한 미국인들의 취향이 그다지 높지 않기 때문에 문화자본과 하비투스에 관한 그의 이론이 미국에 적용되지 않는다고 주장했다. 하지만 홀트는 부르디외의 관찰이 단순히 식자층의 행태에만 국한되는 것이 아니라고 지적했다. 특정한 사회집단이 공유하는 미학과 가치가 어떻게 형성되는지에 대한 그의 이해를 폭넓게 적용할 수 있다는 것이었다. 도금시대 엘리트들은 자신들의 확고한 입지를 다지기 위해 막대한 노력을 기울인 반면, 오늘날의 야망계급은 소비 양상에서 '문화적 잡식' 성향을 보인다. 다양한 환경(해외여행이든 출신 모교의 국제적 학생단체를 통해서든)을 깊이 경험하고 교육받은 결과로 얻은 지식과 세계관, 개방적 사고가 반영된 특성이다.[8] 밴스 패커드는 50여 년 전, 계급 행동을 연구하며 관찰한 상층계급에 대해 이렇게 말했다. "하층집단의 보통 사람은 생소한 음식 앞에서 불안을 느끼고 위험을 감지한다. 중서부에서 사교계에 나온 어느 부인은 사슴고기, 야생 오리고기, 플로리다 매가리, 캐비어 등 손님들에게 대접하는 값비싼 음식들에 하녀가 손도 대려 하지 않는 걸 보고 놀랐다고 말했다. 준비된 음식에서 김이 모락모락 날 때도 하녀는 소금에 절인 돼지고기와 순무, 감자로 자기가 먹을 요리를 따로 조리한다. 이런 게 그녀가 아는 음식이다."[9]

오늘날 야망계급은 다양한 형태의 문화자본과 토템적 물건을 통해 자신들의 문화적 잡식성을 완전히 포용한다. 그들은 프랜차이즈 레스토랑인 애플비Applebee's 대신 좁고 어둑어둑한 에스닉 레스토랑에서 밥을 먹고, 지역 농부가 생산한 달걀을 사고, 탐스 신발을 신는 데 자부심을 느낀다. 이런 문화자본의 기표들이 사회와 환경에 관한 의식을 드러내기 때문이다. 물론 그런 의식은《뉴요커》지면과 그들이 다닌 명문 대학에서 배운 것이다. 풀타임으로 일을 하면서도 이런 지식을 쌓았다는 사실은 책을 읽거나 농민 직거래 시장을 돌아다닐 수 있는 여가시간이 있거나 그들이 이런 유형의 정보를 습득하는 일을 시간을 들일 만한 가치가 있는 것으로 여긴다는 뜻이다. 홀트는 미국의 계급에 관한 연구에서 이런 유형의 문화자본을 (가격에 상관없이) 상층계급이 높이 평가하는 "진정성과 감식안"이라고 묘사했다. 반대로 하층계급은 비싼 물건일수록 높이 평가한다. 상층계급이 개성과 당대의 논픽션 작가나 칸영화제에서 수상한 다큐멘터리에 관한 지식을 공유하는 데 비해 하층계급은 "(물질적) 사치의 집단적 표지"를 공유한다. 마찬가지로, 사회학자 리처드 피터슨Richard Peterson과 로버트 컨Robert Kern은 동시대 상층 중간계급의 음악 취향에 관한 연구에서 그들의 음악 선호가 오페라와 클래식 음악에 국한되지 않으며 교양층에 기대되는 취향과 나란히 힙합에서 팝, 포크까지 실로 광범위하다는 사실을 발견했다. 상층 중간계급의 다수가 고등교육과 전문직(고등교육은 더 많은 포용과 연결되는 경향이 있다)을 통해 지위를 획득하는 가운데 피터슨과 컨은 아마 이 새로운 엘리트들은 실제로 지난 세대들보다 더 개방적일 것이라고 추측한다. 좀 냉소적으로 말하자면, 새로운 엘리트들이 '별생각 없이' 다양하게 실천하는 소비자 선택을 그들의 희소한 사회적 위치를 드러내는 상징적 경계선으로 해석할 수 있다. 다시 말해, 그들의 다양하고 독특한 소비자 선택은 그들이 자리한 사회적 위치의 발판이 된 교육과 지식이 있어야만 가능한 문화적 교양을 암시한다는 것이다.

이처럼 지위를 드러내는 소비가 공공연한 부(또는 부의 겉치레)의 과시에서 은밀한 계급의 표지로 달라지는 현상은 야망계급이 먹는 음식에서도 나타난다. 실제로 이국적 음식이나 세계 각국의 전통 음식(전통 일식, 전통 중식 등)은 야망계급에게 문화자본의 공인된 표지가 되고 있다—그리고 이 표지는 경제적 수준을 가로질러 공유된다. 자녀의 스탠퍼드대학교 진학을 위한 수표에는 오직 상위 소득집단만이 서명할 수 있겠지만, 특정한 음식을 소비하는 것은 야망계급의 모든 성원이 공유하는 문화자본의 통일된 형태다. 오늘날 야망계급은 같은 메뉴라도 케일을 다양하게 활용하는 음식을 찾으며 아몬드라떼, 소박한 집밥 등을 내놓는 카페와 레스토랑을 돌아다닌다. 수플레보다는 스튜, 치킨 포트파이, 수제 맥앤치즈, 맥주(수제 맥주) 등이 야망계급 식생활의 표지가 된 까닭에, 은행가의 부인이 차린 식사에서부터 힙스터 시나리오작가가 일요일에 친구들과 먹는 브런치에 이르기까지 다양한 상황에서 이런 음식들을 발견할 수 있다. 물론 이런 음식은 맥도날드보다는 비싸지만, 야망계급 대부분의 성원들이 감당할 수 있는 수준의 가격이며, 그들의 문화자본은 이런 음식이 제값을 한다고 믿게 만든다. 이러한 유형의 문화자본은 사회학자 조제 존스턴Josée Johnston과 샤이언 보먼Shyon Baumann이 말한 것처럼 좀 더 민주적으로 보이기는 하지만, 미식 문화는 일상적인 문화 형식이 사회적 지위를 창출하고 유지한다는 부르디외의 기본명제를 재확인시켜준다.[10] 케일 샐러드는 오페라만큼 노골적으로 젠체하는 것 같지 않지만 그럼에도 미묘하게 계급 구분선을 유지하는 수단이다.

이 새로운 엘리트들은 특정한 유형의 지식을 축적하고 문화자본을 공유함으로써 정보에 기반한 물건을 구매하고 특정한 방식으로 행동하며 자신들의 위치를 한층 공고히 한다. 또한 칸이 말한 것처럼, "문화는 엘리트들이 서로를 알아보고 적절한 특성을 전시하는 데 근거해 기회를 분배하고자 활용하는 자원이다".[11] 매니큐어 색깔은 요트나 핸드백보다 미묘하고 덜 비싸지만, 다른 색깔이 아닌 바로 그 색깔을 바르기로 선택하려면 미적으로 어떤 게 적절하며 동류집단에서 좋은 평을 받을 수 있을지에 관한 지식을 습득해야 한다. 언제 고맙다는 쪽지를 써야 하는지, 포크를 어떻게 쥐어야 하는지, 교실에 갈 때 얼마나 많은 책을 들고 가야 하는지(즉, 왜 한 권도 들고 가지 않아야 하는지) 등도 비용은 들지 않지만 특정한 사회경제적 집단에 속해야만 익힐 수 있는 행동이다. 칸의 말처럼 "자연스럽고 단순한 특징처럼 보이는 행동은 사실 엘리트 학교에서 반복된 경험을 통해 학습하는 것이다".[12]

1920년대 도금시대의 엘리트들과 오늘날의 '신흥 부자들'(정형화된 러시아 올리가르히나 할리우드 셀럽을 생각해보라)이 다른 사람들들과 자신을 구별짓기 위해 공공연한 방식으로 갖은 노력을 하는 반면, 야망계급의 방식은 은밀하다. 가장 부유한 야망계급의 주방도 영국의 귀족 저택 2층을 장식하는 형식적인 바로크 스타일이 아니라 종종 구리 냄비, 투박한 스티클리Stickley 식탁, 다운튼 애비의 주방에서 사용하는 렌지와 비슷한 아가Aga 스타일의 렌지로 장식돼 있다. 삶의 모든 면에서 무심함은 야망계급 하비투스의 일부가 되고 있다. 이런 점에서 야망계급의 미학은 보보스의 미학과 비슷하다. 데이비드 브룩스는 《보보스》에서 이렇게 말했다. "교양 있는 엘리트들은 한때 저렴했던 물건들에 엄청난 액수의 돈을 쓸 것으로 예상된다. …… 우리는 프롤레타리아트가 쓰는 것과 똑같은 품목을 선호한다─단지 우리는 노동계급 사람들이 터무니없다고 여길 법한 희소한 버전을 살 뿐이다. 따라서 우리는 다른 사람들처럼 닭다리를 소비하지만 방목 닭고기를 선택한다. …… 우리는 감자를 소비하지만 아이다호 감자는 사지 않는다. 프랑스 북부의 특정 토양에서만 자라는 독특한 미니 감자를 고른다." 보보스가 지위를 경시한 것은 새롭게 손에 넣은 부가 불편했기 때문이다. 야망계급이 특정한 직물이나 목재, 식품을 선택하는 것은 무엇이 우수하고 환경친화적이며 인간적인지에 관해 습득한 지식과 관련이 있다. 우리는 야망계급이 먹는 것(미식, 유기농, 인간미가 풍기는 집밥), 식료품을 사는 곳(농민 직거래 시장과 홀푸드), 입는 옷(유기농 면과 라벨 없는 미국산 제품), 이야기하는 주제(《월스트리트저널》 기사나 〈시리얼Serial〉같이 화제가 되는 팟캐스트) 등 모든 것에서 이런 미묘한 계급의 표지를 발견할 수 있다. 이 모든 미묘한 신호들은 광범위한 지식 습득을 통해 얻은 가치관과 지식수준을 암시한다―그리고 더욱 고상한 문화적·사회적 생활 방식과 책이나 화제가 된 뉴스 등에 관해 무심한 세속적 태도를 얻으려는 열망 또한. 많은 야망계급 성원들은 표면상 '능력주의 엘리트'의 일부이거나 적어도 그런 의도로 교육을 받았기 때문에 이 신호들은 야망계급의 성원임을 암시할 뿐만 아니라 그런 지위를 얻는 데 필요한 정보비용 (대학 교육, 전문 서적 읽기, 식료품 생산과정에 관한 최신 정보 습득)도 드러낸다.

편안하고 태평한 태도가 세인트폴고등학교에서 사회적 서열의 꼭대기에 있음을 보여주는 한 가지 방식인 것처럼, 연출된 비격식은 야망계급 사이에서 통용되는 미학이 되고 있다. 전 영국 총리 데이비드 캐머런(좋은 집안에서 태어나 이튼과 옥스퍼드를 나왔으며 여왕의 먼 친척이다)은 국무조정실장 프랜시스 모드가 동료 엘리트 친구들(캐머런 포함)과 함께 '키친 서퍼kitchen supper'[주방에서 간단하게 먹는 저녁 식사.―옮긴이]를 즐기는 걸 좋아한다고 밝힌 뒤 언론의 뭇매를 맞았다. 일종의 상층계급판 가난하게 살기를 과시한 것이라는 비판이었다. 우리의 상층계급은 더 이상 기묘한 은식기에 정체도 모를 여러 코스 요리가 나오는 만찬을 즐기지 않는다. 이들은 '정찬'을 '저녁밥'으로 격하함으로써 특별한 식사를 하는 다른 집단과 문화 엘리트 사이의 거리를 한층 벌리고 있다. '키친 서퍼'라는 용어의 기원은 영국의 하인들이 귀족과 귀부인을 접대하고 주방에서 따로 하던 식사에 있다. 오늘날 엘리트들 사이에서 이 용어는 다이닝룸이 따로 있음을 함의하기 위해 사용된다(다이닝룸이 있으니 키친 서퍼가 별개의 식사 유형으로 구별되는 것이다). 또한 다이닝룸을 사용하지 않는다는 건 좀 더 무심하고 친밀한 분위기를 선호한다는 것을 함축한다. 《텔레그래프》 기자이자 마거릿 대처의 평전을 쓰기도 한 찰스 무어 Charles Moore는 키친 서퍼를 갖는다는 사람들에 관해 이렇게 말했다. "그들은 하나의 가정을 드러내는 셈이다—우리에게는 좋은 다이닝룸이 있지만 친구들하고 편하게 놀고 싶으니 다이닝룸을 쓰지 않겠어."[13] 《뉴욕타임스》의 캐트린 벤홀드Katrin Bennhold는 '서퍼게이트suppergate'를 언급하며 이렇게 말하기도 했다. "영국 국무조정실장 프랜시스 모드가 '키친 서퍼'에 관해 말했을 때, 언론은 대다수 유권자에게 '정찬'(중간계급)이든 '홍차 한 잔'(노동계급)이든 다이닝룸에서 식사를 하는 선택지가 있지 않다는 사실을 상기시켰다."[14] 다이닝룸이라는 선택지가 있음을 함축한 걸 겨냥한 말이었다. 《가디언》의 레이철 쿡은 재치 있는 말로 이렇게 썼다.

프랜시스 모드와 그의 친구들을 제외하면, 누가 다이닝룸을 사용하는가? 그리고 다이닝룸이란 정확히 무엇을 의미하는가? 실제로 그 정체를 파헤치려면 시간이 좀 걸린다. 이 두 단어(다이닝+룸) 안에는 어지러운 온갖 가정이 도사리고 있기 때문이다. 언뜻 드는 생각은 주방이 식탁을 놓을 수 있을 만큼 넓다는 것이다. 또는 집 안 다른 곳에 또 다른 방이 있어서 중요한 일이 있을 때는 거기서 밥을 먹기도 한다는 뜻도 된다. '디너파티'(야망을 품은 중간계급의 이 단어는 아마 모드 패거리의 눈에 non-U*일 것이다)와 '밥meal'(이유는 모르겠지만 역시 non-U 다. 언젠가 이튼 출신의 한 끔찍한 노인 앞에서 방정치 못하게 이 단어를 입에 올렸다가 호통을 듣고 알았다)이라는 두 단어는 순식간에 빛나가고 만다.[15]

마찬가지로, 누구나 다 하버드 이야기인지 아는데 "케임브리지에 있는 작은 학교"에 다녔다고 말하는 것은 실제로 높이 평가받고 보기 드문 어떤 것을 가볍게 여김을 암시한다. 다이닝룸과 주방이라는 선택지의 존재를 함의하는 것과 비슷하다. 집에 들어갈 때 신발을 벗는 (벼락부자) 가정의 규칙은 집에 지나치게 관심을 두며 소중히 여김을 암시하는데 야망계급은 (실제로는 그럴지라도) 집이 그 정도로 관심을 기울일 만한 곳이라고 감히 속내를 내비치지 않을 것이다.

돈과 무관한 비과시적 소비와 지위의 관계가 가장 잘 드러나는 건 야망계급 내에서도 경제적 하위집단의 행동이다. 잉글랜드 여왕이나 시티뱅크 은행장과 파티에 참석하는 건 고사하고 집세나 간신히 낼 정도의 돈을 버는 힙스터—영화계 종사자나 시나리오작가, 출판계에서 일하는 20대 젊은 도시인—들 말이다. 이 우스꽝스럽고 아이러니한 하위문화에서는 무엇이 쿨

---

* 'U'는 상층계급upper class을 의미하며 'non-U'는 그 밖의 계층이다.

하고 알 만한 것인지에 관한 정보야말로 그들이 가진 전부이며, 따라서 이들 또한 돈과 무관한 비과시적 소비에 몰두한다. 별로 알려지지 않은 블로그와 트위터 글을 읽고 참조하며, NPR에 코백을 들고 다니고, 픽시 자전거를 타는 식으로 자신들의 사회적 위치를 규정할 수 있기 때문이다. 그들은 우유 대신 헴프 밀크hemp milk[헴프시드로 만든 식물성 대체 우유.—옮긴이]를 마시고, 중고 혼다 어코드 대신 식물성 기름으로 달리도록 개조된 낡은 메르세데스를 몰며, 맥도날드보다 푸드트럭에서 패스트푸드를 사먹는다. 가격이 대충 비슷하더라도 말이다. (공교롭게도, 맥도날드에서도 요즘은 케일 샐러드를 판매한다. 건강 전문가들과 야망계급이 새롭게 강조하는 건강한 식습관에 부응하는 게 분명하다.) 하지만 식물성 연료 차량(털털거리며 지나갈 때 감자튀김 냄새가 나긴 한다)과 아몬드버터(땅콩버터와 거의 똑같은 맛이 난다)는 야망계급의 문화자본을 보여준다. 이런 실천과 제품은 값이 비싸지는 않지만, 도시의 하위문화와 골목 안쪽에 자리한 좁고 어둑어둑한 술집, 특정 푸드트럭의 위치 등에 관한 내부자 정보 게임을 통해 확인되고 선택된다.

야망계급의 새로운 매너리즘과 소비 실천은 종종 부나 지식을 함축하기는 해도 과시적이지는 않다. 프라다 로고와 달리 이런 습관은 지위를 드러내는 것으로 쉽게 인식되지 않는다. 21세기에는 엘리트계급과 문화자본에 대한 역사적 묘사의 방식이 뒤집어지고 있다. 감사 편지와 좋은 매너는 베블런의 시대와 마찬가지로 여전히 높이 평가받지만, 불필요한 편지나 지나치게 점잔을 빼는 매너는 너무 노력하는 것처럼 여겨진다.[16] 오늘날 야망계급의 일부 성원들은 라벨과 과시를 확고하게 경시하며 자신들의 문화자본과 기표—행동과 정보 자체에는 돈이 들지 않지만 아무나 따라 할 수는 없는—를 업그레이드하는 방식으로 구별짓기를 한다. 힙스터들은 노동시장의 엘리트가 아닐 수 있지만(대개가 엘리트이기는 하다), 희소한 정보를 통해 엘리트주의를 실현한다. 그들은 누구의 글을 읽어야 하고 트위터와 인스타그램에서 누구를 팔로우해야 하는지를 알며, 특정 유형의 내부자 언어를 안다. 아몬드라떼, 녹즙, 12달러짜리 카시오 계산기 시계 등 쉽게 이해하기 어려운 (거의 물신화된) 소비 품목을 안다.

이 모든 실천은 막스 베버가 말한 이른바 '라이프스타일'을 드러낸다.[17] 따라서 돈과 지위는 서로 관련이 있기는 해도 같은 것은 아니다. 소득수준이 비슷하다고 해서 반드시 똑같은 방식으로 행동하고 소비하지는 않으며, 그보다는 오히려 어떻게 그 수준에 이르렀는지, 어디 출신인지, 어디에 살고 있는지가 더 큰 영향을 미친다. 상향 이동은 단순히 물질적 재화를 통해서 이루어지지 않는다고 본 부르디외가 말하고자 한 것이 바로 이런 점이다. 부르디외는 지위가 우리의 사회적 관계 및 그로 인해 획득하는 정보와 기회를 결정한다고 말했다.* 취향과 라이프스타일은 대대로 전해지며, 젊은 나이에, 또는 특정 집단에 소속됨으로

---

*   부르디외는 우리가 이런 정보와 자본을 얻는 환경을 '하비투스'라고 지칭했다. 이는 우리의 취향이 형성되는 환경이자 다른 하비투스와 구분되는 광범위한 체계를 가리킨다.

써 학습된다. 어떤 사람이 엘리트 하비투스 안에서 자라지 않았으면 언제까지고 외부자로 남게 되는 것이다. 우리가 영국의 진짜 상층계급에 대해 경제적으로는 가난할지라도 지위는 부유하다고 보는 것, 뉴저지 교외에 저택이 있는 토니 소프라노[미국 드라마 〈소프라노스〉의 주인공으로 뉴저지의 마피아 부두목이다.—옮긴이]가 메트 갈라Met gala[《보그》 미국판과 메트로폴리탄 미술관이 매년 공동으로 주최하는 자선 패션쇼.—옮긴이]에 초청받거나 뉴욕 공립도서관 이사가 되지 못하는 것도 바로 이 때문이다. 도미니크 던의 베스트셀러 소설 《너무 많은 돈》에 나오는 참담한 장면에서 투옥된 억만장자 일라이어스 렌셜은 줄곧 상류사회 진입을 꿈꿔온 부인에게 이렇게 말한다. "당신은 아직도 그 사람들을 제대로 알지 못하는군, 루비. 지금도 그 사람들 틈에 끼고 싶어 해. …… 당신과 결혼하느니 레즈비언 부인한테 돌아가기를 선택한 파리의 한 거물이 있었지. …… 그 여자는 집안이 좋잖아. 귀족 같지. …… 중요한 건 그거야. 당신은 그렇지가 않다는 거."

취향과 하비투스의 본질은 지위와 지식 습득이 돈과 관련이 있기는 하지만 오로지 돈으로만 설명되지는 않는다는 것이다. 그리하여 돈과 무관한 비과시적 소비는 암묵적인 지식, 문화자본과 하비투스, 그리고 미셸 라몬트Michele Lamont가 "상징적 경계선"이라고 말한 것을 중심으로 이뤄진다.[18] 하버드대학교 사회학 교수인 라몬트는 부르디외의 문화자본 개념이 너무 경직돼 있으며 지위의 다른 척도들을 무시한다고 보았다. 라몬트는 부르디외의 개념이 특히 상층 중간계급 사이에서 매우 중요하게(하지만 다르게) 여겨지는 도덕을 무시한다고 주장했다. 도덕은 전통적인 경제적 구분선, 심지어는 문화적 구분선도 초월하는 계급 문제라는 것이다. 부유하거나 유복한 것, 또는《뉴욕리뷰오브북스》나《파리리뷰》를 읽는 게 문제가 아니라, 결혼에 대한 가치관(정부를 둘 것인가?), 성공(권력인가, 명성인가?), 돈을 어디에 쓸지에 관한 기본적인 기준이 자신이 어느 계급에 속하는지를 보여주는 표지가 되며, 이 문제들은 특정 계급의 성원으로서 넘어서는 안 되는 제한선이 된다. 프랑스를 예로 들면, 라몬트가 연구를 위해 인터뷰한 전문직 남성들은 같은 부류의 미국인에 비해 한결 편안한 태도로 외도를 이야기했다(통계에 따르면 미국의 전문직 남성도 비슷하게 외도를 많이 하는데 말이다). 성공의 정의는 나라마다 다르지만, 프랑스(권력과 명성)와 미국(돈의 암시) 상층 중간 계급의 가치는 각국의 보통 사람들도 일관되게 공유한다. 일정한 액수를 가지면 특정한 집단의 일원이 되는 자본의 방식과 달리, 상징적 경계는 애초에 그어져 있는 선을 함의한다. 그리하여 본질적으로 어떤 사람을 포함하거나 배제할 수 있다. 사회비평가 A. A. 길A. A. Gill이 간결하게 말한 것처럼 "어느 수준을 넘어가면 돈은 문제가 되지 않는다."[19]

대단히 값비싼 비과시적 소비

물론 그렇게 간단하지는 않다. 돈과 무관한 많은 것들이 사실 절대적으로 돈과 관련이 있기 때문이다. 경제적 여건은 사회적 관습과 소비 선택을 뒷받침한다. 물론 그 반대도 마찬가지다. 사회적 관습과 소비는 경제적 여건의 결과다. 당신이 아주 가난해도 《뉴요커》를 구독할 수 있지만, 이러한 소비에는 단순히 잡지 자체를 읽는 것보다 훨씬 많은 의미가 있다. 《뉴요커》는 사회경제적·문화적 위치를 암시하는데, 그런 위치는 다른 여러 가지 요소들을 상징한다. 이런 출간물을 읽는 건 식자층의 삶, 그리고 문화와 지식을 중시하는 가치관(그리고 그런 가치관을 가질 수 있는 여유)을 의미한다. 《뉴요커》와 《뉴욕타임스》의 지면을 훑어보는 독자들 대부분은 명문 대학에서 4만 달러가 넘는 교육(대학원 학위를 포함한)을 받고 비슷한 교육을 받은 사람들과 의견과 정보를 나누며 시간을 보낼 가능성이 높다. 《뉴욕타임스》는 한 부에 2.5달러, 일요판이 5달러이지만(매일 보다보면 비용이 눈덩이처럼 커진다), SAT 수준의 어휘와 문화적 언급(카뮈, 푸코, 프로이트)을 전부 이해하려면 값비싼 대가를 치르고 얻은 지식이 풍부해야 한다. 돈이 있다고 해서 문화자본을 살 수는 없지만 문화자본(그리고 상징적 경계)에는 돈이 필요하다. 문화자본은 물질적 재화가 아니지만 그럼에도 대부분 물질적 부에서 비롯된다. 비록 그런 선택이 거의 자연스러운 습관처럼 보일지라도 말이다(지위 기표로서의 이런 실천에 관해서는 4장에서 자세히 다룬다). 이런 비물질적 기표들의 가치를 이해하는 것은 대체로 신문과 잘 다듬은 손톱(그리고 유기농 채소, 공정무역 커피 등)을 중요하게 생각하는 이들과 시간을 보내는 데 달려 있다. 그러한 경험이 공유되지 않으면 연한 매니큐어든 딸기든 그다지 중요하지 않다. 야망계급이 공유하는 경험 중 대부분은 설령 물질적으로는 비가시적일지라도 돈이 드는 정보를 바탕으로 한다. 교과서 없이 교실에 가고, 열심히 공부하면서도 쉽게 하는 것처럼 보여야 하는 세인트폴 고등학교 학생들처럼 말이다. 칸이 설명한 것처럼, "이런 특성이 자연스러워 보인다는 것은 누군가 그것을 어떻게 체현해야 할지 알지 못할 때 …… 어쨌든 필요한 걸 타고나지 못한 그 사람의 잘못으로 여겨진다는 걸 의미한다".[20]

하지만 돈과 무관한 이런 지위의 신호들은 사실 부유층 이외의 모든 사람을 배제하는 소비로 뒷받침된다. 대학 등록금이나 육아, 사치스러운 휴가 등 무엇이든 간에 대다수 미국인들은 이런 투자에 필요한 비용을 감당하지 못하며, 그 비용을 감당할 수 있는 사람들은 남들에 비해 일상적으로나 세대를 가로질러서나 정말로 다른 결과를 얻는다. 요컨대 이는 삶의 질에 관련된 소비만큼이나 지위와 관계가 없는 소비다. 여가와 노동을 관찰한 조너선 거슈니의 논평을 다시 생각해보자. 오늘날 대다수 부자들은 돈을 벌기 위해 많은 시간을 일하며, 그 결과 여가에 쓸 시간을 빼앗긴다.[21] 여가는 값비싼 재화다. 이에 따라 그들의 많은 소비 실천은 시간을 되찾고 자신과 자녀의 미래를 위해 현재의 사회경제적 위치를 고수하는 데 집중된다. 여기에 많은 돈이 든다는 건 놀랄 일이 아닐 것이다. 돈과 무관한 이런 유형의 비과시적 소비는 세 가지 핵심 범주로 나눌 수 있다. **노동집약적 소비**(지위보다 효용 중심), **경험 중심 소비**(실용적이지 않지만 그

렇다고 지위 추구적이지도 않은), **중요한 소비**(삶의 질을 향상하며 자기
자신과 자녀의 복리에 관한 투자)가 그것이다. 이 세 유형의 비과시
적 소비는 공생관계에 있다. 사회 전반적으로 시간이 부족해지
는 가운데 시간이 소요되는 단조롭고 힘든 일을 외주화하는 비
용이 중요해졌다. 그 시간을 아끼면 재미있게 놀 수 있다. 돌보
미를 고용하고 직항 항공편의 값을 치르면 주말을 즐길 수 있는
시간이 생긴다 — 이 모든 게 아주 비싸더라도 말이다. 대학 등록
금, 좋은 유치원, 은퇴 등의 비용은 굉장히 비쌀 뿐만 아니라 야
망계급의 부유한 성원과 그 자녀들에게 상향 이동을 확보해주
며 이런 비용을 감당할 수 없는 모든 이를 배제한다. 이런 추세,
그리고 부유층(다수가 야망계급이다)이 다른 미국인들에 비해 어
떻게 소비하는지를 좀 더 광범위하게 살펴보자.

우선 첫째로, 부유층은 언제나 다른 사람들보다 비과시적
소비에 더 많은 돈을 썼으며, 교육, 육아, 수업료, SAT 준비, 정
치 기부금, 그 밖의 비가시적 지출에도 많은 돈을 써왔지만, 이
런 추세는 2008년 대불황 직후 더욱 심해졌다.* 2007년 이전까
지 상위 소득집단은 과시적 소비와 비과시적 소비에 거의 비슷
하게 지출하는 경향이 있었지만, 경제위기 이후 소비 습관이 상
당히 바뀌면서 과시적 소비가 큰 폭으로 줄었다. 2008년 이후
다시 약간 증가하긴 했지만 이전 수준으로 결코 돌아가지 않았

---

*   노동통계국의 소비자지출조사 데이터에서 수집한 소비 범주와 품목의 자세
    한 내용에 관해서는 부록을 참고하라.

그림 3.1 소득집단별 비과시적 소비와 과시적 소비 비교

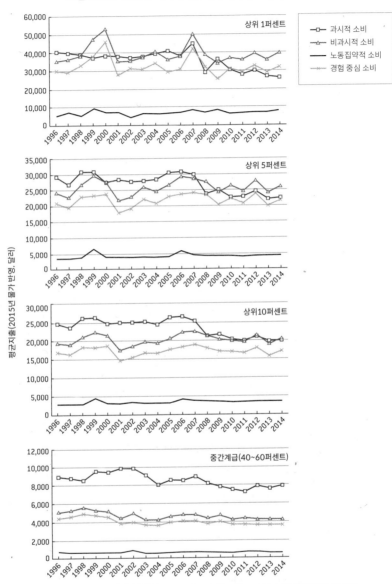

데이터 출처: Consumer Expenditure Survey, Bureau of Labor Statistics.

다. 경제학자 로버트 프랭크가 말한 것처럼, 불평등에 대한 격렬한 항의가 한창 무르익으면서 공공연한 쾌락주의와 사치품 소비는 논쟁의 화약고가 되었고(그렇다고 그들이 돈을 쓰지 않았다는 이야기는 아니다), 그리하여 상위 소득집단은 자기들 안에서만 통용되는 새로운 소비의 통로를 발견했다(입주 가사도우미를 고용하든, 마이애미에서 열리는 아트바젤에 전용기를 타고 가든).[22] 이에 비해 중간계급, 즉 연평균 4만 7000달러를 버는 백분위 40~60 소득계층은 대불황 이전의 과시적 소비로 복귀하는 한편, 비과시적 소비를 줄이는 중이다. 역사적으로 이들은 언제나 비과시적 소비보다 과시적 소비에 훨씬 많은 돈을 썼고, 금융 위기가 정점에 이르렀을 때에도 의류와 시계, 자동차 등 베블런재에 대한 지출을 거의 줄이지 않았다. 〈그림 3.1〉

절대 금액을 기준으로 보면 상위 세 소득계층만이 1996년에 비해 현재 비과시적 소비에 더 많은 돈을 쓴다―중간계급과 저소득층은 덜 쓴다. 전반적으로, 상위 소득계층은 1996년에 비해 비과시적 소비에 5퍼센트에서 10퍼센트 더 많이 지출했다. 미국의 평균적 가계에서 비과시적 소비가 차지하는 비중은 총지출의 10퍼센트 정도다. 반면 상위 1퍼센트, 5퍼센트, 10퍼센트 소득집단이 비과시적 소비에 쏟아붓는 지출 비중은 각각 22.9퍼센트, 19.7퍼센트, 17.4퍼센트로 평균보다 최대 80퍼센트 많다. 비과시적 소비가 총지출에서 불과 9~9.5퍼센트를 차지하는 중하위 소득집단과 이 비중을 대조해보라. 가계소득이 증가하면 구성원들은 비과시적 소비에 더 많은 돈을 쓴다.

오늘날 부유층은 비과시적 소비에 전체 평균보다 약 5.5배 많은 돈을 쓰며(과시적 소비에는 전체 평균보다 2.5배 많이 쓴다) 1996년에 비해서는 약 12퍼센트 이상 더 많이 쓰고 있다. 이와 대조적으로, 중간계급의 비과시적 소비는 전체 평균 대비 40퍼센트 적으며, 1996년에 비하면 20퍼센트 적다.

노동집약적, 경험 중심의 비과시적 소비

상위 소득집단이 자유시간을 늘리고 생활을 원활하게 해주는 이런 소비에 훨씬 더 많은 돈을 쏟아붓는 것은 놀랄 일이 아니다. 대다수 사람이 이러한 지출을 감당할 수 없다는 것도 마찬가지일 것이다. 이런 소비에는 대개 인건비가 포함되는데, 이는 시간이 흐른다고 저렴해지는 비용도 아니다. 기술이 아무리 발전한들 어떤 업무에는 여전히 실제 사람의 고된 노동이 필요하다. 경제학자 윌리엄 보몰William Baumol은 기술혁신에 기반한 생산성 증대로 다른 산업들(가령 제조업 부문)에서 아무리 효율성이 높아져도 베토벤 현악 사중주곡을 연주하기 위해서는 예나 지금이나 음악가 4명이 똑같은 노력을 기울여야 한다고 말했다. 게다가 음악가들의 연주가 일정한 수준을 유지한다 하더라도 인플레이션과 경제성장, 또는 보몰이 말한 이른바 '비용 질병cost disease'[생산성이 높은 부문에서의 임금 상승 영향으로 생산성이 낮은 부문에서도 임금이 상승하는 현상.—옮긴이] 때문에 임금이 오를 것이다. 보육이나 잔디 관리 같은 여러 서비스 산업도 마찬가지다. 여러 세기 동안 아이 돌봄은 비슷하게 어려운 일이었지만, 육아에서 나타나는 유행이나 열풍(4장에서 논의할 것이다)을 통제한다 하더라도 돌봄 비용은 상당히 증가하고 있다. 더 현실적으로 말하자면, 육아는 자동화가 불가능한 산업이다(아이를 로봇에게 맡기려는 사람은 없을 것이다). 또한 로봇 청소기 같은 물건이 있다고 한들 가사노동의 면면을 들여다보면 타일을 닦고 테이블에 광을 내는 사람이 필요하다. 음악 강사, 수의사, 개 산책 대행인 등의 경우도 마찬가지다. 아무리 기술혁신이 이뤄져도 생활과 돌봄의 여러 영역에서 여전히 사람이 중요하다.

사회와 경제의 거시적 변화들은 소비 양상에서 그대로 나타난다. 실제 수치를 살펴보면, 상위 1퍼센트는 중간계급에 비해 육아에 10배에서 20배를 더 지출한다. 상위 5퍼센트와 10퍼센트도 상당한 돈을 쓴다. 절대 금액으로 보자면 중간계급보다 6배에서 8배 많은 금액이다. 가진 돈이 많을수록 삶을 편하게 만드는 데 더 많이 쓸 것이라고 예상하는 게 합리적이기는 하지만, 상위 소득집단은 또한 총지출에서 더 많은 **비중**을 육아에 할애한다. 다른 소비보다 육아를 우선시한다는 뜻이다. 그들은 중간계급에 비해 지출 비중으로도 2~5배를 육아에 더 쓴다. 마찬가지로, 상위 소득집단은 정원관리, 보안, 살림 등 가사 서비스도 더 중요하게 여긴다. 지출한 절대 금액으로 보나 총지출에서 차지하는 비중으로 보나 입증되는 사실이다. 상위 1퍼센트는 중간계급에 비해 가사 서비스에 약 20배를 더 쓰며, 상위 10퍼센트

표 3.1 연도별, 소득집단별 육아 지출(2015년 달러 기준)

	1996	1998	2000	2002	2004	2006	2008	2010	2012	2014
전체 가구	140	135	118	104	95	114	108	103	106	110
상위 1퍼센트	885	995	1,025	606	596	893	984	1,507	963	2,110
상위 5퍼센트	389	380	400	409	354	517	519	564	452	676
상위 10퍼센트	383	325	302	342	286	384	378	387	401	429
백분위 60~89	166	160	128	104	99	114	110	100	79	101
백분위 40~59	72	94	68	53	60	56	47	39	60	41
백분위 0~39	47	43	60	35	31	36	29	30	42	31

표 3.2 연도별, 소득집단별 육아 지출 비중(퍼센트)

	1996	1998	2000	2002	2004	2006	2008	2010	2012	2014
전체 가구	0.25	0.23	0.20	0.17	0.16	0.18	0.18	0.18	0.18	0.19
상위 1퍼센트	0.52	0.58	0.55	0.35	0.34	0.49	0.57	0.88	0.54	1.22
상위 5퍼센트	0.30	0.28	0.31	0.31	0.27	0.35	0.37	0.42	0.33	0.51
상위 10퍼센트	0.34	0.28	0.26	0.29	0.25	0.30	0.32	0.34	0.34	0.37
백분위 60~89	0.26	0.24	0.19	0.15	0.15	0.17	0.16	0.16	0.12	0.16
백분위 40~59	0.17	0.22	0.16	0.12	0.14	0.12	0.10	0.09	0.14	0.09
백분위 0~39	0.15	0.13	0.18	0.11	0.09	0.11	0.09	0.09	0.13	0.10

에 비해서도 2배를 더 쓴다. 육아처럼, 부유층은 분명 다른 지출보다 가사 서비스를 우선시하는 선택을 내린다. 상위 1퍼센트는 지출 비중으로 중간계급에 비해 4~5배를 가사 서비스에 지출하며, 상위 5퍼센트 및 10퍼센트와 비교했을 때는 비슷하다(그래도 상위 1퍼센트가 가장 많은 비중을 지출한다). 〈표 3.1〉~〈표 3.4〉 그들의 집이 하위계층의 집보다 더 넓기 때문에 더 많은 일손이 필요한 걸까? 그럴지도 모르겠다. 다만, 데이터에 따르면 상위 소득집

표 3.3 연도별, 소득집단별 가사 서비스 지출(2015년 달러 기준)

	1996	1998	2000	2002	2004	2006	2008	2010	2012	2014
전체 가구	237	252	286	264	292	330	325	305	342	343
상위 1퍼센트	2,372	2,380	3,432	2,121	2,552	2,720	2,628	2,368	2,627	3,020
상위 5퍼센트	1,286	1,436	1,432	1,338	1,412	1,761	1,637	1,579	1,681	1,651
상위 10퍼센트	853	1,002	991	947	1,022	1,244	1,195	1,126	1,176	1,190
백분위 60~89	191	181	237	211	264	266	297	266	286	306
백분위 40~59	103	109	143	147	130	159	131	141	187	159
백분위 0~39	129	125	150	121	129	138	127	118	162	158

표 3.4 연도별, 소득집단별 가사 서비스 지출 비중(퍼센트)

	1996	1998	2000	2002	2004	2006	2008	2010	2012	2014
전체 가구	0.42	0.43	0.49	0.44	0.50	0.54	0.54	0.53	0.59	0.59
상위 1퍼센트	1.39	1.38	1.85	1.24	1.44	1.48	1.52	1.38	1.48	1.74
상위 5퍼센트	0.99	1.06	1.09	1.01	1.06	1.19	1.18	1.19	1.23	1.25
상위 10퍼센트	0.76	0.86	0.87	0.82	0.89	0.98	1.00	.099	1.01	1.02
백분위 60~89	0.29	0.28	0.36	0.31	0.39	0.39	0.44	0.41	0.44	0.47
백분위 40~59	0.24	0.25	0.33	0.32	0.30	0.35	0.29	0.33	0.43	0.36
백분위 0~39	0.41	0.37	0.44	0.36	0.39	0.41	0.38	0.37	0.50	0.49

단에서는 마루 걸레질과 잔디 깎기, 물 주기 등을 남에게 맡기는 선택지가 있는 반면, 하위 소득집단은 이런 허드렛일을 직접 한 다는 사실을 알 수 있다.

노동집약적인 상품과 관련된 비과시적 소비에 관한 조사 결과는 수잔 비앙키Suzanne Bianchi와 그의 동료들이 수행한 광범위 한 연구의 결과와도 일치한다. 비앙키는 20세기 중반에 비하자 면 더 많은 여성들이 노동시장에 참여하고, 대체로 부모들이 그 어느 때보다 더 많이 일한다는 사실에도 불구하고, 오늘날 부모들이 '가족 지향적'이었던 1960년대보다 아이들과 더 많은 시간을 보내고 있다는 사실을 발견했다. 1960년대부터 수십 년간의 생활시간 조사 데이터를 활용한 비앙키와 동료들은 양육을 둘러싼 문화적 규범이 달라지고 있음을 발견했다. 부모들이 자발적으로 자녀와 더 많은 시간을 보내고 있으며, "부모 공동 육아라는 이상" 때문에 전통적으로 여성이 짊어졌던 부담이 줄어들었다는 것이다.

비앙키는 부모들이 자녀와 함께하기 위해 더 많은 여가시간을 포기한다고 설명한다. 아이와 보낼 수 있는 더 많은 시간을 확보하려는 부모들의 시간 관리를 보면 비과시적 소비가 이를 가능케 하고 있음을 알 수 있다.[23] 비앙키는 또한 21세기의 여성들이 노동시장에 더 많이 참여하기는 하지만 실제로 20세기 중반 전업주부 엄마와 똑같은 시간을 자녀와 보낸다고 보고한다.[24] 이런 변화의 원인 중 일부는 사회적으로 시간이 어떻게 쓰이는지, 그리고 무엇이 높이 평가되는지가 재구성된 결과다. 집안일을 예로 들어보자. 청결함의 기준은 그대로지만, 집안일은 워킹맘의 시간을 합리적으로 할애하는 대상으로서는 가치가 떨어진다. 비앙키는 오늘날 미국 가정이 가사 서비스(가령 가사도우미와 정원사)를 활용하고 있으며 부인이 가족과 시간을 보낼 수 있도록 남성들이 가사노동에 참여한다는 사실을 발견했다.[25]

여행, 와인, 단기여행 같은 경험 중심 재화―삶에서 재미를 느끼는 부분―또한 지출의 중요한 영역이다. 부유층은 중하위

야망계급론

소득집단보다 이 부분에 상당히 많은 돈을 쓴다. 실제로 경험 중심 재화는 상위 1퍼센트와 상위 5퍼센트가 다른 모든 집단과 큰 차이를 보인다. 2014년 상위 1퍼센트는 즐거운 경험에 평균적으로 3만 2000달러를 쓴 반면, 중간계급은 3600달러를 썼다. 경험 중심 재화와 서비스는 상위 1퍼센트와 5퍼센트에서 가계 총지출의 16~18퍼센트를 차지하지만, 중간계급에서는 겨우 8.2퍼센트를 차지한다. 전체 가계 평균에 비해 총지출에서 차지하는 비중으로 상위 1~5퍼센트는 경험 중심 재화에 50~70퍼센트를 더 쓰는 반면, 중간계급은 20~25퍼센트를 적게 쓴다. 마지막으로 상위 1퍼센트와 5퍼센트, 10퍼센트는 1996년에 비해 이런 유형의 소비에 상당히 더 많은 돈을 쓰는 반면(절대 금액과 총지출에서 차지하는 비중 모두), 나머지 집단은 15~25퍼센트 적게 쓴다.

어떤 이는 극히 드문 천재를 제외하면 세 살에 바이올린을 배우는 것은 아무런 효용도 없는 소비라고 주장할지 모른다. 어떤 일들─오페라 관람, 색소폰 배우기(또는 배우려고 시도하기), 이국적인 곳에서 휴가 보내기─은 그 자체로 효용이 없다 해도 단지 과시적으로 지위를 드러내기 위해서만 하는 것도 아니다. 색소폰을 연주하는 대부분의 사람들은 대중 앞에서 연주하지 않으며, 오페라가 실제로 사교의 장이라 하더라도 어떤 이들은 순전히 음악과 드라마를 즐기려고 그것을 본다(해외여행과 박물관 관람이 그런 것처럼 말이다). 이런 유형의 경험 중심 소비는 실용적이지도 지위 추구적이지도 않지만 상위 소득집단에서 가장 흔하게 나타난다. 이들은 전반적으로 중간계급에 비해 5배 더 많

표 3.5 소득별, 연도별 악기 지출(2015년 달러 기준)

	1996	1998	2000	2002	2004	2006	2008	2010	2012	2014
전체 가구	113	103	134	99	84	65	77	47	41	37
상위 1퍼센트	476	134	385	364	310	141	156	83	340	493
상위 5퍼센트	233	157	215	205	180	124	317	87	135	153
상위 10퍼센트	207	172	204	189	157	113	226	107	116	101
백분위수 60~89	125	118	191	126	99	80	76	56	41	38
백분위수 40~59	89	96	94	71	61	52	52	32	27	26
백분위수 0~39	74	54	54	43	49	30	27	19	18	17

은 돈을 경험 중심 재화에 쓴다. 악기를 보자. 부유층, 즉 상위 10 퍼센트부터 상위 1퍼센트까지의 집단은 모두 중간계급에 비해 훨씬 더 많은 지출을 하고 있다.〈표 3.5〉마찬가지로, 이들은 오락 및 업무 이외의 여행에도 많은 돈을 쓴다.〈표 3.6〉절대 금액으로 는 상위 1퍼센트가 많이 쓰지만, 총지출에서 차지하는 비중으로 보자면 상위 1퍼센트, 5퍼센트, 10퍼센트 모두 비슷하게 돈을 쓴 다(약 0.1퍼센트). 중간계급은 절대 금액으로나 지출 비중으로나 상당히 덜 쓴다. 이러한 수치를 보면 악기나 오락 같은 비과시 적 재화는 이들에게 우선순위가 아니며 그렇게 될 수도 없는 듯 하다. 대불황 이후 상위 소득집단은 악기를 비롯한 비과시적 소 비에 더 많은 돈을 썼다. 하지만 중간계급의 경우 과시적 소비에 대한 지출 비중이 대불황 이전으로 복귀했을 뿐 비과시적 지출 은 그러지 않았다.

사치스러운 휴가에 관한 최근의 데이터를 보면, 부유층이 경험에 더 많은 돈을 쓰며 그 과정에서 다른 모든 이들과 점점

야망계급론

표 3.6 소득별, 연도별 오락 지출(2015년 달러 기준)

	1996	1998	2000	2002	2004	2006	2008	2010	2012	2014
전체 가구	45	45	42	41	41	39	30	28	26	23
상위 1퍼센트	295	103	163	160	130	182	206	102	102	116
상위 5퍼센트	148	121	127	117	131	115	127	77	95	60
상위 10퍼센트	120	114	100	95	104	91	95	75	73	56
백분위 60~89	54	53	48	52	49	53	33	31	29	28
백분위 40~59	23	26	23	24	22	21	17	20	15	12
백분위 0~39	18	16	25	16	14	11	8	8	8	8

더 거리가 멀어지는 전반적인 경향을 발견할 수 있다. 여행 에이전트 수천 명으로 이루어진 네트워크 버추오소Virtuoso에 따르면 지난 7년간 매년 여행에 최소 10만 달러를 지출하는 여행자들이 '일반 여행자'들(매년 여행에 '고작' 1만 달러를 쓰는 이들)에 비해 지출을 2~3배 늘렸다고 한다. 갈라파고스와 남극대륙 같은 외딴 지역까지 세계일주 여행을 설계하는 회사인 내셔널지오그래픽 익스페디션National Geographic Expeditions은 최근 7만 7000달러짜리 24일간의 여행 상품(앞에서 언급한 장소들을 아우르는 일정이다)을 내놓았고, 이는 매진되었다.[26] 이런 '맞춤형 체험'은 그저 값이 비싸고 재미있는 것 이상의 의미를 지닌다. 이런 여행은 문화자본과 상징적 경계, 그리고 다재다능하고 아는 게 많으며 십중팔구 디너파티에서 사람들의 흥미를 자아낼 법한, 돈과 무관한 수많은 기표를 만들어내는 부차적인 효과를 발휘한다.

중요한 소비

개인 바이올린 교습을 받는 소녀와 받지 않는 소녀 사이에 상징적·경제적 경계가 존재한다는 데는 의문의 여지가 없으며, 휴가를 즐기거나 육아도우미를 고용하는 경우도 마찬가지다. 이 모든 소비 실천은 전통적 재화보다 더 계층화된 계급 구분선을 만들어낸다. 그것이 가능한 이들에게 경험이나 지식, 기술, 또는 칸이 말한 이른바 "학습된 형태의 자본"을 축적하게 해주기 때문이다. 따로 떼놓고 보면, 바이올린을 연주할 줄 아는지 여부가 아이를 하버드에 진학시켜주지는 않을 것이다(타이거맘Tiger Mom[엄격하게 훈육하고 간섭하면서 자녀를 혹독하게 교육하는 엄마를 지칭한다. —옮긴이]이 바라는 만큼은 아니라는 이야기다). 하지만 바이올린이 그 외 다른 경험 및 상황과 결합되면 이야기가 달라진다. 아이를 명문 유치원과 중고등학교에 보낼 돈이 있는지, '흥미로운' 학생으로 만들어주는 입시 준비와 과외를 지원할 여력이 있는지, 가족의 사회적 연결망에서 누가 하버드 입학처 사람을 아는지와 같은 것 말이다. 바이올린을 연주할 줄 아는 소녀의 가족 중에 하버드 출신이 있다면 어떨까? 이런 특성들의 모자이크는 명문 대학 진학에서 점점 더 필수적인 요소가 되어가고 있으며, 비과시적 소비가 가장 두드러지고 불평등과 미래 세대에 가장 큰 영향을 미치는 것도 바로 이 지점이다.

앞서 나는 2008년 대불황을 계기로 특정한 소비습관이 근본적으로 달라졌다고 언급했다. 오늘날 부유한 사람들은 과시적 소비에 지출을 줄이고 비과시적 소비에 더 많이 지출하는 반면, 같은 위기를 거치면서도 중간계급은 과시적 소비를 약간 줄였을 뿐이며(대불황 이전의 수준을 회복했다) 비과시적 소비는 확실히 지출을 줄였다. 이 장과 2장에서 입증하는 것처럼, 부유층과 중간계급은 현재 거의 정반대의 지출 양상을 보이고 있다. 이런 양상은 **중요한 소비**에서 가장 뚜렷하게 나타난다. 교육, 의료, 연금, 개인 보험에서 상위 소득집단(특히 상위 1퍼센트)은 절대 금액으로 보나 총지출에서 차지하는 비중으로 보나 중간계급보다 훨씬 많은 돈을 쓴다. 〈그림 3.3〉~〈그림 3.5〉 이는 작은 수치가 아니다. 상위 1~5퍼센트는 총지출 가운데 평균 5퍼센트를 교육에 쓰는 반면, 중간계급은 겨우 1퍼센트를 쓴다. 〈그림 3.2〉 대불황 이래 상위 소득집단의 교육 지출이 전반적으로 증가한 반면, 중간계급에서는 감소했다. 1996년에 비해 2014년 상위 1퍼센트는 교육에 절대 금액으로든 지출 비중으로든 3.5배를 더 썼다. 2014년에 이들은 교육에 전체 평균보다 860퍼센트를 더 썼는데, 같은 기준으로 중간계급은 50퍼센트 적게, 하위 소득집단은 70퍼센트 적게 썼다. 대학 등록금이 천정부지로 치솟는 가운데서도 중하위 소득집단은 총지출 내 비중으로 1996년과 정확히 똑같은 정도를 교육에 쓰고 있으며, 이는 상위 소득집단과 비교하자면 4분의 1수준이다. 교육 지출은 아마도 미국에서 가진 자와 못 가진 자의 구분이 가장 극명하게 나타나는 분야일 것이다. 부유층은 소득의 훨씬 많은 비중을 교육에 쓰는 반면, 하위 소득집단은 지출 비중으로도 기존 수준을 유지하지 못하고 있다(절대 금

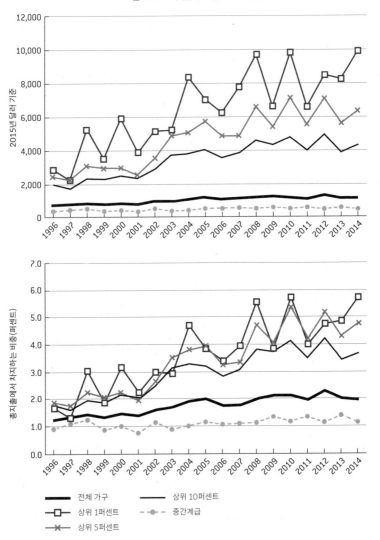

그림 3.2 소득별, 연도별 교육 지출

데이터 출처: Consumer Expenditure Survey, Bureau of Labor Statistics.

그림 3.3 다른 소비재 대비 대학 등록금 인상률

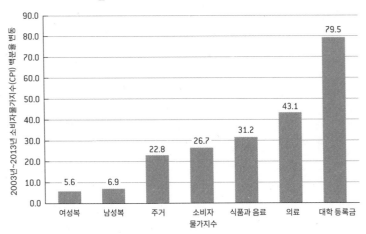

출처: D. Kurtzleben(2013). "Just how fast has college tuition grown?", *U.S. News and World Report.*

액으로는 말할 것도 없다). 이런 결과를 본다면, 중간계급과 하위 소득집단은 교육을 우선순위에 두지 않는 게 아니라 유치원부터 고등학교, 대학교에 이르기까지 각급 교육기관에서 점점 치솟기만 하는 수업료를 감당할 수 없을 뿐이다. 노동부에 따르면, 불과 10년(2003년~2013년) 사이 대학 등록금은 약 80퍼센트 인상되었는데, 같은 기간 주거와 식료품 등 다른 유형의 소비재는 각각 약 23퍼센트와 30퍼센트 올랐고, 전반적인 소비자물가지수는 약 27퍼센트 상승했다.[27] 〈그림 3.3〉 주요 대도시에서는 유치원 수업료도 수만 달러로 급등했는데(그렇다, 세 살짜리 아이의 수업료다) 불과 15년 전만 해도 좋은 주립대학교 학비가 그 정도였다.

어떤 이는 교육에도 과시적 요소가 있다고 주장할지 모르겠다―대다수 부모가 자녀의 대학이 어디인지 자랑스럽게 떠드

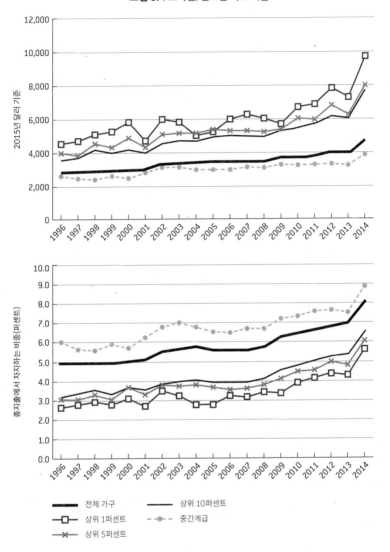

그림 3.4 소득별, 연도별 의료 지출

(세로축 상단 그래프) 2015년 달러 기준

(세로축 하단 그래프) 총지출에서 차지하는 비중 (퍼센트)

범례:
- ━━━ 전체 가구
- ━━━ 상위 10퍼센트
- ─□─ 상위 1퍼센트
- ─●─ 중간계급
- ─✕─ 상위 5퍼센트

데이터 출처: Cosnumer Expenditure Survey, Bureay of Labor Statistics.

니 말이다. 하지만 이런 자랑은 실제로 교육이 제공하는 것에 비하면 여전히 부차적인 요소다. 지식, 학위, 사회적 연줄 등은 삶의 기회를 창출하며 성공에 다가가는 데 필수적이다. 베블런 시대에는 교육이 어떤 현실적 기능도 하지 않는다고 여겨졌지만, 오늘날 대학 교육은 말 그대로 한 사람의 미래 소득과 직업, 계급을 규정하고 예측하는 기준이 된다. 교육은 이제 필수적일뿐더러 장기적으로 가장 효용이 큰 소비다.*

의료를 보자. 상위 1퍼센트가 다른 모든 이들보다 월등하게 많은 돈을 쓰긴 하지만, 상위 소득집단에 속하는 모든 이가 대불황 이후 확실히 더 많은 돈을 지출하고 있다. 〈그림 3.4〉 중간계급은 총지출에서 차지하는 비중으로 볼 때 가장 많은 비중을 지출하고 있으며, 상위 소득집단은 절대 금액으로 급격하게 지출을 늘리는 추세다. 의료 투자는 일상적인 건강 상태(그리고 만성적 건강 문제)를 개선하고 노후에도 좋은 삶의 질을 확보하는 바탕이 된다. 예방 의료는 삶의 전반적인 행복에서 결정적인 요소이며, 건강에 대한 꾸준한 투자는 전반적인 삶의 질을 보여주는 지표다. 게다가 가장 비싼 의료보험이 대개 최고의 의료를 제공한다. '컨시어지 메디슨concierge medicine[치료비를 많이 내는 환자에게 특별 치료 및 의료를 제공하는 서비스.—옮긴이]'이 부상함에 따라 환자는 특별치료비(FFCFee for Care 또는 FFECFee for Extra Care)라는 명목으로 연회

---

* 마일스 코락Miles Corak의 연구를 보면, 교육이 가장 큰 이득을 제공하는 사회는 또한 이동성이 가장 적은 사회다. Corak 2013.

그림 3.5 소득별, 연도별 은퇴 지출(개인 보험과 연금)

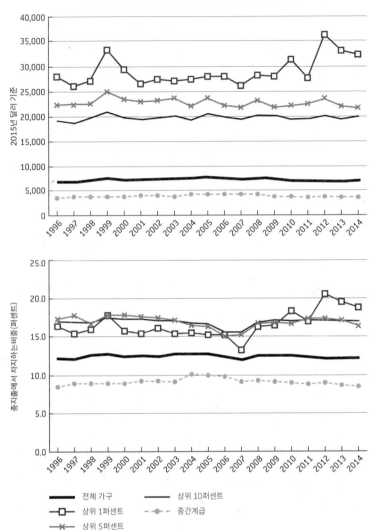

데이터 출처: Consumer Expenditure Survey, Bureau of Labor Statistics.

야망계급론

비나 유지비를 내야 한다. 의사는 기꺼이 추가 요금을 지불하는 이들에게 더 많은 시간과 진료를 제공하기 위해 환자 수에 제한을 두게 된다.[28]

가장 놀라운 점은 상위 1퍼센트가 절대 금액으로나 총지출 내 비중으로나 개인 보험과 연금에 상당히 더 많은 돈을 쓴다는 사실일 것이다. 상위 1퍼센트의 지출 가운데 약 20퍼센트가 개인 보험과 연금이다. 그에 비해 중간계급의 지출 비중은 8퍼센트에 그친다. 2014년 이 차이는 더욱 벌어져 상위 1퍼센트 가계는 연평균 3만 2500달러를, 중간계급 가계는 4000달러 이하를 쓴다(같은 해 상위 5퍼센트와 10퍼센트 가구는 2만~2만 2000달러를 썼다). 〈그림 3.5〉 이번에도 역시, 상위 소득집단은 중간계급과 저소득집단은 감당할 수 없는 방식의 이런 투자 덕분에 은퇴한 뒤에도 더 나은 삶의 질을 확보한다. 그리하여 상위 소득집단은 현재에 만족스러운 삶을 살 뿐만 아니라 행여 가족 구성원에게 무슨일이 생기더라도, 미래에도 동일한 생활수준을 유지한다. 시계나 가방, 자동차같이 분명한 지위의 표지들보다 훨씬 값비싼 이런 투자야말로 삶의 기회와 세대 간 이동성을 진정으로 규정하는 것이다.

돈이 많을수록 더 값비싼 삶의 요소들, 즉 교육, 건강, 연금 저축 등을 감당할 수 있다. 아이러니하게도, 이 모든 품목이 전부 만족스러운 삶을 위해 필수적인 동시에 평생의 수익을 창출해준다는 사실에도 불구하고, 중간계급과 빈곤층에게는 꿈도 꾸지 못하는 투자다. 중간계급 가계가 감당할 만한 소비란 아마도 상향 이동한 지위를 드러내는 신호로서 할부로 산 SUV 자동차일 것이며, 이는 최고 대학의 학비나 매년 수입의 최소 15퍼센트를 넣는 연금 저축보다 훨씬 저렴할 것이다. 좋은 의료보험은 연간 수천 달러가 드는데, 알러지 테스트나 피부과처럼 특별 의료비로 간주될 수 있는 과목은 보장에 포함되지도 않는다. 격차가 커지는 것은 중간계급이 이런 품목에 대한 지출을 줄여서가 아니라 부유층이 훨씬 더 많이 지출한 결과다. 〈그림 3.3〉~〈그림 3.5〉 실제로 이효정과 나의 동료 게리 페인터Gary Painter는 대불황 이후 '핵심적인 인적 투자 범주'에 대한 지출에서 불평등이 심화되고 있음을 입증한 바 있다. 전반적인 소비 양상을 살펴보면 산업혁명과 대량생산이 가져온 이득은 모든 사람에게 만족스러운 삶을 살 수 있는 기회를 제공했음을 알 수 있다. 하지만 아무리 많은 중간계급 가구가 코치 핸드백과 미니밴을 소비하든 간에 자녀를 프린스턴에 보낼 여유 자금이 있는 것과는 다르다. 이효정과 페인터가 발견한 더욱 놀라운 사실은 부유층과 중하위 소득집단 사이에 존재하는 교육 지출의 엄청난 차이가 대학이 아니라 훨씬 이른 나이(초등학교와 중학교)부터 시작되어 사회경제적 계급 간 격차를 10년 이상 앞당기기 때문에 이를 따라잡기가 사실상 불가능하다는 것이다.[29] 과시적 소비의 운동장은 평평해졌을지 몰라도 엄두도 못 낼 정도로 비싼 비과시적 소비가 부유층과 나머지 계층을 가르는 새로운 구분선이 되었다.

이런 유형의 비과시적 재화를 생각하다보면 C. 라이트 밀스가 《파워 엘리트》에서 말한 소름 끼치는 구절이 떠오른다. 20세기 중반 컬럼비아대학교의 사회학자 밀스는 미국의 엘리트들이 사실상 다른 모든 계층은 접근 불가능한 상향 이동의 길을 발견하고 있다고 우려했다. 개인과 사회 전체에서 삶의 기회에 영향을 미치는 여러 영역들—정치, 정부, 공적 인사, 최고의 직업, 학위—에서 엘리트들은 다른 모든 집단을 배제했다. 이런 양상의 궁극적인 문제는 그들이 사회의 모든 구성원을 위한 결정을 내리는 주체가 된다는 것이었다. 엘리트들은 사실상 "이점을 누적하는 상황"을 창조했고, 자신을 포함한 엘리트들의 이익에만 투자하면서 다른 모든 이들의 관심사를 배제했다. 밀스는 이런 상황을 능동적인 범죄행위라고 보지는 않았지만, 그럼에도 이러한 행위는 다른 이들의 관심을 무시함으로써 '파워 엘리트'와 다른 모든 이들 사이에 훨씬 더 큰 분열을 낳기 때문에 죄악이라고 보았다. "상층 사회계급은 여러 상황에서 권력에 관심이 있는 다양한 성원들을 포함시키기에 이르렀고, 동호회, 사촌지간, 기업, 법률사무소 성원들끼리 이런 관심을 공유한다. …… 그들은 권력기관의 다양한 지휘 집단으로 퍼져나간다." 밀스의 말이다. "따라서 상층계급의 이너서클 안에서 가장 거대하고 중요한 기관의 가장 비개인적인 문제가 소수의 폐쇄된 친밀한 집단의 정서나 걱정과 뒤섞인다. …… 의식적으로 노력을 기울이지 않은 채, 그들은 '결정권자The Ones Who Decide'가 되려는 야망—자신이 '결정권자'라고 확신하지는 않을지라도—을 흡수한다."[30] 밀스의 말은 오늘날 그 어느 때보다도 더욱 진실이 되었다.

　21세기의 엘리트들은 삶의 질과 미래의 성공, 세대 간 이동성에 근본적인 영향을 미치는 재화와 경험에 더 많은 돈을 쓰는 것으로 자신들의 지위를 한층 더 굳히고 있다. 이런 지출 양상은 야망계급의 부유한 성원들, 그리고 좀 더 넓게는 상위 소득집단의 선택에서 분명히 나타난다. 어디에 돈을 쓸지에 관해 비물질적 선택을 함으로써 이 새로운 엘리트들은 하위 소득집단과 빈곤층은 물론이고 중간계급의 소비 양상으로부터도 한층 더 벗어나는 중이다. 이런 독특한 소비는 다른 모든 이들을 배제하는 규범과 상징적 경계선, 문화자본을 창출하며, 서로 단절된 두 사회의 차이를 더욱 분명하게 드러낸다. 무엇보다 당혹스러운 사실은 부유한 야망계급이 실제로 돈을 쓰는 것들—교육, 의료, 육아(은식기나 멋진 자동차, 고급 자기가 아니다)—이 사회적 자본을 형성하고 물질적 재화로는 거의 넘어설 수 없는 계급 경계선을 대대로 만들어낸다는 점이다. 명문 대학 등록금에 돈을 쓰는 것은 은수저에 돈을 쓰는 것보다 칭찬할 만한 일로 보이고, 또한 야망계급이 학비로 지출하는 돈은 열심히 일한 노동소득에 기반하기 때문에 그들은 자신이 이런 위치를 누릴 자격이 충분하다고 믿을지 모른다. 이런 대학에 다니거나 바이올린 교습을 받는 쪽에 있는 운 좋은 아이들 또한 자신들의 사회적 위치가 과거 시대의 생득권 엘리트들보다 더 자격 있는 것이라고 믿는다. 그들은 악기와 외국어를 배우고, 입시 준비를 하느라 온 삶을 쏟아부었기 때문에 그런 위치를 차지할 자격이 있다고 생각한다. 아마 어떤 경우에는 이런 평가가 공정할지도 모른다. 하지만 칸이 이 새로운 능력주의 엘리트—야망계급의 다수가 여기에 속한다—에 관한 연구에서 지적한 것처럼, "능력주의는 다른 것들과 마찬가지로 하나의 사회적 합의다. 능력주의는 특권을 가리는 한편 공통의 가치를 바탕으로 그런 특권을 정당화하기 위해 개조할 수 있는 느슨한 일련의 규칙이다".[31] 프린스턴 학생들은 물론 열심히 공부할 것이다. 다만, 많은 이가 애초부터 그런 명문 대학에 진학할 수 있을 만한 경제적·문화적 자원을 가진 엘리트집단에 속한다는 것이다. 대다수 학생들은 프린스턴에서 쉽게 동화될 수 있는 종류의 지식과 문화자본을 획득하게 된다. 스테이시 데일Stacy Dale과 앨런 크루거Alan Krueger의 연구에 따르면 엘리트 교육 자체가 저절로 상향 이동을 낳는 것은 아니다. (데일과 크루거는 명문 대학에 진학한 학생들의 성공을 설명하는 것은 대학 자체보다는 "관찰되지 않은 특징들"일 가능성이 높다고 결론짓는다.)*[32] 가치, 정보, 계급의 혼합은 과거 어느 때보다도 더욱 계층화되고 있으며, 이 셋을 분리하기가 거의 불가능할 정도다. 4장과 5장에서는 야망계급의 소비 양상이 흔히 도덕의식과 권리의식으로 가득 차 있음을 살펴보고자 한다. 애당초 이런 실천과 행동을 가능하게 한 본질적인 특권이 어떻게 철저히 무시되는지를 말이다.

---

* 유일한 예외는 인종적, 종족적 소수(흑인과 히스패닉)집단과 교육을 거의 받지 못한 부모 밑에서 자란 학생들이다. 데일과 크루거는 이런 결과를 대단히 선별적인 대학이 취약계층 학생들에게 제공하는 접근성 때문이라고 본다. 그리하여 이 학생들은 입학할 때보다 더 많은 사회적 자본과 문화자본을 갖추고 대학을 졸업한다. 부유한 엘리트 학생들과는 사정이 다르다.

4장

모성은 어떻게
과시적 유한이 되었나

우리 동네 놀이터를 보면 슬림핏 청바지에 오버사이즈 선글라스를 낀 도시 맘들이 온갖 기표를 활용해서 서로를 평가한다. …… 하지만 모유 수유야말로 이 클럽에 들어가는 진짜 입장권이다. …… 나는 덫에 걸린 느낌이었다. 이전의 많은 여자들처럼, 정체불명의 불만에 빠진 중간계급 애엄마의 감옥에 갇힌 것이다. 뿌루퉁하지만 동정을 받기에는 너무 특권이 많은 채로, 한 손으로 애를 안고 젖을 먹이면서 다른 손으로는 전화를 받고, 큰 애들한테 100퍼센트 유기농 주스를 가져다 마시라고 소리를 친다 — 베티 프리단이 말한 "이름 붙일 수 없는 문제"의 현대판에 시달리는 멀티태스킹 엄마다.

　　　　　　　— 해나 로전, 〈모유 수유에 반대한다〉, 《애틀랜틱먼슬리》, 2009년 4월

우리 영어권 엄마들에게 모유 수유 기간은 — 월스트리트의 보너스 액수처럼 — 업무 능력을 측정하는 잣대다. …… 우리 모두는 모유 수유 횟수가 서로 경쟁하는 구체적인 방법이라는 걸 알고 있다.

— 파멜라 드러커맨, 《프랑스 아이처럼》, 펭귄출판사, 2012

2012년 미국소아과학회American Academy of Pediatrics, AAP는 모든 신생아가 생후 6개월 동안 모유만 먹어야 하고 가능하면 12개월까지도 계속 모유를 먹도록 해야 한다는 오랜 권고를 재확인했다.* 무수히 많은 연구에서 분유보다 모유가 상당한 장점(면역력 강화, 소화기 문제 완화, 귓병 감소, 심지어 아이큐 향상까지)이 있음을 보고한 바 있다. 최근 영국에서 진행된 한 연구는 모유 수유가 사회적 상향 이동성 증가 및 하향 이동 감소와 관련이 있으며, 모유의 특정 영양분과 엄마와 아기의 신체적 접촉이 신경 발달을 돕고 정서적 스트레스 수준을 개선해, 그 결과 아이가 잘 자라서 결국 사회적 사다리에서 위로 올라갈 수 있게 한다고 서술했다.[1]

이에 대해 많은 비판론자들은 생리적으로 모유 수유를 하지 못하거나 모유를 만드는 데 문제가 있는 여성들도 있으며, 따라서 이런 권고는 여성에게 엄청난 압력을 가한다고 지적했다.

---

* 보건복지부는 전체 아동의 50퍼센트가 6개월까지 모유만 먹고 75퍼센트가 12개월까지 부분적으로라도 모유를 먹는 것을 목표로 삼고 있다(대다수 신생아는 생후 4~6개월에 고형식을 먹기 시작한다).

야망계급론

하지만 내가 인터뷰한 어느 수유 상담사에 따르면, 앞에서 언급한 것처럼 모유를 만드는 데 문제가 있어서 아예 모유 수유를 하지 못하는 범주에 속하는 여성은 전체 여성의 1퍼센트 이하다. 게다가 모유는 돈이 들지 않고, 산후 허리와 엉덩이 둘레를 감소(즉 임신 후 체중 감량)시키는 데 영향을 미치며, 분유를 타는 것보다 한결 덜 골치 아프다는 장점이 있다. 이렇게 보면 모유 수유는 간단한 문제 같다(그냥 모유를 먹이기만 하면 되는 것 같으니 말이다). 하지만 깊이 들여다보면 문제는 훨씬 복잡하다.

먼저, 질병통제예방센터에 따르면 생후 6개월까지 모유 수유만 하는 아동은 16.4퍼센트에 불과하다. 12개월까지 (다른 이유식과 함께) 모유 수유를 하는 아동은 27퍼센트이며, 전체 아동의 4분의 3은 모유 수유를 시작하기만 했다(1회, 또는 하루나 일주일 동안만 모유 수유를 했다는 뜻이다). 이러한 수치는 소아과 의사들과 보건복지부가 정한 목표와는 한참 거리가 먼 것이다.[2] 지역별 연구들을 살펴보면 주마다 큰 차이가 있는 것으로 나타난다. 펜실베이니아 북서부의 한 소도시를 대상으로 한 어느 연구는 이 지역의 생후 6개월 아동 중 13퍼센트만이 모유를 먹는다고 보고했다.[3] 오리건과 캘리포니아에서는 40퍼센트의 어머니가 생후 12개월에도 여전히 아기에게 모유를 먹이는 반면, 미시시피와 앨라배마에서는 그 비율이 각각 10퍼센트, 11퍼센트에 불과했다.[4] 여성들이 큰 압력을 느끼면서도 과거 보헤미안 문화가 강했던 이 주들에서 문화적 수용성이 크게 나타나는 것일 수도 있다.

하지만 모유 수유를 결정하는 단일한 주요 지표는 교육수준이다―대학 졸업자의 17퍼센트는 생후 6개월 동안 모유만 먹이는 반면, 대학 졸업장이 없는 이들에서는 그 비율이 9.3퍼센트에 불과하다. 실제로 대학 졸업 이상의 학력을 가진 여성들의 95퍼센트가 일단 모유 수유를 시작하는 반면, 고등학교 졸업장이나 고졸 학력 인증서만 있는 여성은 그 비율이 83퍼센트다(이 수치는 아버지의 교육수준과도 거의 정확히 일치한다).*[5] 부유층 생활수준도 참고가 된다. 1999년부터 2006년까지 모유 수유 비율에 관한 질병통제예방센터의 연구에 따르면, 고소득 여성의 74퍼센트는 일단 모유 수유를 시작했지만 저소득 여성은 그 비율이 57퍼센트였다. 소득이 빈곤선 400퍼센트 이상인 가정 출신 여성들 가운데 약 96퍼센트가 모유 수유를 하는 반면, 빈곤선 이하의 여성은 그 비율이 83퍼센트다.[6]

표면적으로 보면 이런 수치를 이해하기 어렵다. 모유 수유는 돈이 들지 않고 아기에게 더 좋으며, 엄마에게도 좋다. 하지만 실제로는 대학 교육을 받았으며 정규직 일자리에서 압박을 받으며 일하는 여성이, 최고급 분유를 살 수 있는 여성들이 주로

---

* 인종적 차이도 존재해서 비히스패닉 백인은 80퍼센트가 모유 수유를 하는 반면, 흑인은 그 비율이 65퍼센트다. 모유 수유를 하는 여성 가운데 아시아계와 비히스패닉계 백인이 지침을 정확하게 따를 가능성이 가장 높다. 아시아계와 비히스패닉계 백인에서는 각각 16퍼센트, 13퍼센트가 생후 6개월까지 모유만 먹이지만, 비히스패닉계 백인 여성의 경우 76퍼센트가 일단 모유 수유를 시작한다. 연령도 중요하다. 30세 이후에 출산한 여성의 77퍼센트는 모유 수유를 하고, 그보다 젊은 여성은 모유 수유 비율이 낮다.

모유 수유를 한다(특히 교육을 마치고 커리어를 확립한 뒤 늦은 나이에 출산한 30세 이상 여성들이 대부분이다). 미국소아과학회는 모유 수유가 엄마와 아기 모두에게 좋다는 온갖 압도적인 증거를 바탕으로, "모유 수유는 생활 방식상에서의 선택이 아니라 유아의 건강이라는 관점에서 장단기적인 투자로 간주해야 한다"고 분명하게 선언했다.

그럼에도 생활 방식—그리고 사회경제학—은 여성의 모유 수유 선택을 좌우하는 중요한 요인인 듯 보인다. 모유 수유의 표면적인 경제성은 앞서와 같은 통계 결과를 설명해주지 못하지만, 사회적 관습과 개인이 속한 직장 등에서의 모유 수유 허용 가능성은 이를 설명해준다. 21세기의 모유 수유는 모성의 다른 많은 측면과 마찬가지로 계급과 그에 따른 수단의 문제가 되었다.

양육은 베블런이 말한 과시적 유한에 참여하는 새로운 통로가 되고 있다. 모유 수유와 출산은 베블런 시대에 스포츠나 그리스어 공부처럼 과시적 유한을 보여주는 가장 분명한 사례다. 루이비통 가방이나 고급 자동차와 달리, 이 기표들은 명백하게 비싼 건 아니지만 상당한 시간을 투자해야 한다. 현대사회에서 시간은 과거에 비해 훨씬 더 소중한 재화가 되었다. 베블런의 시대와 마찬가지로, 현대의 과시적 유한은 대부분 돈을 연상시킨다. 모성의 많은 측면—출산 선택, 아이와 함께 자기, 아이 안고 다니기, 모유 수유 등—은 돈이 들지 않는 듯 보이지만, 이런 활동에 참여할 수 있으려면 시간과 여가가 풍부하고 이런 형태의 모성을 장려하는 문화적·사회적 집단에 속해야만 한다. 일정한 모성의 선택은 많은 여성이 손에 넣는 게 정말로 불가능한 시간과 문화자본을 두루 갖고 있음을 보여준다.

1957년, 프랑스의 기호학자이자 언어학자인 롤랑 바르트는 《현대의 신화》라는 얇지만 강력한 책을 썼다. 바르트는 사회가 지탱하는 지배적 가치를 통해 우리가 특정한 실천과 소비재를 중심으로 '신화'를 창조하며, 이런 실천과 소비재는 지배적인 신념체계의 특정한 메시지를 담은 '기표'가 된다고 주장했다.[7, 8] '와인과 우유'라는 장에서 바르트는 레드와인의 상징주의와 레드와인을 평등하고 건강에 좋은 물질로 규정하는 프레임을 논한다. 레드와인의 색깔은 생명력, 즉 "태양과 대지에서 나온 즙"으로 여겨지는 물질을 암시한다. 영국 왕실이 차나 네덜란드 젖소의 우유를 마시는 것처럼, 레드와인은 프랑스 문화의 "기표"이자 "집단적 도덕"과 "프랑스적 삶의 모든 측면을 위한 장식"이다.[9] 실제로 르네 코티 대통령이 커피 테이블에 와인 대신 맥주를 올려놓은 사진이 찍히자 나라 전체가 충격을 받았을 정도로 레드와인은 프랑스인과 동의어나 마찬가지다. 하지만 이와 같은 레드와인 묘사는 와인의 다른 부정적인 측면들을 무시하고 덮어버린다. 예를 들어, 사람들이 와인을 마시고 취하는 것은 목표가 아니라 결과다(더 나아가 사람이 취할 때 일어나는 나쁜 일은 진정한 악이라기보다 피상적이거나 연극적인 것이다).[10] 또는 바르트가 말한 것처럼, 레드와인은 문화인 만큼이나 프랑스 자본주의의 일부다. 포도를 재배하는 데 사용되는 땅은 알제리 식민 정착민들이 차지한 것이다. 프랑스인 정착민들은 "그 땅에서 쫓겨난

무슬림에게 아무 쓸모도 없는 작물을 강요했고, 무슬림들에게 는 먹을 빵조차 없었다".[11] 마찬가지로, '감자튀김을 곁들인 스테 이크'라는 장에서 바르트는 이 국민 음식의 명성과, 힘과 자연을 상징하는 세냥saignant(레어) 스테이크의 반쯤 날 것인 특징과 피의 가시성을 논하며, 이러한 특성이 핏물이 뚝뚝 떨어지는 스테이 크를 먹는 행위로써 "사람의 피 자체로 쏟아져 들어감"을 암시 한다고 설명한다.[12] 현대의 우리는 스테이크가 산업화된 식품 시 스템 및 포화지방이 야기하는 수많은 심장 질환의 기표임을 안 다. 하지만 레드와인의 신화와 마찬가지로, 감자튀김을 곁들인 스테이크의 신화도 사회가 그것을 어떻게 해석하느냐에 따라 달라진다. 바르트가 말한 것처럼, "신화는 거짓말도 고백도 아니 다. 신화는 일종의 굴절이다".[13] 마찬가지로, 모성을 둘러싼 선택 은 사회의 엘리트들이 결정하는 가치관에 한 층위로 새겨져 있 다. 그리하여 모유 수유는 바르트적 신화가 된다. 모성이 어떠해 야 하는지를 보여주는 21세기의 기표가 되는 것이다.[14] 바르트가 레드와인에 대해 말한 것처럼 이 기호학은 모유 수유가 얼마나 어려운지, 왜 어떤 엄마들은 실제로 모유 수유를 선택할 수 있고 다른 엄마들은 그럴 수 없는지를 둘러싼 미묘한 차이를 모호하 게 만들고 왜곡한다. 한마디로, 모유 수유는 지배적 야망계급의 이데올로기가 지탱하는 모성의 굴절이다.

로스앤젤레스에 기반을 둔 모유 수유 및 베이비 부티크baby boutique[고급 유아복, 육아용품 편집숍.—옮긴이]인 펌프스테이션The Pump Station의 창립자 코키 하비Corky Harvey에게 물어보라. 샌타모니카와 할리우드, 로스앤젤레스 전역에 지점을 둔 하비의 소규모 부티크는 거의 컬트 문화처럼 추종 집단을 거느리고 있다. 하비의 상점에서는 고급 신생아 우주복에서부터 CPR 강습, 유축기 breast pump(펌프스테이션이라는 이름도 여기서 나왔다) 대여와 판매를 포함한 모유 수유 강습 및 상담에 이르기까지 온갖 제품과 서비스를 제공한다. 아기에게 필요한 모든 제품이 구비되어 있다. 로스앤젤레스의 평균적인 상층 중간계급 엄마라면 임신하기 전에 펌프스테이션이 무엇인지 모를 수도 있다. 하지만 임신한 뒤에는 펌프스테이션의 강습을 듣고 메델라Medela 유축기 '서비스'를 받는 게 거의 통과의례다. 하지만 하비 자신이 설명했듯 "미시시피 농촌이나 북동부의 펜실베이니아라면 펌프스테이션은 절대 살아남을 수 없을 것"이다. 그런 지역에서는 모유 수유 부티크라는 개념 자체가 우스꽝스러울 정도로 기이한 것일 테니 말이다.

미시시피에서는 기이한 것이 캘리포니아에서는 당연한 일로 여겨진다. 지역별 모유 수유 비율의 차이는 대부분 상이한 사회적·경제적 집단의 여성들이 서로 다른 대접과 선택지를 마주한다는 사실로 설명할 수 있다. 모유 수유가 공짜인 만큼이나 분유도 어느 정도는 공짜다. 미국에서 최대 규모의 분유 구매자는 연방 정부로, 구입한 분유 대부분을 여성유아아동Women Infants and Children, WIC을 통해 제공한다. WIC는 저소득층 임산부와 유자녀 여성을 위한 연방 지원 프로그램이다. 하비는 이렇게 말한다. "당신이 빈곤층이라면 무상으로 분유를 받지 않겠어요? 의료도 (유자녀 여성들을 힘껏 지원하지 않는 식으로) 역할을 합니다. 예를 들어, 애틀랜타 조지아의 저소득층 아프리카계 미국인 같은 문화권에서는 아무도 모유 수유를 하지 않고, 직접 젖을 먹이면 바보 취급을 받지요. …… 애틀랜타에서 의사로 일하는 내 아들은 이렇게 설명하더군요. '엄마, 여기서는 모유 수유가 사람들 입에 오르지도 않아요.'" 연구 결과에 따르면, WIC 수혜 자격이 있는 (그리고 실제로 활용하는) 여성들은 그렇지 않은 여성들보다 모유 수유 비율이 떨어진다.[15] 하지만 2009년에 새로운 WIC 패키지가 도입되면서 몇 가지 개선이 이루어졌는데, 그 결과 몇몇 연구에서 WIC 대상자들의 모유 수유 비율이 크게 늘었음이 밝혀졌다.[16] 지역 보건소에서 일하는 또 다른 소아과 의사가 내게 설명해준 바에 따르면, 과거 일부 인구집단의 여성들은 거의 출산 직후에 디포Depo(피임약) 주사를 맞았다. 디포를 출산 직후에 맞으면 4~6주 뒤에 맞는 것보다 모유 생성이 크게 감소한다. 의사는 이렇게 설명했다. "보건소를 방문하는 여성들에게 말을 해줘야 했습니다. '그 주사를 맞지 마세요'라고요." 의사는 계속해서 말했다. "지금은 다행히도, 우리 보건소 환자들을 돌보는 산부인과 전문의들이 교육을 받아서 관례대로 출산 직후에 디포를 주사하는 걸 중단하고 있습니다. (보건소에) 찾아온 산모 가족이 생후 3일이나 2주 정도의 아기에게 분유를 먹이는 걸 보면 그 이유를 물어봐야 합니다. 대부분의 산모들은 분유를 먹이고 싶어서가 아니라 모유 수유가 힘들기 때문에 그러는 거니까요."

모유 수유가 건강에 필수적임에도, 생후 6개월과 12개월까지 모유 수유를 하는 경우는 여전히 드문 일이다. 모유 수유는 주로 특정한 문화적·계급적 집단에서 활발하게 이뤄진다─교육수준이 높아 모유 수유의 장점에 관해 배우는 여성들, 그리고 24시간 상주 간호사와 모유 수유 강습을 제공하는 수유 상담사, 값비싸고 효율적인 유축기, 산모의 입원 기간 동안 내내 도움을 주는 신생아 친화적인 병원에서 출산할 정도로 넉넉한 보험을 든 고소득집단 여성들 말이다. 모유 수유의 가능성을 가늠하는 또 다른 중요한 지표는 출산휴가 기간이다. 출산휴가가 12주에 미치지 못하는 산모는 모유 수유 습관을 들이는 데 실패할 확률이 최대 4배 높다.[17] 미국에서 넉넉한 출산휴가는 모든 여성에게 희귀한 것이지만, 그럼에도 그런 휴가를 받는 이들은 주로 고소득 전문직에 종사하는 여성들이다. 아이러니하게도 표면상 심한 압박을 받는 일을 하는 여성(가령 관리자, 법률가, 최고 경영자)이 넉넉한 출산휴가를 받으며, 따라서 모유 수유에 성공할 확률도 높다. 물론 그들의 교육수준과 모유 수유의 장점에 관한 지식 접근성(또한 전문직 종사자라는 사실)은 그들의 선택과 밀접하게 연결된다. 최근 교육수준이 높은 여성(석사학위 이상)의 무려 10퍼센트는 일을 '자발적으로 그만두고' 자녀와 집에서 지내고 있다. 이 여성들은 또한 부유하고, 일하는 배우자가 존재하는 경우가 많으며,[18] 이 모든 요소가 모유 수유 비율을 높인다.

대다수 산모가 직면하는 다른, 훨씬 더 현실적인 세계를 생각해보자. "만약 택시 운전사나 생산직 종사자라면 어떻게 제시간에 모유를 짤 수 있을까요? 회사의 지원이나 휴식시간이 없고, 법으로 정해놓기는 했어도 아무도 신경쓰지 않는다면요?"

야망계급론

하비가 던진 질문이다. "당신은 해고될 겁니다. 그러니 분유가 쉬운 답이죠." 또는 사회학자 신시아 코언Cynthia Cohen이 요약한 것처럼, "여성 노동자의 12퍼센트, 저임금 여성 노동자의 5퍼센트만이 유급휴가를 받는 미국에서 대다수 여성은 모유 수유를 하려면 소득을 포기해야 한다. 이는 중간계급 여성에게는 감수할 수도 있는 선택지일 테지만, 이미 겨우 입에 풀칠하기도 벅찬 빈곤층 여성에게는 불가능한 선택지다. 누가 모유 수유를 시작하고 유지하는지를 좌우하는 가장 결정적인 요인 중 하나가 사회경제적 지위라는 것도 전혀 놀랄 일이 아니다."[19] 바로 이런 차이 때문에 셰릴 샌드버그Sheryl Sandberg는 두 아이에게 모유를 먹이면서도 페이스북의 고위 간부가 될 수 있었던 반면, 일반 시급 노동자는 그럴 수 없는 것이다.[20]

지구의 다른 지역에서도 (미국의 경우와 마찬가지로) 넉넉한 출산휴가는 더 높은 꾸준한 모유 수유 비율과 관련이 있다. 〈그림 4.1〉 언론인 해나 로전은 이렇게 계산한다. "아이가 낮에 일곱 번, 밤에 두어 번 젖을 먹는다고 해보자. 각각 30분 정도씩 총 아홉 번을 합하면 매일 노동시간의 절반, 그것도 최소한 6개월이다. 이런 계산을 해보면 사람들이 모유 수유가 '공짜'라고 말할 때 각목으로 한 대 패주고 싶은 충동이 든다. 한 여자의 시간이 아무 가치가 없을 때나 공짜다."

세계 나머지 지역에서는 모유 수유의 도덕적 필연성을 둘러싸고 《뉴욕타임스》 칼럼란에서 벌어지는 설전이 야망계급의 꼴사나운 자기 응시navel gazing처럼 보일지 모른다―대다수 산모

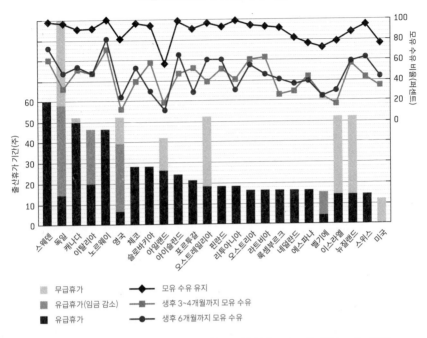

그림 4.1 출산휴가와 모유 수유 비율

범례:
- 무급휴가
- 유급휴가(임금 감소)
- 유급휴가
- 모유 수유 유지
- 생후 3~4개월까지 모유 수유
- 생후 6개월까지 모유 수유

출처: *State of the World's Mothers*, Save the Children, May 2012.

들의 삶과는 영 동떨어진 논쟁을 반영하는 이 설전은 실제로도 그렇다. 모유 수유 여부, 전업주부 대 워킹맘, 제왕절개, 가정분만을 둘러싸고 벌어지는 마미 전쟁은 특정한 특권 여성집단의 논쟁일 뿐이다.

모성 실천의 미묘한 차이와 선택에 관해 실제로 이야기하는 것(단순히 아이를 낳아서 기르는 것에 대한 이야기가 아니라)은 그런 사치를 누릴 만한 여력을 함축한다. "우리 사회는 양손에 떡을 쥐는 게 가능한지를 고민하는 특권적인 여성들의 영역으로서 모성에 초점을 맞추고 있다." 미키 켄들Mikki Kendall이 《살롱》에 쓴 말이다. "한편 이런 서사에 들어맞지 않는 여자들은 자신이 배제된다고 느낀다. 모성은 선택이라고 하는데, 지금 여성들은 어떤 선택을 하고 있나? 식료품, 의료, 교육, 심지어 안전까지도 걱정하느라 모성에 대한 토론은 중심 무대에 오르지도 못한다. 기본적으로 모성은 이 모든 것을 아우르며, 선택의 여지가 별로 없는 (또는 아예 선택지가 없는) 여자들은 어디에도 없는 지원을 필요로 한다."²¹ 로체스터대학교 공중보건학 교수 낸시 친Nancy Chin은 저소득층 여성의 모유 수유 경험에 관한 중요한 연구들을 진행했다. 친의 말에 따르면, 빈곤층 여성은 하루의 대부분을 위험 비율을 계산하면서 보낸다. "매일같이 위험에 노출된다 ─ 월말에 식료품이 바닥날 확률이 100퍼센트, 월세가 밀려 쫓겨날 확률이 75퍼센트, 아이 아빠가 집에 없을 확률이 50퍼센트라면, 분유 때문에 아기가 중이염에 걸릴 확률 10퍼센트는 그렇게 나빠 보이지 않는다. (더욱이) 치안이 불안한 동네에 사는 저소득층 여성은 공공장소에서 모유 수유를 하는 게 안전하다고 느끼지 않는다."

사회는 사회경제적 하위집단의 모성 실천과 그 결과를 끊임없이 평가한다 ─ 그리고 이런 평가는 산모들의 결정에 확실히 영향을 미친다. 친이 생생하게 보여주듯이, "만약 당신이 빈곤층 여성이라면 끊임없이 감시받는다고 느낄 법하다. (예를 들어) 다른 혼동 요인은 모유 수유를 중단하는 산모들이 종종 이렇게 말한다는 것이다. '나는 젖이 너무 조금 나와요. 모유가 충분하지 않아요'". 친은 계속해서 설명한다. "의학적 견해는 그런 일이 드문 경우라고 보기 때문에 (만약 모유가 충분히 나오지 않는다면) 뭔가 제대로 하지 못하고 있다는 말이 된다." 모유 수유를 하는 데온갖 자원과 시간이 필요하다는 점을 감안하면, 저소득층 산모들은 생리학적 이유가 아니더라도 모유 수유 능력이 제한된다. 모유 수유가 이상적인 선택이라 한들 이 여성에게는 그런 선택을 할 기회가 주어지지 않는다. 친이 설명하는 것처럼, "만약 당신이 저소득층 산모이고 모유가 잘 나오지 않아 걱정하는데 의사들이 '그건 당신 잘못'이라고 말한다고 상상해보라. 그냥 젖병을 물려주자고 생각할 것이다".[22]

하지만 텍사스 A&M대학교 교수이자 2010년 《모유가 최선인가?: 모유 수유 전문가들과의 대결, 그리고 모성의 새로운 부담 Is Breast Best?: Taking on the Breastfeeding Experts and the New High Stakes of Motherhood》을 쓴 조안 울프 Joan Wolf가 제시한 논지에 동의한다면, 모유 수유에 관한 논쟁은 사실 야망계급의 자기 몰두에 불과할 수도 있다. 울프는 통계적으로 모유 수유가 분유보다 좋은지는 입증되지 않았다고 주장했다.[23] 그녀는 2013년 한 인터뷰에서 "지능이나 비만, 당뇨병 등 다른 결과들의 경우 모유 수유 때문으로 여겨지는 장점과, 다양한 이유로 모유 수유를 선택한 여성들의 전반적인 건강 관련 행동을 구별하기가 불가능하다"고 언급했다. 같은 인터뷰에서 울프는 이렇게 말했다. "모유 수유를 하는 여성은 비만, 아이큐, 감기, 그 밖의 여러 문제에 긍정적인 영향을 미칠 수 있는 온갖 방식으로 건강을 도모한다."[24] 모유 수유에 대한

2014년의 한 연구는 "서로 차이를 지닌 형제자매" — 한 사람은 모유를 먹고 자랐고 다른 사람은 그렇지 않은 형제자매 — 를 집중적으로 조사했다. 1773쌍의 표본을 대상으로 한 이 연구는 모유를 먹고 자란 사람이 분유를 먹고 자란 사람에 비해 건강과 성취, 그 밖의 성공의 척도에서 차이를 보이는지에 대한 광범위한 분석을 진행했다. 적어도 이 연구에 따르면, 당혹스럽게도 모유 수유보다는 사회경제적 계급이라는 조건과 아이의 건강 사이의 관계가 더 밀접한 것으로 나타났다. 더 부유한(그리고 더 건강한) 어머니에게서 태어난 형제자매는 분유를 먹었든 모유를 먹었든 상관없이 잘 자랐다. 사실 이는 순환적 인과관계다. 모유를 먹고 자란 사람은 대개 교육수준이 높은 부모 밑에서, 그리고 안전한 동네의 고소득 가정에서 태어났기 때문이다.[25] 《애틀랜틱》에서 해나 로전은 솔직하게 털어놓았다. "어느 날 내 소아과 사무실에서 아이에게 젖을 먹이던 중 《미국의학회저널》 2001년호에 실린 모유 수유에 관한 기사가 눈에 들어왔다. '결론: 모유 수유 및 그 지속 기간과 소아 시기에 과체중이 될 위험성 사이의 연관성은 일관적이지 않음.' 일관적이지 않다고? 나는 그날 열 번째, 그달 백 번째, 평생 백만 번째로 공공장소에서 반쯤 벗은 채 앉아 있었는데, 연관성이 일관적이지 않다고?"[26]

나는 그 연관성에 대해 말할 수 있다. 나는 농민 직거래 시장과 커피 추출법에 집착하는 카페로 가득한 로스앤젤레스의 보헤미안 부르주아(보보스) 동네에 산다. 여기에는 예술가도 많지만 동네 놀이터와 공공시설, 그리고 특히 정말 좋은 공립학교

학군에 이끌려온 가족들이 가득하다. 나를 포함한 이곳 주민들의 취향이 교외나 농촌, 또는 동부 연안에 사는 부유층과는 약간 다를지 모르지만, 육아와 육아를 둘러싼 가치는 우리 삶에서 가장 중요한 측면이다.

큰아들이 한 살을 갓 넘긴 어느 화창한 날 아침, 나는 동네를 산책하다가 언젠가 본 적이 있는 듯한 한 여자와 마주쳤다. 우리는 커다란 레미콘 트럭이 오가는 주택 신축 현장(어린 남자애들이 항상 꼬이는 곳이다) 건너편에서 담소를 나누기 시작했다. 여자의 아들이 우리 애보다 몇 살 많았는데, 어느 순간 그 여자는 이미 덩치가 큰 애를 내가 에르고ergobaby 아기띠로 둘러매고 다니는 것에 대해 이야기했다. 나는 허리가 너무 아파서 어떻게 하면 아이를 내려놓을 수 있을지 궁리하는 중이라고 말했다. 그러자 여자는 더 큰 자기 애한테 쓰려고 산 제품을 추천하면서 그걸 이용하면 "마트에서도 젖을 먹일" 수 있다고 말해주었다. 나는 당황한 기색을 숨기려고 했지만, 이미 세 살이 넘어 조만간 어린이집에 들어가는 아이를 위한 아기띠와 그 아이에게 공공장소에서 젖을 먹이는 상황을 연상하다보니 금세 흥미를 느꼈다. 이야기를 이어가보니 여자는 지금도 "밤에 젖을 먹이고"(대부분의 엄마들은 5개월 이후 모유 수유의 빈도가 줄어들어 행복해한다) 함께 잔다(부부 침대에 아이를 재우는 게 아니라 아이 침대에서)는 이야기까지 했고, 아이들이 너무 특별하지만 아이를 여럿 낳는 건 "무조건 나쁘다고 할 수는 없어도 …… 다른 문제"라는 속내를 털어놓기에 이르렀다(하지만 억양을 보니 나쁘다고 생각하는 게 분명했다).

야망계급론

나는 내가 아기 중심형 엄마라고 생각한다. '수면 훈련'을 해본 적도 없다(그 때문에 몇 년은 기진맥진할 지경이었다). 권고 기간을 넘겨서까지 열심히 모유를 먹인 걸 보면 라레체연맹La Leche League[모유 수유 장려 지원 기구. ─옮긴이]도 나를 자랑스러워했을 것이다. 하지만 그런 나조차도 그녀의 방식을 이해할 수 없었다. 문제는 이런 거다. 야망계급의 아이 돌봄에 충실했던 나는 그녀와 인사를 하며 헤어질 때, 나중에 아들이 수년간 심리치료를 받게 만들 미친 사람이라고 그녀를 비난해야 할지, 아니면 그 여자만큼 알파맘alpha mom[아이 육아에 열정적으로 임하며 조기에 재능을 발굴해서 체계적으로 키우는 엄마. ─옮긴이]이 되지 못하는 나 자신을 불안해해야 할지 결론을 내릴 수 없었다. 당시에 남편과 나는 둘째를 가지려고 했는데 문득 이런 생각이 들었다. '아이를 하나 더 낳으면 나쁜 엄마가 될지도 몰라. 아이가 많을수록 재미있고 보람도 있을 거라고 생각했는데, 어쩌면 그게 아닐 수도 …… 왠지 더 나쁜 일을 하는 건 아닐까.' 샌타모니카든 세인트루이스든 엄마가 되는 건 하루가 멀다 하고 심판을 받는 느낌이다. 하지만 친이 연구한, 그저 모유 수유를 할 수 있는지(또는 무엇이든 먹여도 되는지)를 걱정하는 여성들을 떠올려보면 상층 중간계급 여성들이 모유 수유 기간과 유기농 복숭아에 대해 정말로 스트레스를 받는다는 사실은 황당무계하게 느껴질 것이다. 당신이 직접 겪어보지 않는다면 말이다.

여기서 끝이 아니다. 샌프란시스코의 한 젊은 엄마는 이렇게 말했다. "여기서는 많은 임신부가 산전 요가 수업을 받고, 육아 강습을 들으며, 골든게이트엄마그룹Golden Gate Mothers Group, GGMG 에 참여합니다. GGMG는 활발한 온라인 포럼을 운영하고 각종 행사와 놀이 그룹, 모임을 주최하는 엄마들의 단체예요. …… 샌 프란시스코의 임신부는 선호도와 필요에 따라 침술 치료, 카이 로프랙틱 예약, 출산 경험자의 조언 듣기, 최면 출산 강좌까지 여러 가지를 이용할 수 있습니다. 임신을 경험하는 데는 파트너 와 산부인과 의사뿐만 아니라 여러 사람으로 이뤄진 한 팀이 필 요한 것 같아요."

이 정도로 임신과 유아기를 세부적으로 관리하는 세태를 감안하면, 유방 보형물 삽입 수술(그렇다. 유방 확대술이다)을 받 아 동네 놀이터에서 분유병 뚜껑을 따는 내 친구가 경악스러운 눈초리를 받는 것도 놀랍지 않다(오히려 단순한 경멸은 다루기도 쉽 다). 엄마들은 둘러앉아 아이가 내뱉은 첫 문장(첫걸음마가 아니 다)을 비교하고, 걸음마쟁이가 자연산 연어를 얼마나 많이 먹 는지를 자랑하며, 놀이터, 커피숍, 탁아소에서 자연스럽게 모 유를 먹인다. 이 모든 실천에는 무심한 태도가 깔려 있다. 나로 서는 참으로 고마운 일이긴 하다. 나 또한 집 밖에서 친구를 만 나 커피를 마시면서도 평화롭게 젖을 먹일 수 있는 걸 좋아하 는 엄마들 중 하나니까 말이다. 하지만 공공장소에서 젖을 먹이 는 건 이 작은 미시적 사회가 누리는 사치다. 샌프란시스코의 한 엄마가 전해온 이야기도 같은 맥락이다. "산전 요가 교실에 서 만난 엄마 친구들이 산후 요가 교실에 (아기와 함께) 들어와서 'RIE'[Resources for Infant Educarer의 약자로, 1978년 헝가리 이민자

마그다 거버가 창시한 존중 육아법을 유아와 부모에게 가르치는 교육기관이다.─옮긴이] 수업을 받아보라'고 초대하는 문자를 보내곤 했어요. 다른 엄마들은 부모와 아기를 위한 음악과 수영(생후 2개월에 시작한다!), 언어 수업에 관해 말한 적이 있고요." 이런 건 낸시 친의 저소득층 엄마들에게는 하고 싶어도 할 수 없는 일들이다.

지위 기표로서의 모유 수유는 일종의 새로운 구성물이다. 역사적으로 유모를 두는 것은 부의 상징이었다. 오늘날 육아법에서 여전히 미국과 대조를 이루는 프랑스를 예로 들어보자. 《프랑스 아이처럼》 같은 육아서는 미국과 비교되는 프랑스식 육아법의 미덕(제멋대로 굴지 않고 점잖게 행동하는 아이, 날씬한 엄마, 산후 2~3개월이면 사실상 끝나는 모유 수유)을 여실히 보여준다.[27]

오늘날 사람들이 옹호하는 가치는 300년 전에도 존재했던 것이다. 18세기 프랑스에서 상층계급이 지킨 규칙은 아이를 유모에게 보내는 것이었다. 유모는 남의 아이에게 젖을 먹이는 걸 직업으로 삼는 여자였다. 상층계급의 유모 고용이 감소한 것은 19세기 후반에야 일어난 일인데, 산업혁명 당시 공장에서 일하는 여성들 사이에서 유모 활용이 흔한 일이 되었기 때문이다(1869년 전체 유아의 40퍼센트 이상이 유모의 젖을 먹었다). 아직 분유가 발명되지 않았을 때였고, 동물의 젖을 먹은 유아들의 사망률이 최대 50퍼센트에 이르렀으므로 24시간 아이를 돌볼 수 없는 여성들은 곤경에 빠졌다(부유층에게 유모 활용은 주로 편의와 모성적 의무로부터 자유를 얻는 문제였다). 하층계급 여성이 유모를 활용하면서 부유층이 그런 관행을 그만두게 되었다고 단정할 수는 없지만, 두 가지 중요한 사건이 유모의 보편화 및 상층계급의 유모 활용 감소와 동시에 일어났다. 첫째, 프랑스에서 점차 유모가 광범위하게 활용되자 정부는 유모담당국Bureau des Nourrices을 설립해 공식적으로 관리했다. 유모가 아이에게 젖을 먹이고 확실히 돈을 받도록 보장하는 게 주된 내용이었다. 하지만 혁명 후 프랑스에서 유모담당국은 채무자 부모(즉 유모를 쓰고도 값을 치르지 않은 부모)를 투옥할 수 없을 정도로 약해졌다. 그 결과 돈을 내지 못한 부모들은 형사처벌을 피해 자선 대상자로 분류되었다. 이런 상황이 프랑스의 전반적인 경제적 곤경과 결합되자 1876년 유모담당국은 결국 문을 닫았다.[28] 이후 공장 노동자들의 증가하는 유모 수요를 바탕으로 상업화된 민간 '사업'이 발전하기 시작했는데, 이 사업에 대한 적절한 규제가 없었던 탓에 관리가 부실했다. 유모는 돈을 떼이는 일이 거의 없고 임금도 많이 받았지만, 이들에 대한 꼼꼼한 감독이 이뤄지지 않았다. 엄격한 의학적 심사를 받지 않았고, 사기업과 협력하지 않고도 아이를 맡을 수 있었던 것이다. 규제와 관리가 부실한 결과 유아사망률 증가에서부터 매독 확산에 이르기까지 갖가지 문제가 생겨났다.[29] 보건 문제의 발생은 경각심을 불러일으켰고, 대안이 있는 사람들은 더 이상 유모에게 아이를 맡기지 않게 되었다.

거의 알려지지 않은 두 번째 상황은 상층계급의 의식이 바뀌기 시작했다는 것이다. 의사들의 비난에서부터 1700년대 중반 루소의 격렬한 항의에 이르기까지 엄마가 직접 젖을 먹이는 것은 도덕적으로 한결 올바른 방식으로 여겨졌다. 중간계급과 상층계급 사이에서는 어머니의 의무를 유모에게 맡기는 일을 둘러싸고 '양심의 반란'이 일어나기 시작했다. 유모를 고용하는 관행은 경제적 엘리트들 사이에서 오랫동안 이어져온 것이었지만, 신체적 제약이 있는 경우가 아닌 한 이제 유모를 쓰는 것은 범죄나 마찬가지로 여겨졌다.[30] 그리하여 역사학자 조지 서스먼 George Sussman이 말한 것처럼, "나폴레옹 3세의 수도―그리고 어쩌면 그의 제국 전체―에서 역설적인 상황이 초래되었다. 도시와 도시의 여성 노동인구가 어느 때보다도 더 많아진 까닭에 유모 수요는 사상 유례없이 높아졌지만 그와 동시에 엄마가 직접 젖을 먹여야 한다는 생각과 상업적 유모에 대한 반발이 사회 상층부에서부터 아래로 퍼져나가고 있었다."[31] 바야흐로 아이에게 직접 젖을 먹이는 것이 상류사회의 상징적인 행위로 간주되기 시작했다. 그러다 상황이 다시 바뀌었다―분유가 발명되고, 사회 전반에서 모유 수유가 받아들여지고, 노동력의 동학이 바뀐 것이다. 이에 따라 모성의 지위 표지 역시 바뀌었다.

20세기 초, 잉글랜드와 미국의 상류사회 여성들 사이에서 분유는 점점 더 널리 받아들여졌다. 유모는(프랑스에서만큼 인기가 많지는 않았다) 노동계급과 농촌 여성이었기 때문에 모유 수유를 하는지 분유를 먹이는지(또는 유모를 두는지)의 구분은 뚜렷한 계급적 쟁점이 되었다―가난한 여성은 젖을 먹였고 부유층 여성은 그러지 않았다. 게다가 부유층 여성들은 인공적으로 만든 분유가 자연보다 현대적이고 '과학적'이므로 (당대의 의학 연구와 위대한 마거릿 미드를 통해 사람의 젖을 먹는 유아가 살아남아 잘 자랄 가능성이 높다는 점이 밝혀졌는데도 불구하고) 더 우월하다고 확신했다.

모유 수유를 가로막는 다른 암묵적인 요인도 있었다. 젖먹이 아기로 인한 사회적 제약이라는 부담을 떠안고 싶지 않았던 상류사회 여성들은 현대 의학은 물론이고 대중문학까지 그 근거로 삼으며 모유 수유를 기피했다. 대중문학 속 상층계급 여성들은 몸이 허약해서 젖을 '먹일 수 없는' 존재로 그려졌기 때문이다.[32] 대부분의 문화가 그렇듯, 하층계급은 부유층의 습관을 금세 모방했고 얼마 지나지 않아 분유가 널리 퍼지면서 모유 수유는 급속도로 줄어들었다. 20세기 중반에 이르면, 미국의 많은 중간계급 가정이 모유 대신 분유를 선택했고, 1946년부터 1972년까지 모유 수유 비율은 22~25퍼센트로 떨어졌다. 또한 중간계급과 상층계급의 모성은 다른 경험이 되었는데, 역사학자 재닛 골든Janet Golden은 이를 "모성의 문화적 의미"가 변화되었다고 말했다. 부유한 여성들은 엄마가 아이의 기본적인 양육과 생존보다 성격 형성을 책임진다고 여겼다.[33] 전체 모유 수유율은 1970년대에 급격하게 증가한 뒤 1980년대에 감소세로 돌아섰다. 1980년대의 모유 수유율 감소는 오늘날 저조한 모유 수유율에 영향을 미치는 것과 같은 요인으로 설명할 수 있다. 빈곤, 교육 부족, 실업, 인종, WIC 등이 그것이다. 대중적 인식, 의료적 개입, 한층 개선된 유축기의 대중화 등을 통해 전반적으로, 특히 사회경제적으로 취약한 집단에서 모유 수유율이 증가했다. 이러한 빈곤층의 모유 수유율 증가는 1980년대 중반부터 오늘날까지 전반적 추세의 증가에서 큰 비중을 차지한다(하지만 이 비율은 1970년

야망계급론

대부터 모유 수유율이 일정하게 유지되어온 고소득·고학력 백인 여성에 비하면 여전히 현저히 낮은 것이다).[34]

이런 추세를 프랑스와 대조해보라. 프랑스의 상층 중간계급 여성들은 미국의 같은 집단과 달리 모유 수유를 필수라고 보지 않는다. 오늘날 프랑스 여성들은 출산하고 며칠 뒤 퇴원할 때 겨우 절반이 모유 수유를 하며, 생후 몇 달이 지나서까지 모유 수유를 하는 것은 정말 이상한 일로 여겨진다. 공공장소에서 모유 수유를 하거나 미국소아과학회의 12개월 권고를 지키는 것은 아예 말할 것도 없이 말이다.[35] 출산한 프랑스 여성들이 자신들의 지위를 드러내는 휘장은 빠른 체중 감량으로 섹시한 몸을 되찾는 것이다. 특유의 헐렁한 원피스와 엄마 옷을 모유 수유와 애착 육아의 상징으로 여기는 미국과는 대조적인 모습이다.

오늘날 미국의 상층 중간계급이자 교육수준이 높은 비히스패닉계 백인 사이에서 모유 수유가 지배적인 관행이 된 데는 다른 뿌리도 있다. 자연으로의 회귀를 현대 과학보다 우월하게 여기고, 이런 정신에 부합하는, 시간이 많이 소요되는 일에 참여할 수 있는 사치를 높이 평가하는 것이다. 1960년대 이후 교육수준이 높은 백인 여성들은 자연주의 출산 운동과 가정분만을 받아들이기 시작했다.[36] 출산과 양육 방식의 이런 변화 중 일부는 분명 1960년대의 문화혁명에 뿌리를 둔다. 이제 육아서를 읽고, 출산 강좌를 듣고, 꼼꼼하게 출산 계획을 세우며 아기를 낳는 일 전반을 충실하게 준비하면서 시간을 보내는 건 전통적이고 부유하며 교육수준이 높은 백인 여성들에게는 규범이 되었다. 그들 사이에서 꾸준하게 이어지는 대화 가운데 하나는 자연분만이냐 무통분만이냐의 구분이다(제왕절개는 적어도 이론상으로는 이들에게 응급 상황에서만 가능한 선택지다). 이 집단에 속하는 여성들은 의학적 처치를 받지 않는 산고와 분만의 극심한 통증을 온전한 출산 경험의 일부로 받아들이는 경우가 많은 한편, 경막외 마취가 아기에게 해롭다고 걱정한다(하지만 이런 우려를 뒷받침하는 의학적 근거는 전혀 없다). 사실 출산에 관한 한 약물 없는 분만[분만 촉진제나 무통 주사 등에 의존하지 않는 자연주의 분만.—옮긴이]은 일종의 통과의례이며 가정분만은 성배에 가깝다. 그럼에도 이런 강력한 문화적·사회적 믿음은 산모 스스로가 자신의 건강을 위험에 빠뜨릴 수 있을 정도로 여성들의 의사 결정에 강력한 영향을 미친다. 30시간 동안 가정분만을 시도하다가 응급 제왕절개수술을 받는 경우가 드물지 않다. 의학계의 일부 견해에 따르면 경막외 마취로 분만 속도가 늦어질 수는 있으나, 자연분만의 통증과 스트레스가 아기에게 나쁜 영향을 미칠 수 있다는 점 또한 고려해야 한다.

'아기 친화적' 병원은 출산 후 신생아들이 엄마와 같은 병실을 쓰도록 하며, 지속적인 수유 지원과 즉각적인 '피부 접촉'을 제공한다. 실제로 아기 친화적 병원이 되어야 한다는 압력이 워낙 큰 탓에 이런 구별짓기를 추구하는 병원들은 생후 며칠간 유아 분유를 한 방울도 주지 않는다. 모유가 아직 나오지 않아서 아기가 굶주리는데도 아랑곳하지 않을 정도다. 내가 인터뷰한 한 산과의에 따르면, 분유를 한 방울만 먹여도 처음 6개월 동안

'모유만 먹여 키우는' 원칙에 위배되며 따라서 병원의 지표와 이후 순위가 나빠진다고 한다. 게다가 엄마들도 이런 분유 먹이지 않기 주문呪文에 동의한다. 내가 만난 또 다른 의사는 이렇게 말했다. "만약 아기가 저혈당으로 태어났다면 설탕물을 먹여야 합니다. 그런데 엄마가 기겁을 하면서 자기 애는 모유만 먹여야 한다고 고집하는 거죠. 아기의 건강을 위해 설탕을 먹여야 한다는 의학적 필요성을 완전히 무시해버리는 처사입니다."

이 모든 새로운 규범은 20세기 중반의 상황과는 전혀 다르게, 과학적 의학보다 자연을 더욱 강조한다. 시간적 여유가 있는 엄마들은 이런 실천에 관한 정보를 습득하고 이에 참여한다. 물론 앞에서 언급한 것처럼 모유 수유, 가정분만, 육아 수업에 자주 참여하려면 시간과 지식뿐만 아니라 보통 돈(또는 돈을 시간으로 바꿀 수 있는 여유)이 필요하다. 모유 수유만 해도 분유를 전혀 먹이지 않으면서 효과적으로 젖을 먹이는 법을 배우려면 임신 기간 중 여러 번의 강습과 연습, 그리고 어떤 경우에는 모유 수유 전문가의 격려도 필요할 것이다. 자연분만 역시 그냥 병원에 와서 의사에게 의지한다고 가능한 게 아니라 호흡법부터 근육 이완법에 이르기까지 광범위한 교육이 필요한 일이다. 자연분만은 시간도 상당히 많이 걸린다(진통이 시작되고 자궁경부가 팽창해서 아기를 분만할 때까지). 더욱이 진통을 유도하거나 속도를 높이는 약물을 거부하면서 자연분만을 바라는 이들이라면 그 시간은 훨씬 더 길어진다. 전체 산모 중 제왕절개수술 비율은 30퍼센트 이상이지만 비히스패닉계 백인과 아시아계, 그리고 특히 교육수준이 높은 비히스패닉계 백인의 경우 그 비율이 매우 낮아 연구자들은 응급 상황이 아닌 제왕절개수술은 열악한 수준의 의료와 밀접한 관련이 있다고 결론을 내릴 정도다.[37] 25년 전, 《뉴잉글랜드의학저널》은 정반대의 조사 결과를 보고한 바 있다. 제왕절개수술을 받은 다수가 부유한 백인 여성이었으며, 따라서 의학적 징후보다는 사회경제적 지위가 이를 부추긴다고 결론지었던 것이다.[38]

오늘날 부유한 미국 여성들 사이에서 가장 높은 비율은 가정분만으로, 이는 다시 한번 출산과 모성 경험 전반에서 지위 표지와 가치관이 달라지고 있음을 시사한다. 교육수준이 높은 비히스패닉계 백인 여성의 2퍼센트 이상(49명 중 1명)은 계획적인 가정분만을 선택하며, 이 수치는 지난 10년간 계속 증가했고 앞으로도 떨어질 기미가 보이지 않는다. 조산원이나 메이 개스킨과 가정분만 운동을 소개하는 내용이 《뉴욕타임스》의 특집 기사로 나왔다는 점은 가정분만이 (아직은) 부유층과 식자층 사이에서 통계적으로 압도적 대세는 아닐지 몰라도, 문화적 관심과 실질적인 대안으로서 바람직한 방법이 되고 있음을 의미한다. 최소한 그런 호사를 누릴 만한 이들 사이에서 가정분만은 충분히 화젯거리가 되었다.[39] 가정분만은 그 비용을 감당할 능력이 있어야만 누릴 수 있는 특권이다(보험이 적용되지 않는다).*

상이한 지역과 사회집단을 살펴보면, 우리가 임상적·의학적 결정을 내린다고 생각할 때도 사회적·문화적 환경이 중요하게 작용한다는 사실이 분명히 드러난다. 21세기 초 미국의 부유한 여성들이 자연분만이나 가정분만을 고려할 때, 남아메리카 여성들은 질이 늘어나는 것을 방지하고, 출산일을 미리 정하며, 자기 삶에 대한 통제권을 갖는 방편으로 제왕절개수술을 선호하고 있다. 브라질의 민간 병원 분만 중 약 80~90퍼센트는 제왕절개수술이며, 일부 병원에서는 최대 99퍼센트에 이르기도 한다. 세계보건기구who는 제왕절개로 분만하는 여성이 15퍼센트를 넘으면 너무 높은 것이라고 본다. 또는 NPR에서 간결하게 말하는 것처럼, "브라질의 부유층 여성들에게 제왕절개는 남들이 부러워하는 자국을 남겨준다. …… 지위에 대한 강조는 출생부터 시작된다—제왕절개 분만은 모성 세계의 루이비통이다".[40] 중국에서는 제왕절개수술 비율이 50퍼센트다(그 첫 번째 이유는 무엇일까? "남들도 모두 수술을 받기 때문이다").[41]

야망계급의 과시적 유한 실천은 출산과 모유 수유를 넘어 확대되고 있다. 양육 방식 또한 사회경제적 위치를 보여주는 상징이 되었다. 애착 육아를 생각해보라. 시어스 박사[미국의 저명

---

* 많은 이가 의사 없이 고스란히 통증을 겪어야 하는 가정분만을 흥미로운 선택이라고 생각할 테지만, 놀랍도록 많은 여성이 가정분만을 선호한다. 질병통제예방센터의 통계학자이자 가정분만 전문가인 메리언 맥도먼Marian MacDorman은 이렇게 말했다. "어쩌면 이 여성들(대다수의 가난한 여성들)은 가정분만에 관심이 별로 없을 것이다. 하지만 어느 조산원이 말해준 것처럼, '어쩌면 그들은 그냥 가정분만에 대한 접근성이 없는 걸 수도 있다'." 맥도먼은 계속해서 말했다. "최근의 조사는 두 번째 가설을 뒷받침한다. 흑인 여성도 백인과 같은 비율로 관심이 있는 것으로 나타난 것이다. …… 가정분만 비용은 병원에서 진행하는 분만의 3분의 1 정도이지만, 대부분의 보험사는 보험 처리를 해주지 않는다."

한 소아과 의사 윌리엄 시어스를 가리킨다. 애착 육아 철학의 창시자로 텔레비전에 자주 출연해서 유명인이 되었고, '시어스 박사에게 물어보세요https://www.askdrsears.com/'라는 웹사이트를 운영한다.—옮긴이]가 주창한 애착 육아를 하려면 엄마는 24시간 아이 곁을 지키면서 생후 1년까지 계속해서 아이가 원하면 언제든 모유를 먹이고, 거의 하루 종일 아이를 '끼고' 있어야 한다. 이러한 육아 방식은 극단적이지만, 인류학적으로 장점이 인정된 것도 사실이다. 시어스는 24시간 내내 엄마가 달래주는 저발전 국가의 아이들이 대체로 덜 울고 장기적으로도 훨씬 더 안정감을 느끼는 경향이 있다는 사실을 발견했다. 지리학자 재러드 다이아몬드Jared Diamond도 유아기 동안 함께 자고, 장기간 아이가 원할 때마다 모유 수유를 하며, 모자간 피부 접촉이 많은 원시적 사회의 육아 관행을 관찰한 결과 비슷한 결론에 다다랐다. 아이들이 훨씬 더 잘 산다는 것이다(소시오패스가 될 가능성도 낮았다). 다이아몬드는 서구사회의 일하는 엄마들이 받는 시간 압박이 우리가 현대적 육아와 연결짓는, 시간표대로 재우고 먹이기라는 사회적 구성물을 만들어냈다고 주장한다.[42]

상층 중간계급 모성의 사회적 실천은 경제적인 것은 아니지만 본질적으로 엘리트주의적이고 배타적이며, 대다수 가정의 평범한 관계와 일상생활에서는 보기 힘든 문화자본과 상징자본, 그리고 방해받지 않는 자유시간에 의존한다. 그러나 상층 중간계급 부모들은 이런 양육행위에 참여함으로써 궁극적으로 자신들의 과시적 육아를 드러내고 따라서 자신과 자녀의 사회

야망계급론

적 지위를 드러내는 물질적 수단을 확보한다. 베베오레Bebe au Lait의 디자이너 수유 가리개, 에르고 또는 베이비뵨BabyBjörn의 아기 띠, 천 기저귀나 생분해 기저귀 같은 일상적 물건들은 이러한 모성을 효과적으로 보여주는 역할을 한다. 수유 가리개 자체는 비싸지도 지나치게 과시적이지도 않다. 그러나 이는 대개 값비싸고 시간집약적인 육아 방식을 보여주는 물질적 표지가 된다. 그리하여 애착 육아, 가정분만, 모유 수유 등 점점 더 유행하는 실천들은 시간과 돈의 제약 때문에 이런 선택을 할 수 없는 대다수 미국인 엄마들과 대비되는 엘리트 엄마의 위치를 암시한다. 여성들이 지위 암시를 위해 이런 실천을 한다고 말하고 싶지는 않지만, 이런 현상을 분석하면서 나 자신의 경험을 떠올리지 않을 수 없다.

나는 30대 초반에 엄마가 됐다. 첫째 아들이 태어나기 전까지 내가 살면서 애를 본 시간은 채 10시간이 되지 않았다. 임신한 걸 알았을 때는 모유 수유가 좋다는 막연한 생각 정도만 가지고 있었는데, 누가 딱히 알려주지 않아도 모유 수유 강좌를 찾아서 듣고, 유아 CPR을 배우고, 대단한 산부인과 의사와 소아과 의사를 찾기 위해 샅샅이 뒤지고, 육아에 관한 책과 기사를 무수히 읽었다. 모성에 관해 글을 쓰면서 나는 글에서 다루는 그 대상이 바로 나라는 사실을 깨닫는다.

나는 내가 한 선택이 얼만큼 의식적인 것이었는지, 만약 그렇다면 어떤 동기에서 그렇게 선택한 것인지 계속 자문하게 된다. 이런 선택은 지위 추구를 의도한 것은 아니며(사회적 위치를 확보하는 데는 훨씬 쉽고 시간도 적게 드는 방법이 있다), 의학적 근거에 따른 것도 아니다(나는 이런 문제에 관해서는 전문가가 아니다). 그보다 나는 경험주의를 넘어서는 어떤 이들 때문에 움직인다. 친구들과 마미앤미Mommy&Me 놀이 그룹과 놀이터에 있는 모든 엄마들이 바로 그들이다. 이들은 사실상 내가 매일 속해 있는 환경이다. 하지만 솔직하게 말해서, 나는 그렇게 의식적인 방식으로 이런 실천을 흡수하지는 않는다. 내 하비투스에서 그냥 우리가 이렇게 할 뿐이다. 그냥 분위기가 그렇다. 무의식적이고 직관적으로, 개인적인 도덕의식이나 배고플 때 먹고 싶은 욕구처럼 느껴진다. 하지만 통계를 보면 내가 내리는 결정이 무의식과 무관함을 알 수 있다. 내가 하는 선택은 언제나 내가 사는 곳, 경제적 수단, 주변에서 제공되는 자원, 그리고 역시나 이런 실천을 함으로써 내 선택을 다시금 확인해주는 엄마들에 의해 영향을 받는다. 캘리포니아에 살고, 유급 출산휴가를 받고, 유축기를 살 여유가 있으며, 수유 상담사의 존재를 알고(당연히 실제로 상담도 받는다), 이런 실천을 신봉하는 육아 강습을 듣고, 산부인과 의사와 소아과 의사에게 이메일을 보내면 밤이고 낮이고 어떤 질문이든 답을 받을 수 있는 사람들 말이다. 베버의 용어로 쓰자면[43] 이런 모성스타일은 다른 라이프스타일과 마찬가지로, 물질적이거나 표면상 의식적이지는 않을지 몰라도 그 함의와 영향력은 인종과 계급 구분선을 가로지르는 물리적인 소비재만큼이나 뚜렷하고 광범위하다. 사회학자 아네트 라루Annette Lareau가 《불평등한 어린 시절》에서 한 말을 인용하자면, "개인들은 사회구조 안에서 삶을 이어간다".

그렇다면 이런 의문이 생긴다. 왜 어떤 엄마들(나아가 부모들)은 똑같은 시간을 여가에 쓰는 대신 실행하기 어렵고, 많은 시간이 소요되며, 때로는 고통스럽기까지 한 실천을 선택하는 걸까? 베블런의 시대라면 여가시간에 그런 노력을 기울이지는 않았을 것이다. 베블런은 과시적 유한을 **비생산적인** 시간 사용, 즉 어떤 효용 증대에도 사용되지 않는 시간이라고 정의했다. 요컨대 여가는 정말로 여가였다. 사람들은 스포츠를 보고, 단순히 배움(실용적인 응용이 아닌)을 위해 그리스나 로마 같은 '고전'을 공부하러 대학에 갔으며, 긴 휴가를 보내고, 게으른 삶을 살았다.* 하지만 돈과 시간을 여유와 거리가 먼 일들에 투자하는 것은 엄마들뿐만이 아니다. 2008년의 한 분석에 따르면, 모든 부모에게서 소득과 교육수준이 높아질수록 여가시간과 집안일이 줄어드는 동시에 아이와 보내는 시간이 늘어나는 경향이 나타난다. 브루킹스연구소 연구원들인 게리 래미Garey Ramey와 밸러리 래미Valerie Ramey는 이런 추세가 1990년대 중반 이래 지속되고 있다고 밝혔다. 사회경제적으로 상층집단에 속하는 여성은 하위집단에 비해 미취학 자녀와 함께 보내는 시간이 2~3배 더 많다.[44]

래미 부부는 질문을 던진다. 자신이 가진 시간이 경제적으로 점점 더 소중해지는 부모들이 왜 더 많은 시간을 '무상으로'

---

*　베블런은 심지어 부유층 가정에서 일하는 일꾼의 대다수는 어느 정도 불필요한 존재라고 지적하기까지 했다. 그들 역시 빈둥거리고 비생산적이라는 의미에서였다. 그는 이를 '과시적 낭비'라고 칭했다.

내주는 걸까?(즉, 왜 아이와 시간을 보내는 걸까?) 이 학자들은 그 답이 '코호트 과밀cohort crowding'에 있다고 본다—오늘날 엘리트 대학에 들어가는 게 한층 어려워진 탓에 엘리트 부모들이 자녀를 준비시키는 데 더 많은 시간을 투자한다는 것이다. 또한 두 경제학자는 이렇게 주장했다. "우리는 대학 입시 경쟁의 고조가 이런 추세를 낳은 주요한 원인일 것이라고 생각한다. 최근 몇 년 동안 대학 입학을 앞둔 학생의 숫자가 급증했는데, 같은 기간 육아에 보내는 시간도 늘어났다. 그 결과 '코호트 과밀'이 생겨났고, 부모들은 대입 준비에 더 많은 시간을 쓰는 것으로 대입 정원을 놓고 더욱 공세적으로 경쟁하게 되었다."[45] 《인구학Demography》 저널에 실린 한 논문에 따르면, 부유하고 교육수준이 높은 부모는 자녀와 더 많은 시간을 보낼 뿐만 아니라 돈도 더 많이 쓰는 것으로 나타났다. 과거에는 10대 자녀에게 집중적으로 쓰였지만, 1990년대 이후 부유층 가정의 경제적 자원 대부분은 자녀가 6세 미만일 때와 20대 중반일 때 집중적으로 쓰이고 있다.[46] 요컨대 토요일 아침에 유아용 바이올린 교습에 아이를 데리고 가면 정말로 프린스턴으로 가는 길이 열리는 셈이다.

이런 육아 실천은 아네트 라루가 말한 이른바 '집중 양육concerted cultivation'의 틀에 들어맞는다. 아이큐를 높이기 위해 모유 수유를 하든, 세 살에 미술 수업을 받게 하든, 고등학교에서 라크로스를 시키든, 야망계급 부모는 양육을 발달 프로젝트로 보며 자녀의 미래 성공을 극대화하기 위해 구조화되고 세련된 방식을 적용한다. 라루가 《불평등한 어린 시절》에서 언급한 것처럼, 이런 양육 실천은 현재의 사회계급을 암시하는 동시에 미래의 사회, 교육, 노동의 결과에도 영향을 미친다. 상층 중간계급 가정의 아이들은 출생부터 고등학교에 이르기까지 구조화된 활동과 함께 권위에 문제를 제기하고 부모와 끊임없이 교섭을 벌이며 다양한 참여를 통해 사회적으로 능숙해지도록 교육받는다. 이런 유형의 양육을 라루가 빈곤층과 노동계급 부모들 사이의 지배적인 양육 방식이라고 주장한 '자연스러운 성장의 완수'와 대조해보라. 이 양육은 권위에 대한 존중, 상대적으로 빈번한 부모의 지시(예컨대 세균 이론의 기원에 관한 폭넓은 토론 대신 "가서 손 씻어라"라고 말하는 것), 훨씬 덜 체계적인 활동(가령, 음악 수업이나 놀이 약속, 체육 등이 적다)으로 이뤄진다. 야망계급 아이들은 자율권을 느끼도록 길러지며, 어휘력과 사교적 기술도 더 뛰어난 경향이 있는 반면(특권 의식 때문에 비판받긴 하지만), 노동계급 아이들은 흔히 더 독립적이며, 지시를 따르는 기술을 배운다. 그런 기술이 기계적인 반복 작업을 하는 미래의 노동에서 중요하다고 여겨지기 때문이다(하지만 상향 이동에는 제한이 따른다).

상층 중간계급 아이들이 대단히 교양 있는 여가활동에 참여하려면 지리적, 문화적, 경제적 접근성이 있어야 한다. 야망계급 부모들은 (심지어 과로하는 부모들도) 이를 확보하기 위해 소중한 자유시간을 할애한다. 이들은 교과 외 과학 수업, 미국유소년축구협회 축구팀, 미술 수업, SAT 준비반에 자녀를 보내고, 자녀가 이야기하고 싶어 하는 광범위한 주제에 관해 폭넓은 대화를 나눈다. 이런 유형의 양육은 저소득층 부모라면 참여할 시간도 정보도 자본도 없는 운동장, 양육 리스트서브, 학교 행사 등에서 이뤄지며 그것에 참여하는 부모들 사이에 서로 정보와 의견을 주고받으며 경쟁하는 강렬한 동료효과를 만들어낸다. 라루가 추측한 것처럼, "아이들은 광범위하면서도 고도로 계층화된 사회시스템 안에서 자라난다".

야망계급의 생산적 여가

양육이든 운동이든 21세기 야망계급의 과시적 여가는 역설적이게도 실제로 매우 생산적이다. 이런 모순은 오늘날의 '유한계급'이 실제로 한가하지 않다는 사실에서 기인한다. 과시적 여가는 여전히 존재하지만 크게 두 가지 방식으로 바뀌었다. 첫째, 대다수가 고된 노동을 통해 자수성가한 오늘날의 야망계급은 여가 시간에서조차 생산성과 가치를 고려한다. 둘째, 베블런 시대의 핵심적인 과시적 여가활동—대학 진학, 스포츠 경기—은 이제 상향 이동을 위한 필수 입장권이다.

　보기 드문 신탁기금 가문과 올리가르히의 몇몇 자녀를 제외하면, 대다수 사람들은 스스로 돈을 벌고, 가장 많은 돈을 버는 사람이 또한 가장 많이 일한다. 경제학자 로버트 프랭크는 이런 노동시장 엘리트들이 실제로 '여가의 불평등'을 경험한다고 주장했다(물론 자초하는 것이긴 하다). 교육수준이 높고 부유한 이들은 저소득층에 비해 절대적으로 자유시간이 훨씬 적다. 직장

생활에서 지나칠 정도의 생산성에 너무도 익숙해진 그들은 여가시간에도 육아에 집중하며 적극적인 태도를 취한다. 아이에 대한 이런 헌신은 사랑에서 비롯되겠지만, 자신이 노력하는 만큼 아이의 행복과 미래의 성공에 도움이 될 것이라는 믿음에서 비롯되는 것이기도 하다. 바로 이 지점에서 육아는 과시적 여가로서 사회적 위치를 암시할 뿐만 아니라 실제로 계급과 사회경제적 위치를 재생산한다. 따로 시간을 내어 아이에게 책을 읽어주고, 마루에서 아이들과 함께 놀고, 스포츠와 입시 준비반 수업을 위해 시간과 인내심, 경제적 자원을 제공하는 것은 당장에 많은 시간을 소모하는 일이지만, 이는 자녀의 밝고 성공적인 미래를 위한 밑거름이 되는 것이다.

아이를 돌보는 일이든 하키 강습에 데려다주는 일이든, 일과 삶에서 생산성을 높여야 한다는 압박이 끊임없이 존재하며, 이 문제는 양육을 넘어서까지도 확장된다. 경제학자 스타판 린데르Staffan Linder는 "곤경에 빠진 유한계급"이라고 표현함으로써 더 많이 일하고 더 많이 소비하는 순환, 이른바 '풍요의 역설'을 설명했다.[47] 오늘날 자본주의경제가 작동하는 방식은 자산을 구축하는 데 시간을 요구하며 시간은 당연히 저장할 수 없다. 그리하여 더 많이 소비하기 위해 돈을 벌어야 하는 악순환 속에서 우리가 삶의 즐거움을 누릴 시간은 부족해진다. 이런 사회경제적 조건은 근대사회, 산업사회, 탈산업사회에 대한 오랜 관찰에서 이미 입증된 것이다. 야망계급의 많은 성원들은 고된 노동을 통해 성공을 이루었으며 따라서 그들 삶의 모든 측면에 그런 정신이, 대중적 용어로 쓰자면 '프로테스탄트 노동 윤리'가 넘쳐흐른다. 내핍 생활 및 일만 하고 재미는 찾지 않는 삶의 연원은 청교도주의에서 찾을 수도 있겠지만, 실제로 산업혁명은 귀족 신분과 혈통이 아닌 고된 노동을 통해 자본과 사회적 이동성을 획득한 새로운 노동자집단의 부상을 가능케 했다. 이들은 생산성을 높이 평가받으며 경제적 성공 및 그에 따른 사회적 위치와 지위를 통해 보상을 받았다. 당신이 빌 게이츠가 아니라면(어쨌든 빌 게이츠는 하버드를 중퇴했다) 이제 대학 졸업장 없이는 부자가 되는 것은 고사하고 상향 이동을 이루는 것도 쉽지 않다. 베블런이 진정한 과시적 여가의 기관으로 보았던 대학은 오늘날 자본주의사회의 구성원이라면 누구에게나 필수적인 요소가 되었다. 학생들이 경영, 금융, 경제학 학위로 몰려드는 가운데 '한가한' 과목들─고전, 인문학, 시─은 멸종 위기에 처했다.[48] 학생들의 실용적 과목 선택은 베블런의 여가 개념에서 한층 더 나아간 현실을 시사한다─배움은 이제 품행이나 박식의 문제가 아니라 지식을 생산성으로 전환하는 문제에 관한 것이다. 스포츠나 바이올린 강습─역시 베블런 시대에 과시적 여가활동이었다─은 이제 대학 입학 자격을 갖추는 데 있어 생산적이고 선행적인 수단이 되었다. 미식축구나 육상, 악기 3개나 4개 국어를 배우는 것은 아이비리그에 입학할 수 있는 기회를 제공한다. 오늘날 스포츠는 장학금을 받을 수 있을 뿐만 아니라 입학 지원자의 다양성과 다재다능함을 보여줄 수 있는 수단이 된다. 영국에서는 고등학교를 졸업하고 대학에 입학하기 전에 자발적으로 1년간 쉬

야망계급론

면서 진로를 모색하는 '갭이어gap year'를 통해 학생들이 세계를 여행하고, 흥미로운 인턴 경험을 하며, 개발도상국에서 일을 하기도 한다. 이 모든 활동은 훌륭한 일이지만, 한편으로는 대학생활을 준비하는 과정이자 입학 심사위원회에 흥미로운 지원자로 보이는 과정의 일부이기도 하다.

이런 변화에 따라 21세기의 엘리트들은 과시적 여가를 통해 사회적 위치를 암시하는 새로운 수단을 얻게 되었다. 한가함과 비생산성의 성채였던 애초의 기원에서 멀리 벗어난 과시적 여가로 오늘날 야망계급은 자신들의 행동(그리고 남들의 행동까지도)에 대해 도덕적 판단을 내린다. 다음 절에서 살펴볼 것처럼, 그들은 과시적 여가를 보여주는 물질적 수단을 찾아냈다.

룰루레몬의 그루브 팬츠와 생산적인 과시적 여가

1950년대, 런던에 사는 발레리나 출신 로트 버크Lotte Berk는 생활비를 감당할 방법을 찾아야 했다. 그녀는 접골사(발레를 하다가 입은 부상에서 회복할 수 있도록 도와준 사람이었다)의 도움을 받아 한 가지 운동법을 창안했다. 필라테스나 요가와 비슷하지만 훨씬 더 효과적인 운동이었다. 굉장히 어렵고 힘든 버크의 운동법은 코어의 안정성과 아주 세분화된 근육운동에 중점을 두었는데, 운동 내내 골반을 내미는 동작을 반복하기 때문인지 각 동작에는 '매춘부'나 '프랑스 화장실'같이 유머러스하고 암시적인 이름이 붙었다. 어느 소개 글에서 "가까스로 나치를 피한 명랑한 독일 유대인"으로 묘사된 버크는 런던 웨스트엔드에 자리한 친구 비달 사순의 미용실 건물에 웃풍이 들지만 카펫이 깔린 어두컴컴한 지하 공간에 맨체스터스트리트 스튜디오[여기서 '스튜디오'란 헬스장과 달리 요가나 필라테스, 발레와 피트니스를 결합한 고강도 운동인 카디오바 등 특정 운동 강습을 주로 하는 공간을 가리킨다.—옮긴이]를 열었다.[49] 두 사람이 앞장선 이 공간은 '신나는 런던Swing London'[활기찬 청년문화로 생동감이 넘치던 1960년대 런던을 가리키는 표현.—옮긴이]의 화려한 배경 속에서 열성 고객들을 끌어당겼다. 사순은 여성들의 헤어스타일을 만들었고, 버크는 조안 콜린스나 바브라 스트라이샌드 같은 셀럽 고객들의 몸매를 만들어주었다.《뉴욕옵저버》의 표현을 빌리자면, 이 운동법은 "원본이자 모함母艦"이었다. "엉덩이를 더 작고 더 높게, 탄력 있게 만든다. 스텝에어로빅, 스피닝, 필라테스, 태보, 뉴욕 스포츠클럽이나 요가센터가 길모퉁이 어디에나 있기 전에 이 운동이 있었다."[50]

1960년대에 이르러 리디아 바크라는 미국 중서부 출신의 여성이 맨체스터스트리트 스튜디오를 찾았다가 이 운동법의 효과와 버크가 일군 팬층에 매혹되었다. 그녀는 버크와 협약을 맺고(버크에게 수익성이 큰 협약은 아니었다) 대서양 건너편 미국에 이 운동법을 소개했다. 1970년, 바크는 뉴욕시 어퍼이스트사이드의 중심가인 67번가에 로트버크메소드 스튜디오를 열었고, 이후에는 고객들이 여름휴가 중에도 강습을 받을 수 있도록 브리지햄프턴 버터레인에 있는 햄턴스의 오래된 감자 저장고를 개조해 스튜디오를 열었다. 상류층 와스프, 셀럽, 뉴욕 사교계 명사들이 떼 지어 강습에 참가했다—톰 울프(역시 바크의 고객이었다)가 기록한 바로, 스튜디오는 사교계를 환히 드러내는 엑스레이였다. 바크는 "케네디가의 3대가 …… 한 강습반에 있었다"고 전한다. 《뉴욕옵서버》의 표현처럼 오랫동안 이 스튜디오는 "잘 관리되고 값비싼 뉴욕 상류층의 비밀 장소"였고, 바크는 스튜디오를 프랜차이즈화하거나 뉴욕이나 다른 도시에서 추가로 여는 것을 거부했다(본인이 직접 잠깐 로스앤젤레스에 스튜디오를 열긴 했다). 1970년대에 강습 한 번에 30달러(2015년 가치로 환산하면 183.87달러)라는 금액은 어쨌든 부유층만 감당할 수 있는 것이었다. 하지만 스튜디오가 성공을 거두면서 팬덤을 모으자 유사한 스튜디오들이 생겨나는 걸 막기가 어려웠다. 운동법은 실제로 효과도 좋았다. 이 운동은 개별적인 동작들로 특정 근육을 자극했기 때문에 정말로 몸이 달라졌다—달리기나 테니스, 헬스로는 만들 수 없는 탄탄하고 팽팽한 몸매가 되었다. 이 운동은 수십 년 만에 뉴욕을 중심으로 전국 각지의 대도시로 퍼져나갔다. 버 레너드와 당시 남편이었던 칼 딜은 로트버크메소드 스튜디오에서 버크를 만나 공부한 뒤, 1992년 코네티컷주 그리니치에 바메소드 스튜디오를 열었다. 1999년에는 코네티컷주 데리언과 웨스트포트, 뉴케이넌에 스튜디오 세 곳을 더 열었다. 사회경제적, 인구학적 관점에서 보면 코네티컷의 세 곳 모두 사실상 뉴욕시 어퍼이스트사이드에 맞먹는 교외였다. 몇 년 뒤, 바크의 스타 학생 2명이 로트버크메소드 스튜디오를 떠나 코어퓨전을 차렸다. 뉴욕시의 멋진 '찜질' 스파에 자리한 곳이었다. 바크의 강사들 대부분이 드비토와 해프파프가 차린 스튜디오로 옮겨갔고, 코어퓨전의 새롭고 화려한 모습에 고객들도 서둘러 따라갔다. 바크의 사업 방식은 실속형으로, 그녀의 스튜디오는 오래되고 낡은 브라운스톤 건물에 있었다. 한 고객이 이 건물을 "쓰레기장"이라고 칭하면서 "할머니네 화장실이 생각난다"고 꼬집기도 했을 정도다.[51]

초창기 파생물들이 등장한 이래, 전국 각지에 종류도 다양한 많은 바barre['바'는 원래 발레 연습에 사용하는, 허리 높이에 수평으로 설치한 봉을 가리킨다. 발레를 접목한 운동법을 상징하는 표현이며, 이런 운동법에서는 바 대신 접이식 의자를 사용하기도 한다.─옮긴이] 스튜디오가 문을 열었다─팝피지크(로스앤젤레스, 뉴욕, 샌프란시스코), 바메소드(코네티컷에 이어 전국 각지 수십 곳에 문을 열었다), 그리고 아마도 가장 유명한 피지크57(뉴욕시, 햄턴스─예전 로트버크 스튜디오, 베벌리힐스)이 그러한 스튜디오들이다. 각 스튜디오는 다양한 무게의 아령과 발레 바를 사용해 요가와 필라테스, 발레의 다양한 동작을 활용하는 운동을 가르친다.

바 강습은 어떤 스튜디오든 상관없이 21세기의 과시적 여가를 보여주는 완벽한 사례다. 물론 스튜디오마다 고객, 과시적 여가를 즐기는 또래집단, 옷 스타일 등에는 차이가 있지만, 이런 강습에 참여한다는 것이 여가활동을 할 수 있는 경제적 안정과 자유시간을 암시한다는 효과는 똑같다. 이 과시적 여가는 여러 차원에서 작동한다. 경제적인 관점에서 보자면, 각 수업은 세계적으로 어떤 기준에서 보아도 꽤 비싼데(1회당 약 10~40달러) 원하는 효과를 달성하려면 일주일에 적어도 2~4회는 강습을 받아야 한다. 1회당 비용이 183.87달러가 아니더라도 비용은 금세 늘어난다.

하지만 바 강습에 참여하는 것은 경제적 지위보다도 사회적·문화적 지위를 더 뚜렷하게 나타낸다. 과시적 여가는 시간의 사치를 암시하기 때문에, 한 시간 동안 진행되는 강습시간은 그 자체로 자신의 몸을 가꿀 수 있는 능력의 존재를 드러낸다. 월요일 오전 11시(또는 주중 낮 시간) 강습에 참여하는 이들은 그 자리에 모인 다른 모든 이들에게 과시적 여가를 드러내는 셈이다. 이런 행동은 그 자체로 직업적 유연성이나 부유함, 또는 두 가지 모두를 의미하거나 아예 일하지 않는 사치를 암시한다. 팝피지크의 데릭 윌리엄스는 이렇게 말했다. "켄터키의 싱글맘은 그런 운동을 할 수 없죠. …… 우리는 (스튜디오에서) 아이를 돌봐주기도 했지만 금세 중단했어요. 대부분의 사람들이 베이비시터와 돌보미가 있었거든요."

둘째, 이러한 강습에 참여하는 사람들은 운동을 하거나 가벼운 볼일을 볼 때도 그러한 활동에 맞춰 옷을 입는 경향이 있다. 발레리나 출신이자 팝피지크의 공동 창립자인 제니퍼 윌리엄스는 바메소드에서 강사로 일하던 시절을 회고하며, 처음에는 별 특색 없는 운동복을 입었다가 2000년대 초반 샌프란시스코에서 바 강습을 진행하면서 "강습을 받는 여성들이 전부 작은 마크가 붙은 바지를 입고 있는 걸" 발견했다고 말했다. 그녀

는 이렇게 설명했다. "그때 '나도 저 바지를 입어야겠다'고 결심
했죠." 그 바지는 다름 아닌 룰루레몬의 그루브 팬츠로, 룰루레
몬의 대표적인 제품이자 그 자체로 도시의 새로운 과시적 여가
의 상징이었다. 이 바지는 실제로 입은 사람을 돋보이게 만들어
준다(두툼한 스판덱스 혼방 소재의 검정색 나팔바지 스타일로 다리가 길
어 보인다). 하지만 그루브 팬츠를 입고 멋지게 보이려면 실제로
도 운동을 해야 하고, 경제력도 있어야 한다(한 벌에 100달러인데,
일주일에 몇 번씩 운동을 하려면 한 벌로는 안 된다). 따라서 이 운동복
바지를 걸치는 순간 대번에 과시적 여가의 분위기가 물씬 풍긴
다. 운동 스튜디오들은 이러한 흐름에서 티셔츠와 레깅스, 바 운
동에 '필수적인' 미끄럼 방지 양말(흔히 양말 바닥에 고무 재질로 스
튜디오의 로고나 명칭을 새겨서 바나 원목 마루에서 미끄러지는 것을 방
지한다)을 자체적으로 만들고 있다. 최근 들어 룰루레몬 그루브
팬츠의 아류 제품들도 속속 등장했다. 부분 메시 처리를 한 7부
요가 바지, 화려한 기하학 패턴의 레깅스, 바니스Barney's 쇼핑몰
에서 파는 스텔라 맥카트니와 아디다스의 콜라보 상품 등이다.
스튜디오 강습을 받지 않는 사람들조차 애슬레타나 룰루레몬
같은 캐주얼 스포츠 의류를 걸침으로써 과시적 여가의 품격을
불러일으키기도 한다. 디자이너 운동복은 야망계급 신화의 일
부가 되고 있다.

　마지막이자 가장 중요한 점으로, 일주일에 몇 번씩 카디오
바 강습에 참여할 시간과 돈이 있는 사람이라면 길을 걷다가도
눈에 띄게 마련이다. 《뉴욕옵서버》가 노골적으로 말했듯 이런

강습에 참여하는 여성들은 다른 운동 강습을 받는 이들과 몸매가 확연히 달라 보인다. 따라서 팝피지크나 피지크57, 바메소드, 또는 다른 어떤 카디오바 강습을 받는 사람은 단순히 커피를 마시거나 마트에 들르거나 저녁을 먹으러 나가는 것처럼 단지 자기 삶을 일상적으로 보내는 순간에도 과시적 여가를 드러낼 수 있다. 만약 이들 중 누군가 세상이 그런 과시적 여가의 고됨을 알아주지 않는다고 걱정한다면 언제든 '건강한 셀카 사진'이라는 또 다른 방법이 있다. 운동을 마치자마자 찍은 사진을 페이스북이나 인스타그램, 블로그에 올리면 된다.

이런 추세는 다른 유형의 과시적 여가에서도 드러난다. 많은 야망계급 성원들은 운동복이나 스튜디오를 오갈 때 들고 다니는 물병, 운동이 끝난 뒤 마시는 걸쭉한 녹즙, 또는 단지 엘리트 운동 스튜디오의 회원이나 단골이라는 사실 등 자신을 과시할 수 있는 물질적 수단을 찾아낸다. 사회학자 제니퍼 매과이어 Jennifer Maguire는 《소비용으로 안성맞춤 Fit for Consumption》에서 자유시간을 활용한 헬스가 게슈탈트 형성 전반과 어떻게 조화를 이루는지 살펴보면서, 여가시간이 생산성 향상과 자기계발의 기회로 흡수되는 상황을 분석했다. 운동에 시간을 할애할 수 있다는 건 사회적 위치와 사치를 상징하며, 매과이어가 주장하듯 스튜디오와 헬스장은 그러한 흐름에 발맞춰 재빠르게 피트니스 시장을 바꾸었다. 매과이어는 이렇게 말했다. "바야흐로 운동의 미래가 재구성되고 있다. 클럽들은 피트니스를 라이프스타일에 포함되는 여가활동으로 판매했다. …… 헬스클럽 회원권과 외모는 전체 라이프스타일 패키지에서 서로 연결된 지위의 표지다."
처음에는 운동만을 위한 공간이었던 이쿼녹스나 코어퓨전 같은
장소는 차차 호화 서비스와 편의시설을 제공하기 시작했다. 그
리하여 이런 시설을 자주 찾는 것은 그 자체로 사회적 위치를 암
시하게 되었다. 온라인 매거진 《n+1》의 공동창립자인 마크 그
라이프가 말한 것처럼, "현대의 운동은 당신 안에서 작동하는 기
계를 인정하게 만든다. 우리가 공장 노동에 대한 향수를 품고 있
다고 믿게 만드는 건 현대식 헬스장뿐이다".[52] 이제 여가는 언제
나 생산적이어야 하며, 거기에 필요한 재화와 서비스─확실히
일종의 과시적 소비다─는 당신이 여가시간을 활용해 몸매를
유지하고 탄탄한 복근을 가지고 있다는 사실을 세상에 보여줄
수 있는 효율적인 수단이 되었다. 《이코노미스트》는 최근 경기
침체로 많은 산업이 타격을 입었음에도 운동 산업(헬스장, 클럽,
강습 등)만큼은 오히려 탄탄하게 성장하고 있다고 보도했다. 이
산업의 성장은 말하자면 운동하는 엘리트가 늘어난 덕분이라고
볼 수 있다. 가령, 소득수준 상위 20퍼센트는 하위 20퍼센트에
비해 일주일에 운동하는 시간이 6배 이상 많다. 《n+1》은 "일부
러 땀을 흘리는 것이 엘리트적 현상이 되고 있다. …… 한때 '잘산
다'는 건 과체중과 동의어였지만 이제는 탄탄한 몸이 지위의 표
지가 되었다"고 말했다.[53] 사회학자 하비 몰로치Harvey Molotch는 이
렇게 말하기도 했다. "과거에 여가는 피부가 새하얗고 탄탄한 근
육이 없는 것을 의미했다. 지금은 탄탄한 근육을 **가지려면** 어느
정도 재산이 있어야 한다. 이두박근은 한때 노동계급 남성들의

전유물이었지만, 패스트푸드점에서 일하다보면 이두박근 같은 건 생기지 않는다."

이런 사례들은 특권화된 현대 모성의 사회적 관습과 전혀 다르지 않다. "모유 수유를 하기 위해 인내심과 불편함, 그리고 어떤 경우 육체적 고통까지 감수해야 한다는 사실은 그 지위만 높여줄 뿐"이라고 언론인 파멜라 드러커맨은 말했다.[54] 출산휴가로 한 해를 보내는 여성들은 매일같이 손톱관리를 받지 않는다. 그보다는 모유 수유에 시간을 쓰면서 아이와 끈끈해지길 바라며, 아이의 말문이 일찍 트여서 남보다 유리한 출발선에 서게 하려고 애쓴다. 이 모든 실천은 생산적이지만 대다수 엄마들은 가질 수 없는 사치스러운 시간의 과잉을 암시한다.

야망계급이 여가에서 발휘하는 생산성은 삶의 모든 측면으로 흘러넘친다. 일부 성원들은 절대 그냥 쉬지 못한다. 텔레비전─〈매드맨〉, 〈브레이킹 배드〉, 〈왕좌의 게임〉, 또는 HBO의 최신 대하드라마─을 보는 것도 문화적 시대정신의 일부가 되기 위함이다. 똑똑하고 문화적으로 의식 있어 보이게 만드는 일을 하면서 자유시간을 보내지 않는다면 어떻게 디너파티에서 아는 척(또는 지적으로 생산적인 척)을 할 수 있겠는가? 야망계급의 성원이지만 텔레비전을 보거나 책을 읽을 시간이 없다면, 트위터에서 데일리비스트Daily Beast[2008년 설립된 미국의 인터넷 뉴스 매체. 주로 정치, 미디어, 대중문화 등에 관해 다룬다.─옮긴이]에 이르기까지 온갖 미디어를 통해 최신 문화계 사건이나 텔레비전 프로그램, 신간 도서 등을 접하고 이에 대해 아는 척할 수 있다. 실제로는 아니더라도 신문과 《뉴요커》를 읽는 데 많은 시간을 보내는 것처럼 보일 수 있다는 말이다. 칼 타로 그린펠드는 《뉴욕타임스》에 이렇게 썼다. "오늘날 우리는 문화적으로 무지해 보이지 않도록 언제나 많은 걸 알고 있어야 한다는 끊임없는 압박에 시달린다. 그래야만 사업 계획이나 제품의 간단한 소개, 업무 회의, 사무실에서 차를 마시며 나누는 간단한 대화, 칵테일파티 등을 무사히 견디고, 이미 보거나 읽거나 시청하고 들은 것처럼 게시물과 트윗을 올리고, 대화방과 댓글과 문자에 반응할 수 있기 때문이다." 그는 이렇게도 썼다. "페타바이트 단위의 데이터가 넘쳐나는 가운데 우리에게 중요한 것은 실제로 이런 콘텐츠를 직접 소화하는 게 아니라 그런 게 존재한다는 걸 아는 것—그리고 그 주제에 관해 입장을 갖고 그것에 **관한** 대화에 낄 수 있는 것—이다. 우리는 거의 아슬아슬하게 박식한 체하는 연기를 한다. …… 칵테일파티에서 만난 동료가 이야기하는 책이나 영화를 본 적도 없고 평이 어떤지도 모르지만 우리가 잘 아는 듯이 고개를 끄덕인다고 해도 엄밀히 말하자면 거짓말을 하는 건 아니다. 그 이야기를 하는 상대도 타임라인이나 피드에서 본 누군가의 통렬한 평을 앵무새처럼 그대로 읊고 있을 가능성이 아주 높다."[55]

야망계급이 한정된 여가시간을 매우 생산적으로 활용하는 가운데, 이들은 그런 식의 시간 활용이 얼마나 사치스러운 일인지를 알지 못한다. 이들은 자신이 다른 사람들과 근본적으로 다른 일들을 하면서 특유의 방식으로 시간을 보낸다는 것을 보여주고 드러내느라 무척 바쁘다. 경제학자 로버트 프랭크는 "부자들은 투자와 자선사업에서 이득을 원하는 것처럼 이제 여가시간에 대해서도 수익을 바란다"고 말했다. 그리하여 여가시간의 일부는 자신들처럼 생산적 여가를 보내지 않는 사람들을 평가하는 데도 쓰인다. 모유 대신 분유를 먹인다고? 유해한데! 싸구려 시트콤을 보면서 시간이나 때우는 문화적 문맹이라고? 부끄럽지도 않나! 다시 말해, 현대의 과시적 여가에는 생산적 여가를 보내지 않는 이들을 향한 문화적·도덕적 우월감과 여기에 참여하지 않는 게 언제나 개인의 선택 문제라는 가정이 깔려 있다.

하지만 현실은 훨씬 더 복잡하다. 너무도 당연해 보이는 이런 활동, 야망계급의 많은 성원이 모두가 참여해야 한다고 생각하는 활동은 사실 교육수준이 높은 엘리트와 그들로 이뤄진 사회집단의 사회적 규범에 한 층위로 깊숙이 내재된 것이다. 모유 수유와 자연분만은 '직관적'이거나 '본능적'인 일이라는 생각이 흔하다. 하지만 분명히 말하건대, 아무리 힘들고 노동처럼 느껴질지라도 이런 것들은 일종의 사치다. 이런 실천이 당연한 것처럼 느껴지더라도 중간계급이나 하층계급에게는 명백하지도 쉽지도 않은 선택이다. 이와 관련해서 20세기의 위대한 사상가 중 한 사람인 다니엘 벨Daniel Bell의 말을 들어볼 필요가 있다. 그가 1976년 출간한 《자본주의의 문화적 모순》은 오늘날에도 여전히 현대사회에 대한 더없이 유효한 논평으로 손꼽힌다. 벨은 자본주의가 제공하는 경제적 이점과 노동 윤리가 사회적으로 수용되면서 우리의 사회적 행동과 문화적 스타일에 새로운 감성과 대대적인 자유를 창출했다고 주장했다. 한때 프로테스탄트

적 노동 가치의 금욕과 검소를 반영하는 생활 방식으로 격하되었던 이들(윌리엄 화이트의 《조직 인간》을 떠올려보라)이 이제 아방가르드(이런 게 지금도 존재하나?)와 보헤미아니즘 같은 새로운 형태의 문화적 행동을 수용하고 있다. 우리의 경제적 생산성은 우리에게 문화적 자유를, 사회학자들이 새로운 엘리트 사회의 성채를 가리키기 위한 표현으로서 '문화적 잡식'이라 일컫는 기회를 제공한다. 우리는 여전히 높은 생산성을 유지하고 있으며, 이런 특성은 야망계급과 그 성원들이 어떻게 그 지위에 올라섰는지를 정의하는 것이기도 하다. 하지만 이런 생산적 성공의 외적인 지위 표지는 라이프스타일과 소비 선택에 달려 있다.[56] 이런 점에서 벨의 위대한 기여는 사회가 문화적으로 변화하여 반反부르주아적 라이프스타일(심지어는 보헤미안적 라이프스타일까지도)이 더 높은 경제적 지위를 나타내는 기표가 되었음을 보여주었다는 것이다. 또는 데이비드 브룩스가 언급한 것처럼, 보보스는 소비자로서의 선택을 신성한 도덕적 결정(정수기, 일대일 명상강습, 모유 수유 상담사, 젠禪 스타일의 점판암 욕실 인테리어)으로 전환하려 갖은 애를 쓴다. 본능적, 또는 자연스러운 생활 방식으로의 회귀로 보이는 이런 선택은 사실 자본이 우리에게 허용하는 자유의 산물이다. '마음챙김mindfulness'은 고결하게 아날로그 시대로 돌아가자는 주장이자 반자본주의적 감성을 암시하는 것처럼 보이지만, 명상을 배우고 실천하는 데는 시간과 돈이 필요하다. 50달러에 살 수 있는 테플론 코팅 제품보다 훨씬 더 친환경적이라는(아울러 천연 소재로서 자연에 더 가깝다는) 구리로 만든 조리 도구는 한 벌에 1500달러다. 역사학자 프랭크 트렌트먼의 말을 인용하자면, "도덕은 우리의 물질적 삶의 구조에 깊숙이 자리하고 있다".[57]

지위 추구가 세상에 과시하고 싶은 욕망의 발현인지, 아니면 수용되고 싶은 인간의 기본적 욕망인지 정확히 분석하기는 쉽지 않다. 우리는 남들에게 인정받기 위해 에르메스 버킨백을 사는 여성에게 많은 공감을 느끼지 않는 반면(《파크애비뉴의 영장류》도 보라), 모유 수유를 하고, 가정분만을 하고, 아이와 더 많은 시간을 보내기 위해 직장을 그만두고, 건강을 이유로 운동을 더 많이 하는 여성은 좀 더 진정성이 있거나 심오하거나 적어도 더 큰 선을 추구한다고 생각한다—하지만 이처럼 겉보기에 크게 다른 선택을 하는 능력은 사회경제적 계급과 문화자본의 축적에서 비롯된다.

그리하여 미국의 새로운 유형의 과시적 여가는 뚜렷한 부작용을 초래한다—과시적 여가는 그 어떤 디자이너 핸드백보다 더욱 심한 사회적 계층화와 불평등을 야기한다. 적어도 명품 핸드백은 경제적 여유에 따른 선택이라는 게 분명하다. 그러나 과시적 여가는 도덕적 선택으로 여겨진다. 우리는 사람들이 어떤 결정을 하는지에 관한 사회경제적 한계(야망계급의 부유한 성원들이라면 사회경제적 자유)를 무시한다. 저 사람은 왜 과체중이고, 저 사람은 왜 저렇게 문화적 의식이 없지? 아마 그들은 시급을 받고 일하기 때문에 값비싼 신선 채소를 살 재정 상태가 아니고 저녁 필라테스 강습에 참여하거나 《뉴요커》를 읽을 '생산적 여가시간'이 없을 것이다. 모성은 어떤가. 야망계급 사회는 여성이 아이에게 분유를 먹이거나 제왕절개수술을 하면 유감스럽게 느끼게끔 만든다. 이들은 고무젖꼭지 사용에 반대하며 손가락을 물려서 아기를 달랜다.

야망계급 부모들이 볼 때, 유아에게 단 음료와 도리토스 과자는 성인의 흡연이나 마찬가지다. 사회학자 케이틀린 대니얼 Caitlin Daniel이 최근 연구에서 보고한 것처럼, 저소득층 부모는 아이에게 채소와 '건강에 좋은 음식'을 먹이는 것의 장점을 모르는 게 아니라, 아이가 먹기를 거부하거나 바닥에 내던졌을 때 헛돈 쓴 셈이 되는 걸 감당할 수 없을 뿐이다. 대부분의 어린아이들은 치킨너깃이나 감자튀김같이 살찌고 맛 좋은 음식이 아니라면 여덟 번에서 열두 번은 시도해야 브로콜리나 연어, 그 밖에 좋은 음식을 제대로 먹는다. 따라서 가난한 엄마가 몇 푼 안 되는 수입을 털어서 결국 바닥에 내동댕이쳐질 방울양배추를 산다는 건 가뜩이나 없는 돈을 낭비하는 데 그치지 않고 아이가 실제로 먹을 음식을 살 수 있었던 기회도 날려버리는 셈이다. 대니얼이 언급한 것처럼 "가난한 부모들은 식비가 얼마나 드는지 계산해야 할 뿐만 아니라 아무도 먹지 않으면 어떻게 될지도 고려해야 한다". 대니얼은 부유층 부모들도 연구했다. 부유층 엄마에게 아이가 음식을 거부해서 돈과 식품을 낭비하게 되는 경우 어떤 생각이 드느냐고 묻자마자 이런 대답이 돌아왔다고 한다. "솔직하게 말하면 그런 생각을 해본 적이 없는데요."[58] 야망계급의 엄마는 동료 엄마가 아이 점심으로 맥도날드 해피밀 세트를 사는 걸 보면 깜짝 놀라 숨이 막힐 것이다. 그러면서 아이에게 닭고기 숯불구이와 색색의 채소로 구성한 일본식 도시락을 만들어주는 데 가슴을 쓸어내린다. 이 야망계급 엄마는 아이에게 건강에 좋은 음식을 먹인다는 한껏 좋은 의도를 갖고 있겠지만, 다른 엄마에게는 그런 선택권이 거의 없다는 사실을 생각하지 못한다.

야망계급 육아의 거대한 소용돌이인 엘리트 사립 유치원을 생각해보라. 이 유치원의 연간 수업료는 1만 달러에서 4만 달러에 이르는데도 입학하려면 아이가 태어나기 전부터 대기자 명단에 이름을 올려야 한다. 마흔다섯 살의 아빠들은 오후 5시까지 아이를 픽업하러 가기 위해 퇴근하자마자 냅다 달린다(아이가 잠들면 새벽까지 일한다). 일부 아빠들은 모호하게 정의되는 '창조 계급'에 속하며, 직업 특성상 유연한 근무시간 덕분에 아이와 함께 점심을 먹을 수 있다. 아이비리그 학위를 가진 전업주부 엄마들은 자녀가 학교에 있는 동안 유기농 채소를 사고, 부모들끼리 아이들의 놀이 약속과 음악 강습을 잡는다. 라루가 말한 집중 양육에 푹 빠진 이 부모들은 자유시간의 대부분을 어떻게 하면 아이가 더 나은 삶을 살게 할지에 관해 생각하며 보낸다. 하지만 이들은 수많은 결정을 내리면서 무의식적으로 그들과 다른 결정을 하는 이들을 평가한다. 각자의 결정이 결국 엄마가 누리는 경제적·사회적 자유의 여부에 좌우되며, 이 자유는 거의 전적으로 자본주의사회에서 엄마가 차지하는 위치에 기인한다는 사실을 잊은 채로.

모든 과시적 여가가 지위의 문제는 아니며, 모유 수유를 하는 모든 알파맘이 다른 엄마들을 깔본다는 이야기도 아니다. 실제로 운동을 하고, 세심한 양육을 하고, 문화적 지식을 획득하는 야망계급의 많은 성원은 좋은 의도로 그런 행동을 한다. 하지만 21세기의 과시적 여가를 둘러싼 신화가 시간과 지식을 바탕으로 지배적 사회계급이 누리는 사치라는 사실만큼은 여전히 분명하다. 이런 풍요와 정보의 사치는 과시적 소비에만 영향을 미친 게 아니다. 다음 5장에서는 이런 풍요와 정보의 특권이 대량생산에 대한 반발과 만나며 어떤 변화를 불러일으켰는지 이야기하고자 한다.

5장

투명함의 가치, 과시적 생산

대다수 소비자에게 홀푸드에서 파는 어스바운드팜Erthbound Farm의 유기농 베이비 루콜라는 현대 세계의 기반 구조를 해체할 수 있는 수단이 아니다. 그냥 채소일 뿐이다. 토스카나 엑스트라버진 올리브유와 셰리 식초를 끼얹고, 파르미자노 레자노 치즈를 갈아 뿌리고 카마르그산 플뢰르 드 셀 소금을 약간 더해주면 아주 근사한 애피타이저가 된다. 우리가 소비하는 게단순히 채소가 아니라 사회의 미래상이라는 주장이 잘못된 건 아니지만, 대다수 사람들의 능력과 의지에 비하면 지나친 욕심이다.

—스티븐 샤핀, 〈판매된 낙원〉, 《뉴요커》, 2006년 5월 15일

로스앤젤레스 도심의 창고를 개조한 주거용 건물들을 지나

급속하게 젠트리피케이션이 진행되는 에코파크와 이미 힙스터 동네가 된 실버레이크를 관통하면 글라셀파크가 나온다. 로스앤젤레스 동부의 대부분은 실버레이크와 로스펠리스의 전철을 밟고 있지만, 글라셀파크는 젠트리피케이션을 이야기할 때 거의 언급되지 않는 지역이다. 한 가지 이유를 찾자면 아직도 갱단이 활동하고 범죄로 악명이 높기 때문일 것이다(정확한 사실이든 아니든). 이 지역은 또한 공원과 카페, 서점, 그 밖에 도시의 창조적 젊은이들이 찾는 편의시설이 부족하다. 물리적 환경으로 보자면 도심의 흥미로운 건축물이나 웨스트사이드 바닷가의 아름다운 자연, 이스트사이드의 언덕과 보헤미안적 예술 풍경이 부족하다. 로스앤젤레스 대부분의 지역과 달리 여기저기 공터도 꽤 많다. 샌페르난도 도로를 따라 이어지는 산업단지는 여전히 무척 분주하다. 대형 트럭들이 창고와 공장 앞에 주차돼 있고, 인터스테이트 5번 도로 쪽으로 굉음을 내며 달린다. 할리우드힐스에 레이먼드 챈들러 소설에서 방금 튀어나온 듯한 화려한 누아르가 존재한다면, 글라셀파크에는 커트 러셀이 불타는 황무지로 바뀐 도시를 질주하는 〈LA 탈출〉(1996)에 더 가까운 느낌의 누아르 분위기가 짙게 배어 있다.

하지만 바로 이런 단점 덕분에 글라셀파크는 미국 산업활동의 새로운 대세를 이루는 본거지가 될 수 있었다. 글라셀파크에는 원래 용도 그대로, 즉 제조시설―나이트클럽이나 화가 작업실, 거대한 갤러리 공간이 아니라(그런 용도로 쓰이는 곳도 있기는 하지만)―로 사용되는 거대한 낡은 창고들이 있다. 이 창고들은 미네소타 한가운데가 아니라 미국의 주요 대도시 권역의 심장부에 있다. 여기서는 일은 미국에서 새로운 개념인 동시에 앞선, 거의 산업혁명 이전의 생산으로 복귀하는 현상이 벌어지고 있다. 구상에서부터 생산, 소비에 이르기까지 뚜렷한 스토리와 로드맵을 갖추고 장인 정신이 담긴 제품을 원산지에서 소량으로 제작, 포장, 판매하는 생산방식으로 돌아가고 있다는 이야기다. 여기 글라셀파크에서 나는 이런 현상이 정말로 일어나고 있다는 사실과 이것이 어떻게 미국을 근본적으로 변화시키고 있는지 보게 되었다. 베블런 시대의 지위는 제품 자체로 좌우됐지만, 21세기의 지위는 제품이 어떻게 만들어지는지, 원산지는 어디인지에 달려 있다. 과시적 소비와 달리, 오늘날 많은 재화는 과시적 생산을 통해 그 지위를 획득한다.

이 특별한 이야기는 카페 인텔리젠시아Intelligentsia에서 시작된다. 1990년대 말 시카고에서 탄생한 인텔리젠시아는 스타벅스 이후 첫 번째 성공 스토리로 손꼽힌다. 스타벅스가 미국 각지에 1만 3000개의 매장을 보유한 것과 달리, 인텔리젠시아는 시카고에 몇 개, 샌프란시스코에 1개, 로스앤젤레스에 2개, 그리고 맨해튼 첼시의 하이라인 근처에 새로 문을 연 지점 1개까지 9개가 전부다. 인텔리젠시아에서 일하는 사람과 이야기할 때 염두에 두어야 하는 중요한 점은 소비자가 커피 한 잔에 5달러를 쓰게 만들었다는 사실을 제외하면 스타벅스와 이곳은 공통점이 전혀 없다는 것이다. 스타벅스가 캐러멜 시럽 한 펌프와 한두 컵의 우유를 추가하는 식으로 돈값을 한다고 느끼게 하면서 사실상 액상 디저트를 판매했다면, 인텔리젠시아는 유제품이나 시럽이 추가되지 않은 평범한 커피 한 잔에 같은 돈을 쓰게 만드는 데 성공했다. 실제로 실버레이크 지점이 있는 블록에 줄을 선 사람들은 주로 세계 각지에서 온 원두로 천천히 내리는 오묘한 맛의 커피를 마시기 위해 그렇게 한다. 이들은 카푸치노나 한 잔에 510킬로칼로리나 되는 퇴폐적인 펌킨 스파이스 라떼를 마시려는 게 아니다. 선셋 대로에 자리한 인텔리젠시아에서 이런 음료를 주문한다면 당장에 비웃음을 살 것이다. 스타벅스가 대중에게 사치품을 선사하는 것으로 성공했다면, 인텔리젠시아는 희소성을 내세우는 것으로 (상대적으로 작은) 성공을 이뤘다.

인텔리젠시아는 '스페셜티 커피'에 주력하는 일군의 새로운 기업들 가운데 하나다. 대다수 사람은 이런 소비재의 대표적인 사례로 스타벅스를 떠올릴 것이다. 스타벅스는 맥스웰하우스와 네스카페보다는 한 단계 위일지 몰라도 커피가 반드시 핵심은 아니며 커피와 비슷한 음료 또한 생산한다. 시야를 넓혀보자면 스타벅스는 미국에서 유제품을 가장 많이 구입하는 기업 중 하나로 손꼽힌다. 이에 비하면 스페셜티 커피 회사들은 전혀 다른 종류다. 인텔리젠시아가 명성을 떨치는 이유는 원두에 초점을 맞추면서 어떤 식으로 로스팅하는지, 커피를 어떻게 추출하는지, 그리고 아마도 가장 중요하게 애당초 커피의 원산지가 어디인지에 집중하기 때문이다.

어느 수요일 아침, 인텔리젠시아의 글라셀파크 로스팅 작업실을 방문했을 때 실버레이크 지점의 매니저인 마크 잠비토

야망계급론

가 나를 맞이했다. 마크와 나는 그로부터 몇 주 전에 소비재로서의 인텔리젠시아에 관한 이야기를 나누었는데, '장인 정신', '선별 수확', '녹색 소비자', 특정 원두를 어떻게 내리는지를 바리스타에게 (거의 매일) 훈련하는 사내 '교육자' 등에 대해 이야기를 듣다보니 무언가 다른 일이 진행되고 있다는 걸 깨달았다. 우리 대다수가 10대 시절부터 마셔왔을 정도로 커피를 익숙하게 느끼지만, 스페셜티 커피는 홍차나 코카콜라보다는 와인에 가깝다. 나는 원두를 구해서 로스팅하는 과정(실제로 커피 한 잔을 추출하는 일은 말할 것도 없이)에 깜짝 놀랄 정도의 시간과 자원이 들어간다는 걸 알게 되고 인텔리젠시아 커피 한 잔이 더 비싸지 않다는 사실에 놀랄 정도였다.

잠비토는 실버레이크나 윌리엄스버그[원래 뉴욕 브루클린의 공장 지대였던 곳으로, 1990년대 이후 젠트리피케이션을 겪으며 현대미술과 힙스터 문화를 대표하는 핫플레이스로 변신했다.—옮긴이] 등 힙스터 지역의 화신이다. 마르고 작은 체구에 넥타이를 매고 조끼를 걸친 그의 목소리는 부드럽지만, 이야기를 나눠보면 놀라울 정도로 커피에 관한 모든 걸 알고 있으며 열정적인 사람임을 느낄 수 있다. 그는 인텔리젠시아의 커피 맛이 얼마나 좋은지 장황하게 이야기하지 않는다. 그보다는 회사가 원두를 어떻게 구하는지부터 시작해서 좋은 커피를 만드는 과정에 초점을 맞춘다. 그의 설명에 따르면, 커피 열매(나무에서 따서 껍질을 벗기고 건조한 뒤 로스팅한 원두 이전의 상태)는 같은 송이에서도 균등하게 익지 않는다. 따라서 잘 익은 열매를 얻으려면 하나하나 손으로 따서

물에 담근 뒤 물에 뜨는 열매만을 골라내야 한다. 이러한 열매들만이 생산에 들어간다는 것이다. 매장이 1만 3000개인 스타벅스는 손으로 열매를 따는 인건비만 해도 엄청날 테지만, 인텔리젠시아는 그 비용을 감당할 수 있다.

물론 미국의 몇몇 대도시 지역에 공급할 만큼 대량의 잘 익은 열매를 확보하기 위해서는 거대한 사업 구조하에서도 커피 농민들과 신뢰를 바탕으로 하는 좋은 관계를 유지해야 한다. 이 농민들은 대부분 동아프리카와 중앙아메리카에 살며 커피를 재배하는 사람들이다. 인텔리젠시아는 농민들에게 더 많은 임금을 지불함으로써 잘 익은 열매를 꼼꼼하게 골라 따게 한다. '공정무역'(잘못된 명명이라는 비판이 있다)으로 유명한 스타벅스라 할지라도 중개인 없이 농민들과 직접 협력하는 인텔리젠시아의 '직접무역'에는 비할 바가 못 된다.* 내가 인터뷰한 인텔리젠시아 관

---

* 공정무역Fair Trade은 생활임금 보장과 지속 가능한 생산을 목표로 다양한 행위자들(농민, 수입업자, 수출업자, 로스팅업자)이 관여하는 거대한 네트워크다. 농민들은 공정무역이 제시하는 최저 기준을 충족함으로써 자신들의 상품을 판매할 수 있는 더 넓은 시장에 대한 접근성을 확보하고 사업을 발전시킬 수 있는 자금을 지원받는다. 이런 노력은 가상하지만 중대한 결함이 있다. 첫째, 소비자에게 커피를 훨씬 비싼 값에 팔면서도 그 이윤을 농민들과 나누지 않는다. 둘째, 질보다 양이 우선한다(원두의 품질 향상에 대해서는 보상하지 않는다). 셋째, 현지의 유통 센터(농민들과 직접적으로 관계를 맺고 자금을 제공하는 주체)가 허술하게 운영될 수 있다. 직접무역Direct Trade은 이에 대한 대안으로 등장했으며, 여기에는 여러 긍정적인 면이 있다. 중개인이 없고(농민과 로스팅업체가 직접 관계를 맺는다), 소규모 영농 덕분에 원두의 다양성이 확보되며, 농민과 로스팅업체가 가격을 놓고 협의하고(농민은 원두의 품질을 기준으로 적절한 값을 받는다), 양보다 질이 중요하게 여겨진다. Keller 2015 참고.

계자들에 따르면, 이런 거래 방식 덕분에 농민들은 공정무역 대비 25퍼센트 더 많은 돈을 받고, 인텔리젠시아는 수확을 감독할 수 있을 뿐만 아니라 공정한 노동환경과 환경적 지속가능성을 도모할 수 있다. 이 두 가지는 회사의 핵심 기조이기도 하다. 인텔리젠시아는 지구 구석구석까지 직원을 보내 농민들과 관계를 구축하고 신뢰를 쌓은 뒤 농장과 수확과정을 감독한다. 이 분야는 커피 로스팅, 추출, 판매 사업과는 완전히 분리되어 있다.

이 사업 영역의 총괄 책임자는 제프 와츠로, 그는 인텔리젠시아의 소유주 중 한 사람이자 생두 매입 담당자다. 그는 로스팅하기 전의 덜 익은 녹색 생두를 확보하는 일을, 특히 전체 과정의 초기 단계를 책임지고 있다. 와츠는 잠비토와 정반대의 인물이다. 그가 채용하는 이들이나 인텔리젠시아의 단골인 실버레이크 사람들과도 닮은 구석이 전혀 없다. 나와 만난 날 그는 아이러니라곤 전혀 찾아볼 수 없는 플란넬 체크 셔츠 차림이었다. 풍성한 머리카락을 멋지게 휘날리는 그는 로스앤젤레스 도심보다는 험볼트 카운티를 더 편안하게 느낄 법한 외모였다. 와츠의 사업 감각과 명쾌한 말투가 워낙 인상적이어서 어디서 MBA를 취득했는지 물었더니 학부는 철학과를 졸업했고 주로 현장에서 업무 지식을 쌓았다는 대답이 돌아왔다. 와츠는 원래 커피 구매의 전 과정을 감독했지만, 인텔리젠시아가 성장함에 따라 매입 담당자가 더 많이 필요해져 지금은 20퍼센트만 관리한다. 하지만 그 20퍼센트의 업무에도 꼼꼼함과 광범위한 조사가 필요하다고 그는 말했다. "우리는 커피 농민들을 파트너로 여기며 함께

팀을 이루려고 합니다. 로스팅 담당자와 바리스타에게도 투자하지만, 커피 맛의 60~80퍼센트를 차지하는 건 결국 커피 재배에 달려 있기 때문에 농민들이 일을 잘해야 해요. 그쪽(중앙아메리카)에 가서 그들이 얼마나 가난한지를 직접 봤습니다. 농민들이 나쁜 커피를 공급하는 건 더 좋은 커피를 재배할 수 없어서가 아니라 그럴 자원이 없어서예요."

와츠는 손짓으로 논점을 강조하며 계속 설명했다. "제대로 된 커피를 심고, 선별해서 수확해야 합니다. 잘 익은 열매만 따서 변질되지 않도록 봉투에 밀봉하기 위해 따로 돈을 지불하지요. 농민들이 이렇게만 해준다면 정말 높은 값을 치릅니다. 우리는 또한 (다른 커피 매입자들처럼) 선물거래가 아니라 실제 생산비를 기준으로 값을 치릅니다. 우리는 농민들이 자금과 자원, 지식을 가질 수 있도록 많은 투자를 해요. 농민들을 매장에 초대하고, 다른 농민들과 만날 수 있도록 자리를 마련하고, 커피 품질 연구의 최전선에서 일하는 과학자들을 초청합니다. 농민들이 서로에게서 배우고 익힐 수 있도록 말이죠. 케냐 농민이 엘살바도르 농민에게 기술을 전수할 수 있고, 그 반대도 마찬가지예요."

로스앤젤레스와 시카고에 로스팅 작업실을 갖춘 인텔리젠시아는 모든 생두를 직접 로스팅한다. 일차적으로 자체 매장에서 판매하지만 최근에는 다른 소규모 스페셜티 카페나 홀푸드를 비롯한 고급 마트에도 납품한다. 이는 이 회사가 운영하는 생산과정의 또 다른 흥미로운 측면이다. 인텔리젠시아는 몇 대 남지 않은 고도 아이디얼Gothot Ideal 고속 로스팅 기계 몇 대를 확보했다. 1940년대와 1950년대 로스터들에게 인기가 있었던 이 기계는 생산이 중단된 지 오래다. 전국에 8개 지점이 있는 스텀프타운Stumptown 스페셜티 커피 또한 1950년대산 프로밧Probat(고도를 인수한 회사) 로스터기를 사용하는데, 이 역시 회사가 내세우는 홍보 포인트다. 생두가 천천히 섞이면서 체계적으로 볶아지는 동안 기계 옆에 서서 왜 이 기계들이 기술적으로 발전한 현대식 로스터기보다 더 좋은지 담당자에게 물었다. 담당자는 커피를 볶는 불길이 로스팅 틴roasting tin의 밑바닥이 아니라 위쪽에 있기 때문에 더 섬세하고 정밀하게 로스팅할 수 있다고 설명했다. 나는 여전히 왜 프로밧이 이 기계를 추가로 생산하지 않는지 이해할 수 없지만, (커피 원두의 독특한 맛과 더불어) 희소성과 복고가 매력의 한 부분임은 의심할 여지가 없어 보였다. 생산과정의 모든 부분은 투명하게 공개된다. 인텔리젠시아에서 1파운드[약 450그램.-옮긴이]짜리 원두를 사면 농장과 원산지, 로스팅 정보 등 모든 것이 포장지에 적혀 있다.

이 모든 과정을 살펴보고 나면 인텔리젠시아가 5달러짜리 커피로 사람들을 벗겨 먹는다고 말하기는 어려울 것이다. 회사는 제대로 된 커피를 만들기 위해 정말 꼼꼼하게 챙기고 엄청난 시간을 들이고 있었다. 커피나무에서 처음 열리는 초록색 열매에서부터 시작해 옛 신학대학 건물을 개조한 첼시 하이라인 호텔에서 커피 한 잔을 내놓는 데 이르기까지의 과정에서 그들이 들이는 노력은 어마어마하다. 인텔리젠시아에서 일하는 노동자들은 바리스타든 회사 창립자든 간에 생산과정의 모든 측면에 정통하고 세부적으로 일일이 관여하며, 이 과정은 회사의 정체성 및 독특한 홍보 포인트 그리고 실제 제품과 밀접하게 연결되어 있다. 이 모든 게 물리적으로나 형이상학적으로나 커피 맛을 좋게 만든다. 인텔리젠시아는 와츠와 잠비토 같은 직원들을 끌어들일 수는 있었을 테지만, 정확히 똑같은 문제에 관심을 기울이는 소비자들이 없었더라면 로스앤젤레스와 맨해튼 한복판에서 가게 앞에 줄을 세울 정도로 성공적으로 사업을 유지하기는 어려웠을 것이다. 이처럼 허세와는 조금 동떨어진 소비에 대한 사람들의 욕구는 과시적 생산이 성공하는 데 결정적 역할을 한다.

나는 이 사실을 어느 날 아침 스페셜티 커피 브루어, 바이어, 바리스타가 '커핑cupping'을 하는 시간에 맞춰 인텔리젠시아 로스팅 작업실을 찾아갔다가 깨달았다. 커핑이란 특정하게 볶은 원두의 맛을 보면서 물과 분쇄한 원두의 정확한 비율, 추출 방법, 최고의 향을 끌어내기 위한 추출 시간 등을 정하는 과정이다. 맛 테스트는 분쇄한 원두를 15분 동안 추출한 뒤 시작된다─분쇄한 원두에 뜨거운 물을 붓고 커피 가루가 떠오르기까지 기다린다. 15분이 지난 뒤, 시음자는 '거품을 흐트러뜨리면서' 위에 뜬 가루를 떠낸다. 그리고 45분에 걸쳐 각 커피를 두 잔씩 맛보면서(품질관리를 위해서다) 총 세 번의 '통과'를 거친다. 종교의례와도 비슷한 커핑은 후루룩 소리와 뱉어내는 소리를 제외하면 거의 고요에 가까운 생산과정이다. 각 시음자는 테이블을 오가면서 다양한 온도의 물로 추출한 커피의 맛을 평가한다.

커피를 통과할 때마다 메모를 하면서 산미, 단맛, 그리고 또 다른 향미 ─ 초콜릿, 토피, 베리류 등 ─ 를 표시하며 100점 만점으로 점수를 매긴다. 첫 번째 통과에서는 단맛과 산미에 초점을 맞추고, 두 번째에는 풍미와 뒷맛, 세 번째에는 앞서의 평가를 미세하게 조정한다. 와츠의 설명에 따르면 이런 식이다. "예를 들어, 블랙베리 맛이 난다고 생각했는데 다시 맛을 보면 라즈베리일 수 있는 거죠." 각 커피에 대해 시음자마다 점수를 매기고 코멘트와 점수를 논의한 뒤에야 농장과 원두, 원산지, 로스팅 정보가 공개된다.

이날 커핑에서는 시음자 4명이 열세 가지 커피를 시음했다. 언뜻 주관적 평가처럼 보이지만(한 시음자는 "캐러멜 애플 맛이 나네요"라고 말했다. 한 젊은 여성은 "좀 뜨거울 때는 블랙베리 향이 났"다며 "다크 초콜릿인가 싶었는데 흙 맛이 나더라고요"라고 말했다) 대체로 같은 결론에 다다랐다. 포틀랜드에서 로스팅한 케냐 원두가 그날 커핑에서 가장 높은 점수(100점 만점에 90점)를 받았다.

스페셜티 커피를 평가하는 과정은 올해의 보르도 와인을 시음하는 과정과 다르지 않으며, 커피 시음자는 소믈리에만큼 숙련되지 않았을지 몰라도 똑같은 맥락 안에서 움직인다. 스페셜티 커피를 평가하는 데는 각기 다른 단계와 상이한 온도에서 맛을 보고 언뜻 주관적이며 취향에 따라 달라지는 제품을 계량화하는 과정이 포함된다. 또한 와인의 포도와 마찬가지로 커피 열매를 언제 어떻게 수확했는지와 계절 변동에 따라 최종 점수가 결정된다. 바로 여기에 인텔리젠시아와 스타벅스의 핵심적인 차이가 있으며, 이는 맛을 넘어선 차원이다. 인텔리젠시아가 스타벅스와 근본적으로 다른 점은 창립자와 생산자, 고객 모두가 재료가 어디에서 오는지를 정말로 중요하게 생각한다는 것이다. 스타벅스가 커피 자루에 '공정무역' 스탬프를 찍을 수 있을지는 몰라도, 인텔리젠시아의 원두 매입자들은 실제로 커피 농부와 친구가 되며 로스앤젤레스로 농민들을 데리고 와서 직원들(그리고 일부 고객들)과 만남을 주선한다.

과시적 생산의 부상

바로 이 점이 인텔리젠시아뿐만 아니라 서구 세계 전반에서 등장한 사회적·경제적 의식과 인식, 그리고 탈희소성 시대[기술 발전을 통해 노동력을 많이 들이지 않고도 재화를 풍부하게 생산할 수 있게 된 시대.—옮긴이]에 문화적 재화가 부상한 원인을 이해하는 결정적인 열쇠다. 스페셜티 커피의 부상은 본질적으로 과시적 생산의 부상이며, 이는 커피뿐만 아니라 세계 곳곳의 마트, 의류 부티크[고급 의류를 소량 선별해서 판매하는 소규모 매장.—옮긴이], 농민 직거래 시장, 레스토랑 등에서도 볼 수 있다. 과시적 생산으로 만들어진 재화는 야망계급 소비의 핵심 영역이다. 야망계급이 볼 때 우리는 우리가 먹고 마시고 소비하는 것 그 자체이며, 이 때문에 일부 재화의 불투명한 생산과정은 매 단계에서 투명성으로 대체되고 있다. 이 투명성은 단지 더 많은 문화적 가치를 더하는 게 아니다—투명성 **자체가** 가치다. 우리는 농민 직거래 시장에서 더 작고 못생긴 사과를 사 먹는다. 직접 농부를 만났고, 그가 과일에 유해한 화학물질을 뿌리지 않았다는 걸 알기 때문이다. 우리는 리넨 셔츠에 3배 많은 값을 치른다. 이 셔츠를 파는 가게 주인이 직접 이탈리아 아말피 해안 어딘가에 있는 작은 가게로 출장을 가서 재단사(그리고 그의 자녀)를 만나고 가져온 것이기 때문이다. 우리는 레틴A 크림 대신 유기농 코코넛 오일을 듬뿍 바르며, 식당 앞 투박한 입간판에 분필로 원산지 목장을 적어놓은 레스토랑에서 20달러나 하는 맥앤치즈를 사 먹는다. 마크 그라이프가 《모든 것에 반대한다》에서 말한 것처럼, "맛대가리 없는 슈퍼마켓 토마토를 먹는 건 정말 '멋대가리 없는' 짓이다. 그러나 똑같이 맛없고 물만 많은 토마토라도 그게 토종 토마토라면 '진짜' 맛이 된다".[1] 새롭게 구성되는 경제 **및** 문화 시스템에서 과시적 지위 표지의 핵심은 소비가 아닌 생산에 있다. 이것이 바로 할리우드의 성공한 시나리오작가와 실업자 힙스터를 같은 카페에서 보게 되는 이유다. 수백 년간 정반대에서 대립한 끝에 마침내 야망계급으로 한데 뭉친 이 두 집단은 똑같은 물건을 원하고 높이 평가한다.* 21세기에 과시적 생산이 등장한 데

---

*　혹시라도 브룩스가 말하는 '보보스'와 혼동할 우려가 있으니 분명히 짚고 넘어가자. 보보스는 성인이 된 뒤 부자가 되어 과거의 보헤미안적 감성과 부르주아 월급봉투를 화해시키려는 보헤미안이다. 반면, 과시적 생산의 부상은 아직 돈 한 푼 없는 이들(힙스터, 보헤미안)과 가진 게 많은 이들을 하나로 묶는다. 이들은 똑같은 가치를 추구하며 가진 게 그다지 없는 사람이라도 커피, 토마토, 유기농 면 티셔츠 가격은 감당할 수 있다.

는 세 가지 중요한 요인이 있다. 세계화에 대한 반발, 정보의 홍수 속에서 투명한 정보에 대한 선호, 탈희소성 포스트모던 사회와 그것이 추구하는 가치의 결과로서 이런 일들에 관심을 기울일 수 있는 사치가 그것이다. 우리는 우리가 식료품을 사는 곳과 자주 가는 레스토랑, 입는 옷, 심지어 치약에서도 이런 변화를 목격할 수 있다. 역사적으로 자본가와 프롤레타리아를 갈라놓았던 자본주의는 이제 물구나무를 서고 있다.

루콜라 그 이상: 과시적 생산으로서의 식품

우리는 공정무역 케냐 커피 한 잔을 5달러에 팔겠다는 발상을 실현한 스타벅스에 감사해야 할지도 모르겠지만, 사실 홀푸드야말로 과시적 생산 운동의 중심이자 주류에 선 기업이다. 1980년 설립된 홀푸드는 트레이더조Trader Joe's와 자연주의적인 버클리볼Berkeley Bowl의 보헤미안 전통에서 등장해 언젠가부터 루콜라와 근대를 개당 5달러에 팔기 시작했다. 지난 수십 년간 홀푸드 창립자 존 매키John Mackey는 오스틴에 있는 아파트에서 시작한 자연식품 상점을 300여 개 지점을 거느리며 90억 달러가 넘는 매출을 올리는 대기업으로 변모시켰다.

홀푸드에서 쇼핑하는 사람들은 이 기업이 안고 있는 자본주의의 모순을 잊지 않는다. 홀페이체크Whole Paycheck[홀푸드에서 파는 식료품들의 가격이 워낙 비싸서 월급을 전부 털린다는 뜻.—옮긴이]라는 별칭으로도 불리는 이 식료품 매장은 순수와 선의, 자연으로의 회귀를 전파한다—하지만 모든 상품에 사회의 대다수 구성원은 감당할 수 없는 충격적인 가격표가 붙어 있다. 홀푸드 고객들은 트레이더조나 지역 마트에 가면 유기농 토마토를 반값에 살 수 있다는 걸 알면서도 돈값을 하는 쇼핑 경험 때문에 이곳을 찾는다. 값비싼 식료품을 감당할 만한 소득이 없는 사람들(5달러짜리 커피를 마시는 바로 그 실업 상태의 시나리오작가와 화가들)도 홀푸드의 델리 매장에서 파운드당 11.99달러를 주고 단맛 나는 여름 케일을 사 먹는다. 홀푸드 지점들은 운영에 상당한 자율성을 가지고 있어 나름의 특색을 자랑한다. 뉴욕시 콜럼버스서클 지점에서는 부드러운 재즈 선율이 울려퍼지고, 플로리다주 올랜도 지점에서는 안마의자를 이용할 수 있다. 캘리포니아 지점은 마사지를 제공하지는 않지만 인디음악이 흐르며 입구에 착즙주스와 커피를 판매하는 코너가 있다. 홀푸드에서 장을 보면 트레이더조(비슷한 종류의 식료품을 판매한다)나 앨버트슨Albertson's 또는 자이언트Giant(더 일반적인 브랜드들의 식료품이 있다)에서 장을 보는 것보다 훨씬 더 많은 돈을 써야 함에도 많은 이가 여전히 매주 홀푸드를 찾는다. 이들은 홀푸드가 다른 마트, 좀 더 편리한 마트에 비해 더 좋은 식품을 판매한다고 속으로 되뇐다.

하지만 소비자들이 되뇌는 말은 자기가 믿고 싶은 말일 뿐인지 모른다. 나는 미식가가 아니기 때문에 맛의 차이를 섬세하게 느끼지 못하지만, 그래도 결국 여기서 쇼핑을 한다. 솔직히 말해 나는 여기서 먹거리를 사는 다른 많은 사람들을 좋아하며,

주로 홀푸드에서만 가능한 경험 때문에 그곳으로 간다. 매장은 대개 상대적으로 크고 붐비지 않으며(맨해튼 중심가에 자리한 매장에서도 오래 기다리지 않고 계산이 가능하다), 꽤 좋은 음악과 커피, 주스 코너, 그리고 쇼핑하는 동안 이용할 수 있는 다양한 편의시설이 마련되어 있다. 그리고 인도적으로 키운 닭고기, 살충제를 쓰지 않은 딸기, 카트에 쌓인 초코바나 커피케이크[커피를 마시면서 곁들여 먹는 스위트롤빵. ─옮긴이]와 균형을 맞추며 우쭐함을 느낄 법한 온갖 기묘한 색깔의 채소 등이 있다. 이 모든 품목에는 그것이 자라고 길러진 장소와 기르고 키운 사람들의 이야기가 담겨 있다. 로스앤젤레스의 작은 동네에서 만든 '젠 머핀', 소들이 자유롭고 행복하게 어슬렁거리는 농장의 그림이 작게 붙어 있는 우유, 캘리포니아 샌와킨밸리에서 방목해 키운 메리의 헤리티지 농장 칠면조, 그리고 물론 인텔리젠시아 커피도. 이런 스토리텔링은 워낙 효과적이어서, 초콜릿과 커피케이크마저도 다른 마트에서 파는 비슷한 제품에 비해 덜 나쁘거나 심지어 몸에 좋아 보일 지경이다─물론 그렇지 않겠지만.

홀푸드에서 쇼핑을 하면 당신은 더 나은 글로벌 시민이자 건강한 사람이라고 느끼게 된다. 칼로리나 영양소, 가격표 등이 계량적으로 일관되게 그렇지 않다고 말해주더라도 말이다. 평범한 과일, 채소와 유기농 식품을 비교해 연구한 스탠퍼드대학교의 광범위한 프로젝트가 밝혀낸 것처럼, 유기농 식품이 우리에게 더 좋을 것이란 믿음은 유의미하지 않다. 더 쉽게 말해볼까. 내 아들의 담당 소아과 의사를 만나 플럼Plum에서 출시한 유기농 복숭아 유아용 퓌레 이야기를 꺼냈을 때 그는 피곤한 듯 이렇게 말했다. "어머니는 자라면서 유기농 드셨어요? 저는 안 먹었거든요. 우리 건강하지 않아요?"

하지만 홀푸드의 성공은 유기농도 맛 좋은 식품 때문도 아니다. 홀푸드의 성공 비결은 사람들이 동의하고 싶어 하는 정체성과 스토리를 얼마나 효과적으로 창조했는지에 있다. 홀푸드 및 과시적 생산 운동 전반을 이해하는 열쇠는 상품 자체가 아니라 과정과 거기에 내포된 의미의 중요성이다. 홀푸드에서 식료품을 산다는 것은 소비자 의식, 동물권 의식, 환경 의식, 그리고 좀 더 광범위하면서도 가장 중요한 것으로, 식견 있고 양심적인 사회 구성원이이라는 인식을 함의한다. 훨씬 소규모이긴 하지만 인텔리젠시아가 암시하는 내용과 똑같다. 세이프웨이Safeway나 자이언트 매장에서는 결코 얻을 수 없는 속성인데, 말하자면 이곳들은 대다수 사람들에게 중립적인 쇼핑 경험을 제공한다. 홀푸드의 강력한 소비자 정체성을 이해하려면 홀푸드가 그런 정체성을 제공하는 유일한 슈퍼마켓 체인이라는 사실을 생각해 보면 된다.

홀푸드가 지점 위치를 어떻게 선정하는지 묻자 매키는 이렇게 설명했다. "음, 점포를 어디에 열 것인가 하는 문제보다 더 중요한 건 없지요. 매장 규모에 따라 다르지만, 신규 점포에 보통 800만 달러에서 2000만 달러 이상의 자본을 투자하고 대개 20년이나 그 이상 임대계약을 체결해요. 장기적인 관점에서 많은 자본을 투입합니다." 매키의 말을 계속 들어보자.

따라서 우리는 많은 시간과 에너지를 들여서 조사합니다. 입지 분석을 하는 거죠. 어떤 지역의 경쟁력을 분석해요. 거기에 누가 사는지 인구구성도 살피고요. 교육수준, 소득도 살펴보죠. 온갖 변수가 있지만, 가장 중요한 건 차로 16분 거리 안에 거주하는 대졸자 숫자라고 봅니다. …… 우리 고객의 80퍼센트 정도가 대졸자거든요. 우리 고객은 평균적으로 교육과 교양수준이 높습니다. 대학 졸업장은 완벽한 지표는 아니더라도 우리가 얻을 수 있는 인구 데이터 중에선 최선의 자료죠. 사람들이 식단을 바꾸고 건강을 더 의식하게 되려면, 대체로 교양수준이 높아야 하거든요.[2]

매키의 말은 사실이다. 교육수준은 더 높은 지식수준이나 소득수준과 상관관계가 있으며, 대개 동물복지, 공정무역, 환경보호론에 대한 더 많은 관심과도 관련이 있다. 총을 소지하고 다니는 전미총기협회 지지자들이 많은 펜실베이니아 농촌지역보다는 엘리트들이 많은 대도시에서 동물권 활동가를 발견할 가능성이 더 높을 것이다. 이 때문에 홀푸드 매장은 주로 도시지역과 도시에서 가까운 배후지에 있다. 하지만 더욱 중요한 점은, 홀푸드가 야망계급이 신봉하고 열망하는 집단 정체성의 특성들을 퍼뜨린다는 것이다. 매장에 가는 것만으로도 자신이 추구하는 가치가 올바르다거나 쇼핑을 하는 동안 올바른 방향으로 인도될 것임이 암시된다. 우리는 매주 마트에서 장을 보지만 언제나 손 닿지 않는 곳에 사회적, 정치적, 정신적 장소가 존재하는 데, 홀푸드의 착즙 주스라면 당신을 거기로 데려다줄지도 모른다. 재사용 장바구니 없이 계산대 앞에 서면 나만 얼간이가 된 듯한 기분이 들겠지만, 파운드당 15.99달러의 인도적으로 기른 4등급[동물복지 비영리 기구 글로벌애니멀파트너십에서 정한 동물복지 5등급 프로그램의 한 등급. 4등급은 날씨가 좋지 않을 때를 제외하고 항상 초지에 방목해서 기른 소에게 매겨진다. ─옮긴이] 쇠고기를 사면 좋은 사람으로 지위가 급상승한다. 홀푸드는 우리가 특정한 페르소나로 소비할 수 있게 하며, 홀푸드의 재사용 가방과 [홀푸드에서만 살 수 있는] 365 제품라인, 유기농 로컬 적근대 등은 이런 정체성을 떠받치는 과시적 재화다. 바로 이것이 어스바운드팜의 베이비 루콜라가 그냥 채소가 아닌 이유다.[3]

홀푸드는 고도로 상품화된 패키지를 통해 수백만 명에게 과시적 생산 스토리를 제공한다. 하지만 서구 세계 곳곳의 부유한 소도시와 대도시에서 속속 생겨나는 농민 직거래 시장이나 엄선한 옷만 판매하는 부티크, 팜투테이블farm-to-table[지역 농장에서 제철 식재료를 직접 공급받는 방식. ─옮긴이] 레스토랑에서도 덜 공식적일 뿐 똑같은 개념이 나타난다. 움브리아산 치즈에 관한 특집 기사나 신문 여행면에서 나온 신조어 '로컬주의'를 표방하는 이 벤처사업들은 소비자들의 구매가 소도시 자영업자를 위한 공익의 실천이라고 설득한다. 일반적으로 로컬주의는 특히 미술과 공예, 음식에서 한 지역의 자원과 기술을 바탕으로 발전해 그 시장 안에서 판매되는 상품의 생산을 의미한다. 이 개념은 소비자들에게 마치 산업화 이전 시대의 교역과 농경사회로 돌아간 듯한 느낌을 불러일으킨다. 한때는 이탈리아에서 신발을 사거나 프랑스에서 향수를 사는 것만으로도 진정성이 충족될 수 있었다.[4] 오늘날 소비자들은 더 많은 것을 요구한다. 제품이 어디서 어떻게 만들어지는지, 생산과정은 착취 없이 공정한지, 환경을 고려하는지 등이 모두 중요한 요소다. 이런 정보는 제품은 물론이고 소비자로서 해당 제품을 구매하는 우리의 선택을 정당화해준다.

농민 직거래 시장은 로컬주의와 과시적 생산의 통합을 가장 철저하게 구현하는 것으로, 미국 전역의 뚜렷한 비농업 도시들의 심장부에 성공적으로 자리를 잡았다. 주말 오후면 로스앤젤레스나 뉴욕시, 샌프란시스코, 노팅힐 어디든 대여섯 곳에서 농민 직거래 시장이 열린다. 도시 배후지에 자리한 목장과 밭의 존재를 알리는 장소다. 농민 직거래 시장은 농민들이 소비자에게 직접 농산물을 판매할 수 있도록 함으로써 카를 마르크스가 말한 소외된 노동을 근본적으로 뒤집어놓는다. 로스앤젤레스 외곽에서 앨터디너 농민 직거래 시장을 운영하는 엘리자베스 보먼은 이렇게 설명했다. "농민 직거래 시장은 생산자와 소비자의 신뢰를 회복하고 얼굴을 보며 관계를 맺는 장입니다. …… (하지만) 들이는 시간 대비 적은 이익, 천막과 보험, 주행거리를 고려하면 굳이 수고를 감수하면서까지 시장에 열심히 참여하려는 농민은 많지 않아요. (앞에서 말한 조건들을 고려하면) 식량 정의food justice를 위해 시장가치보다 싼값을 매기는 셈이거든요." 실제로 규모의 경제나 범위의 경제라는 관점에서 보면, 농민 직거래 시장은 타당성이 없다 ─ 농민이나 소비자(긴 줄과 주차장을 피해 홀푸드 고객이 될 수 있는)나 유의미한 이점이 없다. 사람들이 농민 직거래 시장에 가는 건 좋은 물건을 싸게 사기 위해서가 아니며 ─ 대부분의 과일과 채소는 고급 마트에서 같은 값에 판다 ─ 다양한 농산물을 사기 위해서도 아니다. 일반 대형마트에서는 한겨울에도 계절과 무관하게 온갖 과일과 채소를 살 수 있지만 농민들이 판매하는 건 제철 농산물뿐이다.

하지만 수익성이 떨어지고 갖가지 제약 요소들이 있음에도 농민 직거래 시장은 성큼성큼 성장하는 중이다. 농무부에 따르면, 지난 5년간 전국에서 열리는 농민 직거래 시장은 4685개에서 8000개 이상으로 2배 가까이 늘어났다. 1994년(농민 직거래 시장의 숫자가 처음 집계된 해)과 비교하면 500퍼센트 가까이 증가한 수치다.[5] 그와 동시에, 홀푸드(같은 가치를 추구하며 확실히 가장 수익성이 높다)는 지난 15년간 350퍼센트 성장했고 미국 전역에서 365개 매장을 운영한다. 이 모든 토종 토마토와 무농약 블랙베리는 제2차 세계대전 이래 처음으로 미국에서 농장 숫자가 늘어나고 있다는 또 다른 놀라운 추세를 떠받친다.[6] 영국에서는 2002년부터 2011년까지 농민 직거래 시장의 매출이 32퍼센트 증가했다.[7]

이러한 통계는 식품 생산에서 벌어지는 예상치 못한 추세의 일부분이다. 농민 잡지들의 구독자가 늘어나고(심지어 새로운 잡지들이 창간한다), 팜투테이블 레스토랑이 흔해졌으며, 브루클린부터 샌타모니카 선교회에 이르기까지 공동체 도시 농장이 널리 퍼졌다. 이런 변화를 뒷받침하는 정신을 주창한 가장 유명한 인물은 아마 앨리스 워터스Alice Waters일 것이다. 슬로푸드 운동의 대모인 워터스는 세계에서 가장 예약하기 어려운 식당으로 손꼽히는 셰파니스Chez Panisse의 창업자이기도 하다. 1971년에 문을 연 셰파니스는 유기농, 로컬 식재료, 생물 다양성을 고려한 음식을 내놓으며 여전히 비싸고 배타적이다(워터스가 그렇게 고안했기 때문이 아니라 레스토랑이 자리한 캘리포니아주 버클리에서 슬로푸드를 찾는 수요가 꾸준하기 때문이다). 슬로푸드는 지역 생태계를 지탱하는 데 초점을 맞추는 운동으로, 셰파니스의 음식은 지역색이 강하고 현지의 생산과 소비에 맞는 제철 재료들로 만들어진다. 워터스의 영향으로 최근 몇 년간 다른 레스토랑과 지역 식당들도 농민 직거래 시장의 농산물을 활용하고 있다. 로스앤젤레스의 팜투테이블 레스토랑인 포리지Forage는 도시의 마당 텃밭 농부들(대규모 농사가 아닌 자기 집 뒷마당에서 채소와 과일을 키우며 소규모로 수확하는 이들)과 손을 잡았다. 포리지의 홈페이지에는 이 농부들과 그들이 식당에 공급하는 농산물 — 패서디나의 말리카가 기른 무화과, 루이스네 뒷마당에서 자란 샌타모니카 살구 등등 — 의 사진이 크게 실려 있다. 포리지는 또한 마당 텃밭 농부들의 블로그도 내세우는데, 농부들은 농산물 재배와 전반적인 생활 방식을 설명한다. (포리지의 셰프인 제이슨 킴은 수상 경력이 있는 뤼크Lucques의 수셰프 출신으로, 워터스의 제자이기도 하다.) 포리지의 홍보 책임자 유진 안은 이렇게 설명한다. "제이슨은 (워터스가 내세우는) 가치에 푹 빠졌어요. …… 수많은 레스토랑이 경쟁하는 이 세계에서 진짜가 되려면 그 가치를 다른 사람들과 공유할 수 있고, 당신이 거친 과정을 남들에게도 공유하는 게 중요합니다." 하지만 킴은 워터스가 하지 못한 일을 하고 싶었다. 포리지는 대체로 셰파니스와 똑같은 원칙에 따라 운영되지만, 훨씬 더 평등주의적이다. "제이슨은 희소하지만 누구나 접근할 수 있는 요리를 추구합니다. 그는 50달러짜리 식사 경험을 15달러에 하게 해주죠. 언제든 접할 수 있도록요."

실제로 바로 그것이 분주하고 항상 자동차로 붐비는 선셋 대로에서 거의 눈에 띄지 않는 작은 레스토랑인 포리지가 제시하는 경험이다. 하지만 식당 안에 들어서면 보헤미안 현지 주민, 아이러니한 힙스터, 시나리오작가, 아이들과 함께 점심을 먹는 부유하고 교육수준이 높은 전업주부 등이 가득하다. 홍콩에서 런던에 이르기까지 세계 각지의 신문들은 포리지의 독특한 실천과 이곳의 요리를 꼼꼼하게 소개했다. 음식은 정말 맛이 좋다. 인텔리젠시아가 그런 것처럼, 나는 이 식당이 어떻게 이 어려운 일을 해내는지, 온갖 노력을 기울이면서도 어떻게 저렴한 값을 매기는지 당혹스러웠다. 로스앤젤레스와 뉴욕에 매장을 둔 체인으로 유기농 목초지에서 기른 쇠고기만 쓰는 베어버거Bare Burger나, 무호르몬, 무항생제 핫도그와 버거, 방목 닭고기로 만든 치킨을 판매하는 전국적인 패스트푸드 체인 쉐이크쉑의 경우도 마찬가지다. 두 기업 모두 생산과정에서 환경을 고려하면서도 적당한 가격으로 음식을 판매한다. 과시적 생산자들은 이윤보다 가치를 중심으로 움직인다. 이 기업들은 가격을 올리거나 기준을 낮추는 식으로 더 많은 이익을 남길 수 있지만, 이런 행동은 제품을 어떻게 만들어서 팔아야 하는지에 대한 기본적 정신에 위배되는 일일 것이다.

유기농, 농민 직거래, 슬로푸드 운동은 크고 작은 방식으로 21세기 과시적 생산의 본질을 이룬다. 이러한 움직임이 그토록 널리 퍼지고 결실을 맺은 것은 자본주의 스펙트럼의 양극단에 있는 사람들을 한데 끌어모으는 능력 덕분이다. 한 관찰자가 《모던파머Modern Farmer》 잡지에 관해 쓴 표현을 참고하자면, "그것은 이 잡지가 홀푸드에 채소를 공급하는 아미시 농부, 케일과 브로콜리를 수확하는 브루클린의 옥상 농부, 그리고 땅으로 돌아가는 수많은 젊은 농부들을 포함한 독자들을 끌어모았음을 의미한다".[8]

홀푸드와 농민 직거래 시장이 전파하는 환경에 대한 인식과 사회적 의식은 많은 충성 고객들을 고무한다. 사회학자 조제 존스턴이 말한 윤리적 소비의 '시민-소비자 혼성체citizen-consumer hybrid'는 우리가 소비자로서의 선택을 일종의 사회적 실천으로 활용하는 방식이다. 소비자는 홀푸드에서 '돈으로 투표를 하고', 동물권, 지속 가능한 농업, 공정무역에 대한 신념을 표명하면서 사실상 마트에서의 쇼핑을 정치적 문제로 만든다—왜 어떤 사람들은 다른 곳에서 더 저렴한 값에 살 수 있는 똑같은 빵과 쇠고기, 채소에 그렇게 많은 돈을 쓰는 걸까? 농민 직거래 시장에 관한 앨리슨 알콘Alison Alkon의 연구를 보면, 농민과 소비자 모두 자신이 도덕적으로 건전하고 지속 가능한 식량체계라고 믿는 바를 위해 기꺼이 희생하려고 한다는 사실을 알 수 있다. 소비자들은 농민 직거래 시장에서 웃돈을 지불하고 있음을 인식하면서도 그것을 윤리적이고 지역적인 실천의 '비용'이라고 보는 한편, 농민들은 더 큰 사회적 선‡의 일부가 되기 위해 돈벌이가 더 좋은 다른 기회를 의식적으로 포기한다는 것이다.[9]

하지만 존스턴은 특히 소비자 입장에서의 이런 태도가 순진하고 이기적인 것이라고 지적한다. 그의 지적처럼, 홀푸드 상품들(그리고 농민 직거래 시장)에 웃돈을 지불하는 방식의 환경 의식은 사실 커다란 사회적 문제를 해결하기 위한 집단행동이라기보다는 정체성을 둘러싼 개인의 욕망을 충족시키는 것과 관련이 있다. 존스턴은 재즈음악이 흐르고 카푸치노 향이 풍기는 편안한 분위기와 폭넓은 소비자 선택을 제공하는 홀푸드에서 윤리적 개인이자 '선량한 시민'이 되기는 쉽다고 말한다(제3세계에 파견되는 평화봉사단 자원활동가와 똑같은 경험이 아니라는 것이다).[10] 존스턴의 관점에서 보면, 홀푸드에서 쇼핑하는 소비자는 스스로는 만족감을 느낄지 몰라도 실제로 세상이 더 나아지는 데 별다른 영향을 미치지 않는다. 또한 농민 직거래 시장과 로컬푸드 운동 전반에 대한 목가적 묘사는 학자들이 말하는 것처럼 이른바 '상상 속 백인 농장'이다. 백인 농부와 시장 노점상을 과대평가하는 이런 묘사는 실제 땀 흘려 일하면서도 과소평가받는 소수민족들의 실상을 감춘다. 농민 직거래 시장 후원자들은 인근의 가족농을 돕는 윤리적 지지자를 자임하지만, 이런 실천 자체가 지위의 표지다. 농민 직거래 시장이 상징하는 '상상의 공동체'(장바구니를 들고 근처 농장에서 나온 노점상을 찾아가는 일)에서 이 고객들은 소수집단이나 빈곤계급과 유의미하게 대면하지 않으면서도 스스로 만족감을 느낀다. 소수집단이나 빈곤계급은 백인 중심의 특권적 경험에서 여전히 배제된다. 비판론자들이 볼 때, 홀푸드와 농민 직거래 시장은 부유한 백인이 문화적 잡식 취향을 통해 권력을 느끼고 실제로는 세상에 기여하지 않으면서도 비슷한 부류와 어울릴 수 있게 해주는 고립 지대 역할을 한다." 《n+1》의 마크 그라이프는 마이클 폴란의 《잡식동물의 딜레마》를 비판하면서 이런 "사치 식품 무역"은 사실상 엘리트들의 욕망을 충족시키는 한편 또한 그런 욕망을 심오한 것으로, 건강과 환경을 위하는 것으로 정당화한다고 말했다. 그라이프는 유기농 식품의 대중적 성공에 대한 폴란의 혐오에 특히 분개한다. 그라이프의 비판에 함축된 바로, 폴란은 이제 대중이 유기농을 이용할 수 있게 되었기 때문에 더 이상 유기농을 지지하지 않으며, 이는 한층 더 엘리트주의적인 식품 실천의 추구다. "폴란이 초지 목장과 소규모 생산자를 지지하는 건 소득분포의 최상층부에 있는 소수 구매자들의 후원에 의지하는 형태의 로컬주의를 더욱 강화하는 방향에서다. 폴란 역시 이 집단에 속하는 듯하다."[12]

과시적 생산에 대한 이러한 비판은 중요하지만, 한편으로는 인도적이고 사회적 의식으로 무장한 식품 실천이 새롭게 강조되는 현상의 장점을 간과하는 측면도 있다. 지속 가능한 가치와 환경 인식을 신봉하는 이 소규모 소비자 집단의 식품 실천과 문화적 참여는 시간이 흐르면서 더 큰 사회규범을 바꿀 수도 있다. 그들이 지지하는 농민들의 농산품 수요가 증가하면 보다 넓은 시장을 위해 저렴한 가격으로 식품을 생산하게 될 수도 있기 때문이다. 폴라 대니얼스Paula Daniels 같은 식품정책 전문가들의 의견에 따르면, 식품을 둘러싸고 변화하는 엘리트의 이데올로기와 소비자 실천이 처음에는 특권적이더라도 시간이 흐르면서 이 산업이 많은 지지를 받는 결과로 이어져 더 많은 사람이 인도적이고 지속 가능한 로컬 농업을 이용하게 되어 그 수혜가 확대될 수도 있다. LA식품정책협의회 창립자이자 좋은식품구매센터Center for Good Food Purchasing 창립 의장인 대니얼스는 처음에는 소수로 출발하더라도 때로는 시장을 통해 사회 변화가 이루어진다고 믿는다. 대니얼스는 이렇게 설명했다. "시장의 힘은 큰 영향을 미치고, 환경과 로컬의 가치가 환경을 의식하는 식품을 중간 규모로 구축합니다. (예컨대) 캘리포니아는 금액과 물량 면에서 농업 경제 규모가 가장 큰 주가 됐습니다. 캘리포니아는 고부가가치의 특수작물을 가장 많이 생산하기 때문이죠. (이 주는 또한) 유기농 생산도 가장 활발해서 미국 전체 유기농 생산량의 22퍼센트를 차지합니다." 대니얼스는 계속해서 이렇게 말했다. "그게 무슨 뜻일까요? 살충제를 뿌리지 않고 호르몬을 사용하지 않으며 환경에 훨씬 더 좋은 농법을 쓰는 농지가 많아진다는 겁니다. 유기농에 대한 시장 수요가 증가함에 따라, 우리는 (지속 가능한 농업의) 잠재력을 키우기 시작하고 있어요."

대니얼스가 볼 때, 이런 접근법은 시장을 키우는 것은 물론이고 농민들의 역량도 증대한다. 대니얼스는 홀푸드의 하와이 지점 사례를 이야기했다. 하와이 토박이인 대니얼스는 그곳에 살 때 기존 마트들이 판매하는 상품과 질이 제한돼 있었다고 기억했다. 그러다 홀푸드가 매장 몇 군데를 열면서 현지 농민들을 직접 지원하기 시작했다. 대니얼스는 이렇게 설명한다. "홀푸드는 현지 식품 생산자들과 협약을 맺고 …… 로컬 식품 생산을 증대했습니다. 내가 직접 목격했어요. 하와이 홀푸드 매장에 있는 지역 농산물 코너는 제가 LA에서 가는 홀푸드 매장들보다 훨씬 좋습니다. 와이마날로 같은 저소득층 동네에 사는 생계형 농민들이 홀푸드에 대한 지속적인 수요의 수혜자가 됐다는 겁니다."

지속 가능한 식품을 고민하는 전문가들의 최종 목표는 친환경적이고 인도적이며 투명한 생산이 식품 생산의 규범으로 자리잡는 것이다. 변호사로 일하는 대니얼스는 다음과 같이 설명한다.

재생종이가 처음 도입될 때가 기억납니다. 값이 비싸고 쉽게 구할 수도 없었죠. 당시 변호사로 일했는데, 지금보다 종이를 훨씬 많이 썼어요. 저는 주 법규를 검토하는 주 변호사위원회의 일원이었는데, 재생종이 사용을 의무화하자는 제안이 나왔습니다. 저는 사람들한테 재생종이 사용을 의무화하면 시장도 따라올 것이라고 설명했어요. 결국 지금 그렇게 됐죠. 스테이플스[사무용품 전문점.—옮긴이]에 가면 폐지를 100퍼센트 재활용한 프린트 용지를 살 수 있는데 (일반 종이보다) 값도 더 저렴해요. 식량체계도 이렇게 될 수 있다고 확신합니다. 식량 체계는 더 복잡하지만 …… 규모를 키우고 지역 경제와 농민들에 대한 지원을 확대하면 광범위한 재생 농업을 장려할 수 있습니다.*

중국산 불매 운동과 패션

1919년, 존 메이너드 케인스John Maynard Keynes는 《평화의 경제적 결과》를 통해 소비자의 선택지가 다양해졌다고 언급하면서 "런던 주민은 침대에서 모닝티를 홀짝이면서 지구 전체의 다양한 제

---

* 하지만 대니얼스는 지금도 가장 커다란 방해물 가운데 하나가 노동 관행이라고 언급했다. 식량 생산에 관해서는 많은 관심이 집중되고 있지만 노동 문제는 여전히 해결되지 않고 있다는 것이다. "지역 경제와 지속 가능성, 동물 복지 단체 등은 상당한 힘이 있지만, 노동은 지금도 대중의 의식에서 뒷전이죠." 몇 가지 중요한 진전이 있긴 했다. 플로리다주 이모컬리의 토마토 농장 노동자들은 연합체를 구성해서 토마토 구매자들이 파운드당 가격을 더 지불하면 그 돈을 공정한 노동 관행을 장려하는 활동에 사용하겠다고 설득했다. (토마토 산업에 관한 심층적인 분석으로는 배리 에스타브룩의 《토마토랜드Tomatoland》(2012)를 참고하라.) 2016년 2월, 오바마 대통령은 아동노동과 강제노동으로 생산된 식품의 구입을 금지하는 무역촉진법Trade Facilitation and Trade Enforcement Act에 서명했다(태국에서 수입하는 '태국새우' 등은 노동 착취로 악명이 높았다). 당시 태국산 새우를 비롯한 350개 품목이 목록에 올랐다. 이런 불법적 노동 관행을 막기 위해 1930년에 제정된 관세법이 있었지만, '소비 수요'와 관련되어 빠져나갈 수 있는 구멍이 있어 지난 86년간 39차례만 적용되었다. 특정 수입품에 대한 수요가 높으면 생산 관행과 상관없이 미국에서 판매가 허용되었던 것이다. (Mendoza 2016을 참고하라.)

품을 전화로 주문할 수 있다"고 말했다.[13] 이때는 제2차 세계대전 이전으로, 우리가 아는 세계화가 진행되기 전이었다. 하지만 여러 면에서 오늘날 패션은 인도산 차나 페르시아산 실크처럼 원산지가 중요한 대량생산 이전의 세계로 돌아가고 있다. H&M이나 포에버21의 여성용 패스트패션과 중국 및 베트남, 멕시코 등지에서 대량, 익명으로 생산되는 표준화된 제품으로 인해 서구 소비자들은 대형 글로벌 브랜드, 특히 미국 라벨만 붙인 채 세계 구석진 곳에서 생산되는 브랜드에 더 이상 관심을 기울이지 않게 되었다. 이런 유형의 소비재는 싸게 만든 모조품이라는 인식과 우리가 너무 많은 물건을 산다는 일반적인 우려의 한 부분을 차지하며 점차 비난을 받고 있다.

과시적 생산의 스토리는 실제로 뭔가 다르고 진정성이 있는 것을 요구하는 소비자들 때문에 힘을 얻는다. 이 새로운 수요는 언뜻 틈새 수요처럼 보이지만, 디자이너 의류 및 독특한 스토리와 원산지를 드러내는 생지 데님을 소량만 판매하는 로컬 부티크들의 발전이라는 결과를 만들어냈다. 이런 유형의 부티크에 진열된 희소한 품목들은 실제로는 중국에서 만들어졌어도 '디자인드 인 스칸디나비아'(또는 프랑스나 비슷한 다른 유명 원산지)라는 식으로 리브랜딩되고, 그 밑에 작은 글씨로 '메이드 인 피플스 리퍼블릭 오브 차이나'라고 쓰여 있다—마치 중국과는 전혀 다른 나라인 것처럼 말이다.

브루클린의 캐럴가든스에 자리한 어반러스틱Urban Rustic은 원산지의 중요성이 새롭게 부상한 현실을 잘 보여주는 곳이다.[14]

마감 처리를 하지 않은 낡은 원목 바닥과 유리병이 돋보이는 이 작은 편집숍은 뉴욕에서 공수해온 식품과 음료만 판매한다. 지속 가능할지는 모르겠지만 지금까지는 엄청난 성공을 거둔 사업이다. 선반에는 옛날 막대사탕과 주인장네 뒷마당에서 꺾은 듯한 소박하고 싱싱한 꽃, 뉴욕에서 (각기) 자랑스럽게 양조하고 담근 맥주와 피클이 나란히 진열되어 있다. 갖가지 제품과 그것을 파는 가게들에는 진정성과 가치를 불어넣는 독특한 스토리가 있다. 이제 이탈리아산 수트나 프랑스산 향수를 사는 걸로는 충분하지 않다. 제품이 만들어진 지역과 제품을 만든 장인에 이르기까지 생산과정(그리고 사용되는 재료) 전체가 훨씬 체계적으로 관리되고 구체적으로 공개되어야 한다. 이런 유형의 매장들이 미국 곳곳의 대도시와 부유한 배후지에서 우후죽순으로 생겨나고 있다. 진열된 상품들은 장인의 손길을 바탕으로 생산지와 밀접하게 연결돼 있다. 예를 들어, 실버레이크에 두 군데 매장과 온라인몰을 운영하는 브룸스트리트제너럴스토어Broome Street General Store는 영국산 바버 왁스 코팅 코트와 세인트제임스St. James(1800년대 이래 프랑스 군복을 만드는 회사이기도 하다)의 줄무늬면 티셔츠, 브루클린의 매스트브라더스Mast Brothers 초콜릿을 판매한다.

또 다른 사례로서 로스앤젤레스의 벅스앤도스Bucks & Does는 세계 곳곳에서 정선한 고가품을 갖춘 부티크 매장으로 고객을 상대하고, 지원 부서는 재봉틀과 원단, 그리고 자사 매장과 도시 곳곳의 다른 부티크에도 공급하는 의류를 제작하는 10여 명의 재봉사와 디자이너로 채우고 있다. 포리지, 벅스앤도스(그리고 두세 매장 아래에 자리한 또 다른 부티크 모호크제너럴스토어Mohawk General Store)의 바로 아래쪽에도 과시적 생산을 내세우는 매장이 자리한다—특정 제품과 재료로 유명한 도시와 지역에서 정선해 들여온 의류, 신발, 액세서리를 모아놓은 편집숍이다. 들어본 적도 없는 디자이너들의 명단이 매장 앞 입간판에 분필로 적힌 것을 보고 나는 호기심이 동했다. 가게에 들어서자 젊은 점원이 "매장 주인이 아일랜드에서 직접 골라온" 것이라며 멋진 회색 캐시미어 스웨터를 보여주었다. 구매를 설득하기 위해 그가 내세운 유일한 판매 포인트였다.

인더스트리오브올네이션스Industry of All Nations, IOAN 또한 산업혁명 이전의 생산방식을 내세우는 기업이다. 로스앤젤레스의 대표적인 산업지대인 컬버시티에 자리한 IOAN은 세계 각지의 중소 규모 제조업체와 협력하면서 각국의 특색을 담아낸 기본 제품을 디자인하고 생산한다. 인텔리젠시아와 비슷하게, 이 회사의 사업모델은 생산자와의 직접 소통이다. 즉, 창업자들이 세계 각지를 돌아다니면서 인도의 인디고 염색업자, 케냐의 운동화 제조업자, 중국의 실크 생산자 등과 만난다.

후안 디에고 거스코비치는 2010년에 IOAN을 창립했다. 그는 패션 디자이너도 사업가도 아니었다. 아르헨티나 출신의 건축가였던 그는 자신이 추구하는 사회적 대의를 위한 수단으로 패션에 관여하게 되었다. 그의 말을 들어보자. "우리는 우리 사업으로 사람들에게 부정적인 영향을 미치고 싶지 않습니다. 우리의 방식은 선한 사람이 되고 선한 행동을 하는 겁니다. 남에게 해를 끼치는 일을 해서 좋을 게 하나도 없어요. 우리처럼 생각하는 선량한 젊은이들이 많기 때문에 세계의 미래가 밝습니다."

건축가로서 거스코비치는 아름다움과 그것이 거쳐온 역사와 기원의 진가를 알며, 적어도 이론상 패션은 이런 특성을 반영해낼 수 있는 분야다. 하지만 그는 패션이 진실성과 진정한 원점을 담아내는 제품을 생산하는 일에서 너무 멀어졌다고 말했다. "지난 3~4년간 버버리 코트마저도 중국에서 만들어졌는데, 참 실망스럽죠. 당신이 영국인이고 200년간 레인코트를 만들었는데 이제 사람들이 중국산 레인코트를 산다고 생각해봐요. 우리도 중국산 물건을 구매하긴 하지만 제대로 된 것만 삽니다. 재활용 플라스틱 같은 건 중국이 아주 뛰어나거든요." IOAN이 추구하는 비전은 로컬 생산자들과 손을 잡고 진짜 스토리가 담긴 제품, 그 지역 고유의 원료를 가지고 특별한 품질을 갖춘 제품을 만드는 것이다. 처음에 거스코비치는 세계 곳곳의 제조업체 웹사이트를 뒤지면서 최고의 기본 원자재 생산업체를 찾은 뒤 연락하고 찾아가는 식으로 무수한 시간을 보냈다. 이런 조사에는 아직까지 천연염료를 생산하는 업체를 찾는 일도 포함되었다. 거스코비치는 이렇게 설명한다. "거의 사멸한 산업인데 인도의 몇몇 작은 지역에서는 아직도 그 작업을 하더군요. 이 업체들은 25년 전부터 이미 유기농 면 티셔츠와 염료를 생산했어요! 파리나 뉴욕이 아니라 인도에 있었죠. 그리고 지금까지, 우리가 접촉할 때까지 아무도 그들에게 기회(서구 시장에 대규모로 판매할 기회)를 주지 않았죠."

거스코비치는 중국보다 더 쉽고 효율적으로, 그리고 더 저렴하게 기본 제품을 생산할 수 있는 제조업체를 찾기 위해 안 가본 곳이 없을 정도다. 하지만 그는 이런 접근법으로는 사업을 벌일 수 없다고 생각했다. 그의 말처럼 이제 아무도 흰 티셔츠를 원하지 않았다. "저는 그냥 제품이 아니라 정보를 보고 싶어요. 정치인의 얼굴처럼, 표정 이면에 무슨 이야기가 있는지 궁금하잖아요. 우리는 정보를 담은 설명을 더 많이 알 필요가 있어요."

케냐에 있는 소규모 면 운동화 제조업체는 그런 사례 중 하나다. IOAN과 손잡기 전에 이 업체는 몸바사의 먼지가 풀풀 날리는 길가에서 신발을 팔았다. 거스코비치는 온라인에서 이 회사를 발견하고는 케냐로 가서 사주를 만났고, 그 운동화가 자신이 팔고 싶은 제품이라고 확신했다. IOAN 카탈로그에 '케냐타스Kenyatas'라는 이름으로 실린 이 운동화는 100퍼센트 아프리카산 재료로 만들어졌으며 회사가 설립된 지 40년 만에 처음으로 아프리카 바깥에서 판매하는 제품이다. "우리하고 손잡기 전에 그들은 비포장도로의 길거리 시장에서 운동화를 팔았습니다. 사이즈 구분도 없었어요. 6개월 만에 사이즈별로 만들어서 지금은 도쿄와 파리(메르시Merci 편집숍) 등 세계 각지에서 팔고 있죠. 지금도 그 업체는 케냐 거리에서 신발을 팝니다. 물론 아직도 그게 주요 사업이에요." 몇 년 전, 거스코비치는 붉은색 지문이 덕지덕지 찍힌 가방에 담긴 신발 한 묶음을 받았다. 직원들의 지문이 케냐 비포장도로의 흙먼지로 찍힌 것이었다. "처음에는 '아이고 세상에' 소리가 절로 나왔죠. 그런데 가만 생각해보니 마음이 바뀌었습니다. 이야, 이거 도로변에서 묻은 흙먼지에 직원들 지문이구나. …… 이건 진짜야."

IOAN은 컬버시티 지점과 함께 대부분의 사업을 수행하는 온라인 스토어를 성공적으로 운영하고 있다. IOAN의 성공 비결은 상품 자체보다 생산 철학을 철저히 고수하는 데 있다—어쨌든 이 회사는 여전히 기본 티셔츠와 면 운동화를 생산한다. 눈 밝은 사람이 아니라면 프룻오브더룸Fruit of the Loom[1851년 창립한 미국의 중저가 의류 회사.—옮긴이] 제품으로 오해할 법한 것들이다. IOAN 고객들은 전통적인 제조업이 경제와 환경에 미치는 영향에 문제 의식을 가지고 있다. IOAN은 자사 소개에 "물건이 만들어지는 방식에 고무되었다"라는 표현을 쓴다. "우리는 단지 옷장을 채울 새로운 브랜드를 만든 게 아닙니다. 지금 시대에는 누구나 쉽게 무엇이든 할 수 있습니다. 따라서 중요한 건 우리가 이런 일들을 어떻게 하느냐 하는 겁니다."[15] 2013년 가을, 제이크루는 거스코비치에게 팬레터를 보내며 IOAN의 행보에 깊은 감명을 받았다고 밝혔다. 2014년 3월, IOAN은 제이크루의 아동복 라인인 크루컷츠Crew Cuts와 남성용 베이직 라인의 일부 생산을 맡았다. 이에 대해 거스코비치는 확고한 태도로 "우리는 제이크루의 규격에 맞춰 제품을 생산하지만 우리가 추구하는 기준은 조금도 양보하지 않았습니다"라고 설명했다. 현재 제이크루 웹사이트에서는 IOAN의 아동용 특수 염색 마드라스 티셔츠 및 인도산 유기농 면으로 만든 플리스 맨투맨과 나란히 의류 제조에서 지속 가능성의 중요성을 말하는 거스코비치의 인터뷰를 볼 수 있다.

'엣시Etsy의 산업혁명'

홀푸드가 유기농을 대중시장으로 끌어온 것처럼, 엣시는 수공예품의 주류 진출을 도모한 곳이다. 2004년 창립한 엣시는 수제 부츠, 양초, 보석, 벨트, 종이 제품, 그 밖에 회사의 생산기준에 부합하는 다른 수많은 제품을 판매하는, 장인들을 위한 이베이다. 2005년 브루클린(역시나 브루클린이다)에서 창립된 엣시는 이른바 P2P 전자상거래 업체로, 회원들은 결혼식, 생일, 남성용, 여성용, 보석류 같은 광범위한 제품군으로 정렬된 '장터Marketplace'에서 수공예품, 수공예 재료, 장인 제품 등을 사고판다. 빈티지 제품도 판매한다(최소한 20년 이상 된 제품이어야 한다). 많은 품목을 가지고 부지런하게 움직이는 판매자들은 자신의 '숍'을 개설해서 다양한 수공예품, 빈티지 제품을 판매할 수도 있다. 엣시의 수익구조는 사이트에 업로드되는 상품당 20센트의 등록비와 판매가의 3.5퍼센트로 책정한 수수료다(대부분의 상품이 15~20 달러에 판매된다). 판매자는 보통 20대나 30대의 대졸 여성이다. 처음에 엣시는 수제품만 허용했지만, 최근 들어 (강경파의 비판을 무릅쓰고) 생산자들이 소규모 장인 제조업자들과 협력하는 것을 허용했다. 단, 양자가 직접 관계를 맺어야 하고 물건을 판매하는 주체는 회사가 아니라 개인이어야 한다는 규칙을 내세웠다. 이런 변화는 현실적으로 어쩔 수 없는 것이기도 했다. 온라인 장터로서 엣시는 생산자들이 감당할 수 있는 수준보다 더 큰 성공을 거두었고, 소비자의 주문을 소화하려면 더 많은 일손(또는 결국 드러난 것처럼 기계)이 필요했기 때문이다. 그 증거는 숫자로 나타난다. 2010년 1억 8000만 달러의 판매고를 올린 엣시는 이듬해 매출이 3억 1400만 달러로 치솟았다.[16] 2012년에는 8억 9500만 달러의 판매고를 올렸고, 2013년에는 10억 달러에 이르렀다. 2014년 매출은 20억 달러를 돌파했다. 2015년 4월, 엣시는 IPO를 통해 주당 16달러로 상장했고 상장과 동시에 주가가 31달러로 올랐다. 이처럼 분명히 자본주의적인 조치에도 불구하고 회사는 기존의 철학과 존재 이유를 그대로 지키고자 한다. 《이코노미스트》가 이 회사를 소개한 글에서 말한 것처럼, 엣시는 지금도 "판매자들의 인생 이야기"를 중요하게 여긴다. 엣시는 회사의 성공이 생산자가 아니라 소비자들의 손에 달려 있다고 여기며 이 소비자들은 물건이 어디에서 오고 누가 만들었는지에 굉장히 관심이 많다.[17] 현재 엣시는 10억 달러의 매출과 함께 5000만 명이 넘는 회원수를 자랑한다. 이용자들은 세계 각지에서 온 수제품이나 독특하게 변형한 물건을 사고판다.

대중시장으로 진출한 과시적 생산

과시적 생산에 뛰어드는 건 전문화된 기업들만이 아니다. 주류 기업들이 독특한 염색 천을 찾아 세계를 돌아다니지는 않겠지만, 이 기업들 또한 좋은 품질과 진짜라는 상징으로서 (중국이나 인도, 방글라데시가 아니라) '메이드 인 USA' 라벨이 갖는 중요성을 인식하고 있다. 진정성은 이제 소비자들에게 품질과 사회적 의식을 보여주는 지표가 되었으므로, 주류 기업들도 최소한 진정성의 감각을 구축할 방법을 모색하는 중이다. 이런 기업들은 미국의 제조업 경제가 세계화에 전속력으로 강타당했을 때 어떤 일이 벌어졌는지 알고 있다. 1970년대 중반 제조업 경제가 붕괴한 때부터 1994년 나프타NAFTA[북아메리카자유무역협정.—옮긴이]에 의해 수입관세가 완화되고, 2001년 중국이 세계무역기구WTO에 가입할 때까지 지난 20년간 미국 의류 산업은 멕시코, 인도, 중국으로 일자리가 이동하면서 충격적인 위축을 경험했다. 1990년부터 2012년까지 섬유와 의류 부문은 산업 규모가 76.5퍼센트 줄고 120만 개의 일자리가 사라졌다. 1991년 미국에서 판매된 전체 의류 가운데 미국산 제품은 56.2퍼센트를 차지했지만, 2012년에 이르면 그 수치가 고작 2.5퍼센트로 감소했다.[18] 미국노총산별회의AFL-CIO는 나프타의 영향으로만 일자리 70만 개가 사라졌다고 집계했다. 기술 또한 도움이 되지 않았다—기계의 발달은 필수적이었던 사람의 노동을 대부분 자동화했다. 그 결과, 미국 전역의 도시들에서 공장이 사라지고 도시의 일자리 기반 자체가 실종되면서 위기가 발생해 항구적인 '실업 상태'가 일어났다. 그리하여 수십 년간 빈곤이 대물림되고 있다.

전 지구적인 경제 재구조화의 충격은 비단 경제 문제에 그치지 않았다. 미국의 소비자와 기업들은 국내의 광범위한 실업 및 그와 동시에 발생한 개발도상국 노동자들에 대한 착취가 사회적으로 미치는 영향을 인식하게 되었다. 상품 가격이 저렴해지는 데 따른 노동자들의 피해를 무시할 수 없게 된 것이다. 이러한 인식 변화는 최근 미국 제조업의 급부상 및 소비자와 기업의 선호가 달라진 데서 드러난다. 보스턴컨설팅그룹의 최근 조사에 따르면, 소비자의 70퍼센트 이상이 '메이드 인 차이나' 제품을 선호하지 않는다고 밝혔고,[19] 《뉴욕타임스》에서 진행한 조사에서는 60퍼센트의 응답자가 값이 비싸도 '메이드 인 USA' 제품을 사겠다고 답했다.[20] 또 다른 조사에서는 제조업체의 30퍼센트가 일부 생산을 미국으로 다시 옮겨오는 방안을 검토 중이며, 15퍼센트는 이미 그런 조치를 취한 것으로 나타났다. 전반적으로 미국의 의류 제조업은 세계화와 나프타, 아웃소싱으로 수십 년간 휴업 상태에 빠졌던 끝에 의미심장한 전환점을 맞이하고 있다.[21] 제조업 부활에 가장 많은 영향을 미친 것은 중소기업이다. 미국 제조업 기업의 75퍼센트 이상이 20인 이하 사업장이다.[22] 그중에서도 장인 제조업체처럼 소규모인 사업장은 9퍼센트에 불과하지만, 대불황 이후 일자리 창출은 대부분 여기에서 이뤄졌다.[23] 전국 각지에서는 섬유 공장이 속속 문을 열면서 구인 공고가 늘어나는 중이다.

문제는 '메이드 인 USA'로 돌아가는 데 많은 비용이 든다는 점이다. 뉴욕에서 고급 의류 판매로 성공한 디자이너 나네트 레포르Nanette Lepore는 최근 J.C.페니 백화점과 손을 잡았다. 하지만

150여 종의 의류에 '메이드 인 USA' 라벨을 붙이려면 높은 가격을 붙여야 하고, 페니의 고객들이 쉽게 집어들지 의문이다. 레포르가 간단하게 말한 것처럼, "미국에서는 저렴한 가격을 붙일 수가 없다".[24] 미국에서는 제품을 저렴하게 생산할 수가 없다는 것이다. 사회적 의식이 있고 '메이드 인 USA'(또는 프랑스나 이탈리아, 잉글랜드)를 원하는 소비자들은 기꺼이 돈을 더 지불할 의사가 있다. 하지만 미국 제조업의 새로운 물결을 기록한 바 있는 경제 언론인 스테파니 클리퍼드가 말한 것처럼, 저렴한 가격을 찾는 소비자들은 "값싼 생산에 따른 노동자들의 피해를 직면하더라도 …… 옷에 더 많은 돈을 지불하려는 경향이 거의 나타나지 않는다".[25] 미국에서 의류 한 벌은 평균적으로 13.49달러인데, 이런 상황에서 남들 눈에 보이지도 않는 라벨에 2배의 값을 치르라고 설득하기는 무척 어렵다. 바로 여기에 과시적 생산의 모순이 존재한다. 과시적 생산은 제품 표면의 브랜드명을 통해 지위를 드러내지 않고, 소비자들은 내적인 가치와 선호에 의해 움직이며, 이런 미묘한 표지는 그들과 동류집단에게 판단의 기준이 된다. 뚜렷한 지위의 부재는 애당초 사람들이 소비하는 이유 이면에 있는 동기를 약화시킨다.

한편, 이런 변화는 미션(샌프란시스코)이나 베니스(로스앤젤레스), 로워이스트사이드(뉴욕)의 부티크가 늘어선 거리뿐만 아니라 미국의 다른 지역에서도 일어나고 있다. 미국 의류 산업의 임금은 2007년 이래 13.2퍼센트 상승했으며(다른 부문에서 겨우 1.4퍼센트 상승한 것과 대비된다)[26] 섬유 수출은 2010년 이후 37퍼센트 늘어났다.[27] 이런 변화의 이유 중 일부는 소비자 선호가 작용한 결과다. 평범한 미국인들이 과시적 생산과 농민 직거래 시장 상품, 착즙 주스, 수제 슬리퍼 등을 허겁지겁 사들이지는 않는다 하더라도, 사람들은 점차 제품의 원산지를 의식하며 관심을 기울이고 있다. 의류 노동자 100여 명이 사망한 방글라데시 화재,[28] 1000명이 넘는 노동자가 사망한 방글라데시 섬유 공장 붕괴,[29] 노동 착취적 공장의 위험한 노동 실태와 아동 착취 일반에 관한 뉴스 보도를 접한 소비자들은 중국을 비롯한 저임금 국가에서 만들어진 저가 의류에서 눈을 돌리고 있다.[30] 요컨대 소비자들은 세계화가 야기하는 폐해를 눈치채면서 서서히 반발하고 있는 것이다. 세계화는 5달러짜리 티셔츠를 안겨주었지만, 점점 더 많은 소비자들이 노동자 처우를 개선하기 위해 기꺼이 지갑을 열고자 한다. 퍼셉션리서치서비스에 따르면, 소비자의 80퍼센트가 '메이드 인 USA' 라벨을 의식하며, 75퍼센트는 이 라벨 때문에 구매를 고려하는 것으로 나타났다.[31] 미국인의 일자리를 지키는 것이 구매동기로 작용하기 때문이지만, 산업 종사자들은 소비자들이 주로 품질과 안전성에 관심을 기울인다고 말하며, 최근 해외 보도들은 아웃소싱 제품에 대해 두 가지 모두를 문제삼는다. 벨몬트대학교에서 기업가 정신을 가르치는 교수 제프리 콘월Jeffrey Cornwall은 이렇게 말했다. "미국에서는 이제 대량생산 방식이 통하지 않습니다."[32]

어떻게 과시적 생산에 이르렀을까?
세계화, 정보화, 그리고 포스트모던적 가치

과시적 생산의 기원은 환경과 사회문제에 대한 주류사회의 의식이 높아지고, 무엇보다도 이런 문제에 관해 행동할 수 있는 통로가 생긴 데서 찾아볼 수 있다. 이 모든 것은 판다에서 시작되었다. 1990년대 중반, 세계자연기금World Wildlife Fund, WWF이 시작한 환경보호 캠페인은 전통적인 미국 중간계급까지 스스로를 돌아보게 만들었다. 나는 펜실베이니아 소도시에서 고등학교를 다니던 시절 갑자기 남아메리카 열대우림에 관심을 기울이게 된 기억이 난다. 티셔츠와 범퍼 스티커를 구했고, 관련 통계를 읊을 수 있었다(1분마다 축구장 20개 면적의 산림이 파괴되고 있었다).[33] 세계자연기금은 미학적으로 훌륭한 캠페인을 내놓았다. 이 단체가 설립된 1961년 판다 치치가 런던 동물원에 온 것을 기념해 만든 로고는 널리 알려져 있다.

하지만 세계자연기금은 판다 범퍼 스티커를 널리 퍼뜨리는 데 그치지 않고 많은 성과를 이루었다. 갈라파고스제도의 생명을 보호하려는 1960년대의 노력부터 현재 진행형인 국제 열대우림 캠페인(특히 아마존)에 이르기까지 세계 곳곳에서 환경보호를 현실적이고 필수적인 쟁점으로 만들었다. 이 단체가 벌인 활동은 각종 보호조약 체결 추진, 상업적 포경 중단, 생물 다양성 감소의 증거 확보 등으로 이어졌다. 콩고에서 벌어지는 삼림 벌목 문제에 개입하고, 탄소 배출을 막으려는 노력을 선도했으며,

열대우림 파괴를 사람들 사이의 화제로 만들었다.[34]

세계자연기금이 추구하는 목표는 설득력이 있고 실제로 이들의 활동이 중요하긴 하지만, 단체의 효능은 그들의 대의에 부응하고 지지하는 기부자 및 다른 조직들에 달려 있다. 요컨대 환경보호와 환경주의를 둘러싼 커다란 목표를 달성하려면 다양한 주체와 기관들이 협력해야 한다. 환경주의는 수백 년 전부터 존재했지만, 우리의 행동에 변화가 나타난 것은 훨씬 최근의 일이다. 프리드리히 엥겔스는 1845년에 잉글랜드 산업도시들의 환경이 노후하고 나빠졌다고 언급했다.[35] 헨리 데이비드 소로는 1854년에《월든》을 썼다. 1960년대와 1970년대 미국에서는 환경에 대한 인식과 그에 기반한 행동이 널리 퍼졌다. 레이철 카슨의《침묵의 봄》(1962), 청정대기법(1963), 수질법(1965), 닥터 수스의《로랙스》(1971), 수질관리법(1972) 등이 대표적인 예들이다.[36] 환경주의의 이런 기념비적 순간들이 거시적인 차원에서 시곗바늘을 조금씩 앞으로 돌렸겠지만, 오늘날 대다수 사람들은 일상적으로 환경주의를 실천한다. 이는 과시적 생산이 부상한 한 가지 이유이기도 하다.

일단, 많은 미국인이 마트에서 에코백을 사용한 건 언제부터일까? 색색의 분리수거함을 늘어놓기 시작한 건? 미국 농촌에 사는 내 어머니가 병과 캔을 전부 모아서 **차를 끌고** 재활용 센터까지 가져가는 걸 보기 전까지만 해도 나는 이런 게 도시에서나 볼 수 있는 현상이라고 생각했다. 어머니는 마트 계산대에서 에코백을 안 가져온 걸 깨닫고 자책하곤 한다. 도대체 언제부터 환경에 대한 관심이 하나의 생활 방식으로, 서구사회의 주류 의식으로 자리잡았을까? 나는 1990년대 중반에 세계자연기금 티셔츠를 입기 시작했고, 스무 살이 됐을 무렵엔 오션컨서번시 Ocean Conservancy와 함께 강 청소 행사를 조직했다. 내 친구들, 그리고 세계 곳곳의 수많은 중간계급 사람들과 나란히 나는 언제부터 환경에 대해 그렇게 많은 관심을 기울이게 된 걸까? 환경주의의 주류화를 이해하면 왜 사람들이 애초에 과시적 소비를 하는지 아는 데 도움이 된다.

이런 변화의 많은 부분은 미시건대학교의 정치학자 로널드 잉글하트Ronald Inglehart가 '포스트모던적 가치'라 일컬은 것에 기인한다. 2000년 《워싱턴쿼털리Washington Quarterly》에 기고한 에세이에서 잉글하트는 우리가 환경주의와 페미니즘, 그 밖에 여러 가치를 추구하는 대의에 관심을 기울일 수 있는 것은 탈희소성 시대의 사치를 누리기 때문이라고 주장했다. 다시 말해, 우리는 더이상 끼니를 거르거나 불을 켜두고 잠들지는 않았는지를 걱정하지 않기 때문에 매슬로의 욕구 단계에 따라 자아실현을 생각할 수 있게 되었다는 것이다. 세계 각지의 수천 명의 사람들을 대상으로 조사해 잉글하트가 발견한 바에 따르면, 제2차 세계대전 이전 세대에게는 여전히 물질적 재화가 중요하지만, 상대적으로 번영을 누리며 자란 전후 세대에게는 자기표현과 소속감같은 비물질적인 것이 가장 중요한 것으로 나타났다. 그리고 이 둘 사이의 차이는 결코 작지 않았다. 잉글하트는 나이 든 집단이 물질적 재화를 자기표현과 비물질적 가치보다 14 대 1의 비율로 더 중시한다고 밝혔다. 그는 경제적, 신체적 안전이 증대되는 오랜 시기를 거친 끝에 사람들의 가치관과 우선순위가 달라졌다고 주장했다. 이 때문에 젊은 세대는 환경주의에 관심을 기울이고 상대적으로 물질주의에 눈길을 주지 않으며, 이런 추세가 생애 내내 계속된다는 것이다. 잉글하트는 "모던에서 포스트모던의 가치"로 이동하는 이런 현상이 "선진 산업사회 전반에서" 벌어지고 있다고 보았다. "생존이 불확실하지 않고 당연하다 여기면서 자란 경험은 세계관의 거의 모든 측면에 영향을 미친다."[37]

잉글하트가 관찰한 변화는 **희소성 가설**과 **사회화 가설**이라는 두 가지 핵심적인 가설을 중심으로 진행된다. 희소성 가설은 한 사람이 성장하는 사회경제적 배경이 장기적으로 그의 가치관을 형성한다는 가설이다. 자원이 부족한 환경에서 성장한 사람은 공급이 부족한 자원을 더 높이 평가한다. 전쟁 이전 세대에게는 음식과 물, 주거 등 많은 기본적인 물질적 욕구의 충족이 불확실했다. 전후 세대(오늘날의 10대들까지)는 대체로 풍요로운 삶을 살고 기본적 욕구를 충족하는 데 큰 문제가 없지만, 대신에 삶의 의미와 목적의 부재에 직면한다. 사회화 가설은 단순히 말하자면 이런 가치의 변화가 이루어지는 데 오랜 시간이 걸린다는 것이다. 그리하여 전전 세대는 풍족한 상태가 되더라도 검약과 비축이라는 가치를 버리지 못한다. 다시 말해, 사회가 탈희소성에 익숙해지고 이를 반영하는 가치체계를 세우는 데는 시간이 걸린다. 실제로 우리 대부분은 어린 시절의 사회경제적 조건을 반영하는 가치관을 갖고 있다.[38]

홀푸드, 농민 직거래 시장, '메이드 인 USA'의 소비자들은 대부분 거대한 번영과 평화의 시기에 자랐기 때문에 공정한 노동과 환경주의를 중요하게 여기는 포스트모던적 가치관을 발전시킬 수 있었다. 역설적이게도, 노동 착취나 오염된 식재료, 전쟁의 비극 등 잔혹한 경험을 한 적이 없는 사람들이 이런 문제들을 해결하는 데 깊은 관심을 기울이며 사회적, 경제적 변화를 주창한다. 환경을 보전하고 노동권과 공정무역을 강조하는 많은 일들은 실제로 생산 속도와 경제적 성장을 늦추며, 환경주의의 경우는 완전히 방해하기도 한다. 포스트모던과 과시적 생산은 사실상 세계화 및 그것이 가져온 경제성장과 상충한다.

정보화시대가 도래하며 우리는 인간사회와 관련된 모든 측면의 데이터와 자세한 실태를 거의 투명하게 마주하게 되었고, 이에 따라 세계화가 환경과 노동에 미치는 부정적인 영향 또한 인식하게 되었다. 인터넷에 접속해 키보드를 몇 번 두드리기만 하면 어떤 주제든 검색할 수 있다. 기업이 매긴 가격, 정부의 조치, 우리가 입는 옷에 사용된 소재와 화학물질에 관한 정보가 주르륵 나온다. 정보화시대는 투명성을 가져왔을 뿐만 아니라 그것을 우리 사회의 핵심 가치로 만들었다. 산업화된 식품 생산과 패스트푸드를 격렬하게 비판하는 마이클 폴란의 《잡식동물의 딜레마》나 맥도날드의 생산과정을 추적해 폭로한 에릭 슐로서의 《패스트푸드의 제국》, 또는 빅토리아시크릿 란제리에서 포름알데히드가 검출됐다는 사실[39] 등 소비자들은 제품이 어떻게 만들어지는지에 관해 폭로된 내부 정보를 볼 수 있다. 이 제품들이 제대로 만들어지지 않았다는 사실이 드러나기도 한다.

그리하여 소비자들은 이제 거의 제품 자체만큼이나 생산에 관한 정보를 소중히 여기며, 소비자와 생산자 사이의 신뢰는 필수 요소가 되었다. 과시적 생산의 소규모 부티크인 모호크제너럴스토어의 주인 케빈 카니는 이렇게 설명한다. "훨씬 많은 사람들이 각 제품에 관련된 스토리를 정말로 알고 싶어 합니다. 유해한 성분이 없는지, 환경에 피해가 가지 않는지 등을요." 또는 포리지 레스토랑의 유진 안이 간결하게 요약하는 말을 들어보자. "사람들은 음식이 어디에서 오는 건지 알고 싶어 해요. 식재료가 어디서 온 건지 알지 못하던 시절도 있었는데, 지금은 그걸 몰랐을 때 어떤 결과로 이어지는지 알죠. 위생이 엉망인 식품 보관 창고, 오염된 천연자원, 우리 몸에 영양분이 아니라 독소를 넣는 음식 등이 많아요. 우리가 소비하는 식품에 관해 알면 알수록 더 나은 선택을 할 수 있습니다. 과정을 알면 가치가 높아져요."

앨터디너 농민 직거래 시장의 엘리자베스 보먼은 한 가지 일화를 예로 들어 설명했다.

우리는 달걀을 파는 사람하고 한참 대화를 나눴습니다. 그 사람은 닭과 오리를 각각 50마리씩 키우는데, 새 판로가 필요하다고 했어요. 총비용을 계산하더니 전화가 와서는 이렇게 말하더군요. "돈을 벌려면 달걀 하나에 1달러는 받아야겠어요. 그 값을 받아도 한 알에 10센트 수익이 나요." 그가 쏟은 시간과 주유비는 넣지도 않고 닭 모이 비용만 따진 거였죠. 1달러짜리 달걀을 놓고 손님들과 장시간 대화를 나눴는데, 결과가 어땠을까요. 사람들이 그 달걀을 사더라고요! 그게 그의 스토리고 바로 그 때문에 사람들이 달걀을 사는 거죠.

'자발적 소박함'

이런 식의 지출은 대부분 이른바 대안적 소비에 해당한다—주류의 현대자본주의에 반발하는 비전통적이면서도 물질주의와 거리가 먼 소비 방식이다. 사람들은 두드러지지 않는 방식으로 돈을 쓰고, 겸손하고 비과시적인 소비재를 선호한다. 이런 삶의 방식을 따르는 사람들은 이른바 '자발적 소박함voluntary simplicity'을 추구한다. 이 표현에서 암시되는 것처럼, 지출과 물질적 소비의 신호를 제한하는 **자발적** 실천이다. 이런 유형의 소비자는 퀘이커교도, 붓다, 헨리 데이비드 소로 등 오랜 전통을 지닌 비물질적 철학에서 영감을 끌어낸다.[40] 자발적 소박함 운동에 참여하는 이들은 돈을 포기하고 여가시간을 얻거나 비물질적이고 환경을 의식하는 형태의 소비주의를 추구하는 경향이 있다.[41] 이 운동에 함께하는 사람들은 세 가지 유형의 행동에 참여한다. 저소득층 소비를 실천하는 '다운시프팅downshifting', 의미 있는 활동(대부분 비과시적 소비에 해당한다)에 집중하기 위해 고급 라이프스타일을 적용하는 '화려한 소박함strong simplification', 도시의 과시적 소비를 거부하는 '소박한 삶simple living'이 그것이다.[42]

자발적 소박함 운동에 담긴 정신은 환경, 사회경제적 불평 등, 대량생산 시장의 현대적 소비자 행동에 대한 전반적인 불만과 강하게 연결돼 있다. 자발적 소박함의 주된 원칙은 소비주의를 격하하는 것이지만, 한편으로 이 운동의 성원들은 자신의 라이프스타일을 드러내는 신호를 찾는다. 옷차림(절제된 스타일, 라벨 없는 옷)이나 요가 강습, 농민 직거래 시장에서 장보기 등이 대표적이다. 하지만 포스트모던적 가치관과 마찬가지로, 자발적 소박함 운동 역시 번영 덕분에 누리는 사치이며, 말 그대로 가난해서 어쩔 수 없이 소비를 제한하는 경험에 대한 혐오다.

여가를 되찾기 위해 수입을 줄이고 파트타임 일자리를 선택한 중간계급 '다운시프터downshifter'도 있기는 하지만, 자발적 소박함을 추구하는 많은 이들이 애초에 그런 삶의 방식을 추구할 수 있는 건 이미 축적된 부가 있기 때문이다.[43] 요컨대, 소박해지려면 우선 충분히 부자여야 한다. 더욱이 소비를 줄인다는 신호 또한 만만찮게 돈이 든다—농민 직거래 시장에서 한 알에 1달러짜리 달걀은 자발적 소박함의 정신에 부합하며 호화로운 지위를 드러내는 품목도 아니지만, 대부분의 사람들이 마트에서 사는 달걀의 4~5배 값이다. 과시적 생산의 형태(케멕스 커피 드립 세트, 손으로 짠 스웨터, 슬로푸드 운동)는 1980년대의 편리한 제품에 대한 열광(미스터커피Mr. Coffee[가정용 자동 커피메이커.—옮긴이], 맥도날드)에서 생산과정 자체에 대한 관심으로 이동했지만, 어쨌든 이를 소비하는 데는 돈이 든다.[44]

미술공예 운동과 탈산업혁명

과시적 생산은 19세기 후반의 미술공예 운동 Arts and Crafts movement —현대의 도시와는 확연하게 다른 환경에서 진행된 운동이다—에 역사적 뿌리를 둔다. 윌리엄 모리스의 선도 아래 잉글랜드 농촌에서 등장한 미술공예 운동은 기술, 그리고 산업혁명의 결과로 나타난 대량생산과 장인 기술의 잠식에 대한 반발이었다(러다이트 운동을 떠올려보라). 미술공예 운동은 미학적으로는— 모리스 의자, 스티클리 원목 가구, 섬세한 꽃무늬 장식 등— 엄청난 성공을 거두었지만 경제적으로는 큰 성공을 누리지 못했다. 산업혁명의 속도를 제어할 길은 보이지 않았고, 산업혁명에 맞선다는 것은 처음부터 패배가 예정된 싸움이었다.[45]

미술공예 운동의 중심 기조는 반자본주의와 반산업이었는데, 이런 근원적인 정서 때문에 경제 세력으로서는 실패할 수밖에 없었다. 미술공예 운동이 참조한 역사 속 자본주의 이전의 장인 정신은 실재라기보다는 이상화된 재현에 가까웠다.[46] 고고학 교수 엘리자베스 웨일런드 바버 Elizabeth Wayland Barber 는 기원전 2500년에 만들어진 이집트 리넨 조각을 보기 드문 완전한 수제품의 예로 들면서 이렇게 말했다. "진실은 우리가 수제품이라고 여기는 물건 가운데서도 진정한 수제품은 거의 없다는 것이다. 수천 년 전부터 그래왔다."[47]

미술공예 운동은 자본주의에 대항하는 의도적인 반발이었지만, 이미 랭커셔부터 요크셔에 이르기까지 잉글랜드 농촌 곳곳에서 (이름만 붙지 않았을 뿐) 삶의 방식으로 실천되고 있었다. 잉글랜드 농촌에 사는 이들에게 수공예, 미술품, 지역 특산품(그리고 이런 제품을 생산하기 위해 헛간과 지역 자원을 사용하는 것)의 부상은 이제 더는 순전히 농업만으로는 지탱할 수 없는 농장의 자구책이었다. 정치적 동기에서 생겨난 과시적 생산은 아닐지라도 지역주의는 한동안 농촌공동체의 실제 현실이자 생존 방법이었다. 이 공동체들은 농지와 기반시설을 다변화하며 다른 용도로 활용함으로써 수익성을 높였다.[48]

오늘날 과시적 생산의 부상을 주도하는 것은 이와 비슷한 반산업 정서이지만 또한 20세기와 21세기 특유의 현상인 다른 많은 사회적, 경제적, 문화적 추세도 한몫을 한다. 환경주의와 포스트모던적 가치는 우리가 소비하는 방식을 뒤바꾼 주요한 힘이다. 과시적 생산은 자발적 소박함과 마찬가지로 전통적인 주류 자본주의에 대한 반발이다. 세계화는 제품의 생산과정에서 정체성을 없앴지만 정보화시대는 역설적이게도 투명성을 우선시한다. 그리고 미술공예 운동의 경우처럼, 오늘날의 과시적 생산은 예전의 더 건강했던 시대를 복제하고자 한다. 근대와 올해 만들어진 장인 치즈(그런데 도대체 '장인 치즈'가 뭘까?)를 적어놓은 홀푸드의 투박한 칠판은 예전의 농경시대를 환기한다. 근교에서 생산된 버펄로 모짜렐라 치즈를 집어드는 순간 택시가 쏜살같이 내달리고 사방에서 휴대폰 소리가 울리는 시카고나 샌프란시스코 중심부에 살고 있을지라도 말이다. 과시적 생산의 일부는 현대 산업과 대량생산을 제거한 시대의 낭만화이며, 분필로 휘갈긴 신선 농산물 목록 역시 반_反_기술을 가리킨다.

다시 보는 카를 마르크스

하지만 예전의 운동과 달리, 과시적 생산은 반자본주의를 추구하지 않는다. 그보다는 자본주의를 완전히 받아들이면서 재해석한다. 바로 여기에 이 운동의 근본적인 특성이 있다. 모리스와 그의 추종자들은 자본주의와 협력하기보다 궁극적으로 자본주의를 폐지하려고 한 반면, 과시적 생산자들은 체제를 거스르지 않고 그 안에서 활동한다. 과시적 생산의 생산자들은 여전히 시장경제 안에서 움직이지만, 동기와 규칙이 다르다. 돈은 상품과 교환되고 희소성 또한 높게 평가되지만, 자본주의의 몇몇 전형적인 특징, 즉 착취와 마르크스의 소외된 노동, 신고전파의 이윤 극대화 이론 등을 피하면서 자본주의의 틀과 협력하는 완전히 새로운 시장경제를 창조하려 한다. IOAN은 홈페이지에서 이렇게 설명하고 있다. "IOAN은 순수한 자본주의입니다. 우리는 도움이 필요한 사람이 아니라 생산적인 사람을 찾습니다. 고통은 전혀 고귀하지 않으며 가난하다고 용감한 게 아닙니다. 하지만 근면함, 더 나은 삶을 위한 노동은 세상에서 가장 용감한 것입니다. 우리는 바로 이런 삶을 추구합니다. 사람들의 근면함, 만국의 근면함." 과시적 생산자들이 투명성을 선도하고 자신들의 생산과정을 최대한 투명하게 공개하는 이유는 의문의 여지 없이 분명하다. 세계화와 함께 발생한 인간과 환경의 착취에 대해 사회적, 경제적으로 사람들의 의식이 높아졌기 때문이다. 하지만 여기에는 카를 마르크스가 '소외된 노동'이라 일컬은 문제도 내재돼 있다.

산업혁명에 경악했던 카를 마르크스는 《1844년 경제학·철학 수고》에서 자본주의에서 노동자가 경험하는 소외를 네 가지 유형으로 정리했다. 노동자가 생산하는 생산물로부터의 소외, 인간(마르크스의 표현으로 하자면 '유적 존재species-being') 정체성으로부터의 소외, 생산과정으로부터의 소외, 인류 및 함께 일하는 타자로부터의 소외가 그것이다.[49] 마르크스가 볼 때, 노동자는 (자본가를 통해) 생산을 지시받는 제품설계를 전혀 통제하지 못하고, 장인의 솜씨를 발휘하기는커녕 같은 과정만을 반복하며, 철저한 통제하에 작업하기 때문에 노동에서 감정적으로 유의미한 어떤 것도 얻지 못한다. 마지막으로, 자본주의는 개인주의적이고, 기본적으로 공동의 재화가 아니라 이윤을 추구하기 때문에 자본가는 노동자에게 최소한의 임금을 주면서 최대한의 노동을 끌어내려고 한다. 그리하여 더 많은 임금을 받기 위한 끊임없는 싸움 때문에 노동자들은 서로 경쟁으로 내몰린다. 실제로 20세기 산업의 대량생산을 살펴보면 마르크스의 예측이 정확했다는 사실을 알 수 있다. 노동자들은 똑같은 제품을 수천, 수만 개 생산하는 톱니바퀴를 이루는 톱니였다. 수천 마일 떨어진 곳에서 운송된 제품을 마주하는 소비자들은 생산자가 누군지 알지 못하며 생산자도 소비자를 알지 못한다. IOAN 창립자 거스코비치는 이렇게 말했다. "우리는 자신이 무슨 일을 하는지 전혀 알지 못하는 노동자들이 만든 물건을 '고아 제품'이라고 부릅니다. 자신이 무슨 일을 하는지 모르는 사람들이 만든 제품에는 역사가 없어요. 어느 날은 지갑을 만들다가 어느 날은 버버리 레인코트를 만들죠. 우리는 고아 제품을 원하지 않아요. 그냥 쓰레기만 양산하는 꼴이니까요. (우리가 하는 일은) 소외된 노동의 대립물과 같습니다." 간단히 말해, 내가 누구를 인터뷰하든 그들이 무엇을 생산하든 간에 이 새로운 유형의 과시적 생산자의 존재 이유는 똑같았다. 과시적 생산의 기본 정신은 소외된 노동에 맞서 싸우는 것, 그리고 생산자와 소비자 사이에 강력한 연결고리를 만들어내는 것이다. 앨터디너 농민 직거래 시장의 보먼은 이렇게 설명했다. "우리는 카를 마르크스를 거꾸로 세우는 중입니다. 농민이나 장인이 이제 자신의 노동과 연결되고 있어요. 우리는 선함과 연결되고요."

　소외된 노동에 맞서 싸우면서(내가 인터뷰한 과시적 생산자 대부분이 그런 표현을 쓰지 않았고 마르크스를 언급하지도 않았지만) 과시적 생산자들은 이윤 극대화라는 현대자본주의의 또 다른 기조를 포기한다. 신고전파 경제학의 일반적인 이론은 기업이 다른 무엇보다도 이윤 극대화를 추구한다는 것이다. 하지만 식품에서 패션, 농민 직거래 시장에 이르기까지 내가 인터뷰한 과시적 생산자들은 하나같이 (수익이 있더라도) 극히 적은 수익을 올리고 있거나, 사회적으로 의식 있는 상품을 생산하는 데 드는 비용과 시간을 감안했을 때 실질적인 수익 창출의 기회를 포기하고 있음을 인정했다. 거스코비치는 솔직하게 말했다. "우리 회사는 거의 수익이 나지 않습니다." 보먼은 과시적 생산 운동에 관해 이렇게 말했다. "부자가 되려고 그 일을 하는 사람은 아무도 없어요." 인텔리젠시아에서 일하는 사람들은 자신들의 사업모델이 근본적으로 스타벅스나 피츠Peet's 같은 기업들이 거둬들이는 막대한 수익과 거리가 멀다고 설명했다.

과시적 생산은 시장경제에 포스트모던적 가치를 불어넣었고, 이 가치는 이윤이나 경제성장보다 우선시된다. 간단히 말해, 그들이 추구하는 가치는 돈보다 값진 것이다.

'매각하지 말라'

하지만 돈이 중요한 상황이 닥치면 어떤 일이 벌어질까? 1999년, 개릿 존 로포르토Garret John LoPorto는 벤앤제리스 아이스크림을 통해 세계를 구하는 계획을 세웠다.[50] 벤앤제리스 창업자 벤 코언Ben Cohen과 제리 그린필드Jerry Greenfield가 국제적 대기업 유니레버에 인수될 것이라는 소문이 퍼지자 당시 스물세 살의 IT 스타트업 대표였던 로포르토는 반격하기로 결심했다. 그가 주도한 '벤앤제리스 구하기' 풀뿌리 캠페인에는 버몬트 주지사 하워드 딘, 연방 하원의원 버니 샌더스, 그리고 수천 명의 활동가가 가세했는데, 이들은 "매각하지 말라"라는 구호를 내걸고 세계화와 자본주의가 버몬트에 기반을 둔 중소기업의 자리를 위협하는 데

항의했다(적어도 그들이 보기에 벤앤제리스는 그대로 있어야 했다).[51]

코언과 그린필드는 매각을 원하지 않았다. 1978년 버몬트 주 벌링턴에서 창립한 벤앤제리스 아이스크림은 사회적 책임과 환경 의식, 보헤미안 감성을 추구한다는 철학 아래 지역을 기반으로 사업을 벌였다. 벤앤제리스는 자사가 추구하는 윤리규범에 위배된다고 느끼는 관행에 반대를 표명하는 것으로 명성을 떨쳤다. 2005년, 회사는 알래스카 야생동물 보호구역이 시추를 위해 개방되는 문제에 관한 표결에 비판하는 입장을 표명하고자 베이크드 알래스카Baked Alaska[파운드케이크 위에 아이스크림을 얹고 오븐에 살짝 구운 디저트.─옮긴이] 900파운드[약 408킬로그램.─옮긴이]를 만들어 국회의사당 앞에 쏟아부었다.[52] 벤앤제리스는 GMO 농산물과 rBGH[유전자조작 소 성장호르몬.─옮긴이] 사용 유제품 전반을 멀리했고, 한동안 모든 종류의 아이스크림에 표백하지 않은 종이 포장지인 '에코파인트eco-pint'만 사용했다.

특이하면서도 맛있는 아이스크림의 맛(그중 다수가 사회적 메시지도 담고 있다)은 말할 것도 없고, 세계화와 그것이 환경에 미치는 부정적 영향에 반대하는 공식적 입장 표명으로 벤앤제리스는 많은 충성 고객을 끌어모았다. 충분히 예상 가능한 것처럼, 버몬트주를 기반으로 한 이 사업체는 수익을 벌어들일 기회를 호시탐탐 노리는 국제적 대기업들에게 꽤 매력적으로 보였고, 유니레버는 벤앤제리스의 나스닥 주가 총액을 훌쩍 뛰어넘는 액수를 부르며 매각을 제안했다. 아무리 풀뿌리 캠페인이 벌어지고 있어도 창립자들이 사실상 거부하기 어려운 제안이었다. 이 거대 기업의 제안을 뿌리치면 벤앤제리스 주주들에게 실질적인 피해가 갈 상황이었고, 코언과 그린필드는 소송을 당할게 뻔했다. 벤 코언은 매각 거래가 성사된 날을 "인생 최악의 날"이라고 표현했다.[53] 제리 그린필드는 벌링턴의 중소기업이 추구하는 정신은 거대 글로벌 기업의 소유주와 거의 정면으로 대립하기 때문에 회사가 추구하는 가치를 지키는 것은 "끊임없는 투쟁"이라고 언급한 바 있다. 코언은 좀 더 솔직하게 말하기도 했다. "우리는 벤앤제리스의 가치를 유지하기 위해 인수 계약을 놓고 무척 신중하게 교섭했다. 우리가 배운 교훈은 입으로는 뭐라고 하든 간에 그런 가치를 공유하지 않는 대기업의 소유가 되면 기존의 가치를 유지하기가 무척 어렵다는 것이다."[54]

인수 합병의 대상이 된, 사회적 책임을 추구한 중소기업은 벤앤제리스뿐만이 아니다. 1984년 메인주에서 설립되어 자연 친화적 뷰티제품을 생산한 기업 버츠비Burt's Bees는 '커다란 선Great Good'을 추구했다. 벤앤제리스와 마찬가지로 버츠비가 외는 주문도 사회적 책임, 환경보호, 천연 재료 사용 등이다. 2004년, 사모 펀드 회사 AEA는 버츠비 지분 80퍼센트를 1억 7300만 달러에 사들였다. 2006년, 유니레버의 존 레플로글John Replogle이 AEA의 최고 경영자가 되었다. 2007년, 이미 60억 달러의 판매고를 올리면서 연간 9퍼센트의 성장률을 기록한 기업 클로락스Clorox가 내추럴 케어 시장에 주목하며 버츠비를 현금 9억 2500만 달러에 인수하겠다고 제안했다.[55] 버츠비의 미래에 대한 AEA의 확고한 투자 및 소도시 기반의 버츠비가 이미 창립자들의 손에서 벗어났다는 사실 때문에 클로락스로의 매각은 훨씬 쉽게 이뤄졌다.

2006년, 콜게이트-팜올리브Colgate-Palmolive는 탐스오브메인 Tom's of Maine의 지분 84퍼센트를 사들였다. 1970년 5000달러를 대출받아 설립한 내추럴 케어 중소기업이었다. 탐스오브메인은 버츠비나 벤앤제리스보다 훨씬 더 건강 지향적이고 생태친화적인 기업으로, 회사 로고는 옛날 옛적을 떠올리게 하는 모양이며, 회사가 가장 강력한 치태(플라크) 제거제로 내세우는 것도 회향이다. 부부 창립자 중 한 사람인 케이트 채플Kate Chappell은 이사회에 참여해 히피 기업으로서의 문화를 보존하고 초기에 세운 정책이 유지될 수 있도록 하고 있다.[56] 이러한 조치 때문인지 콜게이트-팜올리브에 인수됐음에도 탐스오브메인의 제품 포장에서는 그러한 사실이 드러나지 않는다. 트레이더조 매장에서 탐스오브메인의 천연 치약과 디오더런트를 집어든 보헤미안 쇼핑객이 이 회사가 콜게이트와 관련이 있다는 걸 알면 좋아하지 않을 테니 말이다. 탐스오브메인은 천연 제품 및 '동물실험을 하지 않는 회사'로 유명한 반면, 콜게이트-팜올리브는 동물실험을 하고 화학 원료 범벅인 주방 세제를 비롯해 여러 제품을 대량생산한다는 사실이 아이러니하다.[57]

이런 사례들을 보면 다른 몇몇 과시적 생산자들도 조만간 문제에 직면할 게 분명하다. 오늘날 벤앤제리스, 버츠비와 탐스오브메인, 그 밖에 몇몇 내추럴 케어 회사들은 홀푸드뿐만 아니라 타깃이나 월마트 등 대형마트 체인점에서도 찾아볼 수 있다.

생태친화적인 자연주의 제품이 대중화되는 것은 좋은 현상이지만, 애당초 해당 기업의 창립자들이 거대 다국적기업들에 대해 발언권을 갖는 것은 고사하고 자사 제품의 핵심적 가치에 부합하는 비즈니스가 이뤄지는지에 대해 통제권을 가지고 있을까? 내추럴 케어 제품에 대한 대중의 선호로 이런 인수가 이루어진 것처럼, 인텔리젠시아나 IOAN 같은 기업들도 폭넓고 다양한 소비자들의 수요가 많아지면 대기업에 매각하는 것 말고는 선택권이 없는 상황이 생겨날 수 있다(특히 상장 기업이 되면 더욱 그렇다). 창립자들이 아무리 이윤보다 사회적 가치를 중시한다 하더라도, 시장과 주주, 이사회, 그리고 자본주의는 결국 그들을 세계화된 주류 경제와 그로 인해 양산된 문제들로 끌어당길 것이다. 창립자들이 다국적기업에 편입됨에 따라, 이들이 만든 제품들은 애초에 그것을 탄생시킨 과시적 생산과정의 고색창연한 장식품이 되어버린다.

산업은 어디로 가는가?

과시적 생산의 마지막 아이러니는 실제로 이런 제품을 소비하는 행동의 대부분이 전혀 과시적이지 않다는 것이다. 물론 홀푸드 쇼핑백을 들고 돌아다니거나 농민 직거래 시장을 찾음으로써 특권집단의 일부라는 자부심을 느낄 수도 있겠지만, 솔직하게 말해서 집에서 토종 토마토를 먹을 때 당신 말고는 아무도 그

걸 어디서 샀는지 — 유기농인지 아닌지 — 알지 못한다. 아일랜드산 핸드메이드 회색 캐시미어 스웨터가 환상적으로 보일지는 몰라도 누구도 그 스웨터를 뜬 사람에 대해 생각하지 않는다. 이런 소비는 지위나 계급 문제와 깊숙이 관련되어 있기는 하지만, 실제로 대단히 비과시적이다. 전통적 형태의 과시적 재화가 익명으로 생산되면서도 소비자에게 지위를 제공하는 것과 달리, 과시적으로 생산된 재화에서 과시의 영역은 어디서 어떻게 만들어졌는지에 있으며, 소비자들은 주로 이 때문에 더 많은 돈을 쓴다. 아마 이게 중요한 점일 것이다.

이 운동이 공정무역과 로컬주의, 착취 반대 등의 측면에서 미치는 긍정적 영향과 그 과정 전체를 떠받치는 고귀한 가치에도 불구하고, 그것의 반산업, 반세계화 정신에는 조금 안일한 구석이 있다. 세계화와 자유무역으로 미국의 노동자들이 일자리를 잃기는 했지만, 전 세계적으로 보자면 경제성장이 절실히 필요했던 많은 지역에서 일자리가 생겨났다. 노동 착취와 관련된 문제들에 대해서는 물론 할 말이 많지만, 애당초 자본주의 시장에 참여조차 하지 못했던 나라들에 경제적 자원과 가능성을 제공했다는 점에서 중요한 역할도 했다는 것이다. 또한 자유무역협정과 대량생산의 부상으로 생산된 저렴한 옷은 자녀에게 옷을 입히려고 애쓰는 중간계급 가정에 도움이 되었다(소비자들이 너무 많은 옷을 사고 있지 않다고 말하려는 게 아니다). 산업과 대량생산, 그리고 양자가 미친 영향은 많은 과시적 생산 운동의 동력이자 비난거리를 낳는 원인이다. 하지만 야망계급의 한 성원이 메이드 인 브루클린 티셔츠를 입고 케일 샐러드를 먹는다고 할 때 그러한 엘리트 소비자 정신이 가능한 것은 애당초 산업이 창조한 경제성장과 풍요, 그리고 그로 인해 우리가 추구할 수 있게 된 사치스러운 포스트모던적 가치 때문이라는 사실을 놓쳐서는 안 된다.

메이드 인 브루클린 티셔츠는 그저 내부적으로, 야망계급의 동료 성원들에게 특정한 가치관을 신호하는 것 말고는 정말로 별다른 의미가 없을지도 모른다. 이 티셔츠 역시 잉글랜드 체다 치즈를 분필로 홍보하는 투박한 광고판과 나란히 과시적 생산의 고색창연한 장식물이자 야망계급의 성원임을 나타내는 기표일 뿐이니 말이다. 하지만 이런 미묘한 품목의 소비가 미치는 영향은 단지 우리의 친구들이 어떤 사람인지나 우리의 소득수준, 교육수준이 어떠한지를 나타내는 데 그치지 않는다. 우리의 소비는 이제 가치관을 반영하기에 이르렀다. 소비는 우리가 추구하는 가치를 암시하고, 그 가치가 우리의 소비를 결정한다. 우리가 그런 가치관을 어떻게 가지게 되었고 그것을 내면화하는지도 중요해졌다. 어디서 생산되는지가 중요한 만큼 우리가 어디에 사는지도 소비에 큰 영향을 미친다. 우리가 사는 곳은 과시적·비과시적 소비 선택과 우리가 자신을 정의하는 방식 둘 다에 엄청난 영향을 미치고 있다. 이 책에서 서술된 현상은 어느 정도까지 특정 장소에 국한되어 있을까? 다시 말해, 이러한 현상은 대부분의 야망계급 성원들이 거주하고 소비하며 따라서 서로 가치와 지위를 전달하는 특정한 장소에 국한된 것일까? 야망계급의 이야기는 미국 전체와 얼마나 공명하며, 얼마만큼이나 실제로 미국 대도시와 그 배후지에서 벌어지고 있는 것일까? 다음 장에서는 소비 선택과 가치와 취향의 많은 부분이 펼쳐지는 중심점으로서 도시의 부상을 살펴보고자 한다. 도시를 살펴봄으로써 우리는 야망계급 및 이들의 소비 양상의 지형도를 그려볼 수 있을 것이다.

6장

도시와 야망계급

21세기 도시에 대한 일반적인 관찰은 사회학자 샤론 주킨Sharon Zukin이 말한 것처럼 '소비의 풍경'이 되었다는 것이다.[1] 도시는 새로운 엘리트들의 소비 습관을 관찰할 수 있는 지리적 렌즈다. 오늘날 도시들은 공유하는 가치와 이데올로기, 소비 양상을 통해 지리적으로 근접한 소도시나 교외보다 서로 더 많이 연결된다. 도시는 야망계급의 소비 중심지이며, 이 책에서 지금까지 논의한 많은 행동과 현상이 펼쳐지는 곳이다. 이러한 도시 소비의 부상은 엘리트들—특히 야망계급의 부유한 성원들—이 유입된 결과다. 엘리트들이 도시로 들어오고, 도시는 그들의 욕구와 필요를 충족한다.

분명히 말하자면, 도심은 부유한 야망계급 성원들의 중심점일 뿐만 아니라 전 세계 모든 경제 엘리트들이 열렬하게 바라는 장소다. 뉴욕에서 런던, 베를린에 이르기까지 세계 각지 신문의 헤드라인은 기록적인 아파트 매매가와 한때 모래투성이였던 동네에서 급격하게 진행되는 젠트리피케이션을 보도하고 있다. 신축 콘도[개별 분양 아파트.—옮긴이]와 고급 상점이 들어서면서 허름한 술집과 저렴한 주택이 밀려나는 현상은 21세기 대도시에서 흔히 펼쳐지는 광경이다. 이 엘리트 유토피아를 건설하는 과정에서 서구의 자본주의 도시들은 독자적인 문화적, 경제적 우주로 변신하고 있다. 상향 이동을 염원하는 야망계급의 성원이 브루클린에서 적당한 가격의 아몬드라떼 한 잔을 살 때마다 어퍼이스트사이드의 중국인 올리가르히들은 수백만 달러짜리 아파트를 한 채씩 산다. 오늘날 서구 자본주의 도시들에서는 이 두 엘리트 세계가 충돌하고 있다. 그리하여 야망계급과 관련된 오늘날 도시의 중요한 역할을 이해하려면 세계경제를 떠받치는 불평등 및 글로벌 경제 엘리트의 부상과 이를 물리적으로 구현해내는 도시의 역할을 탐구해야 한다. 오늘날의 도시를 이해하는 것은 야망계급을 비롯한 세계 엘리트들이 왜 도시를 욕망하는지에 대한 이해와 맞닿아 있으며, 이런 매력의 대부분은 사람들이 소비하는 대상에서 찾아낼 수 있다.

　세계 엘리트들의 목적지가 언제나 도시는 아니었다. 도시는 지역 교역의 장으로 시작해 수출의 장이 되었고, 산업혁명과 더불어 생산의 중심지로 떠올랐다.[2] 산업혁명과 제조업 경제는 소비를 대중화했고, 그 지리적 근거지가 바로 도심이었다. 프리드리히 엥겔스부터 제이컵 리스Jacob Riis, 게오르크 지멜에 이르기까지 수많은 사회학자와 경제학자들은 물리적, 사회적으로 도시의 상태가 심각해졌다고 지적하면서, 그 원인을 공장, 노동자들이 거주하는 셋집, 그 밖에 많은 대량생산의 요소들로 짚어냈다.[3] 20세기 초의 도시는 서구 대도시에서 유례를 찾아볼 수 없는 급속한 인구밀도 상승을 겪었다. 이는 생산 증가가 낳은 결과로, 제조업 경제가 물질적 재화를 대량으로 생산하는 능력을 갖추면서 그에 따른 수요가 증가했고, 이는 다시 이주 노동자와 연립주택의 증가로 이어졌다. 이런 팽창은 또한 도시를 살기 어려운 곳으로 만들었다. 20세기 중반에 이르자 도시는 더 이상 사람이 살 수 없는 장소가 되었다(공중 보건과 인구 과밀, 공해 등 여러 문제가 급증했기 때문이다). 예상 가능하겠지만, 연방 정부는 도시를 떠나 교외에 주택을 구입하려는 이들에게 저금리 분할상환 대출을 지원했고, 능력 있는 이들은 당연히 도심을 떠났다.[4] 이후 1960년대부터 1980년대까지 이어진 도시의 탈산업화로 중간계급과 일자리가 사라졌다.

당시 도시를 연구하던 이들—경제학자, 사회학자, 도시공학자 등—은 도시의 사멸이 계속될 것이며 우리가 알았던 모습으로 도시가 회복될 일은 없을 거라고 예상했다. 실제로 그들의 예상은 어느 정도 적중했다. 도시는 더 이상 제조업의 중심지가 아니게 되었고 남아메리카와 아시아로 옮겨간 공장들도 다시 돌아오지 않았다. 한때 제조업 노동자로 일하며 넉넉한 임금을 받았던 비숙련 소수민족 노동자들은 여전히 대규모 실업난에 시달린다. 하지만 도시는 쇠퇴하지 않았다. 1980년대 초반, 급성장하는 선진 서비스 경제가 주요 대도시를 장악했다. 실질적인 생산은 도시를 떠났지만, 상품과 서비스, 자본의 흐름을 관리하고 운영하는 기업들이 속속 도시로 유입되기 시작한 것이다. 본사와 기업 경영진이 도시에 자리를 잡았다.[5] 제품을 제조하는 과정은 개발도상국의 저렴한 지역으로 옮겨갔으나, 무엇을 만들고 어디서 판매할지, 주식시장에서든 백화점 매장에서든 어떻게 회사와 제품의 가치를 매길지에 관한 결정은 주요 도시에서 이루어졌다. 실제로 탈산업화의 영향을 받은 바로 그 도시들 — 보스턴, 뉴욕, 시카고 — 이 본사와 금융 서비스, 로펌, 그 밖의 고도로 숙련된 서비스 산업의 입지 덕분에 부활하고 있었다. 이런 도시의 부흥은 공업 경제가 부활한 결과가 아니었다. 런던정경대학교의 지리학자 마이클 스토퍼Michael Storper가 《도시의 열쇠》에서 말한 것처럼, "제조업의 분산은 사실상 중앙 도시의 역할에 종지부를 찍었다. 하지만 도시 집중에 종지부를 찍은 건 아니었다".[6]

사실 교육수준이 높은 도시 주민들이 실제로 어떤 가시적인 것을 생산하는지 말하기는 쉽지 않다. 이들은 대개 제도화된 고등교육에 크게 의존하는 아이디어의 세계에서 일한다. 사회학자 사스키아 사센은 《사스키아 사센의 세계경제와 도시》를 통해 도시들이 물리적 생산의 중심지에서 지식과 비물질적 금융자본의 본거지로 변화한 과정을 기록했다. 그는 이러한 과정에 각기 다른 몇 가지 변화들이 복합적으로 작용했다고 말한다. 우선, 임금과 원자재가 저렴한 개발도상국으로 생산이 아웃소싱되고, 세계 곳곳의 주요 도시를 가로질러 거래와 교역이 이루어지는 등 세계화는 비즈니스의 모든 영역에 영향을 미쳤다. 이러한 거래 중 일부는 금융시장이 이윤 창출의 핵심 영역으로 부상하며 지리적으로 주요 도시에 집중된 현상과도 관련이 있다. 이런 경제적 상호작용은 뉴욕, 런던, 홍콩, 도쿄 등 몇몇 주요 글로벌 도시에서 볼 수 있는 것처럼 한곳에 집중화되며, 밀접한 접촉을 필요로 하는 사람과 기업들 사이의 즉각적인 교류가 특징이다. 또한 금융 산업은 가까운 거리에서 이용할 수 있는 서비스(회계, 법률, 홍보)를 필요로 했다. 금융활동 및 사센이 말한 '고급 생산자 서비스'로 인한 도시의 부활은 앞서 언급한 중심지들에서 처음 이루어졌지만, 이내 다른 도시들에서도 제조업의 이탈 및 기술(보스턴, 샌프란시스코)과 창의적 사업(로스앤젤레스, 뉴욕)을 포함한 지식·혁신 중심 산업의 유입이 나타났다.[7]

2000년대에 이르자 도시는 다시 주목을 받았다. 이런 현상의 한 가지 요인은 도시가 무형의 기술과 교육, 혁신, 창의성을 높이 평가하는 새로운 글로벌 경제구조의 핵심이 되었다는 것이다―사센이 말한 고급 생산자 서비스는 이른바 '지식 경제', '상징 분석가', '창조 계급'이라고 불리는 현상을 떠받치는 토대가 되었다.[8] 세계경제가 부품과 공장에서 사람과 아이디어로 재구조화되면서 도시는 뚜렷한 변화를 마주했다.[9] 아이디어를 교환할 수 있도록 가까이 모여 있어야 하는 필요성, 조밀한 비물질적 자원에 대한 즉각적인 접근성에 대한 요구는 밀집된 도시 지리를 중요하게 만들었다. 나아가 도시(특히 도시에 자리한 기업)가 숙련 노동자를 필요로 함에 따라 교육과 기술을 보유한 노동시장의 엘리트들은 남들보다 더 많은 보수를 받게 되었고, 이에 따라 도시에서는 부유하고 교육수준이 높은 노동시장 엘리트들이 빽빽하게 군집을 이루는 양상이 나타났다. 기업과 거기서 일하는 사람들이 다시 도시로 모여드는 가운데 세계 곳곳에서 도시는 르네상스시대를 맞이했다.

이런 변화는 급속하고 심대하게 이루어졌다. 스탠퍼드대학교의 경제학자 레베카 다이아몬드Rebecca Diamond는 1980년에서 2000년 사이 뉴욕에서 대졸 이상의 인구가 73퍼센트 늘어난 반면, 고졸 이하의 인구는 15퍼센트 줄어들었다는 사실을 발견했다. 이는 뉴욕에서뿐만 아니라 미국 전역의 대도시에서 두루 나타난 현상이다. 전국적으로 대도시에서는 교육수준이 높은 인구가 급속하게 늘어나는 동시에 저숙련 노동자가 줄어들었다.[10] 스토퍼는 1990년대 말에서 2000년대 초반까지 기업이 자리잡고 그에 따라 숙련 노동자들이 모여든 결과로 도시 대부분이 — 오래된 도시든 추운 도시든, 난개발되었든 햇살이 좋든 상관없이 — 성장했다고 말했다. 애틀랜타, 뉴욕, 로스앤젤레스, 시카고 등 다양한 도시의 인구들이 하나같이 증가했다는 사실은 21세기의 일자리와 이윤 창출을 극대화하는 것이 각 도시의 특수성이 아니라 도시 일반의 특성, 즉 도시 자체의 조밀함과 다양성이라는 사실을 시사한다. 더욱이 노동시장의 엘리트들은 거주지와 가까운 곳에서 일할 수 있는 사치를 누리는데, 많은 이가 삶의 질에 영향을 미치는 출퇴근 시간을 최소화하기 위해 도시를 선택한다. 이 경우에도 역시 도시의 특성 자체가 새로운 엘리트들의 선호에 부합한다." 폴 크루그먼은 이러한 현상에 대해 간결하게 말했다. "고소득 엘리트들은 대체로 원하는 것을 손에 넣는데, 2000년 이래 그들이 원하는 것은 대도시 도심 부근에 사는 것이다."[12]

그리하여 도시는 21세기 야망계급과 이 계급의 독특한 생활 방식을 규정하는 지역이 되고 있다. 직장 근처에 살고자 하는 이 엘리트들의 욕망은 도시와 사업가들을 자극하며 그들의 가치관과 선호를 반영하는 레스토랑과 부티크, 카페, 엔터테인먼트를 더 많이 제공하게 만들었다. 오늘날 사람들이 도시에 사는 이유는 단순히 경제적이거나 실용적인 측면에 있지 않다. 사람들은 도시가 제공하는 것 때문에 도시에 산다. 주요 대도시의 성공적인 부활에 고무된 다른 소도시들, 즉 볼더, 피츠버그, 세인트루이스 같은 도시들도 르네상스에 뛰어들었다—이 도시들은 창조 계급의 성원들(새로운 경제의 생명줄로 간주된다)을 끌어들이기 위해 공장을 주택으로 개조하고, 공공시설을 늘리고, 자전거도로와 보행자 친화적 인도를 닦는다.[13] 현지 정치인들과 개발업자들은 활발한 거리와 커피숍, 라이브음악을 새로운 도시생활의 일부로 홍보한다. 전국 곳곳의 도시와 교외 모두에서 수없이 많은 신축 개발이 진행되고 있으며, 개발의 목표는 주거와 쇼핑, 레스토랑이 결합된 복합적 경험을 제공하는 데 있다. 이런 개발 지구 가운데 일부는 실제로 도심에 있기도 하지만(자포스 창립자 토니 셰이의 라스베이거스 다운타운 프로젝트, 시카고의 뉴시티, 로스앤젤레스의 스테이플스센터), 대부분은 보도와 야외에서 울려

퍼지는 음악, 카페, '거리의 풍경'이 내려다보이는 아파트로 도심의 경험을 재현한다(실리콘밸리의 산타나로, 로스앤젤레스의 그로브, 럭셔리 명품샵이 즐비한 플로리다의 발하버숍스). 산업혁명이 대도시를 장악하고 150여 년 뒤, 마지막 공장이 폐쇄된 지도 오랜 시간이 지난 후 이제 도시는 물질적 재화의 생산이 아닌 소비의 중심이 되었다.

하버드대학교의 경제학자 에드워드 글레이저Edward Glaeser는 오랜 기간 소비와 도시 성장 사이의 관계를 연구했다. 도시에 대한 과거의 일반적인 이해는 생산에는 적합해도 소비에는 그렇지 않다는 것이었다. 산업혁명과 그 여파가 서구 도시 전역에 확산됨에 따라 도심이 과밀해졌고(이는 질병의 확산으로도 이어졌다), 환경이 오염됐으며, 사실상 상업과 생산공정에 장악되었기 때문이다. 요컨대 도시는 살기 불편한 곳이었다. 프리드리히 엥겔스의 맨체스터 연구를 들춰보거나 케네스 잭슨Kenneth Jackson의 《잡초가 무성한 개척지Crabgrass Frontier》를 읽기만 해도 산업화된 대도시의 참상을 생생히 알 수 있다. 도시를 벗어날 수 있는 이들은 미련 없이 떠났다. 주택 공급을 유지하는 데 필요한 자원과 인구가 줄어들자 주택 수도 감소했다. 미국에서는 정부가 연방 주택공사 대출과 제대군인원호법을 통해 교외 주택 구매를 지원했고 이를 계기로 도시로부터의 이탈이 한층 가속화되었다. 이런 조치는 레드라이닝redlining[은행이나 보험회사가 특정한 지역에 붉은 선을 그어 경계를 지정하고, 그 지역에 대해 담보대출과 보험 등의 금융 서비스 제공을 거부하는 행위.─옮긴이]과 토지 사용 제한 약정을 통해 암묵적으로 인종차별을 조장했으며 이로 인해 소수민족 공동체는 대출을 받지 못해 노후화되는 도심에 사실상 갇혀 버리기도 했다.[14] 20세기 중반부터 수십 년간 사람들은 도시보다 교외에 살고 싶어 했다.[15]

이런 동학은 수십 년 동안 이어졌다. 하지만 글레이저의 연구에 따르면 오늘날에 이르러 도시에서는 정반대의 현상이 나타나고 있다. 현재 세계경제의 중심이 되는 기업들은 주요 대도시에 자리하며, 노동시장의 엘리트들 역시 그곳에 산다. 이 새로운 엘리트들은 풍부한 편의시설과 소비 선택지를 제공하는, 조밀하면서도 문화적으로 풍요로운 동네를 선호한다. 가장 많은 소비 기회를 제공하는 도시가 번창하는 중이다. 도시경제학의 지배적인 지적 패러다임은 이른바 새로운 신고전파 도시경제학 New Neo-Classical Urban Economics, NNUE으로, 이는 '편의시설 가치'나 삶의 질을 둘러싼 개인과 기업의 선호가 기업과 노동시장 엘리트들의 입지 선택을 설명해준다고 주장한다. 예를 들어, 오래된 산업도시들이 부활한 이유 가운데 하나는 고숙련 노동자를 끌어들이는 소비 선택지와 사회적 상호작용이 낳은 결과라는 것이다.[16] 이 이론은 21세기 도시들에서 실제로 입증되고 있다. 글레이저는 동료 경제학자 제드 콜코Jed Kolko, 앨버트 사이즈Albert Saiz와 함께한 연구에서 편의성이 높은—공원, 오페라극장, 다양한 식당과 소매상점을 갖춘— 도시가 편의성이 낮은 도시보다 훨씬 빠르게 성장했음을 발견했다. 실제로 1980년의 편의시설 집중도를 기준으로 이후 10년간의 인구 증가를 예측할 수 있었다. 또한 그들의 연구에 따르면, 도시의 주택 임대료는 도시 임금보다 훨씬 높으며, 이는 도시에 거주하려는 수요가 단순히 더 많은 임금을 받는다는 사실만으로 설명될 수 없음을 시사한다. 평균적인 도시 거주자들은 도시생활이 제공하는 편의 때문에 높은 집세를 기꺼이 감내하는 것이다. 한 도시의 성공을 좌우하는―그리고 글로벌 도시의 위계를 경계짓는―요인은 거주자들이 얼마나 다양한 소비 선택지를 가질 수 있는가에 있다.[17] 도시가 숙련된 인적 자본의 중요한 거점이 됨에 따라 도시 또는 도시의 사업체를 운영하는 이들은 도시생활을 가치 있고 흥미롭게 해주는 편의시설을 만든다.[18] 그리하여 세계경제의 중심이자 새로운 엘리트들의 주요 소비지역이 되는 과정은 동시에 일어난다.

글레이저와 동료들은 편의시설을 네 가지 유형으로 분류했다. 로컬 상품, 미적 경험, 공공서비스, 속도가 그것이다. 뒤의 세 가지 편의시설은 꽤 단순하다. 사람들은 좋은 학교와 낮은 범죄율, 멋진 건축물, (적당한) 날씨, 공원을 좋아한다. 사람들은 지하철과 자전거도로 같은 편리한 교통체계 및 중심 업무 지구와의 근접성을 원한다. 따라서 표면적으로 보면, 드넓은 공공장소와 효율적인 지하철 노선, 낮은 범죄율, 명문 학교(특정 동네로 제한되긴 하지만)를 갖춘 맨해튼이나 런던의 인기는 놀랄 일이 아니다. 하지만 그 지역의 소비자 선택지, 그리고 무엇보다도 한 도시가 다른 도시와 다르게 제공하는 다양한 요소를 따지자면 문제는 복잡해진다.

중세시대 이후, 우리는 실질소득이 증가하고 탈희소성 사회가 등장하는 것을 목격했다.[19] 이런 발전이 이루어진 결과 불평등이 심화되는 와중에 서구 산업화 국가의 많은 사람은 더 많은 돈을 가지게 됐다. 기본적 생필품을 사고 나서도 남은 돈을 2차, 3차 욕구에 쓸 수 있게 된 것이다. 이에 따라 전 세계적으로 대다수 사람들이 더 많은 상품을 구매하고 있다. 공간적 관점에서 보면 사람들이 가장 살고 싶어 하는 지역은 대개 소비에 최적화된 도시다. 뉴욕, 런던, 홍콩, 샌프란시스코, 로스앤젤레스, 파리 같은 거대한 '알파' 도시는 완벽한 카푸치노, 좋은 레스토랑에서의 식사, 디자이너 드레스 등 수많은 고급 소비 선택지를 거듭 제공한다. 또한 지역적 영향─런던의 맛있는 커리, 시카고의 훌륭한 피자, 파리의 바게트 등─은 끝없이 이어지는 카페, 부티크와 함께 이 도시들의 생산물에 독특한 특징을 부여한다. 커리 식당이 번창하는 건 다양한 사람들이 많이 모여 살기 때문이다. 다시 말해, 특정 상품을 생산할 수 있는 사람과 그것을 소비하고 싶어 하는 사람들 다수가 한 도시에 집중되어 있기 때문이다.[20]

다른 이들이 곁에 두고 싶어 하는 사람들 자체가 지역 상품이 되기도 한다. 도시마다 그곳에 사는 사람들의 특수성과 고유성은 사람들이 특정 도시를 각기 다른 매력으로 욕망하게 만든다. 우리는 생각과 문화, 이야기를 공유할 수 있는 사람들, 같은 책을 읽고 같은 영화를 보는 사람들을 곁에 두고 싶어 한다. 우리는 궁극적으로 사회적 동물이며 일련의 규범과 공유된 정체성을 중심으로 연결된다. 이런 연결의 일부는 산업이 낳은 결과다. 컨트리음악 분야에 종사하는 사람들은 내슈빌에 모여 서로 가까이에 살며, 작곡 노트나 가사에 관한 아이디어를 공유하는 식으로 생산성을 높일 뿐만 아니라 디너파티나 술집에서 같은 관심사를 공유하며 즐겁게 지낸다. 금융, 영화, 출판, 어떤 분야든 특정 직업의 사람들이 모이면 정체성을 공유하는 것으로 응집력을 만들어내는 사교집단이 생겨난다. 따라서 사람들은 단순히 일자리가 아니라 사회적, 개인적 삶의 소비를 극대화할 수 있는 곳을 찾는다.[21]

이러한 사회적 소비는 사람들이 데이트하고, 결혼하고, 함께 가정을 이루고, 평생 우정을 나누며 살고 싶은 사람들을 만나는 방식이기도 하다. 만약 당신이 독신 시나리오작가라면 마이애미보다는 로스앤젤레스에서 흥미로운 데이트 상대를 만날 가능성이 더 높을 것이다. 로스앤젤레스에서는 당신과 연관성 있는 업계에 종사하는 동료들을 더 많이 마주칠 것이기 때문이다. 도시들이 점차 공업 생산이 아닌 지적 생산(금융, 정보 기술, 예술)의 장이 됨에 따라 도시의 고숙련 노동자들은 바로 그 도시에서 서로를 만나 부부가 되어 자녀를 가지고, 그 아이 또한 똑같은 고숙련 노동자로 길러낸다.[22] 도시가 그 연결고리가 되는 것이다. 불평등에 대한 일반적인 우려는 숙련 노동자와 비숙련 노동자의 사회적·경제적 양극화, 그리고 그들과 미래 세대에게 존재하는 기회의 양극화다. 이런 현상의 뿌리는 도심지의 데이트 시장에서도 찾을 수 있다(특히 사람들이 '위'나 '아래'의 계층이 아니라 비슷한 계층과 결혼하는 21세기의 추세를 경제학자들은 '동류 결혼 assortative mating'[23]이라고 부른다). 영리한 사람들은 일뿐만 아니라 우정과 연애에서도 비슷한 사람들을 원하는데, 이런 현상은 시간이 흐름에 따라 결국 고도로 계층화된, 교육수준이 대단히 높은 부유층의 형성으로 이어진다. 경제학자 타일러 코웬Tyler Cowen은 이를 다음과 같이 표현했다. "자녀의 이익을 증진하기 위해 가능한 모든 일을 하려고 하는 고소득 맞벌이 가정에 돈과 재능이 집중된다."[24]

도시인들의 사회적·경제적 상호작용은 도시를 최고의 소비지역으로 만든다. 오늘날 대도시에 사는 상당수의 사람들은 대개 전문직 노동자이며 이들은 대다수 사람들보다 더 많은 임금을 받는다. 이제 이들은 미술관, 명문 학교, 칵테일바, 그 무엇이든 고급스러운 소비의 선택지들을 요구한다. 틈새시장을 노리는 사업가들과 샤넬이나 카르티에 같은 다국적기업들이 이런 욕망에 부응하고 있다. 고급 핸드백과 시계 외에도 도시에는 레스토랑, 술집, 심지어 네일살롱까지 무수한 선택지가 있으며 이는 사람들에게 여윳돈을 쓸 수 있는 통로가 되어주고, 도시는 더욱더 살고 싶은 곳이 된다. 글레이저는 1998년에서 2008년 사이 맨해튼 레스토랑의 고용률이 50퍼센트 이상 증가했음을 언급하며, 이러한 변화는 소비 수요에 맞춰 공급이 따라가고 있음을 시사한다고 밝힌 바 있다.[25]

아이러니하게도, 부유층에게 도시의 삶과 그 모든 풍부한 소비의 선택지는 비교적 저렴하다(다른 이들은 집세를 내기 위해 분투하고 있다. 여기에 관해서는 나중에 이야기하자). 우리는 취향이 소득에 따라 바뀐다는 걸 안다. 이런 사실은 가진 돈이 많아 가처분소득도 더 많은 부유한 사람들을 관찰하기만 해도 어느 정도 알 수 있다. 하지만 일반적으로 부유층이 서로 비슷한 기본적 재화—방목 닭고기, 유기농 우유, 괜찮은 레스토랑, 마사지 등—를 찾는다고 할 때, 거주지로서의 도시는 특히 부유층의 소비 욕구에 더 세심하게 부응하는 경향이 있다. 샌타모니카를 잠깐 돌아다니기만 해도 스파, 유기농 찻집, 비건 레스토랑 등 부유층이 특히 애용하는 장소가 넘쳐난다. 펜실베이니아대학교 와튼스쿨 교수 제시 핸버리Jessie Handbury는 이런 현상을 '소득에 따른 취향'이라고 칭했다. 핸버리는 부유층이 다양한 사치품을 추구할 뿐만 아니라(가령, 고급 치즈도 다양한 산지를 보며 고르는 것을 선호한다) 가격 변동에 거의 신경쓰지 않는다고 말했다. 그들은 저녁 뉴스가 보도하는 쇠고기나 우유의 가격 인상 소식에 관심이 없다. 하지만 이 부유층 사람들은 도시에 사는 덕분에 좋은 제품을 비교적 저렴하게 구매한다. 핸버리는 미국의 4만 가구와 500개 식품 품목을 조사한 결과, 부유층(연간 소득 10만 달러 이상)이 흔히 물가가 저렴하다고 여겨지는 도시(디트로이트나 애틀랜타 등)에 살 때에 비해 1인당 소득이 높은 도시(뉴욕, 샌프란시스코)에 살 때 식료품비 지출이 20퍼센트 적다는 사실을 발견했다.[26] 손톱관리도 도시가 더 저렴하다. 뉴요커들은 다른 10대 대도시보다도 손톱관리에 지불하는 비용이 3달러 저렴하다.[27] 도시가 제공하는 사치스러운 소비는 한쪽으로 크게 치우친 듯 보인다. 도시인들의 소비 선택지는 더 많을 뿐만 아니라 더 저렴하다.

이런 조사 결과를 뒷받침하는 이론은 미시경제학의 기초

인 규모의 경제와 범위의 경제다. 간단히 말해, 도시 중심부에는 야구장이나 오페라극장, 영화관 같은 편의시설이 유지될 수 있을 만큼 동일한 유형의 소비에 참여하는 사람의 수가 많다(규모의 경제). 마찬가지로 마사지, 유기농 식품, 식당이나 술집의 해피아워를 소비하는 사람들도 많아서 가격 상승이 억제된다. 또한 소비의 '롱테일long tail'[다품종 소량생산된 비주류 상품이 대중적인 주류 상품의 시장점유율을 앞지르는 현상을 가리키는 표현. ─ 옮긴이]이 가능할 만큼 외국 음식 레스토랑, 고급 부티크, 아방가르드 극장 등을 찾는 사람들이 많다(범위의 경제). 다양한 출신 배경과 선호를 가진 많은 사람이 같은 지역에 있음으로써 생겨나는 충분한 수요와 다양성 덕분에 도심에서는 그렇게 많은 선택지가 가능해진다. 순전히 다양한 인구가 거주한다는 사실만으로 도시에 필요한 편의시설이 활발하게 만들어지고 시내에 자리한 국수/컵케이크/크로넛[크로아상과 도넛을 합친 패스트리 빵. ─ 옮긴이] 가게들이 인산인해를 이룬다. 요컨대 어떤 제품과 서비스든 수요가 공급을 충족한다. 많은 도시 여성들이 손톱관리를 필요로 한다는 수요에 부응하기 위해 네일살롱이 문을 열고, 이 살롱들이 경쟁함으로써 가격이 조정된다. 유기농 토종 토마토도 마찬가지다 ─ 캔자스 소도시에서처럼 한 마트에서만 토종 토마토를 파는 게 아니다. 몇 블록만 걸어봐도 토종 토마토가 있는 마트를 다섯 군데는 볼 수 있다. 공급과 수요가 많은 부유한 도시에서는 사치품이 저렴해진다 ─ 어느 모로 보나 21세기 소비도시의 불공정한 현실이다.

도시인들은 뉴욕이나 로스앤젤레스의 생활비가 높다고 개탄하지만, 이는 그들이 미국의 나머지 지역의 현실에서 얼마나 동떨어져 있는지를 보여줄 뿐이다. 물론 5달러는 커피 한 잔 값으로 꽤 큰돈이다. 하지만 웨스트버지니아나 펜실베이니아의 소도시에 사는 사람은 500달러짜리 신발은 말할 것도 없고 그런 커피를 사 먹을 생각조차 하지 않는다—도시인들에게는 어느 쪽이든 흔한 일이겠지만 말이다. 핸버리는 도시의 기본적 소비재가 비싸다기보다는(핸버리의 설명에 따르면 우유는 도시에서 더 저렴하다) 도시에 사는 사람들의 취향이 더 비싼 쪽으로 바뀌는 것이라고 설명한다. 또한 레베카 다이아몬드가 발견한 것처럼 도시는 이른바 '숨겨진 편의시설', 즉 (다른) 엘리트들을 접할 기회, 산책하기 좋은 아름다운 공원, 안전한 거리, 다양한 테이크아웃 음식점 등을 제공한다. 이 모든 편의시설 덕분에 어떤 생활수준 지수보다 행복지수가 30퍼센트 높다. 꼭 디자이너 신발이나 값비싼 식사가 아니더라도 평범한 작은 것들이 상향 이동하는 고숙련 노동자들의 일상생활을 한층 쾌적하게 만들어준다.[28] 도시는 어떤 면에서든 글로벌 엘리트들의 핵심 소비지역이다.

소비의 풍경

부유한 도시인들은 대체로 기존의 사치품을 선호하지만, 약간의 차별화를 더하는 걸 좋아한다. 스타벅스에 줄을 서서 '하프 카페인' 스키니 라떼에 거품 추가, 무설탕 캐러멜 시럽 두 번 펌핑을 주문하는 걸 듣다보면 도시인들의 기묘한 변주가 생생하게 느껴진다. 각 도시들은 나름의 사치스러운 소비 경험을 장려하고 있다 ― 로스앤젤레스 베니스에서는 물세탁이 가능한 캐시미어 셔츠를 선호하고, 베벌리힐스에서는 좀 더 클래식한 에르메스를 선호하는 식이다. 시카고의 보헤미안 공간인 위커파크와 골드코스트 지역도 마찬가지로 사치품 소비의 유행이 다르다. 보스턴의 부자 동네인 비컨힐과 지적인 동네 케임브리지는 취향에서는 판이하지만, 두 곳 다 각 도시의 주민들을 확실하게 만족시키는 풍부한 소비자 선택지를 제공한다. 시카고대학교의 사회학자 테리 클라크Terry Clark는 이렇게 다른 소비 '풍경'의 융합이 '엔터테인먼트 기구로서의 도시'를 구성한다고 말했다. 클라크는 동료 사회학자 리처드 로이드Richard Lloyd와 함께 쓴 글에서 이렇게 서술했다. "삶의 질은 단순히 생산의 부산물이 아니라 새로운 생산과정을 규정하고 추동한다."[29] 도시는 삶의 질이라는 무형의 모호한 개념이 도시인들의 다양한 선호에 부응하는 특정한 재화와 서비스를 통해 구체화되는 곳이다. 클라크의 연구는 이런 일반화된 도시생활의 동학이 특정 장소에서 어떻게 펼쳐지는지를 밝혀내고자 했다. 클라크는 도시 정체성을 이해하기 위한 방편으로 특정한 사람들이나 장소를 살펴보는 대신 사람들이 무엇을 하고, 어떻게 소비하는지에 초점을 맞췄다. 과시적 소비와 사치품이 넘쳐나는 베벌리힐스와 매디슨애비뉴 같은 화려한 지구, 노팅힐이나 소호, 베니스 등지의 보헤미안적 성향,

어퍼웨스트사이드나 패서디나에서 볼 수 있는 중간계급의 전통적인 행동 양식 등이 그것이다. 하지만 같은 장소라도 사람에 따라 다르게 의미화될 수 있다—부자에게 베벌리힐스는 거주지이겠지만 다른 누군가에게는 종종 찾는 과시적 소비의 장소이며, 또 다른 사람에게는 재미있게 놀며 구경하는 곳이다.[30]

같으면서도 다른 도시

일반적으로 소비가 도시의 경험을 규정하지만, 로스앤젤레스와 샌프란시스코 같은 곳은 둘 다 캘리포니아의 도시임에도 각각 화려함과 불굴의 정신이라는 미시적 측면에서 차이가 있으며, 거시적 측면에서도 서로 너무나 다르다. 두 도시는 물론 도시생활과 그것이 가진 모든 매력—화려한 카페, 멋진 레스토랑, 박물관, 거대한 스포츠 경기장—의 거대한 메카다. 하지만 만약 당신이 샌프란시스코 사람과 로스앤젤레스 사람을 구분하지 못한다면, 샌프란시스코 사람은 로스앤젤레스 사람에게는 없는 보헤미안 지성주의에 대한 자부심으로 심한 모욕감을 느낄 것이다. 로스앤젤레스 사람은 뉴요커를 신경증 환자라고 여기고, 뉴요커는 시카고 사람을 중서부 촌뜨기라고 보는 등 숱한 사례가 있다. 바로 여기에 도시와 도시에서 이루어지는 소비에 관한 단순하면서도 중요한 포인트가 있다. 뉴욕이 금융과 패션으로, 샌프란시스코가 정보 기술로, 디트로이트가 자동차로, 로스앤젤레스가 영화와 비디오게임으로 유명한 것처럼, 각 도시의 소비 선택지 또한 도시의 정체성을 떠받치는 데 중요한 역할을 한다.

소비 양상을 살펴보면 대도시는 평범한 소도시와 다른 것만큼이나 각 도시들끼리도 서로 다르다. 사실 대부분의 소도시는 무작위로 고른 두 대도시보다 서로 공통점이 더 많다. 언뜻 당연해 보이지만, 도시에 관한 대부분의 연구는 도시생활의 전체적인 양상―하나의 통합된 전체로서의 도시―을 이해하려고 시도해왔다. 시카고대학교의 사회학자 루이스 워스Lewis Wirth는 1938년에 발표한 유명한 글 〈생활 방식으로서의 도시생활 Urbanism as a Way of Life〉에서 규모, 이질성, 밀도라는 세 가지 기준으로 도시를 정의했고,[31] 이후 많은 연구가 그 기준을 따랐다. 프랑스의 마르크스주의 철학자 앙리 르페브르Henri Lefebvre는 우리가 '도시 혁명'을 겪고 있으며(실제로 미국 인구의 82퍼센트, 전 세계 인구의 절반 이상이 도시인이다), 생물학이나 물리학과 똑같이 도시 자체를 하나의 분야로 삼아 연구해야 한다고 주장했다. 최근에는 산타페연구소의 물리학자 제프리 웨스트Geoffrey West가 복잡한 방정식을 만들고 빅데이터 분석을 시도해 규모나 밀도, 이질성에 상관없이 심층적이고 예측 가능한 구조가 도시와 도시의 양상을 지탱한다고 주장한 바 있다. 웨스트는 방정식을 통해 85퍼센트의 정확도로 도시의 기능과 양상을 설명할 수 있다고 말한다.[32] 예를 들어, 한 도시의 인구 규모를 알면 범죄율, 쓰레기양, 식료품점 수 등을 도출할 수 있다는 것이다. 매사추세츠공과대학교의 마르타 곤살레스Marta Gonzalez와 동료들은 연구를 통해 일반화할 수 있는 사람들의 이동 패턴을 발견했다. 600만 명의 표본에서 추출한 10만 명의 전화와 문자 패턴을 연구한 결과, 대다수 사람들이 4개 장소에서 대부분의 시간을 보낸다는 사실을 밝혀낸 것이다. 우리 대부분이 각기 다른 장소에서 살고 일하더라도 우리의 공간적 패턴은 대략적으로 예측 가능하다. 실제로 연구자들은 개인들을 각기 다른 세 집단으로 나누어 어떤 차이가 있는지 살펴보았고, 결과는 정확히 똑같은 행동을 보인다는 것이었다. 각 집단은 서로 "거의 구별할 수 없었다".[33] 연구 대상자 모두는 주로 같은 장소에 네 번 들렀고, 매일 같은 양상을 보였다. 들른 곳 자체는 다른 장소일지라도, 거주 지역, 인종, 직업, 기타 인구학적 특성 또는 경제학적 특성에 상관없이 행동 양상은 일정했다. 이에 따라 연구진은 사람들이 특정 시점에 도시의 어디에 있는지를 대단히 정확하게 예측할 수 있으며, 사람들이 거주하는 도시에 상관없이 그들의 이동을 파악할 수 있다고 결론지었다.

이러한 연구는 구성과 실행, 결과를 봤을 때 인상적이다. 그러나 이 새로운 물결의 연구는 인간 존재, 도시에 산다는 것, 그리고 사람들이 매일같이 향하는 각자의 그 네 가지 각기 다른 장소가 서로 어떤 질적 차이를 가지고 있는지에 대해서는 유의미한 이야기를 해주지 않는다. 예를 들어, 시카고에 사는 한 남성의 이동 패턴 속 네 곳은 아침에 부촌 골드코스트에 있는 방 4개짜리 집에서 나와 조깅을 하는 거리, 커피를 사는 카페, 매일 출근하는 시카고 도심의 금융회사, 퇴근 후 들러 저녁거리로 자연산 연어와 유기농 브로콜리를 사는 유기농 카페일 것이다. 이 네 곳은 워싱턴D.C.의 시급 노동자인 싱글맘이 들르는 네 곳과는 뚜렷이 차이가 난다. 싱글맘은 꽉 막힌 D.C.벨트웨이를 뚫고 아이 하나는 어린이집에, 다른 아이는 초등학교에 데려다준 뒤 먼 길을 달려 박봉의 직장에 출근한 다음, 일을 마치고 다시 교통 정체를 뚫고 아이들을 픽업해서 마트로 가 딱히 선택의 여지가 없는 과일과 채소로 그닥 건강하다고 할 수 없는 장을 보고는 아마도 시카고의 남성이 사는 곳보다 덜 안전할 작은 아파트로 돌아갈 것이다. 두 사람의 하루는 똑같이 네 곳의 장소를 들른다고 설명할 수 있지만, 그 삶은 정말 엄청나게 다르다. 데이터는 같은 대도시에 살더라도 사람들의 경험이 무척 다르다는 사실에 관해서는 아무 말도 해주지 않는다. 각기 다른 도시에 사는 수백만 사람들 사이의 차이는 말할 것도 없고.

이런 데이터는 실제로 도시에 사는 사람들과 그들의 삶이 어떤지를 설명하지 못한다. 일반화할 수 있는 도시생활의 양상은 피상적인 모습일 뿐이다. 제프리 웨스트 자신도 온갖 모델과 데이터를 살펴본 뒤 여전히 풀리지 않는 도시의 수수께끼에 당혹스러워했다 — 우리는 왜 도시를 참고 견디는가? 무엇 때문에 도시는 (높은 집세와 바퀴벌레, 지나치게 치열한 경쟁에도 불구하고) 그토록 매력적인가?[34]

도시 전체가 흔히 일반적인 의미로만 이해된다는 사실만큼은 분명하다 — 워스가 75년 전에 정리한 세 가지 기준에 최근 연구 결과에 기반한 몇 가지 사소한 내용만 추가되었을 뿐이다. 마을이란 장소가 그 규모가 작고 대개 인종적으로 동질적이며 농지나 넓은 뒤뜰같이 물리적으로 더 넓은 생활환경을 제공하는 것처럼, 도시는 거대하고 조밀하며 다양하다. 하지만 이것이 미주리나 미시시피의 소도시에서 성장하는 경험에 관해 무슨 말을 해주는가? 물론 도시는 더 많은 편의시설을 제공하지만, 매일 자전거를 타고 아웃도어 라이프를 즐기는 사람이라면 노점상에서 파는 크림 반 커피 반 명물 커피나 바니스 창고세일을 편리하다며 높이 평가하지 않을 것이다. 뉴욕시의 정체성과도 같은 특성들을 성가시게 여길 수도 있다. 도시생활을 의미 있게 만드는 것은 샌프란시스코나 파리, 홍콩, 시카고 같은 도시들에서의 경험을 궁극적으로 정의하며 큰 차이를 만들어내지만 하나하나는 작은 요소들이다.

도시생활의 총합

작은 요소들을 파악하는 건 쉽지 않다. 그중 일부, 즉 독특한 건축과 역사, 사람들이 디너파티나 독서 모임에서 토론하는 책의 종류 등은 거시적 차원에서 정확하게 설명하기가 거의 불가능하다. 하지만 소비 양상을 보면 각기 다른 도시에 사는 사람들이 어떤 가치를 추구하고 선호하는지, 디너파티에서 어떤 이야기를 나눌지 알 수 있다. 이것이 바로 우리가 추적할 수 있는 지점이다. 박사과정생 이효정과 나는 소비자지출조사를 참고해 미국인들이 소비하는 수천 가지 물건을 살펴보고 도시별로 데이터를 분석했다. 그 결과 사람들이 소비하는 물건을 렌즈삼아 도시별 삶의 질적 차이에 관한 이해를 도모할 수 있었다.

소비 양상을 세심히 들여다보면 각 도시는 광범위한 일반화를 제외하고는 공통점이 거의 없다. 소비 양상을 통해 우리는 다저스 팬과 자이언츠 팬, 또는 시카고 피자와 뉴욕 피자처럼 특정한 대도시들 사이의 대립관계를 발견할 수 있다. 따라서 여러 도시를 응집력 있는 하나의 단위로 이해하기보다는 각각을 개별적으로 살펴보아야 한다. 도시인들은 마치 서로 다른 나라나 마을에서 온 것처럼 너무도 다른 사람들이 모인 집합체다. 소비 데이터를 통해 살펴본 로스앤젤레스 주민들은 마이애미나 댈러스 주민들과 다른 행성에서 온 사람들처럼 느껴질 정도다. 다음 절에서는 이러한 차이를 도시생활의 일상을 이루는 음식, 커피, 술, 인테리어, 데이트 등의 모습을 통해 분석하고자 한다.*

우리가 먹는 것

몇 가지 기본적 데이터로 우리는 몇몇 도시가 다른 도시들보다 더 건강하다는 사실을 알 수 있다. 로스앤젤레스와 뉴욕, 마이애

---

* 도시별 소비 양상을 상세하게 비교한 내용에 관해서는 이 책의 부록 및 press.princeton.edu/titles/10933.html에서 볼 수 있는 '도시별 소비 양상' 표를 참고하라.

미, 샌프란시스코는 과일과 채소를 가장 많이 소비하는 도시다. 로스앤젤레스 주민들은 (샌프란시스코를 제외한) 다른 도시 주민들에 비해 총지출 기준으로 신선한 채소를 30~40퍼센트 더 많이, 과일은 10~40퍼센트 더 많이 소비한다.

과일 소비에서 로스앤젤레스와 경쟁하는 도시는 마이애미다. 뉴요커와 샌프란시스코 사람들은 그 정도로 건강을 의식하지는 않지만 그래도 과일과 채소에 상당히 많은 돈을 쓴다. 이러한 조사 결과는 마이애미와 로스앤젤레스의 지리적 위치가 미국에서 농산물이 가장 풍부한 지역으로 손꼽히는 주에 자리하며, 따라서 농산물의 맛이 좋고 값도 더 저렴하다는 점을 고려하면 이해가 되는 부분이다. 하지만 여기에는 문화적 요인도 작동한다. 두 도시는 건강과 외모에 많은 신경을 쓰는 사람들의 본거지다. 뉴욕시는 오래전부터 톰 울프가 '사회적 엑스레이'라 말한 현상의 중심지였고, 로스앤젤레스와 마이애미의 따뜻한 날씨와 해변은 사람들로 하여금 옷을 많이 입지 않고도 최소한 어느 정도는 멋져 보이게끔 신경을 쓰게 만든다.

반대로 댈러스와 휴스턴, 필라델피아와 볼티모어는 신선한 채소와 과일을 가장 적게 소비하며 앞서의 이유들을 감안한다면 놀랄 일은 아니다. 하지만 이 도시들이 농산물의 산지와 멀리 떨어져 있다는 지리적 근거만을 생각하기는 어려운데, 그렇게 따지면 뉴욕시도 마찬가지이기 때문이다. 이 도시들은 또한 스테이크와 바비큐, 맥주, 정서적으로 그리움을 자극하는 옛날 음식으로 유명하다. 필라델피아의 치즈 스테이크 샌드위치는 일

야망계급론

상적으로 먹는 음식은 아닐지라도 확실히 케일보다 고기를 많이 먹는 문화를 반영한다. 텍사스의 소 목장은 양질의 쇠고기를 풍부하게 제공하며, 이러한 도시의 문화와 대표 음식은 소비자들의 식습관 형성에도 영향을 미친다. 하지만 몇몇 도시에서는 경제적인 이유도 있다. 볼티모어와 필라델피아는 저소득층 인구 비중이 높은 도시다. 오래전부터 입증된 것처럼, 가난한 동네의 마트에서는 대개 신선한 과일과 채소라는 선택지를 제공하지 않는다. 이에 따라 사회학자와 도시계획학자들이 '식품 사막food desert'이라고 지칭하는 지역이 생겨난다. 저소득층 주민들은 주로 고지방 가공식품으로 자녀를 먹인다.

사탕, 껌, 콜라, 인공감미료는 중서부 지역에서 많이 소비되지만 연안 도시들에서는 기피 대상이다. 북동부 도시들은 전국 평균에 비해 일관되게 상당한 차이로 이런 식품에 돈을 덜 쓴다. 예를 들어, 2010년 뉴요커들은 다른 도시들에 비해 약 절반을 인공감미료에 지출했고, 사탕과 껌에는 55퍼센트 덜 지출했다. (유일한 예외는 보스턴인데, 이 도시는 전국 평균에 비해 인공감미료를 약 60퍼센트, 사탕과 껌을 약 15퍼센트 더 소비했다.) 일반적으로 도시 사람들은 이런 품목을 잘 소비하지 않는다.

비도시지역은 인공감미료와 콜라, 지방, 기름, 우유와 크림을 많이 소비한다—도시 사람들이 소비하지 않는 전형적인 품목들이다. 비도시지역은 또한 신선식품보다 냉동식품 및 통조림 채소와 과일을 더 많이 구매한다. 역시나 도시에서는 거의 소비되지 않는 품목이다. 이런 차이는 단순히 실용적인 문제일 수 있다. 도시에 사는 사람들은 대부분 커다란 냉장고나 팬트리를 가지고 있지 않고, 도시의 부자 동네에서는 신선한 농산물을 쉽게 살 수 있다. 외식에서도 도시 외곽이나 교외에 사는 사람들은 도시 사람보다 그 횟수가 적다. 도시인들은 버터나 크림 등을 레스토랑과 테이크아웃으로 소비한다.

우리가 마시는 것

우리는 흔히 커피를 신경증에 시달리는 도시인들이 갤런[약 3.8리터.—옮긴이] 단위로 소비하는 도시적인 음료라고 생각한다. 하지만 흥미롭게도 몇몇 도시를 제외하면 도시인은 미국의 다른 모든 이들보다 커피를 더 많이 마시거나 더 많은 돈을 쓰지 않는다. 흔히 커피에 열광적으로 중독된 도시인들의 본거지라고 여겨지는 뉴욕시의 커피 소비량은 실제로 전국 평균보다 약 30퍼센트 적다. 정말로 커피를 들이켜는 도시인들이 사는 곳은 시애틀도 샌프란시스코도 아닌 보스턴, 디트로이트, 필라델피아, 그리고 로스앤젤레스 교외로, 이 지역들의 커피 소비량은 전국 평균보다 최대 20퍼센트 높다. 시애틀에서 가장 많이 소비되는 품목은 로스팅 원두로, 이는 시애틀이라는 도시의 문화와 이곳이 커피 수출의 중심지라는 데서 그 이유를 찾을 수 있다. 카페인 소비 추세를 보면 도시인들은 커피보다 차를 더 많이 마신다. 특히 미국의 북동부에 자리한 뉴욕시와 필라델피아의 주민들이 많은 차를 소비한다. 이디스 워튼 시절의 흔적일까? 뉴욕이 문화 트렌드의 최전선으로 명성을 누리는 점을 감안하면, 다른 지역들이 아직 따라잡지 못한 걸 수도 있다. 생수의 경우에는 로스앤젤레스 주민들이 다른 지역 주민들에 비해 최대 75퍼센트를 더 지출한다. 로스앤젤레스를 특징짓는 대표적인 소비 품목이다. 다른 어떤 도시도 로스앤젤레스의 생수 소비를 따라가지 못한다.

무알코올 맥주, 외식, 와인 소비에 관한 한 도시인들은 공통점이 있다. 도시인은 미국에서 생산되는 무알코올 맥주를 전혀 소비하지 않으며(정말이다), 일반적으로 외식과 와인―모두 사교활동과 관련된다―에 더 많은 돈을 쓴다. 샌프란시스코, 샌디에이고, 뉴욕, 보스턴은 총지출액 기준으로 전국 평균보다 2배 많은 돈을 와인에 쓴다고 알려져 있다. 와인을 잘 마시지 않는 도시들―필라델피아와 디트로이트―은 맥주와 칵테일이 그 자리를 대신한다. 대체로 도시인들은 맥주보다는 와인이나 칵테일을 즐기지만, 보스턴과 미니애폴리스에서만큼은 모든 주종의 소비가 평균을 훌쩍 넘는다. 마이애미만이 절주하는 도시로, 이 지역은 다른 지역보다 술 소비가 약 40퍼센트 적다.

우리가 사는 공간

도시인들은 상품을 저렴하게 살 수 있긴 하지만, 주택 소유와 생활비에 관해서는 입지적 특권을 위해 상당히 많은 돈을 지출해야 한다. 공원, 수많은 미술관, 길모퉁이마다 있는 카페, 충분한 쇼핑 등 이 모든 '숨겨진 편의시설'과 소비 선택지는 도시의 주택 가격과 임차료에 반영되어 있다. 주요 도시에 사는 대부분의 사람들은 전국 평균에 비해 총지출 내 상당히 많은 비중을 주거에 쓰고 있다. 가계당 지출 비중으로 보면 주거가 차지하는 비율이 가장 높다. 이 기준에서 뉴욕시는 가장 높은 비중을 주거비에 지출해야 하는 도시로, 전국 평균 대비 약 50퍼센트 정도 높다. 임차 거주와 주택 소유 모두 포함한 수치다(이 둘 사이의 중요한 차이점에 관해서는 뒤에서 설명할 것이다). 연평균 지출을 기준으로 전반적인 주택 가격이 가장 비싼 도시는 샌프란시스코다. 경기 불황으로 심각한 타격을 입은 디트로이트와 클리블랜드는 전국 평균보다 주거비용이 낮다. 이 도시들의 주택시장은 불황 이후로 반등하지 않았는데, 전반적인 경기 침체와 이로 인한 주택 가격 하락 때문일 것이다(고용률이 낮으면 주택을 구입할 수 있는 사람도 적어지며, 줄어든 수요에 영향을 받은 주택 가격은 더욱 하락한다)─이 두 가지 요인은 모두 이 도시들의 주택시장에 영향을 미치며 수요와 경쟁력을 떨어뜨린다. 주거비용이 저렴한 또 다른 도시들의 경우는 주택을 신축할 수 있는 공간이 많은 데 그 이유가 있다. 휴스턴과 댈러스는 토지 규제가 엄격하지 않아 도시 공간이 활발하게 확장되어, 주민들은 전국 평균(주택을 비롯한 물가가 저렴한 농촌지역 포함) 대비 주택 소유에 지출하는 금액이 상당히 적다. 요컨대 주택시장이 침체되어 있거나 토지가 많아 주택 신축이 활발한 곳에서 주택을 구입하거나 임차하는 경우에 가격이 더 저렴하고, 이에 따라 일반적으로 대출로 인한 지출이 가계 총지출에서 적은 비중을 차지한다.

수백만 달러를 호가하는 주택 가격에도 불구하고 샌프란시스코나 뉴욕에 사는 사람들은 총지출 대비 상당히 적은 액수와 비중을 **주택 소유**(확연히 다른 지출 경향을 보이는 주택 임차에 관해서는 뒤에서 간단히 이야기할 것이다)에 쓴다. 자타가 공인하듯 미국에서 가장 뜨거운 부동산시장인 샌프란시스코의 경우, 주택 소유에 드는 주거비 비중은 전국 평균보다 겨우 20퍼센트 높다. 2012년에는 총지출에서 차지하는 주택 소유 지출 비중이 전국 평균보다 낮았다(전국 평균은 총지출의 11.8퍼센트, 샌프란시스코는 11.5퍼센트). 뉴요커(5개 자치구 중 한 곳에 사는 사람)는 주택 소유와 관련된 지출 비중이 일관되게 전국 평균보다 20~25퍼센트 낮으며, 2009년에는 그 비중이 3분의 1이었다. 이런 수치는 뉴욕시에 사는 사람들을 포함해 이곳에서의 주거비용이 높을 것이라고 알고 있는 사람들에게 깜짝 놀랄 만한 일일지 모른다. 하지만 여기서 말하는 수치는 절대 금액이 아니라 총지출 대비 비중이라는 사실을 유념하자. 샌프란시스코나 뉴욕에 집을 가지고 있는 사람들은 훨씬 많은 소득을 올리며 높은 물가를 충분히 감당할 수 있는 이들이다. 뉴욕이나 샌프란시스코의 단독주택이나 아파트가 수백만 달러에 이르더라도 그 가격을 감당할 수 있는 사람이라면 이미 다른 이들보다 훨씬 더 많이 벌고 있기 때문에, 총지출에서 주거비가 차지하는 비중이 그들만큼 부유하지 않은 주택 구매자 집단(예컨대 플로리다주 올랜도나 조지아주 애틀랜타에 사는 사람들)에 비해 적은 것이다. 또한 뉴욕에서는 주택 소유보다 임차가 더 흔하며, 이는 전체 평균을 낮춘다. 주택 구입에 쓰는 절대 금액을 고려하면, 즉 자가 주거에 드는 연평균 지출을 기준으로 하면 뉴요커는 여전히 다른 도시에 사는 사람들보다 돈을 덜 쓰는 한편, 샌프란시스코의 주택시장은 워싱턴 D.C.에 이어 미국에서 가장 비싼 축에 속한다(2007년 샌프란시스코의 평균 지출액은 뉴욕시의 2배 이상이었다). 하지만 여기서도 지출 대비 비중으로 따지면 수치는 그다지 높지 않다. 샌프란시스코 사람들은 대체로 충분히 높은 소득을 올리기 때문에 임차는 물론이고 구입하는 이들의 경우에도 주거비가 총지출에서 차지하는 비중이 크지 않다는 사실을 확인할 수 있다.

이 도시들의 주거비가 평균적인 도시인에게 미치는 영향을 이해하려면 뉴욕시, 샌프란시스코, 마이애미의 가계들에서 막대한 비중을 차지하는 **임차** 거주자의 주거비 지출을 살펴봐야 한다. 현지 주택시장이 얼마나 호황이든 간에, 대다수 사람들에게 담보대출 상환은 총지출에서 막대한 비중을 차지하는 항목이다. 합리적인 가격이 형성된 주택시장에서 주택을 구입하며 대출을 받았다 하더라도 매달 수천 달러를 대출 상환에 쓰게 마련이다. 하지만 임차료는 도시마다 크게 차이가 난다. 침실 하나짜리 600평방피트[약 56제곱미터. ─옮긴이] 고급 아파트가 클리블랜드에서는 월 550달러인 반면 맨해튼에서는 2500달러 이상인 것처럼 말이다. 도시인은 자가 소유보다 임차 거주인 경우가 더 많기 때문에 임차료는 도시에 사는 대다수 사람들에게 실제로 어떤 일이 벌어지고 있는지를 알 수 있는 좋은 기준이 된다. 지출 대비 비중으로 보나 절대 금액으로 보나 주요 도시의 임차료는 매우 비싸다. 뉴요커는 전국 평균의 300퍼센트를 임차료에 쓴다(연평균 8000달러 이상으로, 이는 미니애폴리스의 4배에 육박하고 워싱턴D.C.의 2배, 시카고, 보스턴, 시애틀, 피닉스에 비하면 2배 이상 많은 금액이다). 뉴욕시의 부동산 검색엔진 스트리트이지StreetEasy에 따르면, 뉴욕시 주택의 평균 임대료는 2015년 기준 2700달러였다―이는 뉴욕시 가계 중위소득의 60퍼센트에 육박하는 액수다(일반적으로 뉴욕시 가계는 주거비로 세전 소득의 30퍼센트 이하를 지출한다). 2000년에서 2013년 사이 뉴욕시의 임대료는 소득보다 거의 2배 빠른 속도로 상승했고, 이런 추세는 저소득층 동네에 가장 큰 타격을 입혔다.[35]

두 번째로 임대료가 비싼 도시는 샌프란시스코로, 이 도시의 가계는 전국 평균보다 50퍼센트에서 80퍼센트 많은 돈을 임차료로 지출한다(피닉스나 휴스턴, 댈러스, 필라델피아같이 상대적으로 도시 규모가 작고 임대료가 저렴한 곳보다는 약 2배 더 많다). 총지출에서 차지하는 비중으로 보면 로스앤젤레스와 샌디에이고의 가계는 전국 평균보다 2배 이상을 쓴다. 이 수치들에 대해 몇 가지 분석을 해볼 수 있다. 첫째, 이 도시들은 사람들이 가장 살고 싶어 하는 곳에 속하지만 대개가 집을 살 능력이 안 되기 때문에 임대시장이 과열되어 있고 매물도 부족하다. 둘째, 몇몇 도시에서는 집을 사는 사람들보다 임차하는 사람들의 총소득이 더 적기 때문에 소득과 지출의 더 많은 비중이 식료품과 의류 및 주거비에 쓰인다. 마지막으로, 뉴욕, 샌프란시스코, 워싱턴D.C. 같은 일부 도시에는 슈퍼리치들만 선택할 수 있는 초호화 아파트 단지가 속속 들어서고 있는데, 이런 유형의 주택은 사실상 슈퍼리치와 나머지 모든 사람들 사이에 경계를 그으며 '2중' 임대시장을 창출하고 있다.[36] 이런 고급 아파트가 자가 소유자였던 슈퍼리치들의 주택 수요를 흡수하면서 이들을 임대시장에 머무르게 함에 따라 뉴욕과 샌프란시스코의 주거비 비중이 예상보다 낮아지는 데 영향을 미치는 것이다(샌프란시스코의 임차료 지출 비중이 샌디에이고보다 낮은 것도 이런 이유 때문이다—샌프란시스코의 부유한 임차 거주자들은 소득에서 임차료가 차지하는 비중이 낮고, 이는 평균을 낮춘다). 미국 각지의 다른 도시들에서는 뉴욕시나 샌프란시스코와 거의 정반대의 추세가 나타난다. 미니애폴리스, 시카고, 볼티모어에 사는 사람들은 총지출에서 차지하는 주택 소유 지출 비중이 전국 평균보다 약간 더 높은 반면, 임차료는 그 비중이 훨씬 낮다.

도시 주택시장의 또 다른 특징은 별장이다—대다수 미국인들은 구매를 고려할 수도 없는 주택이다. 별장은 도시 소비의 특수한 영역으로, 이 역시 도시인들의 전반적인 부유함을 반영한다. 뉴욕, 필라델피아, 샌프란시스코, 시카고가 선두에 서 있다. 뉴요커는 전국 평균 대비 242퍼센트, 필라델피아 주민은 175퍼센트, 샌프란시스코 주민은 164퍼센트, 시카고 주민은 152퍼센트 더 많은 돈을 별장에 쓴다. 2008년 뉴요커는 총지출 내 비중으로 전국 평균의 436퍼센트까지 더 많은 돈을 별장에 지출했다. (덧붙이자면, 대불황 이후 뉴요커들은 별장 지출을 줄였다. 2012년에는 전국 평균의 '겨우' 213퍼센트를 쓴 반면, 워싱턴D.C.와 보스턴 주민들의 별장 지출은 전국 평균의 205퍼센트까지 늘어났다. 필라델피아, 샌프란시스코, 시카고는 모두 별장 지출을 크게 줄여 미국 평균 가계보다 14~41퍼센트를 더 썼다.) 뉴요커가 전국 어느 곳보다도 총지출에서 많은 비중을 별장에 쓰기 때문에(2007년에서 2012년까지 뉴요커가 별장에 쓴 액수의 비중은 평균 1.3퍼센트다. 이 시기 전국 평균은 0.6퍼센트였다) 이들이 값비싼 별장을 구매한다고 생각할지 모르겠다. 물론 수백만 달러를 호가하는 햄턴스의 별장 가격을 보면 그게 사실일 수도 있다. 하지만 뉴요커가 유독 별장에 많은 돈을 지출하는 것처럼 보이는 이유는 극히 일부의 사람들만이 별장을 구입하기 때문이다. 별장 자체가 우유나 달걀 같은 일상적인 소비나 **1주택** 소유와는 동떨어진 사치스러운 소비자 선택이다.

돌보미, 가사도우미, 그리고 시간의 가격

마찬가지로, 아이를 어린이집에 보내기보다 돌보미를 고용하는 육아는 도시의 사치이자 특히 워싱턴D.C., 코네티컷, 뉴저지 교외에서 나타나는 현실이다.[37] 돌보미 비용은 당연히 도시가 더 비싸지만, 도시인들은 대개 더 많은 시간 일하는 경향이 있으며 이 노동시장의 엘리트들은 어린이집 대신 돌보미를 선택할 수 있을 만한 돈이 있다. 잊지 말자. 뉴욕의 데이터에는 자기선택 편향self-selection bias이 존재한다. 뉴욕은 돌보미를 고용하는 이들이 쓰는 비용이 총지출에서 극히 적은 비중을 차지할 만큼 충분히 많은 돈을 버는 이들의 도시이기 때문이다.

가사도우미 서비스 이용 또한 다분히 도시적인 현상으로, 뉴욕, 로스앤젤레스, 샌프란시스코가 전국 다른 지역보다 2배 가까이 더 많다(반면 가정용품 소비는 비도시지역에서 압도적으로 많다). 대부분의 도시 가계는 전국 평균보다 많은 돈을 가사도우미 서비스에 쓰는데, 이는 도시에 이런 서비스가 풍부하게 공급될 뿐만 아니라(정규 가사도우미를 찾기가 더 쉽다) 도시 노동자들의 업무 일정상 아웃소싱 수요가 많다는 사실을 반영한다. 돌보미나 어린이집과 비슷하게 가사도우미도 시간을 되사는 것으로, 사람들은 생산성 압박이 심한 직장 및 설거지나 청소가 아닌 다른 활동에 이 시간을 할애한다.

다른 방식으로 존스네 따라잡기

뉴욕시에서 대학원에 다니던 시절에 나는 400평방피트[약 37제곱미터.-옮긴이] 원룸에 살면서 싱글 침대에서 자고, 도서관까지 걸어가는 길에 머핀 하나와 커피로 아침을 먹고, 타깃에서 산 가짜 원목 책상에서 학위논문과 첫 책을 썼다. 책상 옆에 바짝 붙여 세운 책장에는 마르크스 저서와 미시경제학 교재, 소설책이 빼곡했고 그 위로는 학술지들이 한가득 쌓여 있었다. 책상은 침대에서 겨우 2피트[약 60센티미터. - 옮긴이] 떨어져 있었다. 대학원 생활이 막바지에 이른 어느 겨울날, 어퍼웨스트사이드에 있는 내 원룸에 온 친구가 사방을 훑어보더니 이렇게 말한 기억이 난다. "박사학위를 빨리 따는 게 좋겠네. 무슨 연쇄살인범 집 같아." 나는 그해 5월에 졸업했다.

빼곡하게 채워진 옷장(2개나 있었지만 너무 작아서 겨울 코트 한 벌 욱여넣기도 어려웠다) 안과 작은 침대 아래에는 입을 일도 거의 없는 비싼 옷들이 말 그대로 산더미처럼 쟁여져 있었다. 커피 테이블에 쌓여 있거나 작은 옷장 중 하나에 차곡차곡 넣은 옷들은 전부 인터믹스Intermix나 바니스코업Barney's Co-op에서 산 것들이었지만, 저녁이면 대부분 주방 싱크대 앞에서 차갑게 식은 테이크아웃 중국 음식이나 피자로 끼니를 때우곤 친구들을 만나러 서둘러 나갔다.

얼마쯤 돈을 써서 이케아 가구를 사거나, 쇼핑이나 친구들과 노는 데 쓰는 돈을 좀 아껴서 원룸을 단장할 수도 있었을 텐데 놀랍게도 나는 그런 생각조차 하지 않았다 — 어쨌든 아무도 그곳에 찾아오지 않았으니까. 아무도 디너파티를 열거나 커피를 마시자고 사람들을 집으로 부르지 않았다. 모두들 집 바깥에서, 그러니까 도시 곳곳에 자리한 카페나 술집에서 모든 걸 했다. 첫 책을 쓸 당시 잡지 《인터뷰》의 편집장이었던 잉그리드 시키Ingrid Sichy를 인터뷰했는데, 그녀 또한 내가 묻지도 않았는데 똑같은 말을 한 게 기억난다. 아파트는 그냥 밤에 잠이나 자러 들어가는 곳이고, 도시가 다이닝룸이자 거실이며 확장된 집이라는 것이었다. 뉴욕시의 화려한 문화적 아이콘 앤디 워홀의 친구였던 시키는 다른 사람들과 마찬가지로 도시에서 생활하고 즐기기 위해 월세를 낼 뿐이었다.

대다수의 도시인이 비슷한 우선순위를 가진 것도 별로 놀랄 일이 아니다. 일반적으로 도시인은 가정용 직물제품(카펫, 커튼 등), 욕실용 리넨제품과 침구, 가구, 은식기―모두 깔끔하고 예쁘게 가정을 꾸미는 장식물이다―에 지출하는 비중이 전국 평균보다 현저히 낮다. 텔레비전 지출 비중 또한 전국 평균 및 대도시 이외 지역보다 낮다. 뉴욕시, 필라델피아, 디트로이트, 워싱턴D.C., 애틀랜타는 미국의 모든 도시 가운데 텔레비전에 가장 적게 지출하는 도시다. 물론 몇 가지 예외는 있다. 뉴욕시는 장식용 쿠션을 좋아하고, 휴스턴과 댈러스는 직물과 가구를 좋아하며, 시카고 사람들은 한결같이 텔레비전에 전국 평균보다 돈을 많이 쓴다. 하지만 추세는 분명하다. 도시인들은 가정에 필요한 물질적 재화 이외의 것들에 돈을 쓴다. 편안한 생활을 위해 가사노동을 외주화할지는 몰라도 가정의 물질적 측면에 돈을 쓰지는 않는 것이다. 이런 선택의 한 가지 이유는 집 밖에서 먹고 즐기기 때문이다. 또한 많은 사람들에게 도시 경험은 일시적인 경향이 있기 때문이기도 하다―사람들은 한때 도시에서 살다가 결혼을 해서 자녀를 가지면 교외로 이사한다. 그제야 소파와 욕실 수건에 관심을 기울이기 시작한다.

이런 양상에서 주목할 만한 또 다른 측면은 도시인들이 집 밖에서 많은 시간을 보내는 탓에 이들의 물질주의가 내면보다 외면에 집중된다는 것이다. 별난 도시인은 정체성과 개성을 의복으로 표현한다는 20세기 초 게오르크 지멜의 관찰은 이런 사실에 대한 요약이기도 하다.[38] 사람들의 옷과 신발을 보면 우리는 이런 추세를 쉽게 알아챌 수 있다. 도시인들은 신발과 옷에 더 많은 돈을 쓰며 몇몇 도시는 이런 추세를 극명하게 드러낸다. 총지출 내 비중으로 볼 때, 뉴욕시에 사는 여성은 어느 도시의 주민들보다도 신발에 2배 이상 지출한다. 여성복에 관한 한 댈러스와 뉴욕시는 가장 많은 돈을 쓰는 이들의 본거지로, 두 도시의 문화가 남의 이목을 끌고자 하는 과시적 특성을 띤다는 점을 고려하면 놀랄 일은 아닐 것이다. 뉴욕시와 워싱턴D.C.는 남성용 신발에 가장 많은 지출을 하는 도시다─아마 남성 중심적인 두 산업, 즉 금융과 정치의 중심지이기 때문일 것이다. 손목시계에 대한 대다수 도시의 지출은 비슷한 수준이지만, 뉴욕시와 로스앤젤레스는 훨씬 더 많은 돈을 쓴다. 실제로 2010년 뉴요커의 손목시계 소비는 총지출 내 비중으로 다른 도시보다 27배 더 많았다─다른 어떤 도시도 따라가지 못하는 수치다. 절대 금액으로 보면 2010년 뉴요커는 평균적으로 손목시계에 1300달러 이상을 썼다. 로스앤젤레스는 한결 검소하게 105달러를 썼다. 수만 달러를 호가하는 시계도 있지만 105달러도 그렇게 적은 액수는 아니다. 시계에 전혀 돈을 쓰지 않는 가계도 많다는 사실을 상기하며 뉴요커들이 여전히 가계당 평균 1000달러 이상을 지출한다는 점에 주목할 필요가 있다는 이야기다. 로스앤젤레스의 시계 소비는 총지출 내 비중으로 2위를 차지했는데 뉴욕에 비하면 10분의 1밖에 되지 않는 수치다.

대다수 사람들, 심지어 도시인들마저도 값비싼 고급 손목시계는 부담스러운 면이 있다는 점을 고려할 때 저렴한 가격의 손톱관리(또는 마사지)는 훨씬 더 매력적이다. 뉴요커, 마이애미 주민, 워싱턴D.C. 주민들이 신체관리 서비스에 가장 많은 돈을 쓰긴 해도 시애틀의 환경보호론자 보헤미안들을 제외하면 대부분의 사람이 이런 추세에 합세하고 있다. 하지만 마사지, 트레이너, 운동 강습, 미용실 등에 쓰는 비용에도 불구하고 도시인은 헤어스프레이, 화장품, 기타 장신구 같은 미용제품에는 극히 적은 비중만을 지출한다(보스턴 주민들의 지출 비중이 가장 적다). 간단히 그 이유를 찾자면 도시인은 운동, 피부관리, 미용실 등 이미 꾸준한 자기관리에 많은 에너지와 돈을 쓰고 있기 때문에 마스카라 같은 제품은 그다지 필요하지 않을 수 있다. 도시인들은 특별히 꾸미지 않아도 완벽한 모습으로 보일 수 있도록 스스로를 조각해왔다. 하지만 운동 강습과 멋진 헤어스타일이 마스카라보다 훨씬 비싸다는 사실을 염두에 두자. 미용과 신체관리에서 도시와 비도시 사이에 나타나는 지출 비중 차이에 대한 또 다른 설명은 선택지의 문제다. 자기관리와 관련된 대부분의 서비스는 주요 도시 밖에서 찾아보기 어렵다. 만약 어떤 소도시에서 마사지나 필라테스, 명상 수업을 하는 업체를 발견한다면 경쟁자가 별로 없는 탓에 훨씬 비쌀 것이다(도시의 사치품과 관련해 이야기했던 규모의 경제를 생각해보라). 대도시 이외 지역의 가계들은 필라테스 강습이나 매주 받는 손톱관리에 많은 돈을 쓰지 않지만, 도시에서는 블록마다 운동 스튜디오와 네일살롱이 즐비하다. 그리하여 비도시지역의 가계는 서비스보다는 제품에 대한 지출이 더 많다. 훨씬 흔하고 가까운 거리에 있기 때문이다. 대도시 바깥에서 좋은 마스카라를 사는 건 쉬워도 요가나 줌바 강습을 찾기는 무척 어렵다. 마지막으로, 단순히 도시의 미적 문화 때문일 수도 있다. 어떤 면에서 드러내기를 좋아하기는 하지만, 대다수 도시인들의 미용 문화에는 미묘한 특성이 있다. 화장을 하더라도 좀처럼 티가 나지 않게 하는 식으로 말이다. 매니큐어도 투명이나 연분홍색을 바른다. 이런 추세에 예외가 있다면 휴스턴과 댈러스(그리고 시애틀)일 텐데, 이 도시의 주민들은 헤어피스나 가발을 비롯해 미용제품에 많은 돈을 쓴다.

도시의 숨겨진 편의시설과
숨겨지지 않은 편의시설

이와 같은 도시 간 차이에도 불구하고 여러 도시를 하나로 묶어주는 도시생활만의 독특한 특징도 있다. 이 장 앞부분에서 나는 완전히 물질적이지는 않지만 도시생활의 매력으로 여겨지는, 즉 왜 그토록 많은 사람이 도시생활의 전반적인 혼란과 혼잡을 기꺼이 견디는지를 이해할 수 있는 경험을 도시가 어떤 식으로 제공하는지 이야기했다. 앞에서도 말했듯 레베카 다이아몬드는 이를 숨겨진 편의시설이라고 칭했다.[39] 에드워드 글레이저는 사회적 상호작용과 밀집도를 도시인들의 수단으로 본다. 즉, 도시 생활의 높은 밀집도와 사회적 상호작용이 노동생활의 생산성을 높이고 결혼시장에서의 잠재력을 극대화하는 수단이 된다는 것이다.[40] 사람들은 개인적으로든 직업적으로든 서로 가까이 살면서 많은 선택지와 자원에 접근함으로써 성공한다. 생명공학자들이나 예술가들이 비슷한 부류의 사람들과 한데 모여서 지낼 때 가장 창의적인 것과 똑같다. 우리 대다수는 타인과 함께 있는 걸 즐긴다—친구를 만들고, 최근의 트렌드에 관한 지식을 얻으며, 미래의 배우자를 만나는 등 많은 일을 한다. 그리고 당연하게도 사람이 많이 모일수록 이런 상호작용의 기회도 늘어난다. 도시의 이러한 사회적 자본의 중요성은 사람들이 그것을 위해 돈을 쓰는 방식을 연구함으로써 계량화할 수 있다. 친구를 사귀고 싶다면 컨트리클럽이나 사교클럽에 가는 게 빠른 길이다. 권력자에게 영향을 미치고 싶다면 정치 기부금이 가장 직접적인 통로이며, 남자친구나 여자친구, 남편이나 부인을 만나고 싶다면 데이팅 서비스를 이용할 수 있다. 이 모든 선택지는 사실상 타인과 상호작용하기 위한 금전화된 메커니즘이며, 복잡한 사회에서 효과적이고 효율적인 시스템을 제공한다. 이 모든 것에는 돈이 드는데, 이때 도시인은 교외 거주자보다 훨씬 적은 돈을 쓰고도 그러한 소비를 할 수 있다.

데이팅 서비스 역시 도시인은 총지출 내 비중으로 전국 평균보다 훨씬 적게 쓴다. 보스턴, 클리블랜드, 샌디에이고, 그리고 코네티컷과 뉴저지 교외는 데이팅 서비스에 가장 관심이 없는 지역들이다. 아마 이곳에 사는 사람들은 자신이 거주하는 도시가 로맨틱한 삶에 필요한 모든 것을 제공한다고 느끼는 듯하다—또는 아예 데이트를 하지 않거나(최근 데이터에 따르면, 많은 도시에서 주민의 40퍼센트 내지 50퍼센트가 싱글이다).[41] 일반적으로, 플라토닉한 이유든 로맨틱한 이유든 간에 대도시에서는 밋업Meet-Up, 오케이큐피드OK Cupid 같은 소셜네트워크의 무료 버전이 효율적으로 작동하는 까닭에 굳이 값비싼 서비스를 이용할 필요가 없다. 예외가 있다면 뉴욕시와 디트로이트 두 곳인데, 이곳 주민들은 데이팅 서비스에 전국 평균 대비 150퍼센트까지 더 많은 비용을 지출한다. 정확히 어떤 사람들이 영혼의 단짝을 찾는 데 돈을 쓰는지 알아내기란 쉽지 않지만, 뉴욕시의 부유층은 켈러허인터내셔널Kelleher International 같은 고급 서비스를 통해 이상적인 배우자를 찾으려고 한다. 이런 유형의 결혼정보업체(온라인 데이팅보다 구식이다)는 가입비만 1만 5000달러를 내야 한다. 일부는 국경 너머에 있는 결혼 상대를 찾기 위해 15만 달러도 지불한다.[42] 디트로이트의 추세는 이해하기가 좀처럼 쉽지 않다. 2010년 디트로이트 사람들은 데이팅 서비스에 총지출 내 비중으로 전국 평균보다 약 9배 더 많은 돈을 썼다. 매치닷컴Match.com과 이곳에 가입한 이들에 대한 디트로이트 사람들의 관심은 도시 내 인구 감소 및 경기 침체가 낳은 결과로 설명할 수 있을 것이다. 조밀한 도시라면 '무료로' 누리는 사회적 혜택이 사라지고 있기 때문이다.

대다수 도시인은 데이팅 서비스에 돈을 쓰지 않지만, 그라 인더Grindr[LGBTQ+를 위한 데이팅앱.—옮긴이]와 틴더Tinder 같은 앱을 사용하는 데 많은 시간을 보낸다. 이 소셜데이팅 앱을 이용하면 데이트를 원하는 다른 사람들이 어디에 있는지를 알 수 있다. 다소 당황스러운 사례이긴 한데, 언젠가 패서디나에 있는 멕시코 식당에서 친구 에릭(수동적으로 쓰긴 하지만 활발한 그라인더 이용자다)과 밥을 먹을 때였다. 내가 타코를 먹는 동안 에릭은 그라인더를 살펴보고 있었다. 앱에서 끊임없이 깜박이는 위치 표시가 가리키는 곳을 보자 불과 10피트[약 3미터.—옮긴이] 떨어진 테이블에 그라인더 이용자가 있었다. 그라인더는 위치 추적 기반 서비스라 그 남성 또한 앱을 켜두었을 테고, 따라서 내 친구 에릭이 어디에 있는지 알았을 것이다. 둘 중 어느 쪽도 대화를 시도하지 않으려 애쓰는 어색한 상황이 벌어졌다(한쪽이라도 말을 거는 편이 나았을까?). 그라인더나 틴더 같은 앱은 그 효용(그리고 다양한 선택지)이 빠른 시간 내에 타인을 만날 수 있는 근접성에 의존하기 때문에 조밀한 도시환경에서 아주 효과적이다. 이는 도시생활의 숨겨진 편의성을 잘 보여준다.

1956년, 사회학자 C. 라이트 밀스는 저서 《파워 엘리트》에서 이른바 '메트로폴리탄 400Metropolitan 400'이라는 사회계층에 관해 말했다. 이들은 역사적으로 명망 있는 집안에서 태어난 개인들로 이루어진 엘리트집단이었다.[43] 밀스가 볼 때 이 집단에 속한 개인들은 정치, 군대, 기업의 엘리트들와 뒤얽혀 있었는데,

이들은 사회의 모든 측면에서 주요한 의사 결정권자로서 자신들의 지위를 굳건히 하고자 (의식적으로든 무의식적으로든) 거대한 음모의 일원이 되었다. 그리하여 '가지지 못한 자들'이라고밖에 부를 수 없는 이들과 한층 거리를 둠으로써 이 집단의 일원이 아닌 이들에게 유해한 영향을 미쳤다. 밀스는 사회 각 분야의 엘리트들을 논하는 데 많은 분량을 할애했지만, '메트로폴리탄 400'은 그들의 주소와 미국 주요 도시에 사는 지방 엘리트들의 명단인 명사 인명록Social Register 등재 여부로 간단히 규정된다. '메트로폴리탄 400'은 브룩스브라더스 수트와 아이비리그 졸업장, 사교클럽 회원권 등의 예리한 묘사와 함께 밀스가 명명한 집단이었다. 신흥 부자들이 속속 등장하는 상황에 크게 당황한 미국의 귀족집단 또는 '오래된 부자old money'들은 단순한 부유층과 자신들을 구별할 방법을 찾았고, 명사 인명록과 그에 기반한 사교계 관습 및 멤버십을 활용했다.

명사 인명록은 60여 년이 지난 지금까지도 이어지고 있으며 사교클럽을 통해 특권집단(주로 경제적 지위로 규정된다)을 형성하는 관행 또한 건재하다. 보스턴과 샌프란시스코, 워싱턴 D.C., 그리고 뉴욕 교외 중 부유한 코네티컷과 뉴저지 등은 사교클럽에 전국 평균보다 40퍼센트 이상 많은 돈을 쓴다. 하지만 이런 풍경에도 변화가 나타나긴 했다. 디트로이트나 클리블랜드, 댈러스, 그리고 놀랍게도 뉴욕 같은 몇몇 도시는 이런 엘리트적 관행에서 완전히 멀어지고 있다. 이런 변화는 사교클럽의 실상을 살펴보면 조금은 이해할 수 있다. 밀스가 문제적이라고 본 것처럼, 사교클럽의 본질은 특정한 집단의 일원임을 공식화(그리고 이를 통한 수익화)하는 것뿐이다. 보스턴의 와스프 상류사회에서든 코네티컷의 엘리트 금융가들 사이에서든 워싱턴의 정치 이너서클에서든 친구를 사귀기는 여전히 어렵지만, 이러한 엘리트집단으로의 진입은 수표를 쓰면 된다. 엘리트들은 모든 도시에 존재하나 몇몇 신생 도시에는 오래된 부자들의 상류사회 계보가 없으며 대체로 평등주의적이다. 가령, 로스앤젤레스, 마이애미, 애틀랜타 등은 사교클럽에 지출하는 비용이 전국 평균 대비 비슷하거나 더 적다.

도시의 과시적 소비

밀스는 동시대를 산 존 케네스 갤브레이스나 이전의 소스타인 베블런처럼 부의 집중과 그것을 드러내는 다양한 신호들이 사회에 미치는 영향에 관심을 기울였다. 치명적이지만 뚜렷하게 드러나지 않는 예시는 비공개 사교클럽, 어디서 공부하거나 성장했는지가 드러나는 억양, 은근하게 위신을 드러내는 표식 등이다. 이런 유형의 행동이나 관행이 특히 배타적이었던 것은 분명하게 지위를 드러내는 신호가 너무도 흔해졌기 때문이었다 ─ 많은 사람이 과시적 소비에 돈을 쓰기 시작한 것이다. 모든 사람이 랄프로렌 옷을 입거나 자동차(심지어 고급 차)를 사는 식으로 부유해 보일 수 있다면, 부를 드러내는 고전적인 물건들은 더 이상 부자와 나머지 사람들을 구분하는 기준이 되지 못한다. 누가 좋은 차를 몰고 다니고 골프 셔츠를 입는지 아무도 신경쓰지 않았으며, 이런 부의 신호들은 평등한 아메리칸드림의 상징으로 발전했다. 진정한 엘리트주의는 한층 더 미묘해졌고, 케이프코드나 햄턴스의 해변 별장, 아이비리그나 사교클럽 등 한결 배타적인 환경에서 획득되는 상징적 자본과 사회적 신호에 기초했다.

이런 현상은 미국 대도시에서 가장 분명하게 드러난다. 과시적 소비의 일부인 지위재—시계, 보석, 신발, 옷 등 이른바 '사회적으로 가시적인 재화'—를 연구해보면, 도시인들이 다른 어떤 집단보다도 과시적 소비에 훨씬 더 많은 돈을 쓴다는 사실이 뚜렷하게 드러난다. 연령, 소득수준, 교육수준, 인종, 직업, 혼인 여부 등의 변수를 통제해도 결과는 마찬가지다.* 특정 도시들—뉴욕시, 댈러스, 로스앤젤레스, 샌프란시스코—은 다른 도시보다 주민들의 지출에 영향을 미친다. 다시 말해, 이런 도시들 중 한 곳에 살기만 해도 다른 도시에 살 때보다 더 많은 돈을 과시적 소비에 쓴다. 도시 자체가 소비 방식에 영향을 미친다. 예를 들어, 뉴요커는—몇 살이든, 얼마나 많이 벌든, 흑인이든 백인이든, 기혼이든 비혼이든 상관없이—도시 바깥에 사는 이들보다 50퍼센트 이상, 전국 평균보다는 40퍼센트 이상 더 많은 돈을 과시적 소비재에 지출한다. 댈러스, 로스앤젤레스, 샌프란시

---

* 자세한 회귀분석 결과는 책의 부록을 보라.

스코는 도시 바깥에 사는 이들에 비해 20퍼센트 미만으로 더 많은 돈을 쓴다. 물가가 높기 때문이라고 생각할지 모르지만 이 도시들의 전반적인 지출을 살펴보면 별 차이는 없다. 과시와 무관한 소비 품목에서는 다른 지역에 사는 사람들이 지출하는 수준과 비슷하다.

왜 이런 양상이 나타나는 걸까? 여기서 다시 루이스 워스나 게오르크 지멜 같은 초창기 도시사회학자들의 논의를 떠올려보자. 지위재의 구매 가치를 높여주는 것은 다름 아닌 도시생활의 밀도와 이질성, 높은 가시성이다(결국 모든 사람이 지위재를 본다). 지하철이나 미술관, 거리에서 멋진 보석이나 화려한 신발, 디자이너 핸드백을 들고 있는 다른 사람들을 보면 우리도 같은 물건을 사고 싶어지는 동류집단 효과peer effect가 있다. 하지만 한편으로 우리는 차이를 드러내기 위해 호사스럽고 과시적인 재화를 사기도 한다. 크리스찬 루부탱의 5인치 힐은 엘리트 패션의 일원임을 보여주는 신호인 동시에 선명한 빨간색 밑창으로 '나를 봐요'라고 소리친다. 이 신발은 롤렉스 시계, 샤넬 핸드백, 포르쉐 자동차와 마찬가지로 자연스럽게 사람들 사이에 어울리면서도 돋보이는 수단이 된다. 독일의 위대한 사회학자 게오르크 지멜이 90여 년 전 쓴 에세이 〈대도시와 정신적 삶The Metropolis and Mental Life〉에서 언급한 것처럼, 도시로 이주한 사람들은 그곳에 모여 사는 인파에서 자신을 구분하는 방편으로 시각적으로 개성을 드러내며 별난 모습을 한다.[44] 이런 개성 드러내기와 구별짓기는 거리를 걸으며 서로를 스쳐지나가는 그 순간에 즉각적으

야망계급론

로 이루어져야 하므로 옷은 가장 효율적인 수단이 되는 것이다.

과시적 소비는 대부분 이웃 및 동류집단과의 관계에 영향을 받기 때문에 도시생활은 우리가 소비하는 방식에 중요한 역할을 한다. 다트머스대학교 교수 에르조 러트머Erzo Luttmer는 2006년《계간경제학저널Quarterly Journal of Economics》에 발표한 논문에서 이웃이 부유할수록 사람들의 행복이 감소한다는 사실을 밝혀냈다. 부유층 옆에 살면 사람들의 행복감이 줄어들었고, 그들과 친구가 된 경우 그 정도는 더 심했다는 것이다.[45] 이를 참고하면, 50만 달러 소득이 '중간계급'인 뉴욕시[46]에서 1년에 500만 달러를 버는 친구를 따라잡거나 적어도 비슷한 수준으로 보이기 위해 사람들이 압박감을 느끼는 것도 놀랄 일은 아니다. 샌프란시스코도 그렇지만 뉴욕시에서는 모든 사람이(심지어 부유층도) 가난하다고 느낀다. 도시의 밀도가 워낙 높은 탓에 막대한 부를 가진 이들을 포함한 남들을 자주 가까이서 접촉하기 때문이다. 이런 밀도는 사람들이 지위를 의식하도록 한층 압박을 가하며, 또한 다른 사람들과 비교해서 자신의 사회적·경제적 위치를 상기하게 만든다. 일반적으로 도시가 우리에게 미치는 영향이란 이런 것이다—사람들은 과시적, 지위 지향적 소비에 압박받는 동시에 그러한 소비에서 만족을 얻는다.

도시인들이 비교적 신경쓰지 않는 과시적 소비의 한 영역은 자동차 구매다. 디트로이트나 미니애폴리스, 시애틀을 제외하면 도시인들은 전국 평균에 비해 자동차에 돈을 덜 쓴다. 대중교통이 잘 마련되어 있고 도시 안에서(심지어 로스앤젤레스에서도)

도보로 이동하기도 수월하기 때문이다. 또한 인도와 지하철을 이용하다보면 도시의 다른 공간이나 사람들과의 상호작용이 한층 더 활발해지는 장점도 있다. 하지만 지위의 상징인 자동차의 자리가 그대로 공석인 건 아니다. 자동차를 대신할 다른 소비, 즉 신발이나 시계 같은 사회적으로 가시적인 재화에 대한 욕망이 강해진다.

도시의 존재 이유는 인간 문명의 중심지라는 데 있다. 산업혁명 시대처럼 생산의 중심지가 됐든, 지금처럼 패션과 레스토랑, 미술관, 밤 문화 소비의 중심지가 됐든 말이다. 도시는 언제나 사람들이 모인 거대한 중심지였고, 이에 따라 남들과 구별하거나 동화하게 해주는 온갖 신호와 장신구가 등장했다. 도시인들이 과시적 소비에 많은 돈을 쓰는 건 결국 도시에 살기 때문이다—빽빽하게 모여 사는 광란의 공간에서 우리는 자연스럽게 어울리는 동시에 두드러져야 한다. 하지만 무엇보다 매혹적인 것은 지위와 소비에 대한 각 도시마다의 해석, 그리고 특정한 물건에 부여되는 의미의 전유와 재전유다. 이 장에서 나는 그 일부를 분석하고 계량화하려고 했다.

프랑스 사회학자 피에르 부르디외는 《구별짓기》에서 각기 다른 계급이 지위를 획득하는 수단에 관해 썼다. 부르디외는 노동계급이 단순히 부자들이 이미 가지고 있는 것을 원하는 게 아니며, 계급적 가치관에는 개인의 사회적 위치가 반영된다고 주장했다. 노동계급 사람들은 본질적으로 전혀 다른 것들을 원했다. 노동계급은 빈티지나 골동품보다 새것을, 테니스보다 미식

축구를, 조용하고 작게 치르는 결혼식보다 화려한 결혼식을 높이 평가했다.[47] 막스 베버가 말한 '라이프스타일'을 부유층과 중간계급, 노동계급은 서로 다르게 우선시하며 구현한다.[48] 소비는 지위를 나타내는 핵심 요소 중 하나로, 인종, 소득, 직업, 교육 수준 등에서 다양한 인구구성을 가진 서로 다른 도시들은 소비 양상 측면에서도 대단히 다르다. 각 도시에서의 사회생활 및 취향을 형성하는 환경, 즉 부르디외가 말한 '하비투스'가 도시인들의 소비 양식에 반영된다.[49] 일상적인 삶의 양식이 소비 선택에도 영향을 미치는 것이다.

우리는 한 도시의 특징이 소비자 행동에 얼마나 많은 영향을 미치는지, 왜 도시마다 서로 다른 수준의 과시적 소비가 나타나는지를 경험적으로 알 수 있다. 동료 게리 페인터, 박사과정생 이효정과 나는 도시가 어떻게 소비 습관을 형성하는지 계량화해서 측정했다. 다른 모든 조건(연령, 소득수준, 교육수준, 인종 등)이 동일하다면, 한 도시의 특징은 그곳의 주민들이 지위재를 소비하는 방식에 영향을 미친다. 예상했던 대로, 도시가 조밀할수록(제곱마일당 인구수가 많을수록) 과시적 소비가 증가했다. 주변에 사람이 많을수록 지위를 드러내야 하는 압박이 커지며, 과시적 소비를 접하는 사회적 접촉도 많아진다. 젊은이들은 삶의 다른 영역에서 맡은 의무가 적고 대단히 사교적인 라이프스타일을 즐기기 때문에 인구구성에서 젊은 연령이 많을수록 과시적 소비도 증가하는 경향이 나타난다. 또한 사람들이 자신의 지위를 과시할 때 술집이나 레스토랑을 이용하는 경우가 많다는 점에서, 이

런 가게가 많을수록 과시적 소비도 늘어나는 경향이 있다.[50]

　　반면, 주택 임차료가 높게 형성되어 있으면(마음 놓고 쓸 수 있는 소득이 적어지므로) 과시적 소비는 감소한다. 날씨가 좋지 않으면 사람들은 집에서 더 많은 시간을 보내기 때문에 강우일 수 또한 과시적 소비의 감소와 관련이 있다. 소득수준 상위 1퍼센트의 사람들이 많은 도시는 직관적으로 생각했을 때 과시적 소비가 많을 것 같지만 현실은 그 반대다. 상위 1퍼센트가 많을수록 도시의 과시적 소비 지출은 감소한다. 이런 결과는 모순적으로 보이겠지만, 부자가 많은 도시는 대개가 과시적으로 소비할 수 있기 때문에 오히려 그 힘이 미미해진다. 이미 엘리트들로 이루어진 집단 안에서 그런 재화는 지위를 나타내는 데 별 효과가 없다. 20세기 초반의 위대한 사회학자들, 그리고 베블런이 발견했듯, 우리는 우리의 위치를 나타내는 데 보상과 유인이 따르는 사회적 환경과 다른 많은 사람들 사이에 있을 때 지위를 암시하는 행동에 참여한다. 도시 간 과시적 소비의 차이와 '비과시적' 소비(총지출에서 과시적 소비를 뺀 값)의 차이를 살펴보자. 과시적 소비가 가장 많은 도시(디트로이트)와 가장 적은 도시(보스턴)의 차이는 무려 32퍼센트다. 비과시적 소비에서 샌디에이고와 디트로이트의 차이는 4.4퍼센트에 불과하다. 이런 극명한 차이를 보면, 비과시적 소비는 사회적으로나 지리적으로나 특수하지 않다. 즉, 소비자들의 기본적 재화와 서비스 구입에는 일반화할 수 있는 양상이 있다. 반면, 과시적 소비는 특정한 변수나 장소에 대단히 좌우되는 듯 보인다. 전반적으로 과시적 소비는 뚜

렷하게 '도시적인 특징'이다.[51]

　도시 간 차이에 관해 생각하다보면 나는 종종 꽤나 현대적이면서도 절묘한 사례가 떠오른다—서퍼 메노라surfer menorah가 그것이다. 이름에서 알 수 있듯이, 이 물건은 나뭇가지 모양으로 갈라진 촛대와 받침대 사이의 줄기 부분을 서핑보드로 만든 메노라[유대교의 제식에서 사용하는 일곱 갈래의 촛대.—옮긴이]다. 뉴욕대학교의 사회학자 하비 몰로치는 캘리포니아 남부 라구나니겔의 해변에서 이 메노라가 유행한 현상과 다른 어디서도 이런 물건은 소비될 수 없다는 사실을 자세히 설명했다. 이 장식물은 그것을 소비하는 사람들에게 모욕적이라기보다 아이러니하게 (심지어 어떤 이들에게는 문학적으로) 받아들여졌는데 그 이유는 캘리포니아 남부 특유의 혼종 문화에 있다. 이런 물건이 만들어질 수 있었던 건 서핑을 즐길 수 있는 멋진 해변이 있고, 자동차 디자인의 발달로 새로운 아크릴 소재가 많이 개발되었으며, 자유분방한 유대인 인구에 힘입어 서핑보드가 발전한 덕분이다. 서핑보드와 나란히 등장한, '신나는 장난'을 즐기는 서퍼 문화는 1960년대의 거침없는 예술인들을 고무했고, 이는 수십 년 뒤 서퍼 메노라의 등장에 영향을 주었다. 서핑은 해변과 바다 없이 불가능하지만, 서핑보드는 항공기와 자동차를 위해 탄생한 소재로 만들어진다. 이러한 맥락을 고려할 때 서퍼 메노라는 캘리포니아 남부라는 독특한 장소에서만 볼 수 있는 소재와 문화, 인구구성적 특성이 융합된 결과로 생겨난 이 도시 특유의 물건이 된다.[52] 일반적으로 특정한 도시에 사는 사람들의 일상생활에 영향을 미치는 건 작은 것들이다. 그 작은 것들이 모여 커다란 차이가 되고 이는 보스턴과 샌프란시스코, 그리고 그 사이의 모든 도시를 그토록 독특한 장소로 만든다. 이 독특한 장소에서의 삶에서 사람들은 자신을 정의하는데, 그중 많은 부분이 무엇을 소비하는지를 통해 이루어진다.

하지만 도시(그리고 특유의 문화)들은 비슷한 목적을 추구하더라도 그 수단이 서로 다르다. 일화를 하나 예로 들자면, 뉴욕에서 캘리포니아로 이사한 지 5~6년 만에 나는 검은색 옷을 잘 안 입고, 채소를 더 많이 먹으며, 퀴노아 요리법(아직도 이 식재료의 매력이 뭔지는 잘 모르겠지만)에 익숙해졌다는 걸 깨달았다 — 전부 다 뉴욕시에 살던 때의 내 생활 방식이나 정체성과는 정반대되는 것이었다. 이런 변화는 뉴욕의 추운 날씨 및 패션 산업의 수도라는 입지, 그리고 그 때문에 검은색 옷을 즐기게 된 영향으로 설명할 수 있을 것이다. 이런 환경을 로스앤젤레스가 언제나 자랑스러워하는 풍족한 생활과 쾌적한 날씨, 행복감 등과 비교해보라. 텔레비전에 나오는 로스앤젤레스의 역사는 런웨이 패션의 아방가르드 미학보다는 미국 주류에 호소하는 여성을 강조한다. 하지만 두 도시의 예시 모두에서 나는 (앞선 세대나 다음 세대의 많은 여성과 마찬가지로) 유행하는 여성의 미에 부응하고 있었다. 이런 예시는 얼마든지 있다. 우리의 소비 양식은 종종 우리가 푹 젖어 있는 지배적 문화를 반영한다. 뉴욕의 패션과 상류사회의 사회적 엑스레이, 로스앤젤레스의 텔레비전과 영화계 스타, 포틀랜드의 보헤미안 지식인, 샌프란시스코의 반反패션적

IT 기업가들(또는 《뉴욕타임스》 패션 기자 가이 트레베이가 말한 대로 "스타일 망각의 땅") 등을 보라.[53] 우리 대부분은 이들 중 어디에도 해당되지 않겠지만, 특정 도시의 지배적 문화는 우리의 겉모습과 그런 겉모습을 갖기 위한 소비에 조금이라도 반영되게 마련이다. 역사, 지리, 산업, 심지어 날씨까지 복합적으로 얽혀 한 도시의 특성을 이루고, 이는 특유의 선택지들을 제공한다 — 로스앤젤레스에 넘쳐나는 요가 바지, 보스턴의 분홍색 치노 바지, 포틀랜드의 뒷마당 텃밭, 올랜도의 산호색 매니큐어, 샌프란시스코의 유행을 신경쓰지 않는 스타일 등등. 몰리 영Molly Young이 《뉴욕매거진》에서 말한 것처럼, "문화가 어느 정도 특정 장소에 매료된 사람들이 만든 결과물이라면, 샌프란시스코의 온화한 기후에 끌린 사람들이 부드러운 소재로 땀을 흡수하는 집업 의류를 선호하는 것도 이해가 간다."[54]

하지만 이런 작은 차이들에도 불구하고 도시는 21세기 엘리트들의 소비와 주거의 중심이라는 면에서 기본적으로 서로 연결되어 있다. 21세기의 도시에 메트로폴리탄 400은 없을지 몰라도, 급상승하는 임대료, 값비싼 사립 고등학교, 터무니없이 비싼 생활비로 말미암아 도시는 비유적으로나 말 그대로나 엘리트들의 성채다. C. 라이트 밀스 시대의 메트로폴리탄 400은 다른 도시인들에게도 경제적·사회적으로 희귀한 소수 인물들에 국한된 배타적 집단이었다. 오늘날의 도시에는 훨씬 더 많은 엘리트가 살고 있으며, 이들은 단순히 상류사회를 통해서만이 아니라 일상적인 삶의 과시적인 요소들을 통해서도 자신들의 위치를 강화한다. 다른 엘리트들 사이에 어울려 사는 덕분에 그들은 자신들의 도시 유토피아와 근처에 있는 교외 사이에 존재하는 심각한 불평등을 무시할 수 있다. 나머지 다른 세계와의 불평등은 말할 것도 없다. 로스 다우댓Ross Douthat은 다음과 같이 말했다.

(글로벌 엘리트들은) 자신들만의 독특한 세계관, …… 그들만의 공통된 교육 경험, 그들 나름으로 공유하는 가치관과 생각(사회심리학자들은 이를 서구의Western 교육수준이 높고Educated 산업화됐으며Industrialized 부유하고Rich 민주적인Democratic 이들, 즉 위어드WEIRD라고 부른다), 그리고 물론 그들만의 외집단(복음주의자, 소영국주의자Little Englander[원래 18세기 말과 19세기에 영국제국의 확대에 반대한 자유당원을 가리키는 말이었으나 2016년 브렉시트 국민투표 이후 외국인을 혐오하는 영국 우월주의자를 비꼬는 표현이 되었다. ─옮긴이])이 있으며 …… 다른 모든 부족적 동류집단과 마찬가지로 편안하고 익숙한 것을 좇는다. 런던에서 파리, 뉴욕에 이르기까지 서구의 각 '글로벌 시티'는 (각각의 '글로벌 대학'처럼) 점점 더 호환 가능해져서 이 세계의 시민이 어디를 여행하든 편안함을 느끼게 한다. …… 그들은 자신들 집단 내부가 다양하다고 느끼겠지만 배제된 이들이 보기에 이 집단은 여전히 귀족집단이다.[55]

도시생활의 보이지 않는 조직tissue으로 덮인 도시는 한 대도시 대신 다른 대도시를 선택하고 그에 따라 소비하는 사람들에게 여러 형태의 자아를 제공한다.[56] 우리는 이런 선택지들에 반응하고, 그 과정에서 우리를 형성한다. 하지만 우리가 도시의 영향을 받는 것처럼 우리가 도시를, 나아가 세계 전체를 형성하기도 한다. 도시가 다우댓이 말한 '엘리트 부족주의'의 중심지가 되고 있다는 사실은 아무리 많은 선택지와 다양성이 있을지라도 도시가 21세기의 불평등과 계급 구분을 강화하고 있다는 뜻이다.

7장

달라진 소비문화와
심화되는 불평등

차고에 자동차가 있고 평면 텔레비전과 인터넷이 연결된 컴퓨터가 있는 가정이 가난한가?

—애니 로리, 〈가난한 사람들의 바뀐 삶: 나아졌지만 뒤처졌다〉,
《뉴욕타임스》, 경제면, 2014년 4월 30일

미국사회의 표면에는 민주주의의 페인트가 칠해져 있지만, 이따금 그 뒤에 가려진 오래된 귀족사회의 색깔이 내비치는 것을 볼 수 있다.

—알렉시 드 토크빌, 《미국의 민주주의》(1835)

돈으로 행복을 살 수 없다는 것은 이디스 워튼의 《기쁨의 집》이나 찰스 디킨스의 《크리스마스 캐럴》보다도 오래된 뻔한 말이다. 하지만 이 격언은 지나치게 단순하다. 이 말은 연소득 7만 5000달러까지는 돈으로 행복을 살 수 있음을 보여주는 연구를 고려하지 못한다. 노벨상을 수상한 심리학자 대니얼 카너먼Daniel Kahneman과 동료 앵거스 디턴Angus Deaton이 발견한 것처럼, 만약 당신이 이혼한 상태이고 한 달 수입이 1000달러가 되지 않는다면, 역시 이혼한 상태이고 한 달에 3000달러를 버는 사람보다 불행할 가능성이 2배 이상 높다. 마찬가지로, 당신이 만약 천식 환자이면서 저소득층에 속한다면 그렇지 않은 경우보다 2배로 불행하다.

카너먼과 디턴은 부유한 사람일수록 성취감 및 삶을 제대로 살고 있다는 느낌을 경험한다는 사실을 발견했다. 이는 즉, 재정적 자원의 보유가 행복하다고 느끼는 진정한 만족감이나 기쁨으로 반드시 연결되는 것은 아니더라도 상관관계가 있음을 의미한다.[1] 왜 그럴까? 부와 그것에 기인한 구매력은 그 자체로 행복의 원천은 아니다. 하지만 자신의 성공이나 성취를 남들과 비교하는 효과적인 수단이 된다.

선진국과 개발도상국의 장기적인 변화를 추적하기 위해 진행된 종단 연구에서, 연구팀은 1인당 소득과 국내총생산GDP의 증가가 지속적인 삶의 만족으로 이어지지는 않는다는 사실을 발견했다. 몇몇 경우 부의 증가는 오히려 행복의 감소를 유발하기도 했다. '행복-소득 역설' 또는 '이스털린의 역설'(이 현상을 발견한 경제학자 리처드 이스털린Richard Easterlin의 이름을 딴 것이다)이라고 불리는 이 현상에 대해 연구팀은 단기적으로는 경제발전이 행

복을 증진하지만 장기적으로는 양자 사이에 유의미한 관계가 없다고 결론지었다.[2]

미국의 소비자들은 이런 아이러니를 너무도 잘 안다. 래리 서머스Larry Summers가 '불안한 중산층'[3]이라고 칭하고 줄리엣 쇼어 Juliet Schor가 '노동과 소비의 순환'[4]이라 부른 이러한 상황에서 미국은 소비 중심 라이프스타일을 장려해왔고, 이를 달성하기 위해 전력을 다하고 있다. 많은 미국인이 소비주의를 아메리칸드림과 연결하면서 무일푼 상태로 이 경로를 계속 따라간다. 수많은 최신 연구들이 입증하는 것처럼, 경제적 상류층을 제외한 모든 이가 아메리칸드림—오늘날 이것이 무엇을 의미하든 간에—을 이루기 위해 분투하지만 엄청난 빚을 얻지 않고는 성공하지 못한다. 그럼에도 미국의 보통 사람들은 여전히 호레이쇼 앨저의 견해를 신봉한다(그가 가공의 주인공을 내세운 작가임은 간과한 채).

이 책에서 살펴본 것처럼, 미국의 소비주의—특히 과시적 소비—는 오늘날 새로운 미국 내부에 존재하는 거대한 불평등을 감춘다. 21세기 미국의 야망계급은 역사적으로 지위를 드러내온 많은 물질적 수단을 거부한다. 그들은 물질주의에서 벗어나 자신들이 생각하는 더 높은 사회적·문화적 기준을 열망하고 있다. 이런 열망은 계급적 위치를 보여주기 위한 새로운 수단의 활용으로 이어진다. 이 지배적 문화 엘리트들은 단순한 과시적 소비 대신 과시적 생산, 과시적 여가, 비과시적 소비에 참여하는 쪽을 선호하는데, 이 모든 행태는 물질적 재화의 소비보다 훨씬 더 심각하게 계급 격차를 확대한다.

소스타인 베블런은 부유층과 신흥 부자들 사이에서 빠른 속도로 과시적 소비가 증가하는 한편 과시적 유한(여가)은 감소할 것이라고 보았다. 제조업 경제의 성장 및 거대한 소비집단이 된 중간계급이 한때 부유층도 가질 수 없었던 자동차나 텔레비전을 사고, 옷으로 옷장을 가득 채우며 쉽게 대출을 받는 등 물질적 재화를 손에 넣게 되는 상황은 베블런이 예상하지 못한 것이었다. 물질적 기준으로 보면, 오늘날 빈곤층은 베블런 시대의 부유층보다 많은 걸 갖고 있다. 과시적 소비는 이제 어디서든 볼 수 있지만, 데이터를 통해 살펴봤듯이 베블런이 예상한 것과는 다르다. 베블런이 말한 유한계급은 더 이상 존재하지 않는다. 사회적 이동성은 이제 타고나는 것이 아니라 지식 습득의 산물이다. 오늘날 문화적 헤게모니를 쥐고 있는 이들은 한가하게 빈둥거리기는커녕 자신과 자녀의 물리적·정신적 이득을 취하고자 생산에 몰입하는 야망계급이다. 이들의 소비 행동은 과거 물질적 과시에서 벗어나 암묵적이면서도 은근히 암호화된 수단으로 사회적·경제적 위치를 보여주고 부를 재생산하는 방향으로 바뀌었다. 야망계급은 소비주의의 보편화에 따른 '월마트 효과', 즉 대중시장의 물질적 재화를 경멸하며, 다른 모든 사람들과 자신을 한층 더 구별하는 호사를 누리고 있다. 제조업 소비재의 가격이 떨어짐으로써 계급 구분선을 가로질러 많은 이가 이러한 재화에 더 쉽게 접근할 수 있게 됐지만, 그 과정에서 노동 착취와 유해 화학물질 사용, 열대우림 파괴 등 가격 인하에 따라 인간과 환경이 어떤 대가를 치르는지도 드러났다.

그 결과로 과시적 생산이 승승장구하는 중이다. 제품이 어디서, 어떻게 만들어지는지가 어떻게 보이는지보다 훨씬 중요해졌다. 최근 몇 년 동안 야망계급 성원들은 '메이드 인 LA' 티셔츠, 유기농 식품, 가죽을 엮어 만든 라벨 없는 가방, 노동집약적으로 생산되는 커피 등 더 미묘한 지위 신호를 추구하고 있다. 하버드 경영대학원 교수 라이언 라파엘리Ryan Raffaelli는 스위스의 기계식 시계 산업을 사례로 거론하면서 한때 소멸 직전으로 간주되었던 물건에 대한 수요가 다시 살아나는 현상을 '기술의 재등장'이라고 칭했다. 스위스의 기계식 시계와 비슷하게 다른 장인 제품이나 주문 제작형 제품도 일종의 르네상스를 겪는 중이다.[5] 《이코노미스트》에 따르면 바야흐로 수십 년 만에 독립서점이 성장하고 있으며, 1950년대 빅Bic 볼펜과 그 추종자들 때문에 버려졌던 만년필이 다시 유행하고, 전례 없이 많은 사람이 스위스 시계를 찾는다. 이러한 부흥의 핵심에는 장인 정신과 전통, 역사에 대한 관심이 자리한다. "사람들은 단지 어떤 일을 가장 효율적으로 하기 위해 물건을 사지 않는다."《이코노미스트》의 '슘페터 칼럼'에 실린 내용이다. "사람들이 물건을 사는 건, 가령 아름다운 책이나 완벽한 만듦새의 셔츠처럼 미적 만족감이나 자신감을 주기 때문이다."[6] 이런 새로운 소비 선택은 주류 소비재의 표준화와 접근성 확대에 대한 혐오를 반영한다.

이 새로운 엘리트층의 소비 실천은 중간계급의 과시적 소비에 대한(그리고 평범한 미국인들과의 차별화를 위한) 단순한 대응

이 아니다. 대학 교육이나 풀타임 아기 돌보미 같은 소비는 좋은 차나 코치 핸드백보다 훨씬 많은 비용이 들며, 단순히 지위를 보여주는 물질적 신호로서의 소비보다 한층 폭넓은 영향을 미친다. 이런 소비 선택에는 사회적 비용이 따른다. 야망계급이 내리는 결정과 이들이 확립하는 규범은 과거 유한계급의 소비주의가 사회에 미친 영향보다 훨씬 더 유해하다. 은수저를 사거나 장기 휴가를 가는 대신 교육과 건강, 은퇴, 양육에 쏟는 투자는 어떤 물질적 재화도 할 수 없는 방식으로 자녀들의 계급(그리고 종종 부) 재생산을 보장한다. 이와 같은 문화자본과 그 산물의 재생산을 통해 우리는 찰스 머리Charles Murray가 말한 '새로운 상층계급'과 '새로운 하층계급'의 등장을 마주한다. 이는 단순한 경제적 격차가 아니라, 전례가 없는 심대한 문화적 격차다.[7] 양육, 지식, 환경 의식 등의 모호한 규범을 둘러싼 문화적 차이에도 그 이면에는 경제적 위치가 자리하며, 이런 상징적 경계에는 막대한 비용이 든다.

오늘날의 엘리트집단에서 가장 우려스러운 점은 도덕적이거나 가치로 충만한 선택처럼 보이는 행동이 실은 사회경제적 위치의 한 층위로 깊이 내재되어 있고, 이런 선택 중 대개가 거창한 물질적 기표가 아니라 일상적 행동이라는 것이다. 그러나 금융 엘리트, 올리가르히, 금권정치인 등의 사치스러운 라이프스타일에 집착하는 미디어의 행태로 문화적, 사회적, 경제적 계층화라는 훨씬 더 시급한 쟁점이 가려진다. 슈퍼리치의 삶이 흥미롭긴 해도 이들은 언제나 존재했으며 우리 대다수의 삶에 중

대한 영향을 미치지는 않는다. 하지만 상위 1퍼센트, 5퍼센트, 10퍼센트 소득구간에 다수가 속하는 야망계급의 영향력은 결코 작지 않다. 이들이 점점 더 비과시적으로 행하는 결정과 투자는 중간계급이라면 시도할 수 없는, 따라서 이들을 배제하는 방식으로 부와 상향 이동성을 재생산한다. 과시적 여가와 비과시적 소비—즉 교육, 의료, 육아, 가족과 보내는 시간—에 투자할 수 있는 자유는 사회학자 윌리엄 줄리어스 윌슨William Julius Wilson의 용어를 빌리자면, 다른 사람들과 비교했을 때 야망계급에게만 주어지는 '삶의 기회'에 진정으로 영향을 미친다. 자녀의 중등교육에 투자하고, 장바구니를 과일과 채소로 채우고, 정기 건강검진을 받고, 심지어 모유 수유를 할 수 있는 시간이 있는 것까지도 모두 다음 세대에게 유리한 조건으로 작용한다. 전에는 미니밴과 교외 주택이 있으면 '성공했다'는 의미가 되었지만, 이제 그런 것들로는 자녀를 좋은 대학에 보내지 못하며, 그런 대학(그리고 수업료를 내줄 수 있는 능력)이 점차 부유층과 나머지 모두를 갈라놓는 기준이 되고 있다. 야망계급은 0.01퍼센트가 아닐지 몰라도 이들은 다른 모든 이들과 동떨어진, 완전히 다른 특권적 문화 세계에 산다. 한 전문가는 이렇게 말했다. "충분한 가처분소득을 보유한 이들이 건강과 음식 트렌드—줌바와 케일, 크로스핏과 생주스 마시기—에 몰두하느라 저소득층이 직면하는 더 심각하고 광범위한 건강 문제에 무감각해지는 것인가?"[8]

이 지점에서 나는 경제적 불평등을 둘러싼 전반적인 우려 몇 가지에 초점을 맞추고 싶다. 이는 야망계급에만 국한되는 문제가 아니라, 각기 다른 문화적, 사회적, 경제적 계급이 서로 점점 더 멀어지는 가운데 미국사회가 직면하고 있는 거대한 문제들과 맞닿아 있는 현상이다. 야망계급의 반대편에는 미국 중간계급의 현재 상태가 자리한다. 이 책은 지배적 엘리트와 그들의 소비 습관을 다루었지만, 그것의 반대편을 다루지 않는다면 게으른 시도일 것이다. 상위 소득집단이 자녀 교육에 점점 많은 돈을 쓰고 있다면, 중간계급은 깜짝 놀랄 정도로 지출을 줄이는 중이다. 이 책을 비롯한 다른 여러 연구가 밝히는 것처럼, 중간계급에게 풍족한 생활이란 야망계급이 그토록 열망하는 비과시적 소비에 있지 않다. 이들은 그런 소비를 감당할 능력이 없다. 오늘날 중간계급의 이동성은 점점 삶보다는 물질의 문제가 되었다. 다시 말해, 사회적 위치를 암시하는 물질적 재화를 구입하기 위해 노동시간을 늘리고, 여가시간 및 가족과 보내는 시간을 줄여야 한다.[9] 중간계급이 거대한 실업과 주택 가격 하락, 임금 정체를 겪고 있는 현실을 감안한다면, 이런 물질적 버전의 만족스러운 삶을 구입하는 것도 예전만큼 쉽지 않다.

그 이유는 첫째, 중간계급의 접근성을 높이는 모든 저렴한 제품이 역설적이게도 중간계급의 좋은 일자리를 희생시키면서 만들어진다는 것이다. 이런 일자리는 노동력이 저렴한 개발도상국으로 옮겨가거나 컴퓨터로 대체된다. 현대 소비재의 전형적인 특징인 세계화와 표준화는 중간계급에게 남아 있던 공장 일자리를 브라질과 인도로 이동시켰다.

2008년 주택 가격 폭락은 중간계급의 경제적 성과를 거의 전부 잠식하는 결과로 이어졌다. 퓨리서치센터가 '중간계급의 잃어버린 10년'이라고 이름 붙인 현상이다. 많은 이가 세계경제 붕괴의 책임을 금융 산업과 그 거물들에게 물었지만, 대불황의 영향을 가장 크게 받은 것은 중간계급이었다. 중간계급의 일자리는 사라지고 임금이 감소했으며, 이는 결코 완전히 회복되지 못했다. 중간계급 주택시장은 일부 회복세를 보였지만 2000년 중반의 고점에 이르지는 못한 반면, 최상층 주택은 과거 어느 때보다도 비싸다. 중간계급 가구의 85퍼센트가 2000년 대비 현재 자신들의 생활수준을 유지하기가 더 어렵다고 말한다.[10]

　같은 시기 부자들은 더욱더 부유해졌다. 대불황은 상위 1퍼센트에 속하는 거물들이 초래했음이 분명하지만, 그 피해는 하위 90퍼센트에게 가장 크게 돌아갔다.[11] 하위 90퍼센트의 주택 가격은 회복되지 않았고, 임금은 상승하지 않았으며(대불황 이전부터 이미 정체되어 있었다), 일자리도 사라졌다. 불평등이 문제라는 데는 대체로 모두가 동의하지만, 중간계급과 미국의 상향 이동성의 해체unwinding 원인에 대한 설명은 여러 가지이며, 그중 많은 설명이 우리가 너무 많은 것을 사고 행복을 위해 물질적 재화(그리고 그것이 함축하는 사회적 위치)에 지나치게 의존한다는 일반적인 인식에서 벗어나지 못하고 있다.

　《파이낸셜타임스》 기자 에드워드 루스는 만족스러운 삶의 잠식을 경험하는 미국 중간계급의 삶을 충격적이고 황량한 초상으로 그려냈다. 〈중간계급 미국의 위기The Crisis of Middle Class America〉라는 제목의 글에서 루스는 미니애폴리스에 사는 전형적인 미국인 가족 프리먼 부부를 묘사한다. 부부는 많지 않은 담보대출이 있고, 1년에 7만 달러를 벌며, 에어컨, 넉넉한 식료품과 맥주, 베란다에 앉아 보내는 저녁시간에 만족한다. 마크 프리먼은 창고에서 일하고, 코니는 마취 기술자다. 자폐증이 있는 아들 앤디와 관련한 지출이 많은데, 부부의 의료보험에 피부양자로 등록하느라 막대한 비용을 지불했다(마크가 사용하는 수면 무호흡증 치료기기도 경제적 부담이 크다). 1989년 부부가 5만 3000달러에 구입한 집은 한때 10만 5000달러까지 올랐다가 지금은 7만 3000달러로, 몇 년 전에는 압류를 당할 뻔하기도 했다. 물질적으로 보자면 부부는 꽤 괜찮아 보이지만 실제로는 그렇지 않다. 마크는 수요일 저녁에는 가라오케로 출근하고, 토요일에는 동네 주류 판매점으로 출근하며 부업을 뛴다. 마크는 이렇게 설명했다. "네 가지 일을 전부 해야 간신히 버틸 수 있어요."[12]

중간계급이 쇠퇴함에 따라 이들의 상향 이동성을 보장하던 사회구조도 달라지고 있다. 조지 패커George Packer는 《미국, 잔치는 끝났다》에서 바로 이것이 '새로운 미국'이라고 주장한다.[13] 중간계급과 이 집단이 공유하던 암묵적인 사회계약의 쇠퇴는 20세기 말부터 오늘날에 이르기까지 미국의 삶을 규정한다. 불과 30년 전만 해도 누구나 높은 임금을 받는 중간계급 성원이 될 수 있었고, 텔레비전, 자동차, 주택 소유 등은 상향 이동과 밀접한 연결고리가 있었다. 오늘날 소비재는 (대출과 마찬가지로) 무척 저렴해졌고, 이에 따라 물질적 재화는 한 가구의 경제적 성공에 관해 거의 말해주는 게 없다. 패커가 PBS와의 인터뷰에서 말한 것처럼, '해체'란 "열심히 일하는 선량한 시민이라면 당신을 위한 경제적 자리와 안전한 삶이 있을 것이며, 자녀도 더 나은 삶을 누릴 기회가 있을 뿐만 아니라 국가라는 조직을 구성하는 일원으로서 인정받을 것이라는 미국의 사회계약"이 끝났다는 뜻이다.[14]

많은 미국인이 언뜻 괜찮은 급여를 받고 쾌적한 교외에 주택을 소유하고 있는 것처럼 보이지만, 그 실상을 들여다보면 '중위소득 정체'의 희생양임을 알 수 있다. 지난 40년간 상위 10퍼센트를 제외한 모든 미국인이 연소득의 정체를 겪었으며, 실질임금은 1973년보다 나아지지 않았다. 루스가 말한 것처럼, "이는 대다수 미국인이 한 세대 동안 제자리걸음을 했다는 뜻이다".[15] 더욱 놀랍게도, 파리경제대학교의 경제학자 토마 피케티Thomas Piketty는 2014년의 초베스트셀러 《21세기 자본》에서 제1차 세계대전과 1970년대 초반 사이의 상대적 평등 시기가 자본주의의 이례적인 시기였다고 주장했다. 피케티는 200년에 걸친 세계 각국의 상세한 데이터를 바탕으로, 1914년에서 1973년 사이 일련의 정부 정책과 글로벌 위기 때문에 빈부 격차가 줄어들고 부유층이 자본 수익을 증대하지 못했다고 설득력 있는 주장을 펼쳤다. 피케티는 오늘날과 같이 심대한 불평등은 사실상 자본주의의 기본 구조에 내재된 것이며 20세기 중반 60년 동안 목격한 소득 평등의 확대는 다시 나타나지 않을 것이라고 봤다.[16] 이런 통계가 의미하는 바는 대다수 미국인이 더 이상 자신들의 '행복'을 떠받쳐주던 과시적 소비에 참여할 수 없다는 것이다. 평범한 중간계급 미국인들은 집을 압류당하고, 신용등급이 반 토막

났으며, 소비를 통해 정체성을 확립할 수 있는 능력을 거의 완전히 잃었다. 이제 우리는 새로운 삶의 방식을 찾아야 한다.

미국에 관한 이런 관찰은 경제학자와 정책 결정권자들이 말하는 이른바 '대정체Great Stagnation' — 1973년 이래 중위임금이 상승하지 않았으며 지난 37년간 실질임금이 불과 10퍼센트 증가했다는 충격적인 사실 — 와 일치한다. 요컨대 미국인의 90퍼센트는 지난 40년간 소득이 한 푼도 늘어나지 않았다.

이는 수치로 분명히 드러난다. 중간계급의 중위소득은 2000년 7만 3000달러에서 2011년 6만 9500달러로 감소한 한편, 중간계급 가계의 중위 순자산은 2000년 약 13만 달러, 2008년 15만 2000달러에서 2011년 9만 3150달러로 급감했다(모든 수치는 2011년 달러 기준이다).[17] 상품 가격은 저렴해졌을지 모르지만, 그걸 구입할 만큼 임금이 충분하지 않다면(그래서 신용카드를 써야 한다면) 아무 의미가 없다. 평행 우주에 사는 부유층과 일부 상위 소득집단은 회복세를 보인다. 크리스티아 프릴랜드Crystia Freeland는 《플루토크라트》에서 대불황 이후 슈퍼리치와 나머지 집단의 격차가 금융 붕괴 이전보다 훨씬 심해졌다고 말했다.[18] 센추리재단이 말한 이른바 '두 회복 이야기A Tale of Two Recoveries'에 따르면, 대불황 이후 시기(2009~2011년) 가계 자산의 증가분은 전부 상위 7퍼센트 가구로 몰렸다. 이 상위집단의 순자산은 이 시기 동안 30퍼센트 가까이 증가한 반면, 나머지 모두는 순자산이 4퍼센트 감소했다.[19]

그와 동시에 삶의 질과 상향 이동에 실제로 영향을 미치는 것들은 평면 텔레비전이나 미니밴보다 훨씬 많은 비용이 든다. 비과시적 소비―교육, 의료, 육아, 대학교 학비 등―는 삶의 질과 상향 이동에 실질적인 영향을 미치는 것들이며, 부유층은 여기에 지출함으로써 다른 모든 이들과의 격차를 한층 더 확대한다. 이 책에서 살펴본 것처럼 비과시적 소비는 점점 더 비싸지고 있으며, 야망계급의 가장 부유한 성원들만의 전유물이 되고 있다.[20] 중간계급 일자리의 감소와 비과시적 소비의 비용 때문에 부유층은 나머지 계층과 결정적으로 갈라진다. 이제 미래 세대는 오늘날의 부유층과 그 자녀들을 결코 따라잡지 못할 것이다. 이런 격차는 또한 사회적·문화적 차원으로도 부자와 빈자 사이의 소외와 불평등을 증폭한다. 이 문제는 과거 뚜렷한 지위의 표지였던 물질적 재화보다 훨씬 심각하다. 오늘날 야망계급과 나머지 집단은 대학 졸업장, 건강, 행복, 사망률, 자녀와 함께 보내는 시간 등으로 구분된다. 미국의 문화적 엘리트들(경제적 엘리트는 말할 것도 없고)은 중하위 소득집단이 일상적으로 겪는 곤경과 너무도 동떨어져 있는 탓에 자기들보다 가난한 동료 시민들에게 만연한 여러 문제를 (해결하기는커녕) 상상조차 할 수 없게 될지도 모른다.

미국의 새로운 경제적 풍경의 문제점은 여러 차원에서 심각하다. 중간계급의 쇠퇴와 불평등 증대는 사회학적으로도 심대한 영향을 미치고 있다. 에버그린주립대학교 교수 스테파니 쿤츠Stephanie Coontz는 고등교육이나 고임금을 받지 않는 이들의 결혼생활이 점점 더 취약해지는 현상을 지목하며 이를 '새로운 불안정'이라 칭했다. 쿤츠가 지적한 것처럼, 1970년만 해도 혼인율은 교육수준에 따른 차이가 거의 없었다(한동안 이혼율도 마찬가지였다). 하지만 오늘날에는 교육수준이 높고 부유할 때 결혼할 확률이 높으며 이혼할 가능성은 훨씬 낮아진다. 상위 소득집단의 60퍼센트가 40세에도 여전히 첫 번째 결혼생활을 유지하고 있는 반면, 같은 나이의 학사학위가 없는 이들은 60퍼센트 가까이가 이혼 상태다. 상류층이 자녀들을 사립학교와 대학에 보낼 때 30~35세 남성의 25퍼센트는 빈곤선 아래로 떨어지지 않는 선에서 아슬아슬하게 4인 가족을 부양하고 있다(1969년에는 30~35세 남성 가운데 10퍼센트만이 똑같은 어려움에 맞닥뜨렸다). 1969년에는 25세 남성의 75퍼센트가 4인 가족을 부양할 수 있었다. 하지만 2004년에는 그 연령이 30세로 높아졌다. '매드맨'의 시대[총 7시즌으로 방영된 미국 드라마 〈매드맨〉의 배경은 1960년대 뉴욕이다.─옮긴이]에는 남성들이 비서와 결혼하는 게 축복받은 결혼의 비결처럼 여겨졌지만, 오늘날에는 경제력 있고 교육수준이 높은 여성을 만나는 것이 안정적인 결혼생활의 비결로 여겨진다.[21]

　미국 중간계급의 쇠퇴는 세계경제에도 심대한 영향을 미친다. 미국인들은 원래 저축을 멀리했지만, 지금은 30년 전보다 상황이 더 나쁘다─1980년대 초반 10퍼센트였던 개인저축률은 2014년 사실상 0퍼센트로 감소했다.[22] 중국 노동자들이 침대 밑에 넣어두는 것을(정말로 그렇게 한다) 미국인들은 소비재에 쏟아붓는다.[23] 오늘날 미국의 평균적인 가계는 저축을 적게 하는 걸 넘어 돈이 부족하며, 부유층 가계는 가진 돈을 교육과 의료, 연금으로 돌리고 있다.

중간계급의 세계화

세계화는 대중 소비주의와 미국 중간계급의 쇠퇴를 둘러싼 논의에서 흔히 악당으로 등장한다. 하지만 다른 측면도 살펴볼 필요가 있다. 전 세계 부유층이 서구의 엘리트 소비시장에 침투하는 만큼이나(《플루토크라트》 같은 책에서, 그리고 뉴욕, 샌프란시스코, 런던의 부동산시장을 중심으로 펼쳐지는 열풍에서 볼 수 있는 것처럼) 세계경제에서 점점 더 큰 비중을 차지하는 집단이 나타나는 중이다. 미국을 떠난 공장 일자리들은 오늘날 경제학자들이 말하는 이른바 '글로벌 중간계급'의 기반을 이루고 있다.[24] 미국과 영국에서 산업혁명을 등에 업고 넉넉한 임금을 받는 노동자라는 새로운 계급이 등장해 이들의 소득이 소비자 경제로 흘러간 것처럼, 개발도상국에서도 산업화와 세계화의 결과로 가난에서 벗어나 중간계급의 삶의 질로 이동하는 인구가 점점 늘어나는 중이다. 그런데 글로벌 중간계급이란 무슨 의미일까? 미국의 빈곤층도 개발도상국의 꽤 잘사는 이들보다 물질적, 경제적으로 형편이 좋다. 그렇다면 글로벌 중간계급이란 용어는 최저 및 최대 소득수준이 정해진 절대적인 개념인가, 아니면 각국의 중위 소득집단을 기준으로 하는 상대적인 개념인가? 여기에는 여러 고찰이 있으며, 각 접근법마다 결점도 존재한다. 예를 들어, 뉴욕

대학교의 경제학자 윌리엄 이스털리William Easterly처럼 상대적 접근법을 사용하는 학자들은 중간계급을 미국의 20~80퍼센트 소득집단으로 정의한다. 하지만 미국에서 중간인 소득은 다른 대다수 나라들에서는 부유한 축에 속한다. 가령, 미국의 소득 5분위중 중간에 해당하는 소득 3분위는 인도나 베네수엘라에서라면 상위 소득집단이다. 더 널리 받아들여지는 접근법은 절대적 기준에 따른 것이다. 브루킹스연구소와 유엔, OECD는 글로벌 중간계급을 하루에 10~100달러를 벌거나 쓰거나 그 정도의 구매력을 가진 사람으로 정의한다.[25] 이 접근법은 기본 필수품보다 더 많이 소비하면서 여벌의 옷을 구입하고, 어쩌면 외식도 하며, 자동차를 살 수도 있는 수준을 중간계급으로 정의한다. 다시 말해, 글로벌 중간계급은 일정 부분 글로벌 소비시장에 참여하는 사람들이다. 이런 구매력은 브랜드 식품에서부터 자동차에 이르기까지 모든 걸 판매하는 주요 국제적 기업들에게 대단히 중요한 문제다. 이는 또한 오랫동안 소비 습관을 통해 세계경제를 떠받쳐온 미국 중간계급의 중요성이 줄어들고 있음을 의미한다.

숫자를 살펴보자. 브루킹스연구소의 연구자들인 호미 카라스Homi Kharas와 제프리 거츠Geoffrey Gertz에 따르면, 글로벌 중간계급이 세계경제에 미치는 영향은 이제 막 시작됐다. 2021년에 이르면 약 20억 명으로 추산되는 아시아 중간계급 소비자 수가 서구 중간계급 소비자 수를 훌쩍 앞지를 것이다. 새롭게 등장하는 글로벌 중간계급에 대한 카라스와 거츠의 분석은 10~100달러의 소비력을 기준으로 세계 인구의 98퍼센트를 차지하는 145개국을 연구한 결과를 바탕으로 한다. 이들의 예상에 따르면 2020년에는 세계 중간계급의 54퍼센트가 아시아 태평양 지역 인구이고, 북아메리카와 유럽의 비중은 각각 10퍼센트와 22퍼센트로 감소할 것이다(2009년에는 각각 18퍼센트와 36퍼센트였다). 또한 2009년부터 2030년까지 아시아 중간계급이 3배 증가하는 반면, 북아메리카와 유럽은 그 비중이 상당히 줄어들 것으로 예측된다(북아메리카의 경우 절대적인 인구수도 감소한다). 카라스와 거츠는 2022년이면 전 세계 인구에서 빈곤층보다 중간계급이 더 많아질 것이라고 보았다.[26]

전 세계 소비에서 차지하는 비중으로 보면, 새로운 글로벌 중간계급이 현재 북아메리카와 유럽의 소비자들이 맡고 있는 역할을 넘겨받게 될 것이다. 2009년 북아메리카와 유럽은 각각 중간계급 소비의 26퍼센트(약 5조 6000억 달러), 38퍼센트(약 8조 달러)를 차지했다.[27] 카라스와 거츠는 2020년까지 아시아 태평양 시장이 글로벌 중간계급 소비의 42퍼센트를 차지할 것으로 예측했다(북아메리카와 유럽은 각각 17퍼센트와 29퍼센트). 현재 가장 큰 중간계급 소비 국가는 미국이지만(일본과 독일이 그 뒤를 잇는다), 2020년이면 중국이 1위가 되고, 2030년이면 인도와 중국이 각각 23퍼센트와 18퍼센트를 차지하며 1, 2위에 자리할 것으로 예상된다. 미국은 3위로 밀려나 글로벌 중간계급 소비의 7퍼센트를 차지할 것이다. 한 세대 만에 글로벌 중간계급 소비의 절반 가까이가 세계의 전혀 다른 지역으로, 즉 완전히 다른 미학과 문화, 사회 동학을 지닌 지역으로 옮겨간다는 것이다.

자동차와 휴대전화 판매량에서 중국은 이미 미국을 앞질렀다. 2000년, 미국이 전 세계 자동차 판매량의 37퍼센트를 차지할 때 중국은 불과 1퍼센트였다. 그로부터 15년 뒤, 중국은 세계 최대의 자동차시장으로 부상했다. 2009년 기준으로 중국에서는 한 해에 1400만 대 가까이 자동차가 팔렸고, 같은 해 미국은 1040만 대에 그쳤다. 휴대전화 제조업체 노키아는 일찍이 2008년에 중국 시장 매출이 미국 시장의 3배에 달했다.[28]

하지만 중국의 농촌인구와 도시인구 사이의 대규모 소득 불평등과 교육 접근성 격차, 거대한 정치적·문화적 분열이 이런 예측에 영향을 미칠 수 있다는 점을 지적할 필요가 있다. 그럼에도 인구 규모만 놓고 보면, 아시아 태평양 지역의 중간계급 소비자가 한때 서구의 영향력과 권력이 지배했던 자리를 넘겨받는 건 거의 불가피한 사실처럼 보인다. 카라스와 거츠는 "이런 일이 일어난다면 세계는 새로운 글로벌 중간계급, 즉 아시아 중간계급을 목격하게 될 것"이라고 말했다. "대중 중간계급을 타깃으로 하는 제품, 패션, 취향, 디자인의 중심이 서양에서 동양으로 넘어갈 것이다."[29]

글로벌 중간계급을 정확히 포착하는 아마도 더 간단한 다른 방법은 자동차 구매를 살펴보는 것이다. 《포린폴리시Foreign Policy》에서 시멜스 알리Shimelse Ali와 우리 다두시Uri Dadush는 글로벌 중간계급을 포착하는 정확한 기준에 대해 완전히 합의가 이루어지진 않았으나 중간계급에 진입했음을 보여주는 가장 확실한 신호는 자동차 구매라고 주장했다. 알리와 다두시는 소득범위

야망계급론

를 기준으로 삼을 경우 하루에 2달러를 벌면서도 휴대전화를 구매할 수 있다는 사실, 즉 사람들의 소득과 실제 구매 행동이 직접적으로 연결되지 않을 수 있다는 사실이 간과된다고 지적했다. 이에 따라 자동차 소유를 사치재에 대한 구매력과 선호를 보여주는 신호로 본 것이다. 이런 접근법은 중국과 인도, 러시아 같은 나라가 소득 분석에서 나타나는 것보다 훨씬 빠르게 성장하고 있음을 알려준다. BRICs(브라질, 러시아, 인도, 중국) 신흥 국가들의 경우 2010년 기준 승용차 신차 판매량은 1990년대의 6배에 이르렀다.[30] 미국의 상황은 정반대다. 2000년에 미국 사람들이 구입한 자동차는 1700만 대가 넘었는데 2015년에도 거의 변동이 없었다.[31]

글로벌 중간계급에 관심을 기울여야 하는 이유는 많다.* 우선 엄격하게 경제적인 관점에서 보자면, 오늘날 선진 산업국들에서 중간계급이 쇠퇴하는 현상은 미국과 유럽의 많은 소비자들이 소비를 줄이기 시작함에 따라 세계경제가 큰 타격을 받을 것임을 시사한다. 선진국에서는 인구와 소득 둘 다 정체되고 있으며, 하나의 개념으로서 '중간계급'은 오늘날 서구 각국의 중간계급이 처한 어려운 경제적 상황을 제대로 반영하지 못한다. 다음으로, 로널드 잉글하트가 지적한 것처럼 경제발전은 더 공정하고 민주적인 사회로 나아가는 데 중요한 과정이다. 그리하여

---

* 글로벌 중간계급을 둘러싸고 많은 논쟁이 벌어지는 만큼, 일각에서는 글로벌 중간계급이 어디에나 존재하거나 잘사는 것은 아니라고 지적하며 비판하기도 한다. 이에 대해서는 Burrows 2015와 Bremmer 2016을 참고하라.

알리와 다두시가 결론짓는 것처럼, 중간계급의 부상은 더 공정한 정부 및 환경기준이든 기본 복지든 간에 지도자에게 더 많은 것을 요구하는 국민들의 등장을 의미할 수 있다.

기업들은 확고한 목적을 추구한다. 2010년 《맥킨지쿼털리 Mckinsey Quarterly》 보고서에서 데이비드 코트David Court와 랙스먼 내러시먼Laxman Narasimhan은 '새롭게 등장하는 중간계급'이 어디서 나타날지를 파악하는 것이 향후 브랜드 충성도의 기반을 닦는 일이 될 것이라고 설파했다. 이들의 이야기에 따르면, 오늘날까지 건재한 브랜드 리더는 '초기의 승자'들이다. 두 사람은 미국의 17개 소비재 분류에서 크래프트나 델몬트푸드, 리글리 같은 1925년의 선두 주자들이 20세기 내내 그 자리를 고수했다는 사실을 발견했다. 이들은 신흥 시장의 양상이 선진국 시장과 비슷하다는 사실 또한 발견했다─사람들은 특정 브랜드, 특별히 비싼 상품, 자기 돈을 쓰는 대상을 좋아하지만, 또한 유독 어떤 제품에 굉장히 열광하기도 한다.[32] 중국인은 특히 미국인 평균보다 주당 더 많은 시간을 쇼핑에 할애하며 좋아하는 여가활동에 쇼핑을 포함하는 경향이 있다. 샤넬이나 월마트 등 다종다양한 글로벌 소매업체들은 이런 문화적 경향을 놓치지 않는다. 샤넬은 중국인이 가장 선호하는 명품 브랜드이며, 월마트는 이미 중국에만 270개 매장을 두고 있다. 바야흐로 지금 미래가 펼쳐지고 있다.

만약 미국의 중간계급이 어떤 전형이라면, 그 자리를 차지하게 될 글로벌 중간계급은 몇 가지 교훈을 배워야 한다. 미국의 경험이 보여주는 것처럼, 소비주의와 물질적 재화를 추구하는 경향은 세계경제에는 좋을지라도 소비자 자신에게는 좋다고 보기 어렵다. 물질적 열망은 사람들로 하여금 지나칠 정도로 노동하며 성취라는 외적인 표지에 초점을 맞추도록 사회적으로 커다란 압력을 가한다. 더욱이 물질적 성취의 굴레는 점점 더 강하게 작동하는 방향으로 악화한다. 각 세대는 편안함을 느끼거나 만족스러운 삶을 사는 데 앞선 세대보다 더 많은 것이 필요하다고 믿는다. 하지만 그런 믿음은 사실과 다르다. 우리는 동류집단에 뒤처지지 않아야 한다는 압박을 성공의 열쇠로, 더 나아가 행복의 열쇠로 혼동한다. 이 책에서 살펴보았듯 지위는 이동식 잔치이며, 중간계급이 따라잡으면 지배 엘리트들은 자신들의 지위를 똑똑히 보여주는 새로운 방법을 찾는다.

우리는 물질적 재화—소비—가 설령 우리에게 행복을 가져다준다 한들 그것이 극히 작은 행복일 뿐임을 안다. 연구 결과에 따르면 우리가 소비에서 의미 있는 만족을 얻기 위해서는 그 소비가 타인을 향해야 한다. 물질적 재화의 밀물과 썰물이 어떻게 오락가락하든 간에 탄탄한 가정생활, 사랑, 안정감, 친구들과의 밀접한 유대 등 사람들과의 연결에 기반한 행복의 가치는 변하지 않는다. 미국을 비롯한 소비자 중심 서구 국가들과 신흥 소비 경제국들은 최신 소비재를 손에 넣는 것보다 이런 목표를 향해 삶의 방향을 조정하는 방법을 알아내야 한다. 이 책을 쓰기 위해 위대한 경제학자 리처드 이스털린을 인터뷰했을 때 그는 이렇게 말했다. "행복을 위한 우리의 노력을 잘못된 방향으로 이끄는 경제성장의 힘을 지식의 진보로써 통제할 수 있기를 바랍니다."

행복과 소득 사이의 단절을 가장 잘 보여주는 사례는 중국
이다. 1990년 이래 자유시장이 부상하면서 중국인의 행복지수
는 심대하게 감소하는 상관관계를 보여주었다. 중국은 세계 2위
의 경제국으로, 중국인들은 30여 년 전보다 400퍼센트 더 부유
해졌고 중국인의 소비와 국내총생산은 2배로 증가했다(그것도
두 번이나). 마오쩌둥의 공산주의는 텔레비전과 냉장고를 보유한
중간계급 도시인들에게 밀려나고 있다. 이스털린은 중국을 "캘
리포니아주 오렌지 카운티의 거대한 확장판"이라고 묘사한다.[33]
하지만 이스털린이 설명한 것처럼 사회 안전망과 복지, 일자리
가 감소하면서 사람들은 1990년 이전 공산주의 경제체제에서
보다 만족감을 느끼지 못하고 있다. 부가 증대되고 살 만한 소비
재가 더 많아졌는데도 말이다. 한 연구는 자신이 잘산다 하더라
도 다른 누군가가 언제나 더 잘산다고 느끼는 이들을 묘사하기
위해 '좌절한 성취자frustrated achiever'라는 용어를 사용했다.[34] 중국
을 시장경제로 이끈 중국공산당 지도자 덩샤오핑은 "부자가 되
는 것은 영광스러운 일이다!"라는 유명한 말을 남겼다(그렇다고
들 한다).* 하지만 결국 드러난 것처럼, 실상은 그렇지 않다.

물건을 아무리 사도 우리는 행복해지지 않는다. 산업혁명

---

* 흔히 이 말을 덩샤오핑이 했다고들 하지만, 그가 실제로 이런 발언을 했는지
에 관해서는 많은 논쟁이 있다. 중국에서 자본주의의 수문을 연 덩샤오핑의
역할과 이 발언이 동의어가 되기는 했어도 그가 실제로 이 말을 했다는 문서
기록은 없다. Iritani 2004를 참고하라.

으로 중간계급이 탄생하고 대중 소비주의가 시작된 1800년대 후반에도 그러했고, 헨리 포드가 모델 T를 내놓은 1900년대 초반에도 그러했으며, 모두가 식기세척기와 냉장고, 에어컨을 손에 넣게 된 1950년대, 명품이 대중화된 21세기에도 그러하다. 어떤 면에서 보면 우리가 끊임없이 삶의 의미를 추구하게 된 덕분에(탈희소성 사회의 도래와 함께 저녁에 먹을 음식이 아닌 존재론적인 질문을 숙고하고 탐구할 시간을 갖게 되며 그러한 추구가 더욱 가능해졌다) 상황은 한층 더 혼란스러워졌다. 탈희소성 사회에서 야망계급은 언뜻 보기에 건설적인 실천—모성, 운동, 문화자본 획득—에 투자한다. 언뜻 생각하면 이런 활동으로 사람들이 더 행복해져야 마땅하다. 그러나 이런 활동 역시 지위의 표지이자 성취의 신호가 되었고, 그 과정에서 사회적 위치의 물질적 기표와 별반 다르지 않은 것이 되었다. 압박은 키우고 행복은 감소하는 방향으로 영향을 미치게 된 것이다.

충분히 가치 있어 보이는 야망계급의 소비 실천조차 사회적·경제적 계급을 가로지르며 파괴적인 내집단/외집단 구분을 만들어낸다. 물론 우리는 역설적이게도 남들과 다르기를 원하는 동시에 어울리고 싶어 한다. 소비는 이런 구별과 정체성을 창조하는 간단하고 효과적인 방법이다. 하지만 우리의 사회적 위치를 보여주거나 비슷한 사람들과 어울리고자 하는 욕망에는 구조적인 결함이 있다. 이 욕망을 채우려면 언제나 타자를 배제해야 한다. '우리'의 창조는 불가피하게 '타자'를 창조한다. 다양한 형태의 소비는 이런 구별, 더 정확하게 말하자면 계급 구분선을 보여주는 수단이 된다. 우리가 끊임없이 남들과 구별짓고 우리의 사회적·경제적 위치를 보여줄 방법을 찾는다면, 어떤 집단이 우리를 따라잡는 즉시 우리만의 독특함을 재확립할 새로운 수단을 찾게 된다. 오늘날의 지위 표지가 특히 유해한 것은 물질적 재화보다 훨씬 의미심장한 실천과 재화에 기반하기 때문이다. 양육과 문화 지식, 음식 선택은 실은 경제적 제약이나 자유에 관한 문제이지만 도덕적 선택처럼 여겨진다. 이런 사회에서 사람들은 도덕으로 포장된 많은 결정이 사회경제적 위치에 따른 현실적이고 실용적인 결과라는 사실을 일부러 외면한 채, 열등한 선택을 하는 이들을 향해 싸늘한 눈초리를 보낸다.

이 책에서 나는 21세기 미국의 문화와 소비, 그리고 특히 새로운 문화적 구성체인 야망계급의 규범과 실천을 검토했다. 내가 관찰한 실천과 행동은 아몬드버터와 퀴노아를 판매하는 더블린 슈퍼마켓의 로컬 섹션이나 런던의 모성 실천(그리고 그에 대한 압박), 파리의 부티크에서도 볼 수 있다. 이 책에 담긴 풍경들은 제한된 데이터로 지역적 한계가 있지만, 현상 자체는 전 세계 어디에서나 볼 수 있는 것이다. 19세기 소비에 대한 소스타인 베블런의 견해는 오늘날에도 유효하지만, 사회와 계급은 훨씬 더 복잡해졌다. 우리 대다수는 한때 부유층의 전유물이었던 지위 표지의 물건들을 손에 넣을 수 있게 되었다. 그러나 이런 지위 표지를 손에 넣는다고 해서 경제적 안녕이 드러나는 것은 아니며 행복이나 성취는 말할 것도 없다. 언제나 존재했으며 끊임없이 변화하는 지위 자체가 19세기 이래 삶의 다른 많은 측면에도 스며들었다. 내가 독자 여러분에게 남기는 질문은 이런 것이다. 남들과 다른 것, 남들보다 더 많은 재산을 쌓거나 완벽한 토종 토마토를 사는 것, 모유 수유를 하고 유기농 농산물을 먹는 것과 관련해 내리는 결정과 투자가 정말로 사회를 진보시킬 수 있는가? 수사적인 질문처럼 보일지 모르지만 그런 의도는 아니다. 어떻게 보면 더 열성적인 부모가 되고, 더 열심히 운동을 하며, 더 많은 신문을 보는 선택이 우리가 더 건강하고 행복하고 적극적인 사회 구성원이 되는 데 도움이 될 수도 있을 것이다.

하지만 이런 실천들이 사회의 절대다수에게 선택지조차 될 수 없다는 사실을 외면할 수는 없다. 빈곤층과 저소득층, 나아가 중간계급의 상당수에게도 이는 선택지가 되지 못한다. 한편 야망계급의 경우에도 이런 지위의 표지들은 동류집단의 압력이 가해지는 지점이다. 사회학자 세라 보웬Sarah Bowen과 시니카 엘리엇Sinikka Elliott, 조슬린 브렌턴Joslyn Brenton이 최근에 발표한 〈요리의 즐거움이라고?The Joy of Cooking?〉에서 서술한 것처럼, 우리는 피상적 차원에서 완벽을 기해야 한다는 부담감에 짓눌린다. 그렇다고 해서 우리의 모든 소비 실천이 완전히 그릇된 것은 아니다. 원산지를 신경쓰고, 지역 농민을 지원하고, 집에서 직접 요리를 하고, 핸드백 대신 교육에 투자하는 건 1980년대와 2000년대 초반의 겉만 번지르르한 소비문화보다는 확실히 더 건설적인 가치관일 것이다. 하지만 이런 야망계급의 소비 게슈탈트 또한 대다수를 배제할 뿐만 아니라 우리를 압박하는 어떤 열풍과 지위의식status-consciousness을 반영하고 있다. 우리는 모든 소비 행동—과시적 소비와 비과시적 소비—안에서 우리의 삶을 완전히 놓치고 있는지 모른다.

21세기의 소비 양식이 어떻게 만들어졌는지, 그 장점과 단점에 관해 어떤 견해를 갖든지 간에, 한 가지는 분명하다. 소비는 단순히 물건을 사는 것 이상을 의미한다. 소비 습관은 우리가 누구이며 어떤 사람이 되고자 하는지를 드러낸다. 우리가 무엇을 소비하는지를 둘러싼 우리의 선택은 사회의 다른 집단과 우리를 연결해주는 동시에 분리시킨다. 위대한 인류학자 메리 더글러스와 배런 이셔우드Baron Isherwood의 말을 인용하자면, "상품과 …… 소비는 사회 전반에서 인위적으로 추상화되었다".[35] 이 책에서 보여주고자 한 것처럼, 우리의 소비 습관은 겉으로 드러나는 물질적 대상보다 훨씬 더 심오하고 복잡한 무언가를 보여준다. 크고 작은 것들의 총합 속에서 소비는 정보와 정체성을 전달하는 하나의 과정이자 포지셔닝이다. 우리가 소비하는 이유와 방식에 영향을 미치는 원인을 이해함으로써 우리는 인간에 관해, 어딘가에 속하는 방식과 그 장소에 관해, 이런 결정의 의미와 한계에 관해, 그리고 마지막으로 개인과 사회 전체에 무엇이 중요한지에 관해 더 잘 알 수 있다.

야망계급론

아래에 소개할 사랑스러운 인간들에게 대단히 감사한다……

나의 저작 에이전트이자 소중한 친구인 로빈스오피스의 데이비드 핼펀 덕분에 언제나 적절한 은유를 고를 수 있었다. 글을 쓰다가 막히거나 괴로울 때면 항상 데이비드에게 하소연하는데, 그의 목소리는 캐시미어 담요처럼 부드럽고, 나를 웃게 만든다, 언제나. 매 장을 읽고, 편집 관련 제안을 해주고, 그 밖에 여러 선별 작업을 도와준 로빈스오피스의 다른 이들에게도 감사를 전한다.

프린스턴대학교 출판부: 여러 개념과 주장을 최대한 설득력 있게 조직하는 일을 옆에 붙어서 도와준 담당 편집자 메간 레빈슨(실수가 있다면 모두 나 때문이다). 예일대학교 출판부로 떠나기 전에 프린스턴에서 이 책을 손에 넣은 세스 디치크. 초기 단계부터 내 구상에 투자하고 초고에 많은 지적 기여를 해준 그에게 감사한다. 동명사와 쉼표를 적절하게 사용하는 법을 가르쳐준 교열 담당자 캐런 버드. 세라 러너, 서맨사 네이더, 줄리아 하브, 캐럴라인 프라이디, 그 밖에 프린스턴의 홍보팀 전체. 모두들 열정적이고 근면하며 너무도 창의적이다. 나는 매번 그들에게 감탄한다.

강연 에이전트이자 친구, 영혼의 단짝인 루시 블루먼펠드.

같이 손톱관리를 하면서 책 전략을 구상하는 모임을 더 많이 할 수 있기를.

초고의 일부 장을 읽고 데이터와 방법론에 관해 조언해주고, 내 구상을 놓고 씨름한 서던캘리포니아대학교의 동료들. 당신들과 함께 같은 복도를 거니는 건 정말 행운이다. 학장인 잭 노트와 함께 일하는 것도 마찬가지다. 내가 열심히 일하고 최선을 다하기만 하면 그는 언제나 나의 연구를 지원하고 어떤 방향을 정하든 지지해주었다. 박사과정 학생들인 이효정과 추소윤은 이 책에 빠져서는 안 될 디테일과 신선함을 부여해주었다. 이 책(그리고 나)은 너무도 큰 행운을 누렸다. 특히 조만간 하버드대학교 주거연구합동센터의 박사후 연구원이 될 효정은 내가 진행한 소비자지출조사 연구의 많은 부분에서 지적 동지였다. 일찍부터 이 책의 바탕이 되는 여러 발상을 지지해주었으며, 나와 함께 그 증거를 찾는 여정에 나섰다.

연구비를 지원해준 서던캘리포니아대학교 러스크부동산센터에도 감사하다. 특히 노동통계국의 소비자지출조사를 활용한 장들에서 톡톡히 도움을 받았다.

이 책을 쓰기 위한 인터뷰에 응해준 친절한 사람들에게 감사를 표한다. 여러분이 나눠준 시간과 사려 깊은 생각, 지혜는 모두 이 책 전체에서 빛나고 있다.

나의 지적 영웅들: 하비 몰로치, 앨런 스콧, 사스키아 사센, 마이클 스토퍼, 수전 페인스타인, 제롤드 케이던.

내가 가장 좋아하는 사람들: 브룩 커틀러, 케라 에스포지토,

야망계급론

마리사 크리스천, 에릭 로베키오, 슬론 크로슬리, 미셸 딘, 테스 모던, 데이브 오클랜드, 제임스 브룩스, 마이클 스토퍼(지적 영웅이기도 하다), 엘리자베스 프라이스, 퀸틴 프라이스, 에이얼 벤아이작, 조앤 핼킷, 빌 핼킷, 언니 세라, 남동생 에번, 올케 가브리엘라, 조카 리암. 엄마와 아빠. 여러분 모두에게 내 심장 엑스레이를 보여줄 수만 있으면 좋겠어요. 여러분이 내 심장에서 얼마나 많은 부분을 차지하고 있는지 볼 수 있게.

에즈라, 올리버, 리처드: 세 사람은 내 모든 것의 총합이야.

소비자지출조사

소비자지출조사는 미국 인구조사국에서 노동통계국과 협약을 맺고 진행하는 미국 소비자 행동에 대한 연례 조사다. 이 데이터 집합의 역사는 19세기 말로 거슬러올라가지만, 현대적인 연례 조사는 1980년에 시작되었다. 이 조사를 하는 주요 목적 중 하나는 소비자물가지수Consumer Price Index, CPI라는 이름의 생활비 지수를 최신 수치로 갱신하는 것이다. 하지만 여기에는 소비자 지출 행동과 그것의 사회경제적 특징에 관한 종합적이고 정확한 정보가 담겨 있기 때문에 연구자들은 오래전부터 소비자 행동을 분석하고 설명하는 데 이 조사를 활용해왔다.

소비자지출조사는 일지조사Diary Survey와 면접조사Interview Survey라는 두 가지 독자적인 조사로 이루어진다. 일지조사는 대상자가 직접 작성하는 일지로 이뤄지며 자주 구매하는 소규모 품목에 관한 지출 데이터를 수집하고, 면접조사는 상대적으로 큰 지출(가령 내구재)이나 정기적인 지출(가령 집세나 보험)에 관한 데이터를 수집한다. 비 등(Bee et al., 2012)이 발견한 것처럼 면접조사를 통해 더 정확한 결과를 알 수 있기 때문에 이 책에서는 주로 면접조사를 통해 확보된 미시 데이터를 사용해서 일부 소비자집단의 행동을 분석했다.

이 미시 데이터에는 수백 개의 미국표준상품분류코드Universal Classified Codes, UCC로 표시되는 구매 품목에 관한 개별 가계 수준의 정보뿐만 아니라 각 가계의 인구학적·사회경제적 특성에 관한 정보도 담겨 있다. 분기별 면접조사는 전국 각지의 (대표적인) 약 7000가구를 대상으로 진행되며, 1년 단위로 환산한 데이터 집합의 표본 크기는 약 3만 5000 소비자단위다. 모든 분석은 전국적 추정치를 나타내기 위해 샘플링 가중치를 활용해서 가중치를 두며 스테이타Stata 버전 11.1 통계 패키지를 사용해서 이루어졌다.

표 A.1 평균 가계소득과 지출, 1996~2014(2015년 달러 기준)

	1996	1997	1998	1999	2000	2001
소비자단위 비가중 집계	20,251	20,850	21,549	27,262	26,947	28,339
소비자단위 가중 수치(단위 1000명)	82,629	84,991	84,115	81,692	81,454	88,735
평균 세전 소득	57,190	58,766	60,280	62,271	61,246	63,426
평균 연간 지출	50,163	50,346	51,205	52,439	51,567	51,826
식료품	7,129	7,189	7,148	7,066	7,024	6,922
주류	427	426	431	426	417	452
주거	15,221	15,561	15,859	16,245	15,942	16,332
의류 및 서비스	2,057	2,063	1,966	1,994	1,914	1,800
교통	9,887	9,730	9,774	10,178	10,327	10,470
의료	2,555	2,572	2,634	2,682	2,711	2,766
연예오락	2,624	2,577	2,552	2,722	2,542	2,583
개인 미용용품과 서비스	436	435	428	425	432	314
독서	249	252	247	240	214	197
교육	690	737	783	769	796	779
담배 제품과 기구	395	397	402	443	455	433
기타	1,231	1,161	1,198	1,175	1,019	985
현금 기부금	1,645	1,600	1,798	1,906	1,848	1,790
개인 보험과 연금	5,616	5,646	5,982	6,168	5,926	6,003

	2002	2003	2004	2005	2006	2007
소비자단위 비가중 집계	30,398	31,820	36,168	35,625	33,261	31,945
소비자단위 가중 수치(단위 1000명)	92,388	97,391	116,282	117,356	118,843	120,171
평균 세전 소득	64,999	65,734	68,495	71,131	71,145	71,969
평균 연간 지출	52,364	51,507	51,091	53,135	53,789	54,396
식료품	6,876	6,779	6,978	6,962	7,049	8,080
주류	449	401	400	428	446	381
주거	16,439	16,369	16,336	17,185	18,089	18,078
의류 및 서비스	1,747	1,563	1,518	1,567	1,495	1,452
교통	10,404	10,257	9,687	10,063	9,837	9,721
의료	2,969	2,980	3,018	3,062	3,059	3,079
연예오락	2,667	2,575	2,621	2,694	2,676	2,747
개인 미용용품과 서비스	340	341	341	335	332	332
독서	191	171	163	153	137	135
교육	941	943	1,047	1,089	978	1,025
담배 제품과 기구	436	394	358	383	382	368
기타	1,062	806	796	892	917	849
현금 기부금	1,798	1,876	1,765	2,016	2,195	2,079
개인 보험과 연금	6,048	6,052	6,065	6,307	6,197	6,076

	2008	2009	2010	2011	2012	2013	2014
소비자단위 비가중 집계	32,238	32,936	32,883	31,541	31,480	30,315	30,173
소비자단위 가중 수치(단위 1000명)	120,770	120,847	121,107	122,287	124,416	125,670	127,006
평균 세전 소득	70,017	69,471	67,826	67,086	67,399	64,750	66,762
평균 연간 지출	52,919	51,617	50,109	49,963	50,867	49,637	50,816
식료품	7,833	7,654	7,533	7,519	7,631	7,470	7,607
주류	358	376	369	373	375	369	398
주거	17,640	17,523	16,971	16,668	16,361	16,390	16,788
의류 및 서비스	1,305	1,238	1,205	1,140	1,182	1,093	1,138
교통	9,172	8,173	8,085	8,514	9,070	8,731	8,582
의료	3,096	3,281	3,237	3,291	3,469	3,499	4,097
연예오락	2,691	2,614	2,435	2,367	2,322	2,185	2,354
개인 미용용품과 서비스	331	332	311	308	313	292	299
독서	128	120	107	120	99	104	103
교육	1,098	1,124	1,098	1,051	1,191	1,091	1,083
담배 제품과 기구	344	417	389	366	339	328	307
기타	872	824	789	756	807	618	558
현금 기부금	1,910	1,901	1,773	1,811	1,973	1,864	1,788
개인 보험과 연금	6,142	6,039	5,805	5,680	5,736	5,602	5,715

출처: 1996-2014 Consumer Expenditure Interview Survey Public-Use Microdata, Bureau of Labor Statistics

표 A.2 과시적 소비와 비과시적 소비 분류

과시적 소비	미국표준상품분류코드(UCC)
외식	
레스토랑, 테이크아웃 기타	790410
케이터링 파티	190902
국내여행 외식	190903
집 밖의 주류 소비	
레스토랑, 술집 주류	790420
여행 중 구입한 주류	200900
가정용 직물	
욕실 리넨제품	280110
침실 리넨제품	280120
주방과 다이닝룸 리넨제품	280130
커튼과 휘장	280210
침구 커버와 장식용 쿠션	280220
기타 리넨제품	280990

가구(매트리스와 스프링 제외)	
매트리스와 스프링	290110
기타 침실용 가구	290120
소파	290210
거실 의자	290310
거실 테이블	290320
주방과 다이닝룸 가구	290410
유아용 가구	290420
실외용 가구	290430
붙박이장, 캐비닛, 기타 임시 가구	290440
바닥 깔개	320111
냉장고와 오븐	
냉장고, 냉동고(세입자)	300111
냉장고, 냉동고(자가 소유자)	300112
가스렌지·인덕션과 오븐(세입자)	300311
가스렌지·인덕션과 오븐(자가 소유자)	300312
가정용품	
플라스틱 식기	320310
도기와 기타 식기	320320
접시류	320330
유리 그릇	320340
은식기	320350
기타 식기	320360
기타 가정용품	
블라인드	320120
유아용품	320130
실외용품	320150
전등과 조명	320220
시계 및 기타 장식품	320233
사무용 가구	320901
실내 식물, 생화	320903
비업무용 컴퓨터 및 관련 하드웨어	690111
휴대전화 서비스	270102
남성 의류	
남성 정장	360110
남성 캐주얼 재킷, 블레이저	360120
남성 코트와 재킷	360210
남성 양말	360312
남성 액세서리	360330
남성 스웨터와 조끼	360340

야망계급론

남성 스포츠 의류	360350
남성 셔츠	360410
남성 바지와 반바지	360513
남성용 특별 의상	360902
남아 의류	
남아 코트와 재킷	370110
남아 스웨터	370120
남아 셔츠	370130
남아 양말	370213
남아 액세서리	370220
남아 정장, 캐주얼 재킷, 조끼	370311
남아 바지와 반바지	370314
남아 스포츠 의류	370904
남아용 특별 의상	370902
여성 의류	
여성 코트와 재킷	380110
여성 드레스	380210
여성 캐주얼 재킷, 블레이저	380311
여성 조끼와 스웨터	380312
여성 셔츠, 상의, 블라우스	380313
여성 치마	380320
여성 바지와 반바지	380333
여성 스포츠 의류	380340
여성 양말	380430
여성 정장	380510
여성 액세서리	380901
여성용 특별 의상	380903
여아 의류	
여아 코트와 재킷	390110
여아 드레스와 정장	390120
여아 셔츠, 블라우스, 스웨터	390210
여아 치마, 바지, 반바지	390223
여아 스포츠 의류	390230
여아 양말	390321
여아 액세서리	390322
여아용 특별 의상	390902
유아 의류	
유아 코트, 재킷, 방한복	410110
유아 드레스, 겉옷	410120
유아 액세서리	410901

신발	
남아 신발	400210
여성 신발	400310
여아 신발	400220
시계, 보석, 여행가방	
시계	430110
보석	430120
여행가방	430130
교통수단	
새 자동차	450110
새 트럭	450210
중고차	460110
중고 트럭	460901
새 오토바이	450220
중고 오토바이	460902
자동차 할부금	510110
트럭 할부금	510901
오토바이, 비행기 할부금	510902
기타 교통수단 할부금	850300
렌터카	520511
렌터카, 국내여행	520512
트럭 렌트	520521
트럭 렌트, 국내여행	520522
오토바이 렌트	520902
오토바이 렌트, 국내여행	520905
비행기 렌트	520903
비행기 렌트, 국내여행	520906
자동차 리스 대금	450310
자동차 리스 계약금	450313
자동차 리스 중도 해지금	450314
트럭 리스 대금	450410
트럭 리스 계약금	450413
트럭 리스 중도 해지금	450414
텔레비전과 오디오	
텔레비전	310140
휴대용 디지털오디오플레이어	310314
오디오 시스템	310320
보트와 모터	
무동력 보트와 보트 트레일러	600121
모터보트 구입	600132

선외 모터	600110

개인 미용용품	
가발과 부분가발	640130

장례식	
장례비용	680140
묘지, 납골당, 관리비	680901

비과시적 소비, 노동집약적	미국표준상품분류코드(UCC)
자산관리와 보안	
자산관리(소유 주택)	230901
보안을 위한 관리와 유지 서비스(소유 주택)	340911
자산관리(소유 별장)	230902
보안을 위한 관리와 유지 서비스(소유 별장)	340912
가사 서비스	
재가 아기 돌봄과 육아	340211
위탁 아기 돌봄과 육아	340212
노인, 환자, 장애인 등 돌봄	340906
성인 주간돌봄 센터	340910
주간돌봄 센터, 어린이집, 유치원	670310
가사도우미 서비스	340310
정원관리, 잔디밭관리	340410
세탁과 외부 드라이클리닝	340520
홈시큐리티 시스템 서비스 비용	340915
법률, 회계 수수료	
법률 수수료	680110
회계 수수료	680902

비과시적 소비, 경험 중심	미국표준상품분류코드(UCC)
가정에서 음주	
맥주, 와인, 기타 주류	790330
여행 숙박	210210
매트리스와 스프링	
매트리스와 스프링	290110
의류, 시계 등 수선	
신발 수선과 기타 신발 서비스	440110
의류와 액세서리 개조, 수선, 맞춤	440130
시계와 보석 수리	440150
의류 세탁과 드라이클리닝(코인 세탁소 제외)	440210
회원제 카센터	
회원제 카센터	620113

항공, 택시, 선박 운송 요금	
항공 요금	530110
여행 중 택시 요금과 리무진 서비스	530411
택시 요금과 리무진 서비스	530412
선박 요금	530901
의료 서비스	
병원비	560110
치과 병원비	560210
안과 병원비	560310
각종 요금과 입장료	
국내여행 오락비용	610900
사교, 오락, 헬스클럽 회원권	620111
스포츠 참가비용	620121
국내여행 스포츠 참가	620122
영화, 연극, 놀이공원, 기타	620211
국내여행 영화, 기타 입장료	620212
오락 강습 요금	620310
기타 국내여행 연예오락 서비스	620903
악기 및 기타 연예오락	
악기와 액세서리	610130
악기 임대 및 수리	620904
비디오테입, 테입, 영화, 디스크 대여	620912
반려동물, 장난감, 취미, 놀이용품	
반려동물 입양, 용품, 의약품	610320
반려동물 서비스	620410
동물병원 비용	620420
장난감, 게임, 미술품과 공예품, 세발자전거	610110
우표와 동전 수집	610140
놀이용품	610120
비캠핑용 트레일러 렌트	520904
국내여행 보트와 트레일러 렌트	520907
국내여행 캠핑카 렌트	620909
국내여행 그 밖의 차량 렌트	620919
보트 렌트	620906
동력 캠핑카 렌트	620921
그 밖의 RV 차량 렌트	620922
부두 사용 및 상륙 요금	520901
운동 장비, 게임테이블, 운동 설비	600210
자전거	600310
캠핑 장비	600410

사냥과 낚시 장비	600420
수상스포츠 장비	600901
기타 스포츠 장비	600902
그 밖의 스포츠 장비 렌트 및 수리	620908
다른 연예오락	
영화	610210
사진 출력	620330
사진 장비 수리와 렌트	620905
사진 장비	610230
사진사 비용	620320
케이터링 파티 라이브 공연	680310
케이터링 파티 파티용품 렌트	680320
개인 관리 서비스	
개인 관리 서비스	650310
독서	
신문, 잡지(구독)	590310
신문, 잡지(비구독)	590410
북클럽 도서 구입	590220
북클럽 이외 도서 구입	590230
백과사전과 그 밖의 참고도서	660310
학비	
대학 수업료	670110
초중등학교 수업료	670210
기타	
데이팅 서비스	680904
휴가클럽	680905
신용카드 회비	620112
쇼핑클럽 회비	620115
현금 기부금	
자선단체 등의 기관에 낸 기부금	800821
교회와 종교기관에 낸 기부금	800831
교육기관에 낸 기부금	800841
정치조직에 낸 기부금	800851

표 A.3 회귀분석 결과 MSA 더미를 사용한 지출 회귀분석 모델, 2012

	계수	표준오차	z	P>z	95% 신뢰구간	
세대주 연령(레퍼런스: 35~44)	0.273	0.032	8.5	0.000	0.210	0.336
16~24	0.143	0.022	6.5	0.000	0.099	0.186
25~34	-0.047	0.022	-2.2	0.028	-0.089	-0.005
45~54	-0.134	0.024	-5.6	0.000	-0.180	-0.087
65~74	-0.102	0.040	-2.5	0.012	-0.181	-0.023
75세 이상	-0.238	0.045	-5.3	0.000	-0.327	-0.149
소득 등급(레퍼런스: P45~55)						
P0~5	-0.584	0.038	-15.5	0.000	-0.658	-0.510
P5~15	-0.702	0.031	-22.8	0.000	-0.762	-0.642
P15~25	-0.504	0.029	-17.1	0.000	-0.562	-0.446
P25~35	-0.286	0.029	-10.0	0.000	-0.342	-0.230
P35~45	-0.177	0.028	-6.3	0.000	-0.233	-0.122
P55~65	0.133	0.028	4.8	0.000	0.078	0.188
P65~75	0.261	0.028	9.3	0.000	0.206	0.317
P75~85	0.435	0.029	15.2	0.000	0.379	0.492
P85~90	0.611	0.035	17.6	0.000	0.543	0.679
P90~99	0.839	0.030	27.6	0.000	0.779	0.898
P99~100	1.420	0.063	22.5	0.000	1.296	1.544
세대주 성별						
여성	-0.068	0.013	-5.2	0.000	-0.094	-0.043
세대주 인종/종족(레퍼런스: 비히스패닉 백인)						
아프리카계 미국인	-0.091	0.021	-4.4	0.000	-0.132	-0.050
아시아계	-0.057	0.029	-1.9	0.052	-0.115	0.001
히스패닉	0.030	0.021	1.4	0.160	-0.012	0.072
기타	-0.001	0.049	0.0	0.991	-0.097	0.096
세대주 혼인 여부(레퍼런스: 기혼 부부)						
사별	-0.142	0.030	-4.8	0.000	-0.201	-0.084
이혼	-0.124	0.023	-5.5	0.000	-0.168	-0.079
별거	0.022	0.041	0.5	0.595	-0.059	0.102
혼인한 적 없음	-0.056	0.023	-2.5	0.014	-0.101	-0.011
소득자 구성(레퍼런스: 외벌이)						
맞벌이 가구	-0.031	0.020	-1.6	0.117	-0.070	0.008
세대주 교육수준(레퍼런스: 고등학교 중퇴)						
고졸	0.078	0.024	3.3	0.001	0.032	0.124
전문학사 및 준학사	0.141	0.023	6.1	0.000	0.096	0.187
학사	0.270	0.025	10.6	0.000	0.220	0.320
석사 이상	0.253	0.028	8.9	0.000	0.198	0.309

	가구 크기					
18세 미만 자녀 수	0.029	0.007	4.1	0.000	0.015	0.042
65세 이상 노인 수	0.006	0.022	0.3	0.799	-0.037	0.048
주택 소유(레퍼런스: 임차인)						
자가 소유	0.123	0.016	7.5	0.000	0.091	0.155
MSA 더미(레퍼런스: 비MSA 지역의 가구)						
뉴욕, NY	0.397	0.039	10.2	0.000	0.321	0.474
뉴욕, 코네티컷 교외	0.057	0.041	1.4	0.161	-0.023	0.136
뉴저지 교외	0.154	0.041	3.8	0.000	0.074	0.234
필라델피아 MSA, PA NJ DE MD	0.129	0.040	3.2	0.001	0.050	0.207
보스턴-브룩턴-내슈아, MA NH ME CT	0.052	0.041	1.3	0.209	-0.029	0.132
시카고-게리-케노샤, IL-IN-WI	0.132	0.034	3.9	0.000	0.065	0.198
디트로이트-앤아버-플린트, MI	0.128	0.048	2.7	0.007	0.035	0.221
클리블랜드-애크런, OH	0.130	0.062	2.1	0.038	0.007	0.252
미니애폴리스-세인트폴, MN-WI	0.131	0.059	2.2	0.025	0.016	0.246
워싱턴DC-MD-VA-WV	0.062	0.046	1.4	0.178	-0.028	0.152
볼티모어, MD	0.091	0.062	1.5	0.144	-0.031	0.213
댈러스-포트워스, TX	0.213	0.044	4.9	0.000	0.127	0.299
휴스턴-갤버스턴-브라조리아, TX	0.159	0.048	3.3	0.001	0.064	0.254
애틀랜타, GA	0.169	0.048	3.5	0.000	0.074	0.264
마이애미-포트로더데일, FL	-0.029	0.060	-0.5	0.634	-0.147	0.089
로스앤젤레스-오렌지, CA	0.150	0.032	4.7	0.000	0.088	0.212
로스앤젤레스 교외, CA	0.198	0.049	4.1	0.000	0.102	0.293
샌프란시스코-오클랜드-새너제이, CA	0.172	0.040	4.4	0.000	0.095	0.249
시애틀-타코마-브레머턴, WA	0.106	0.050	2.1	0.036	0.007	0.205
샌디에이고, CA	0.188	0.056	3.4	0.001	0.079	0.298
피닉스-메사, AZ	0.039	0.059	0.7	0.510	-0.076	0.153
상수	7.622	0.038	198.8	0.000	7.546	7.697

	지출 회귀분석 모델, 1996~2012					
	ln(베블런)		ln(비과시적)		ln(기타)	
	상관계수	표준오차	상관계수	표준오차	상관계수	표준오차
세대주 연령(레퍼런스: 16~24세)						
25~34세	-0.120	0.008	-0.169	0.009	0.220	0.003
35~44세	-0.255	0.009	-0.225	0.009	0.259	0.003
45~54세	-0.315	0.009	-0.217	0.009	0.278	0.003
55~64세	-0.388	0.009	-0.181	0.010	0.239	0.003
65~74세	-0.476	0.013	-0.094	0.014	0.126	0.005
75세 이상	-0.813	0.014	-0.049	0.015	0.040	0.005

	소득탄력성					
ln(세전 소득)	0.146	0.004	0.135	0.004	0.164	0.001
소득탄력성 × 소득 등급(레퍼런스: P40~60)						
P0~P20	-0.054	0.001	-0.041	0.001	-0.029	0.000
P20~P40	-0.023	0.001	-0.020	0.001	-0.011	0.000
P60~P80	0.022	0.001	0.023	0.001	0.011	0.000
P80~P90	0.039	0.001	0.045	0.001	0.021	0.000
P90~P95	0.051	0.001	0.061	0.001	0.030	0.000
P95~P99	0.062	0.001	0.079	0.001	0.036	0.000
P99~P100	0.079	0.001	0.102	0.002	0.044	0.001
가구의 인종/종족(레퍼런스: 비히스패닉 백인)						
아프리카계 미국인	-0.111	0.006	-0.180	0.006	-0.048	0.002
아시아계·태평양제도민	-0.144	0.009	-0.324	0.009	-0.057	0.003
히스패닉	0.044	0.006	-0.310	0.007	-0.036	0.002
기타	-0.022	0.015	-0.139	0.016	-0.019	0.006
가구의 혼인 지위(레퍼런스: 기혼 부부)						
사별	-0.216	0.008	-0.106	0.008	-0.122	0.003
이혼	-0.145	0.006	-0.208	0.006	-0.114	0.002
별거	-0.110	0.011	-0.128	0.012	-0.082	0.004
미혼	-0.175	0.006	-0.223	0.006	-0.202	0.002
가구의 교육수준(레퍼런스: 고등학교 중퇴)						
고등학교 졸업	0.181	0.006	0.315	0.006	0.051	0.002
전문학사 및 준학사	0.295	0.006	0.630	0.006	0.078	0.002
학사	0.353	0.007	0.880	0.007	0.139	0.002
석사 이상	0.349	0.008	1.038	0.008	0.165	0.003
가구 크기						
18세 미만 자녀 수	0.016	0.002	0.085	0.002	0.055	0.001
65세 이상 노인 수	0.015	0.006	0.044	0.007	0.033	0.002
주택 소유(레퍼런스: 임차인)						
자가 소유	0.143	0.004	0.318	0.005	0.062	0.002
지역(레퍼런스: 남부)						
북동부	-0.066	0.005	0.017	0.006	0.015	0.002
북서부	-0.011	0.005	0.059	0.005	-0.008	0.002
서부	-0.004	0.005	0.190	0.005	0.075	0.002
대도시 크기(레퍼런스: 12만 5,000명 미만)						
400만 명 초과	0.140	0.006	0.150	0.006	0.187	0.002
120만~400만 명	0.105	0.006	0.119	0.006	0.124	0.002
33만~119만 명	0.115	0.007	0.124	0.007	0.080	0.002
12만 5,000~32만 9,900명	0.063	0.006	0.122	0.006	0.049	0.002

표 A.4 대도시 지역 연도별 연평균 지출(2015년 달러 기준)

1. 과일과 채소

	미국 전체	뉴욕	코네티컷	뉴저지	필라델피아	보스턴	시카고	디트로이트	클리블랜드	미네소타	워싱턴D.C.
2007	598	668	846	677	530	704	725	698	575	835	825
2008	653	664	952	686	648	895	724	657	613	640	761
2009	654	664	991	821	718	827	808	686	577	692	857
2010	677	653	965	787	632	1,045	943	733	543	855	821
2011	711	769	1,182	843	618	994	866	831	605	739	926
2012	728	679	932	852	759	1,215	857	829	589	731	987

	볼티모어	댈러스	휴스턴	애틀랜타	마이애미	LA	LA 교외	샌프란시스코	시애틀	샌디에이고	피닉스
2007	625	580	578	600	866	904	718	852	605	474	656
2008	531	605	574	460	755	925	846	979	914	832	552
2009	682	610	621	451	806	842	768	863	776	744	661
2010	599	666	653	573	797	832	832	973	658	690	570
2011	856	833	770	610	681	850	950	1,008	688	622	729
2012	705	645	715	850	774	938	1,034	1,007	1,007	822	717

2. 인공감미료

	미국	뉴욕	코네티컷	뉴저지	필라델피아	보스턴	시카고	디트로이트	클리블랜드	미네소타	워싱턴D.C.
2007	6	5	7	4	4	8	4	10	2	3	11
2008	6	5	11	5	9	12	7	8	6	3	7
2009	6	3	11	0	6	10	7	5	2	5	14
2010	5	1	3	4	1	6	6	4	1	1	4
2011	6	3	7	4	5	10	4	7	2	3	4
2012	5	2	5	2	4	9	3	4	2	0	4

	볼티모어	댈러스	휴스턴	애틀랜타	마이애미	LA	LA 교외	샌프란시스코	시애틀	샌디에이고	피닉스
2007	5	5	10	5	5	9	3	1	7	4	9
2008	10	7	5	6	8	4	13	5	9	5	1
2009	13	6	5	3	3	5	2	12	5	5	6
2010	3	4	3	6	8	6	3	10	4	0	2
2011	1	9	5	10	1	7	27	3	4	2	4
2012	7	6	5	6	2	6	19	4	5	3	2

3. 사탕과 껌

	미국	뉴욕	코네티컷	뉴저지	필라델피아	보스턴	시카고	디트로이트	클리블랜드	미네소타	워싱턴D.C.
2007	80	58	107	78	75	69	89	130	79	101	55
2008	80	42	101	66	75	88	95	66	97	85	88
2009	86	47	115	67	68	85	108	84	95	138	74
2010	78	33	78	63	79	104	97	82	128	96	78
2011	87	56	107	88	70	96	86	78	95	170	91
2012	88	52	85	84	77	124	104	90	72	130	91

	볼티모어	댈러스	휴스턴	애틀랜타	마이애미	LA	LA 교외	샌프란시스코	시애틀	샌디에이고	피닉스
2007	95	62	85	94	47	67	87	142	104	37	74
2008	64	96	64	48	31	73	108	87	115	47	78
2009	72	61	86	67	47	59	97	83	123	84	103
2010	58	69	61	67	32	60	87	75	71	21	140
2011	112	72	82	53	51	57	110	108	101	57	91
2012	133	62	62	88	46	88	88	144	135	86	117

4. 커피

	미국	뉴욕	코네티컷	뉴저지	필라델피아	보스턴	시카고	디트로이트	클리블랜드	미네소타	워싱턴D.C.
2007	51	46	62	47	53	43	72	51	95	51	66
2008	51	35	58	46	68	74	51	57	40	55	65
2009	58	36	87	57	53	86	51	84	67	62	68
2010	60	43	100	57	78	88	65	64	53	42	113
2011	75	56	114	69	82	127	78	89	78	87	104
2012	86	51	113	71	115	149	71	78	75	81	55

	볼티모어	댈러스	휴스턴	애틀랜타	마이애미	LA	LA 교외	샌프란시스코	시애틀	샌디에이고	피닉스
2007	75	37	42	42	55	78	97	87	31	45	68
2008	28	43	46	38	52	45	68	45	90	103	42
2009	25	30	42	60	67	69	82	86	64	74	55
2010	45	38	43	48	55	62	82	96	78	49	52
2011	59	75	68	52	58	72	80	97	117	75	51
2012	83	67	64	73	83	110	83	117	120	90	119

5. 원두커피

	미국	뉴욕	코네티컷	뉴저지	필라델피아	보스턴	시카고	디트로이트	클리블랜드	미네소타	워싱턴D.C.
2007	32	34	38	33	39	30	53	34	46	30	38
2008	34	21	42	29	44	55	34	36	31	37	43
2009	39	23	54	36	38	60	34	56	41	40	46
2010	37	26	67	33	59	55	42	35	32	32	69
2011	47	32	70	43	50	85	52	58	42	60	63
2012	53	32	67	34	73	97	37	44	44	45	33

	볼티모어	댈러스	휴스턴	애틀랜타	마이애미	LA	LA 교외	샌프란시스코	시애틀	샌디에이고	피닉스
2007	56	22	29	29	31	40	58	59	18	29	48
2008	18	31	31	23	28	29	45	34	62	76	32
2009	15	21	29	43	43	50	51	58	55	56	38
2010	25	25	24	29	30	37	52	67	57	34	29
2011	43	45	44	28	25	46	60	64	91	53	31
2012	62	42	34	39	42	65	47	76	80	62	81

6. 차

	미국	뉴욕	코네티컷	뉴저지	필라델피아	보스턴	시카고	디트로이트	클리블랜드	미네소타	워싱턴D.C.
2007	29	26	41	34	33	31	33	39	30	25	36

야망계급론

2008	32	25	44	39	42	52	40	40	31	18	71
2009	29	27	56	44	39	43	34	32	19	18	38
2010	29	29	48	29	45	44	34	30	26	40	51
2011	31	35	39	32	61	38	34	34	35	41	36
2012	30	32	32	45	35	47	45	22	40	12	33
	볼티모어	댈러스	휴스턴	애틀랜타	마이애미	LA	LA교외	샌프란시스코	시애틀	샌디에이고	피닉스
2007	28	23	34	21	46	48	27	35	33	25	29
2008	19	20	30	13	24	39	21	29	37	56	15
2009	45	32	28	18	25	27	17	31	24	36	28
2010	27	30	15	20	24	23	17	33	22	34	33
2011	31	36	36	24	22	34	27	26	37	23	40
2012	23	22	48	17	20	35	35	59	26	41	17

7. 병입 생수

	미국	뉴욕	코네티컷	뉴저지	필라델피아	보스턴	시카고	디트로이트	클리블랜드	미네소타	워싱턴D.C.
2007	60	70	85	85	49	93	78	86	52	58	100
2008	61	51	91	87	57	87	74	64	76	31	57
2009	57	57	86	73	63	67	69	84	49	53	68
2010	52	61	77	57	56	63	65	47	25	33	75
2011	53	55	90	88	51	78	58	65	55	40	72
2012	57	65	68	87	65	67	58	34	37	64	78
	볼티모어	댈러스	휴스턴	애틀랜타	마이애미	LA	LA교외	샌프란시스코	시애틀	샌디에이고	피닉스
2007	79	93	65	53	36	109	85	70	55	54	67
2008	33	62	94	46	52	129	105	85	88	99	63
2009	43	52	91	39	35	90	90	55	55	100	63
2010	44	64	64	69	27	87	77	51	35	58	60
2011	57	67	75	58	30	90	64	59	30	77	55
2012	50	66	86	78	61	86	114	51	70	84	57

8. 와인

	미국	뉴욕	코네티컷	뉴저지	필라델피아	보스턴	시카고	디트로이트	클리블랜드	미네소타	워싱턴D.C.
2007	97	58	117	180	50	135	101	26	108	247	258
2008	87	70	101	128	90	181	103	52	103	123	163
2009	100	89	214	213	73	189	97	62	80	129	203
2010	87	82	371	138	113	122	79	57	32	119	205
2011	104	67	101	130	178	113	114	83	52	88	179
2012	103	72	178	125	150	200	69	125	36	155	145
	볼티모어	댈러스	휴스턴	애틀랜타	마이애미	LA	LA교외	샌프란시스코	시애틀	샌디에이고	피닉스
2007	202	98	123	86	94	111	73	417	81	55	187
2008	51	94	94	45	98	113	87	194	239	276	43
2009	181	111	219	81	99	104	123	182	189	201	150
2010	93	54	78	101	38	116	56	131	256	119	44

| 2011 | 68 | 85 | 149 | 84 | 96 | 165 | 143 | 259 | 189 | 151 | 244 |
| 2012 | 267 | 74 | 104 | 109 | 87 | 101 | 228 | 166 | 176 | 193 | 95 |

9. 기타 주류

	미국	뉴욕	코네티컷	뉴저지	필라델피아	보스턴	시카고	디트로이트	클리블랜드	미네소타	워싱턴D.C.
2007	456	346	698	590	390	559	575	464	353	1,098	796
2008	442	292	602	529	539	646	576	381	412	628	774
2009	433	413	662	470	360	635	446	349	439	739	573
2010	412	453	895	443	507	652	375	372	357	813	599
2011	455	368	469	534	478	813	496	520	429	629	875
2012	450	262	553	529	605	813	510	413	294	696	706

	볼티모어	댈러스	휴스턴	애틀랜타	마이애미	LA	LA 교외	샌프란시스코	시애틀	샌디에이고	피닉스
2007	553	314	570	446	233	549	436	840	367	230	547
2008	291	386	685	300	375	528	458	712	862	714	391
2009	436	426	732	347	322	481	547	715	818	588	608
2010	332	321	367	384	154	528	373	640	859	574	411
2011	412	447	484	479	303	859	429	757	582	746	681
2012	734	447	464	350	282	418	697	654	673	685	483

10. 주거

	미국	뉴욕	코네티컷	뉴저지	필라델피아	보스턴	시카고	디트로이트	클리블랜드	미네소타	워싱턴D.C.
2007	16,925	17,804	26,262	24,725	19,771	20,330	21,028	15,708	17,772	19,906	26,070
2008	17,102	19,462	27,752	25,163	21,828	20,598	20,771	15,960	16,010	19,652	26,326
2009	16,887	18,853	25,378	25,718	20,183	20,919	20,595	16,704	14,910	18,607	25,083
2010	16,555	18,725	27,056	24,389	19,026	21,261	20,448	16,236	14,681	18,001	25,756
2011	16,813	18,431	25,952	25,635	20,365	21,170	20,510	16,161	14,852	17,333	25,330
2012	16,856	19,937	27,012	24,425	19,799	20,001	19,780	15,817	15,704	18,804	29,379

	볼티모어	댈러스	휴스턴	애틀랜타	마이애미	LA	LA 교외	샌프란시스코	시애틀	샌디에이고	피닉스
2007	20,279	17,855	18,254	17,478	19,285	22,867	22,081	25,221	20,733	21,890	19,652
2008	20,549	17,805	17,820	16,863	7,712	22,334	23,328	26,080	22,110	23,081	19,504
2009	21,004	18,668	19,963	17,306	19,990	21,755	19,374	25,686	22,117	20,712	17,620
2010	20,061	17,737	18,559	18,416	16,379	20,580	18,859	26,818	21,367	22,018	15,254
2011	21,251	18,851	17,979	18,415	15,494	21,002	19,722	27,032	21,877	21,368	17,979
2012	20,668	18,897	19,097	17,684	15,838	20,804	21,409	24,885	19,453	22,358	19,401

11. 주택 소유

	미국	뉴욕	코네티컷	뉴저지	필라델피아	보스턴	시카고	디트로이트	클리블랜드	미네소타	워싱턴D.C.
2007	6,733	4,531	13,195	11,406	7,681	8,733	9,697	6,649	6,603	8,169	12,596
2008	6,760	4,895	12,914	12,785	9,831	8,709	9,049	6,358	6,351	8,913	12,259
2009	6,542	3,868	11,662	11,777	8,562	8,146	9,733	6,878	5,135	8,205	10,649
2010	6,271	4,578	12,386	11,253	7,709	8,445	9,128	6,491	5,539	7,423	10,607
2011	6,147	4,515	12,125	12,409	8,575	8,231	8,467	6,439	5,747	7,355	10,814
2012	6,059	4,224	12,262	11,468	7,747	7,267	8,007	5,610	6,233	7,468	12,169

	볼티모어	댈러스	휴스턴	애틀랜타	마이애미	LA	LA 교외	샌프란시스코	시애틀	샌디에이고	피닉스
2007	9,769	6,405	7,277	7,542	8,720	8,835	11,210	10,629	8,937	9,316	7,267
2008	9,360	6,423	6,485	7,099	6,380	8,041	10,771	10,828	8,822	8,578	8,442
2009	9,768	6,102	8,269	7,564	7,757	7,841	7,590	11,131	8,660	7,004	6,872
2010	8,255	6,530	6,704	7,316	6,013	7,184	6,849	11,277	8,476	8,669	5,599
2011	9520	6,326	6,265	7,239	4,490	6,481	6,768	10,576	8,796	7,512	6,180
2012	7,844	6,395	7,234	5,889	5,891	6,218	8,713	8,255	7,369	8,678	7,156

12. 집세

	미국	뉴욕	코네티컷	뉴저지	필라델피아	보스턴	시카고	디트로이트	클리블랜드	미네소타	워싱턴D.C.
2007	2,491	6,725	2,320	3,033	2,603	3,132	2,433	1,977	2,676	1,997	3,514
2008	2,616	7,172	2,726	2,889	2,572	2,983	2,774	2,147	1,777	2,435	3,860
2009	2,733	8,043	2,644	3,676	3,076	3,441	2,632	2,094	2,402	2,382	4,417
2010	2,776	8,217	2,777	4,154	2,857	3,652	2,691	2,169	2,268	2,209	4,231
2011	2,904	7,844	3,144	3,966	3,013	3,074	3,366	2,032	2,239	1,928	4,280
2012	3,061	8,588	3,536	4,264	2,945	3,578	3,476	2,327	2,244	2,302	4,283

	볼티모어	댈러스	휴스턴	애틀랜타	마이애미	LA	LA 교외	샌프란시스코	시애틀	샌디에이고	피닉스
2007	2,205	2,911	2,496	2,752	3,583	6,283	2,819	5,780	3,155	6,111	3,386
2008	3,496	3,256	2,837	3,028	4,192	6,773	3,565	6,516	4,057	6,323	2,734
2009	2,951	3,691	2,440	2,545	4,310	6,646	4,130	6,378	3,744	6,390	2,755
2010	2,752	2,898	2,841	2,989	4,045	6,362	4,559	6,639	3,633	6,436	2,548
2011	2,643	3,692	2,587	2,475	5,119	6,880	4,794	6,559	3,491	6,548	2,790
2012	3,868	3,566	2,843	3,314	4,003	7,053	4,158	7,358	3,979	6,095	3,241

12. 별장 소유

	미국	뉴욕	코네티컷	뉴저지	필라델피아	보스턴	시카고	디트로이트	클리블랜드	미네소타	워싱턴D.C.
2007	288	928	504	625	491	479	456	346	479	287	359
2008	296	1,136	744	680	754	574	529	297	505	151	539
2009	300	513	556	623	812	354	389	454	238	349	413
2010	277	181	708	128	389	340	583	359	154	466	460
2011	263	361	589	259	368	587	650	111	421	142	913
2012	229	440	679	138	344	595	296	229	295	465	757

	볼티모어	댈러스	휴스턴	애틀랜타	마이애미	LA	LA 교외	샌프란시스코	시애틀	샌디에이고	피닉스
2007	50	69	129	129	62	96	304	647	368	118	465
2008	124	91	273	273	296	81	254	449	501	179	157
2009	472	150	102	102	907	269	172	882	433	102	215
2010	1,010	188	121	121	283	381	352	609	546	199	284
2011	493	103	156	156	130	242	310	310	497	186	290
2012	84	214	202	202	295	36	140	140	188	153	346

14. 자택 임시 및 상시 아기 돌보미

	미국	뉴욕	코네티컷	뉴저지	필라델피아	보스턴	시카고	디트로이트	클리블랜드	미네소타	워싱턴D.C.
2007	52	21	98	147	87	97	79	16	7	13	294

2008	47	37	169	69	43	123	49	63	3	86	197
2009	47	225	126	304	16	88	63	49	51	17	33
2010	53	31	245	112	45	294	147	55	57	43	13
2011	51	55	217	283	117	40	75	21	0	104	162
2012	54	129	186	118	41	55	121	21	4	48	587

	볼티모어	댈러스	휴스턴	애틀랜타	마이애미	LA	LA교외	샌프란시스코	시애틀	샌디에이고	피닉스
2007	28	87	51	19	57	62	56	130	22	113	19
2008	0	5	17	3	5	150	131	105	16	275	107
2009	5	32	155	14	0	81	20	114	27	189	62
2010	291	38	76	16	5	103	58	51	183	150	9
2011	25	28	30	52	11	83	32	127	207	19	1
2012	34	76	51	116	18	80	53	72	66	35	14

15. 가사도우미

	미국	뉴욕	코네티컷	뉴저지	필라델피아	보스턴	시카고	디트로이트	클리블랜드	미네소타	워싱턴D.C.
2007	118	171	219	216	122	147	198	44	96	95	241
2008	119	202	188	209	205	164	176	131	92	82	213
2009	112	108	199	110	73	161	203	181	14	90	341
2010	112	165	281	149	109	206	128	123	45	143	326
2011	105	100	159	174	89	182	160	95	27	58	329
2012	132	284	220	141	175	153	141	204	93	84	469

	볼티모어	댈러스	휴스턴	애틀랜타	마이애미	LA	LA교외	샌프란시스코	시애틀	샌디에이고	피닉스
2007	104	102	110	89	179	307	136	313	125	289	140
2008	71	82	88	110	107	275	141	257	113	198	134
2009	184	185	214	99	270	262	108	217	232	223	83
2010	113	153	159	109	129	242	202	247	129	113	138
2011	210	145	137	129	57	290	188	386	80	94	122
2012	106	109	148	98	112	272	321	528	81	235	281

16. 텔레비전

	미국	뉴욕	코네티컷	뉴저지	필라델피아	보스턴	시카고	디트로이트	클리블랜드	미네소타	워싱턴D.C.
2007	162	222	107	207	130	201	241	143	110	104	256
2008	164	131	303	160	203	113	195	102	132	125	218
2009	140	95	157	124	105	147	211	115	144	91	133
2010	119	83	112	147	122	128	179	99	151	132	169
2011	113	106	182	180	46	108	141	114	105	143	145
2012	102	83	143	112	97	121	126	96	160	93	160

	볼티모어	댈러스	휴스턴	애틀랜타	마이애미	LA	LA교외	샌프란시스코	시애틀	샌디에이고	피닉스
2007	187	264	94	181	166	175	195	200	252	94	135
2008	236	226	259	119	298	187	258	230	255	62	216
2009	128	160	289	81	202	148	164	146	163	105	95
2010	208	193	217	113	87	93	38	129	115	65	186

2011	81	128	230	108	161	142	116	129	108	129	75
2012	180	96	92	110	48	131	92	90	92	117	122

17. 여성 신발

	미국	뉴욕	코네티컷	뉴저지	필라델피아	보스턴	시카고	디트로이트	클리블랜드	미네소타	워싱턴D.C.
2007	160	259	212	264	181	123	458	137	1	158	231
2008	138	210	221	174	136	195	105	110	101	222	237
2009	149	245	362	98	108	181	145	101	97	121	349
2010	146	324	209	123	199	96	246	101	232	85	192
2011	151	343	217	141	94	259	179	157	94	206	238
2012	159	277	121	161	213	154	198	205	74	64	298

	볼티모어	댈러스	휴스턴	애틀랜타	마이애미	LA	LA교외	샌프란시스코	시애틀	샌디에이고	피닉스
2007	111	169	168	161	140	213	147	144	118	152	266
2008	41	174	125	72	52	162	214	209	27	89	133
2009	283	273	260	147	122	133	194	437	345	298	266
2010	138	247	80	291	100	166	104	139	218	118	133
2011	55	167	329	192	94	158	162	93	119	495	130
2012	207	195	73	261	145	187	278	84	118	198	168

18. 여성 의류

	미국	뉴욕	코네티컷	뉴저지	필라델피아	보스턴	시카고	디트로이트	클리블랜드	미네소타	워싱턴D.C.
2007	626	934	1,008	941	472	546	1,200	651	1,235	923	934
2008	594	555	1,037	883	690	535	817	481	1,185	765	702
2009	558	550	876	544	492	645	602	510	307	574	1,129
2010	565	737	768	472	738	538	703	477	614	415	753
2011	600	977	757	804	462	647	614	429	720	782	1,067
2012	571	540	706	594	775	564	633	589	433	889	767

	볼티모어	댈러스	휴스턴	애틀랜타	마이애미	LA	LA교외	샌프란시스코	시애틀	샌디에이고	피닉스
2007	338	449	667	469	497	608	693	629	1,043	740	1,056
2008	420	725	500	538	526	654	330	987	709	518	367
2009	606	878	827	576	523	466	914	870	875	1,437	648
2010	543	691	584	446	166	839	723	526	953	546	1,954
2011	580	925	833	547	400	625	587	772	342	569	614
2012	672	908	412	848	461	723	803	1,013	599	774	736

19. 남성 의류

	미국	뉴욕	코네티컷	뉴저지	필라델피아	보스턴	시카고	디트로이트	클리블랜드	미네소타	워싱턴D.C.
2007	353	515	263	464	454	342	327	383	331	529	518
2008	345	485	517	362	356	200	431	233	180	374	572
2009	304	376	392	327	318	408	299	406	258	264	432
2010	304	535	520	426	512	368	251	228	201	394	701
2011	323	462	423	424	370	302	410	240	227	282	509
2012	318	442	527	379	337	312	363	235	225	361	424

	볼티모어	댈러스	휴스턴	애틀랜타	마이애미	LA	LA교외	샌프란시스코	시애틀	샌디에이고	피닉스
2007	502	407	241	426	118	470	261	784	551	493	330
2008	312	277	290	300	147	469	375	387	697	626	329
2009	382	350	437	176	245	276	1,341	259	446	379	322
2010	412	276	218	217	152	371	448	632	365	269	156
2011	414	505	528	283	194	434	443	385	423	180	340
2012	316	446	335	418	245	481	286	516	566	357	255

20. 개인 미용용품과 서비스

	미국	뉴욕	코네티컷	뉴저지	필라델피아	보스턴	시카고	디트로이트	클리블랜드	미네소타	워싱턴D.C.
2007	587	591	746	798	594	534	725	468	574	694	749
2008	616	582	855	608	687	650	726	562	481	761	920
2009	595	536	797	733	620	662	696	671	439	700	1,017
2010	581	515	884	618	633	756	709	528	625	650	967
2011	634	611	705	769	569	716	741	633	626	702	1,127
2012	629	664	685	732	724	703	614	679	516	857	925

	볼티모어	댈러스	휴스턴	애틀랜타	마이애미	LA	LA교외	샌프란시스코	시애틀	샌디에이고	피닉스
2007	511	740	804	487	578	732	697	852	641	510	761
2008	596	776	714	570	628	765	820	1,009	879	689	641
2009	715	698	708	651	618	627	686	812	796	682	1,080
2010	687	745	796	667	580	664	612	753	958	679	454
2011	605	911	774	624	503	766	780	823	746	647	566
2012	1,028	691	913	655	633	708	650	830	726	703	678

21. 데이팅 서비스

	미국	뉴욕	코네티컷	뉴저지	필라델피아	보스턴	시카고	디트로이트	클리블랜드	미네소타	워싱턴D.C.
2007	0.39	0.34	0.13	1.04	0.00	0.00	0.20	0.48	0.00	0.00	0.54
2008	0.26	1.05	0.27	0.00	0.00	0.00	0.00	0.73	0.00	0.00	0.00
2009	0.38	1.28	0.02	0.00	0.28	0.47	0.28	0.31	0.00	0.00	0.00
2010	0.32	0.86	0.21	0.00	0.45	0.00	0.00	3.05	0.00	0.00	0.34
2011	0.44	0.77	0.00	0.00	1.01	0.06	0.53	2.19	0.00	0.00	1.11
2012	0.50	0.13	0.00	0.43	0.00	0.12	0.59	1.33	0.00	1.51	0.82

	볼티모어	댈러스	휴스턴	애틀랜타	마이애미	LA	LA교외	샌프란시스코	시애틀	샌디에이고	피닉스
2007	0.00	0.00	0.44	0.16	0.00	0.27	0.38	0.14	0.33	0.00	0.53
2008	0.00	0.00	0.26	0.00	0.00	0.00	0.67	0.16	1.18	0.00	0.89
2009	1.04	0.00	0.00	0.00	0.00	0.39	0.00	0.22	0.00	0.00	0.30
2010	0.00	0.00	0.00	0.00	0.00	0.30	0.00	0.16	0.00	0.00	0.00
2011	0.00	0.17	0.00	0.93	0.36	1.53	0.00	0.00	0.00	0.00	0.00
2012	0.00	2.26	0.00	0.35	0.00	0.00	0.00	0.35	6.05	0.00	0.00

22. 사교, 오락, 헬스클럽 회원

	미국	뉴욕	코네티컷	뉴저지	필라델피아	보스턴	시카고	디트로이트	클리블랜드	미네소타	워싱턴D.C.
2007	123	133	194	117	186	278	203	59	79	127	220

	볼티모어	댈러스	휴스턴	애틀랜타	마이애미	LA	LA교외	샌프란시스코	시애틀	샌디에이고	피닉스
2008	127	104	395	158	169	281	199	94	86	280	158
2009	115	95	238	165	209	215	147	197	42	196	271
2010	121	50	208	237	143	208	124	106	55	139	307
2011	122	117	312	185	115	124	164	139	92	151	246
2012	127	110	187	167	100	144	316	121	225	198	322
	볼티모어	댈러스	휴스턴	애틀랜타	마이애미	LA	LA교외	샌프란시스코	시애틀	샌디에이고	피닉스
2007	100	58	136	59	48	94	303	253	118	115	101
2008	154	87	216	70	40	111	110	256	188	124	225
2009	109	63	187	105	39	141	56	231	192	108	83
2010	100	98	86	102	40	130	35	163	322	93	87
2011	92	157	115	181	29	218	68	252	215	187	114
2012	98	85	101	113	89	162	65	317	185	191	233

1장 | 유한계급의 침식, 야망계급의 등장

1 Fortnum and Mason 2014.

2 이 정보를 알려준 작가이자 역사학자인 케이트 베리지Kate Berridge에게 감사한다.

3 Douglas and Isherwood 1996.

4 앞의 책.

5 Menken 1920, 72쪽.

6 Hutchinson 1957.

7 Vaizey 1975; Seckler 1975.

8 Wallace-Hadrill 1990, 145~192쪽.

9 이 사례를 알려준 케이트 베리지에게 다시 한번 감사를 표한다.

10 Wallace-Hadrill 1994; Berridge 2007.

11 Berridge 2007.

12 케이트 베리지와 한 인터뷰.

13 Wallace-Hadrill 1994, 166쪽.

14 Wallace-Hadrill 1990.

15 Price 2014.

16 Richards 1991, 8쪽.

17 Charles et al. 2009.

18 Richards 1991.

19 아르마니 익스체인지 데이터: https://en.wikipedia.org/wiki/Armani#Armani_Exchange. 제이크루 데이터: http://www.vault.com/company-profiles/retail/j-crew-group,-inc/company-overview.aspx. 랄프로렌 데이터: http://www.vault.com/company-profiles/general-consumer-products/ralph-lauren-corporation/company-overview.aspx. 갭 데이터: http://www.gapinc.com/content/gapinc/html/aboutus/keyfacts.html.

20 http://www.economist.com/node/17963363.

21 앞의 글과 http://www.dailymail.co.uk/femail/article-2822546/As-Romeo-Beckham-stars-new-ad-Burberry-went-chic-chav-chic-again.html.

22 Ewing 2014.

23 Frank 2012.

24 Gershuny 2000; Lesnard 2003.

25 http://www.statista.com/statistics/184272/educational-attainment-of-college-diploma-or-higher-by-gender/.

26 Piore and Sabel 1984를 보라.

27 http://www.economist.com/node/4462685.

28 Wilson 1987.

29 Reich 1992.

30 Brooks 2000, 85~94쪽.

31 Trentmann 2016.

2장 | 21세기의 과시적 소비

1 Galbraith 1958.

2 Johnson 1988.

3 "교육수준이 높을수록 화장 비율도 높아진다. 소득수준이 높을수록 화장 비율도 높아진다. 아시아계 집단은 화장 비율이 더 높다. 도시 지역사회는 화장 비율이 더 높다. 아프리카계 미국인집단은 화장 비율이 낮다." http://connectingdirectors.com/articles/3220-cremation-by-the-numbers-cana-projections-are-in#sthash.Ol9aUPLC.dpuf.

4 Charles et al. 2009.

5 Heffetz 2011.

3장 | 비과시적 소비와 새로운 엘리트들

1 Bourdieu 1984.

2 Zukin and Macguire 2004.

3 Packard 1959, 10장, 85쪽.

4 Gershuny 2000.

5 Fussell 1983.

6 Khan and Jerolmack 2013.

7 Holt 1998.

8 Khan 2012.

9 Packard 1959, 10장, 89~90쪽.

10 Johnston and Baumann 2007.

11 Khan 2012.

12 앞의 글, 16쪽.

13 Moore 2012.

14 Bennhold 2012.

15 Cooke 2012.

16 Fussell 1983.

17 Weber 1978.

18 Lamont 1992.

19 Gill 2014.

20 Khan and Jerolmack 2013.

21 Gershuny 2000.

22 Frank 2015.

23 Sayer, Bianchi, and Robinson 2004.

24 Bianchi 2000.

25 Bianchi, Milkie, Sayer, and Robinson 2000.

26 Sullivan 2014.

27 Kurtzleben 2013.

28 Gunderman 2014.

29 Lee and Painter 2016.

30 Mills 1956.

31 Khan 2015.

32 Dale, Krueger, and National Bureau of Economic Research 2011.

4장 | 모성은 어떻게 과시적 유한이 되었나

1 Sacker et al. 2013.

2 CDC Breastfeeding Report Card 2013.

3 Arora et al. 2000.

4   CDC Breastfeeding Report Card 2014.

5   McDowell, Wang, and Kennedy-Stephenson 2008.

6   Heck, Braveman, Cubbin, Chávez, and Kiely 2006.

7   Robinson 2011.

8   Barthes 2012.

9   앞의 책, 79~82쪽.

10 Barthes 2012.

11 앞의 책, 82쪽.

12 Barthes 2012, 84~84쪽.

13 Barthes 2012, 129쪽.

14 Barthes 2012.

15 McCann, Baydar, and Williams 2007.

16 Langellier, Chaparro, Wang, Koleilat, and Waley 2014.

17 Guendelman et al. 2009.

18 http://www.pewresearch.org/fact-tank/2014/05/07/opting-out-about-10-of-highly-educated-moms-are-staying-at-home/.

19 Cohen 2014.

20 Sandberg 2013.

21 Kendall 2013.

22 저소득층 산모와 그들이 모유 수유에서 마주치는 장벽에 관한 한층 매혹적인 연구는 Chin and Dozier 2012를 참고하라.

23 이 분야에서 이루어진 몇 가지 핵심적 연구에 관한 논평으로는 http://fivethirtyeight.com/features/everybody-calm-down-about-breastfeeding/을 참고하라.

24 Groskop 2013.

25 Bakalar 2014.

26 http://www.theatlantic.com/magazine/archive/2009/04/the-case-against-breast-feeding/307311/. Rosen 2009.

27 http://www.theguardian.com/commentisfree/2011/apr/01/france-breast-breastfed-baby-death.

28 Sussman 1975, 313쪽.

29 앞의 글.

30 Sussman 1975.

31 앞의 글, 313쪽.

32 Golden 1996.

33 앞의 책.

34 Wright and Schanler 2001.

35 Druckerman 2012.

36 Wright and Schanler 2001.

37 Roth and Henley 2012.

38 Gould, Davey, and Stafford 1989.

39 Shapiro 2012, MM18쪽.

40 Garcia-Navarro 2013.

41 http://www.slate.com/articles/double_x/doublex/2012/01/cesarean_nati
on_why_do_nearly_half_of_chinese_women_deliver_babies_via_c_sectio
n_.html.

42 Diamond 2012.

43 Weber 1905.

44 Guryan, Hurst, and Kearney 2008.

45 Ramey and Ramey 2010.

46 http://static1.squarespace.com/static/54694fa6e4b0eaec4530f99d/t/
55102730e4b0bc812283d0ed/1427121968182/InvestinginChildren-
ChangesinParentalSpendingonChildren%2C1972%E2%80%932007.pdf.

47 Linder 1970.

48 Brooks 2013; Klinkenborg 2013. 이 문제에 관한 더 폭넓은 논의로는
American Academy for Arts and Sciences 2013을 참고하라.

49 http://observer.com/2005/04/lotte-berk-in-last-
stretch/#ixzz3fnrZvF13.

50 http://observer.com/2005/03/battle-of-the-butts/#ixzz3ftn8Qx9B.
제니퍼 윌리엄스Jennifer Williams와의 인터뷰를 통해 로트 버크가 만든
스튜디오의 역사와 카디오바 강습의 기원에 관해 많은 도움을 받았다.

51 http://observer.com/2005/03/battle-of-the-butts/.

52 Greif 2016.

53 http://www.economist.com/news/united-states/21660170-sweating-
purpose-becoming-elite-phenomenon-spin-separate.

54 Druckerman 2012.

55 Greenfeld 2014.

56 Bell 1976.

57 Trentmann 2016, 18쪽.

58 Daniel 2016.

1   Greif 2016, 47쪽.

2   http://reason.org/news/show/whole-foods-health-care.

3   http://www.newyorker.com/magazine/2006/05/15/paradise-sold.

4   Molotch 2002; Zukin and Kosta 2004 등을 참고하라.

5   http://www.ers.usda.gov/data-products/chart-gallery/detail.aspx?chartI
    d=48561&ref=collection&embed=True.

6   Haughney 2013.

7   http://www.statista.com/statistics/282479/sales-revenue-of-farmers-
    markets-in-the-united-kingdom-uk/.

8   Haughney 2013, B1쪽.

9   Alkon 2008.

10 Johnston 2008.

11 Alkon and McCullen 2011.

12 Greif 2016, 50~52쪽.

13 Keynes 1920.

14 Moltoch 2002.

15 IOAN 홈페이지: http://www.industryofallnations.com/About-Industry-
    Of-All-Nations-ccid_55.aspx.

16 http://www.ecommercebytes.com/cab/abn/y11/m01/i11/s01.

17 "Artisanal Capitalism: The Art and Craft of Business." The Economist.
    January 4, 2014.

18 Clifford 2013a.

19 Sirkin, Zinser, and Manfred 2013.

20 Clifford 2013c.

21 Segran 2016, Clifford 2013b.

22 15 facts that can't be ignored about U.S. manufacturing 2016.

23 Gittleson 2015.

24 Clifford 2013c.

25 앞의 글.

26 Clifford 2013b.

27 Clifford 2013a.

28 Bajaj 2012.

29 Yardley 2013.

30   Barboza 2008.

31   "Made in the USA" Matters to Shoppers 2012.

32   Gittleson 2015.

33   www.worldwildlife.org.

34   www.worldwildlife.org.

35   Engels 1845.

36   환경 운동과 핵심적 사건들, 문헌, 입법 등을 꼼꼼하게 요약한
      내용으로는 다음의 웹사이트들을 보라: http://www.pbs.org/
      wgbh/americanexperience/features/timeline/earthdays/; http://
      www.encyclopedia.com/earth-and-environment/ecology-and-
      environmentalism/environmental-studies/environmental-movement;
      https://en.wikipedia.org/wiki/Environmental_movement_in_the_United
      _States; https://www.minnpost.com/earth-journal/2013/07/25-classics-
      environmental-writing-help-your-summer-reading-list.

37   Inglehart 2000, 223쪽.

38   Inglehart 2000.

39   http://abcnews.go.com/GMA/story?id=6225503.

40   Doherty and Etzioni 2003. 이 운동의 전반적인 개관과 역사에 관해서는
      http://simplicitycollective.com/start-here/what-is-voluntary-simplicity-
      2를 참고하라.

41   Etzioni 2004.

42   Taylor-Gooby 1998.

43   Grigsby 2004.

44   이런 현상을 관찰하고 알려준 하비 몰로치에게 감사한다.

45   Obniski 2008.

46   "Artisanal Capitalism: The Art and Craft of Business." *The Economist*.
      January 4, 2014.

47   Barber 2013.

48   이 주제에 관한 지식을 나눠준 조앤 핼킷에게 감사한다.

49   Marx, K. (1980; Originally 1844). *The economic and philosophic
      manuscripts of 1844*. New York: International Books; and SparkNotes,
      "The Economic and Philosophic Manuscripts of 1844" Summary:
      First Manuscript "Estranged Labor." Retrieved from http://
      www.sparknotes.com/philosophy/marx/section1.rhtml.

50   Rapoza 1999.

51 앞의 글.

52 http://www.cnn.com/2005/TECH/science/04/22/anwr.protests/

53 Rosenberg 1999; Goldberg 1999.

54 Roberts 2010.

55 Farrell 2007.

56 "Colgate expands reach into quirky toothpaste," 2006.

57 http://voices.yahoo.com/top-5-cosmetic-companies-test-animals-today-5584883.html.

6장 | 도시와 야망계급

1 Zukin 1993.

2 North 1955; Jacobs 1969; Glaeser 2005.

3 Engels 1845; Simmel 1903; Riis 2009.

4 Jackson 1985.

5 Christopherson and Storper 1986; Sassen 2012.

6 Storper 2013, 72쪽.

7 Saxenian 1994; Scott 2005; Storper 1997.

8 Florida 2002; Drucker 1993; Bell 1973; Reich 1991 등을 보라.

9 Storper 2013.

10 Diamond 2016.

11 Storper 2013.

12 Krugman 2015.

13 Florida 2002.

14 미국 도시와 교외의 진화, 그리고 이런 변화를 재촉한 정부 정책에 대해서는 케네스 잭슨의 《잡초가 무성한 개척지》를 참고하라.

15 Jackson 1985; Kunstler 1993.

16 Storper 2013.

17 Glaeser, Kolko, and Saiz 2001.

18 Diamond 2012. Berry and Glaeser 2005도 보라.

19 Sadler 2010; 2016.

20 글레이저는 《도시의 승리》 5장에서 이런 상호작용을 탁월하게 논의한다.

21 Glaeser 2011.

22 Costa and Kahn 2000.

23 http://www.nytimes.com/2016/02/23/upshot/rise-in-marriages-of-equals-and-in-division-by-class.html.

24 앞의 글.

25 Glaeser 2011.

26 Handbury 2012.

27 Rampell 2013.

28 Diamond 2012.

29 Lloyd and Clark 2001.

30 Silver, Clark, and Yanez 2010.

31 Wirth 1938.

32 Leher 2010.

33 González, Hidalgo, and Barabási 2008.

34 Leher 2010.

35 http://streeteasy.com/blog/new-york-city-rent-affordability/.

36 Dewan 2014.

37 뉴저지 교외: 버겐, 에식스, 허드슨, 헌터던, 머서, 미들섹스, 몬머스, 모리스, 오션, 퍼세익, 서머싯, 서식스, 유니언, 워런 등의 카운티. 뉴욕 교외: 더처스, 나소, 오렌지, 퍼트넘, 로클랜드, 서퍼크, 웨스트체스터 등의 카운티. 코네티컷 교외: 페어필드, 하트퍼드, 리치필드, 미들섹스, 뉴헤이븐, 톨랜드 등의 카운티.

38 Simmel 1903.

39 Diamond 2012.

40 Glaeser 2011.

41 Kleinberg 2012.

42 http://www.nytimes.com/2013/10/13/fashion/the-high-end-matchmaking-service-for-tycoons.html.

43 Mills 1956.

44 Simmel 1903.

45 Luttmer 2005.

46 Salkin 2009.

47 Holt 1998과 Lamont 1992도 보라.

48 Weber 1978.

49 Bourdieu 1984; Lamont 1992; Holt 1998.

50 Currid-Halkett, Lee, and Painter 2016.

51 앞의 글.

52 Molotch 2003.

53 http://www.nytimes.com/2010/09/02/fashion/02Diary.html?pagewante
d=all&_r=0.

54 Young 2014.

55 Douthat, R. (2016, July 3). "The Myth of Cosmopolitism." *Sunday Review:*
New York Times. Retrieved from http://www.nytimes.com/2016/07/03/
opinion/sunday/the-myth-of-cosmopolitanism.html?_r=0.

56 글로벌 엘리트 소비를 중심으로 도시들이 연결된다는 점을 숙고하도록
도와준 사스키아 사센에게 감사한다. 런던의 어느 구름 낀 여름날
사스키아와 나는 커피를 마시면서 이런 발상에 관해 이야기를 나누었는데,
당시 사스키아가 "도시생활의 보이지 않는 조직"이라는 개념을 거론했다.

7장 | 달라진 소비문화와 심화되는 불평등

1 Kahneman and Deaton 2010.

2 Easterlin, Angelescu-McVey, Switek, Sawangfa, and Zweig 2010.

3 Summers 2006.

4 Schor 1991.

5 Raffaelli 2015.

6 "Second Wind" 2014.

7 Murray 2012.

8 http://www.zocalopublicsquare.org/event/is-healthy-living-only-for-
the-rich/#.Va0cPWfslzI.facebook.

9 Schor 1998.

10 http://www.pewsocialtrends.org/2012/08/22/the-lost-decade-of-the-
middle-class/.

11 Lewis 2010.

12 Luce 2010.

13 PBS NewsHour 2013.

14 앞의 글.

15 Luce 2010.

16 Piketty 2014.

17 http://www.pewsocialtrends.org/2012/08/22/the-lost-decade-of-the-
middle-class/.

18 Freeland 2012.

19 http://www.tcf.org/work/workers_economic_inequality/detail/a-tale-of-two-recoveries.

20 Lowrey 2014.

21 Coontz 2014.

22 http://www.foxbusiness.com/personal-finance/2014/05/14/median-american-savings-0/.

23 Kharas and Gertz 2010.

24 Pezinni 2012.

25 Yueh 2013; "Who's in the Middle?" 2009; and Kharas and Gertz 2010.

26 Kharas and Gertz 2010.

27 Kharas 2011.

28 Kharas and Gertz 2010.

29 앞의 글.

30 Ali and Dadush 2012.

31 www.statista.com/statistics/199983/us-vehicle-sales-since-1951/.

32 Court and Narasimhan 2010.

33 Easterlin 2007.

34 Graham and Pettinato 2001.

35 Douglas and Isherwood 1979.

15 facts that can't be ignored about U.S. manufacturing. (2016, May 15). *MP Star Financial.* Retrieved from https://www.mpstarfinancial.com/15-facts-thatcant-be-ignored-about-us-manufacturing/.

Ali, S., & Dadush, U. (2012, May 16). The global middle class is bigger than we thought. *Foreign Policy.* Retrieved from http://www.foreignpolicy.com/articles/2012/05/16/the_global_middle_class_is_bigger_than_we_thought.

Alkon, A. H. (2008). From value to values: Sustainable consumption at farmers markets. *Agriculture and Human Values* 25(4): 487~498쪽. doi:10.1007/s10460-008-9136-y.

Alkon, A. H., & McCullen, C. G. (2011). Whiteness and farmers markets: Performances, perpetuations ... Contestations? *Antipode* 43(4): 937~959쪽. doi:10.1111/j.1467-8330.2010.00818.x.

American Academy for Arts and Sciences (2013). The heart of the matter: The humanities and social science for a vibrant, competitive and secure nation. Cambridge, MA: American Academy for Arts and Sciences.

Arora, S., McJunkin, C., Wehrer, J., & Kuhn, P. (2000). Major factors influencing breastfeeding rates: Mother's perception of father's attitude and milk supply. *Pediatrics 106*(5): e67.

Bagwell, L. S., & Bernheim, B. D. (1996). Veblen effects in a theory of conspicuous consumption. *American Economic Review 86*(3): 349~373쪽.

Bajaj, V. (2012, November 25). Fatal fire in Bangladesh highlights the dangers facing garment workers. *New York Times.* Retrieved from http://www.nytimes.com/2012/11/26/world/asia/bangladesh-fire-kills-more-than-100-and-injures-many.html.

Bakalar, N. (2014, March 4). Is breast-feeding really better? Retrieved from http://well.blogs.nytimes.com/2014/03/04/is-breast-feeding-really-better/.

Barber, E. W. (2013, November 11). Etsy's industrial revolution. *New York*

Times. Retrieved from http://www.nytimes.com/2013/11/12/opinion/
etsys-industrial-revolution.html.

Barboza, D. (2008, January 5). In Chinese factories, lost fingers and low pay.
New York Times. Retrieved from http://www.nytimes.com/2008/01/05/
business/worldbusiness/05sweatshop.html.

Barthes, R. (2012, originally 1957). *Mythologies*. Translated by Annette
Lavers. New York: Hill and Wang. [한국어판: 롤랑 바르트,《현대의 신화》,
이화여자대학교 기호학연구소 옮김, 동문선, 1997)

Bee, A., Meyer, B., & Sullivan, J. The validity of consumption data: Are the
Consumer Expenditure Interview and Diary Surveys informative?
In *Improving the measurement of consumer expenditures*, edited by C.
Carroll, T. Crossley, & J. Sabelhaus, 204~240쪽. Chicago: University of
Chicago Press, 2015.

Bell, D. (1973). *The coming of post-industrial society: A venture in social
forecasting*. New York: Basic Books. [한국어판: 다니엘 벨,《탈산업사회의
도래》, 박형신·김원동 옮김, 아카넷, 2006]

_____. (1976). *The cultural contradictions of capitalism*. New York: Basic
Books. [한국어판: 다니엘 벨,《자본주의의 문화적 모순》, 박형신 옮김,
한길사, 2021]

Bennhold, K. (2012, April 26). Class war returns in new guises. *New York
Times*. Retrieved from http://www.nytimes.com/2012/04/27/world/
europe/27iht-letter27.html.

Berridge, K. (2007). *Madame Tussaud: A life in wax*. New York: Harper
Perennial.

Berry, C. R., & Glaeser, E. L. (2005). The divergence of human capital
levels across cities. *Papers in Regional Science 84*(3): 407~444쪽.
doi:10.1111/j.1435- 5957.2005.00047.x.

Bianchi, S. M. (2000). Maternal employment and time with children:
Dramatic change or surprising continuity? *Demography 37*(4):
401~414쪽. doi:10.1353/dem.2000.0001.

Bianchi, S. M., Milkie, M. A., Sayer, L. C., & Robinson, J. P. (2000). Is anyone
doing the housework? Trends in the gender division of household labor.
Social Forces 79(1): 191~228쪽. doi:10.1093/sf/79.1.191.

Blaszczyk, R. L. (2005). Review of *Point of purchase: How shopping changed
American culture*, by Sharon Zukin. *Enterprise and Society 6*(2):

339~341쪽. doi:10.1093/es/khi047.

Bourdieu, P. (1984). *Distinction: A social critique of the judgment of taste.* Cambridge, MA: Harvard University Press. [한국어판: 피에르 부르디외, 《구별짓기》 상·하, 최종철 옮김, 새물결, 2005]

Bremmer, I. (2016). These five facts explain the unstable global middle class. *Time Magazine*, January 29. Retrieved from http://time.com/4198164/these-5-facts-explain-the-unstable-global-middle-class/.

Brooks, D. (2000). *Bobos in paradise: The new upper class and how they got there.* New York: Simon & Schuster. [한국어판: 데이비드 브룩스, 《보보스》, 형선호 옮김, 동방미디어, 2001]

_____. (2013). The humanist vocation. *New York Times*, June 13.

Browne, A. (2014, August 15). The great Chinese exodus. *Wall Street Journal.* Retrieved from http://online.wsj.com/articles/the-great-chinese-exodus-1408120906?mod=WSJ_hp_RightTopStories.

Burrows, M. (2015). The emerging global middle class—so what? *Washington Monthly 38*(1): 7~22쪽.

Canning, R., Pereira, J., Frias, M., & Ibanga, I. (2008, November 14). Victoria's secret: Formaldehyde in bras? *ABC News.* Retrieved from http://abcnews.go.com/GMA/story?id=6225503&page=1.

CDFuneralNews. (2011, November 3). Cremation by the numbers, CANA Projections Are In.

Centers for Disease Control. (2013). Breastfeeding report card/United States. https://www.cdc.gov/breastfeeding/pdf/2013breastfeedingreportcard.pdf.

_____. (2014). Breastfeeding report card/United States. Retrieved from https://www.cdc.gov/breastfeeding/pdf/2013breastfeedingreportcard.pdf.

Charles, K. K., Hurst, E., & Roussanov, N. (2009). Conspicuous consumption and race. *Quarterly Journal of Economics 124*(2): 425~467쪽. doi:10.1162/qjec.2009.124.2.425.

Chin, N., & Dozier, A. (2012). The dangers of baring the breast: Structural violence and formula feeding among low income women. In *Beyond health, beyond choice: Breastfeeding constraints and realities*, edited by P. H. Smith, B. L. Hausman, & M. Labbok, 64~73쪽. New Brunswick, NJ: Rutgers University Press.

Christopherson, S., & Storper, M. (1986). The city as studio; the world as back lot: The impact of vertical disintegration on the motion picture industry. *Environment and Planning D: Society and Space* 4, 3: 305~320쪽.

Cisotti, C. (2013, September 11). Claire used £1 Nivea cream on half her face— and £105 Crème de la Mer on the other. The results are very revealing. *Mail Online*. Retrieved from http://www.dailymail.co.uk/femail/article-2418153/Claire-used-1-Nivea-cream-half-face--105-Cr-la-Mer-The-results-VERY-revealing.html.

Clifford, S. (2013a, September 19). U.S. textile plants return, with floors largely empty of people. *New York Times*. Retrieved from http://www.nytimes.com/2013/09/20/business/us-textile-factories-return.html?pagewanted=all.

_____. (2013b, September 29). A wave of sewing jobs as orders pile up at U.S. factories. *New York Times*. Retrieved from http://www.nytimes.com/2013/09/30/business/a-wave-of-sewing-jobs-as-orders-pile-up-at-us-factories.html.

_____. (2013c, November 30). That "made in U.S.A." premium. *New York Times*. Retrieved from http://www.nytimes.com/2013/12/01/business/that-made-in-usa-premium.html.

Cohen, C. (2014, May 22). The politics of breastfeeding. *New York Times*. Retrieved from http://www.nytimes.com/roomfordebate/2014/05/22/the-politics-of-breastfeeding/most-women-cant-afford-to-breastfeed.

Colgate expands reach of quirky toothpaste. (2006, March 21). *USA Today*. Retrieved from http://usatoday30.usatoday.com/money/industries/retail/2006-03-21-colgate-toms_x.htm.

ConnectingDirectors.com. Retrieved from http://connectingdirectors.com/articles/3220-cremation-by-the-numbers-cana-projections-are-in#sthash.Ol9aUPLC.dpuf.

Cooke, R. (2012, April 21). Where does Francis Maude keep his condiments? *Guardian*. Retrieved from http://www.theguardian.com/lifeandstyle/2012/apr/22/kitchen-suppers-francis-maude.

Coontz, S. (2014, July 26). The new instability. *New York Times*. Retrieved from http://www.nytimes.com/2014/07/27/opinion/sunday/the-new-instability.html.

Corak, M. (2013). Income inequality, equality of opportunity, and intergenerational mobility. *Journal of Economic Perspectives 27*(3): 79~102쪽. doi:10.1257/jep.27.3.79.

Costa, D. L., & Kahn, M. E. (2000). Power couples: Changes in the locational choice of the college educated, 1940-1990. *Quarterly Journal of Economics 115*(4): 1287~1315쪽.

Court, D., & Narasimhan, L. (2010, July). Capturing the world's emerging middle class. *McKinsey Quarterly*. Retrieved from http://www.mckinsey.com/insights/consumer_and_retail/capturing_the_world s_emerging_middle_class.

Cowen, T. (2015, December 24). The marriages of power couples reinforce income inequality. *New York Times*. Retrieved from http://www.nytimes.com/2015/12/27/upshot/marriages-of-power-couples-reinforce-income-inequality.html.

Crane, D. (2013, October 11). The high-end matchmaking service for tycoons. *New York Times*. Retrieved from http://www.nytimes.com/2013/10/13/fashion/the-high-end-matchmaking-service-for-tycoons.html.

Cunningham, M. (2008). Review of *Changing rhythms of American family life*, by Suzanne M. Bianchi, John P. Robinson, and Melissa A. Milkie. *Gender and Society* 22(4): 524~526쪽. doi:10.1177/0891243208315383.

Currid, E. (2006). New York as a global creative hub: A competitive analysis of four theories on world cities. *Economic Development Quarterly 20*(4): 330~350쪽. doi:10.1177/0891242406292708.

Currid-Halkett, E., Lee, H., & Painter, G. (2016). Veblen goods and metropolitan distinction: An economic geography of conspicuous consumption. Working paper, University of Southern California.

Dale, S., Krueger, A. B., & National Bureau of Economic Research. (2011). *Estimating the return to college selectivity over the career using administrative earnings data*. National Bureau of Economic Research.

Dana, R. (2005, March 7). Battle of the butts. *Observer*. Retrieved from http://observer.com/2005/03/battle-of-the-butts/#ixzz3ftn8Qx9B.

_____. (2005, April 25). Lotte Berk in last stretch? *Observer*. Retrieved from http://observer.com/2005/04/lotte-berk-in-last-stretch/#ixzz3fnrZvF13.

Daniel, C. (2016, February 16). A hidden cost to giving kids their vegetables.

New York Times. Retrieved from http://www.nytimes.com/2016/02/16/ opinion/why-poor-children-cant-be-picky-eaters.html?_r=0.

Dewan, S. (2014, April 14). In many cities, rent is rising out of reach of middle class. *New York Times.* Retrieved from http:// www.nytimes.com/2014/04/15/business/more-renters-find-30-affordability-ratio-unattainable.html.

Diamond, J. (2012). *The world until yesterday: What can we learn from traditional societies?* New York: Penguin Press. [한국어판: 재레드 다이아몬드, 《어제까지의 세계》, 강주헌 옮김, 김영사, 2013]

Diamond, R. (2016). The determinants and welfare implications of US workers' diverging location choices by skill: 1980-2000. *American Economic Review 106*(3): 479~524쪽. doi:10.1257/aer.106.3.479.

Doherty, D., & Etzioni, A. (2003). *Voluntary simplicity: Responding to consumer culture.* Lanham, MD: Roman & Littlefield.

Douglas, M., & Isherwood, B. C. (1996). *The world of goods: Towards an anthropology of consumption: With a new introduction* ([Rev.] ed.). London; New York: Routledge.

Drucker, P. F. (1993). *Post-capitalist society.* New York: Routledge. [한국어판: 피터 드러커, 《자본주의 이후의 사회》, 이재규 옮김, 한국경제신문, 1993]

Druckerman, P. (2012). *Bringing up bébé: One American mother discovers the wisdom of French parenting.* New York: Penguin Press. [한국어판: 파멜라 드러커맨, 《프랑스 아이처럼》, 이주혜 옮김, 북하이브(타임북스), 2013]

Easterlin, R. (2007). The escalation of material goods: Fingering the wrong culprit. *Psychological Inquiry 18*(1): 31~33쪽.

Easterlin, R., Angelescu- McVey, L., Switek, M., Sawangfa, O., & Zweig, J. S. (2010). The happiness-income paradox revisited. Proceedings of National Academy of Sciences of the United States of America, 2010, 107(52), 22463~22468쪽.

Estabrook, B. (2012). *Tomatoland: How modern industrial agriculture destroyed our most alluring fruit.* Kansas City, MO: Andrews McMeel Publishing.

Engels, F. (1845). *The conditions of the working class in England.* Panther Edition, 1969, from text provided by the Institute of Marxism-Leninism, Moscow; First published: Leipzig, 1845. https://www.marxists.org/ archive/marx/works/download/pdf/condition-working-class-england.pdf. [한국어판: 프리드리히 엥겔스, 《영국 노동계급의 상황》

이재만 옮김, 라티오, 2014]

Etzioni, A. (2004). The post affluent society. *Review of Social Economy 62*(3): 407~420쪽. doi:10.1080/0034676042000253990.

Ewing, J. (2014, March 7). Offering more than luxury, supercars draw a crowd of makers and buyers. *New York Times*. Retrieved from http://www.nytimes.com/2014/03/08/business/international/market-is-crowded-for-high-end-cars.html.

Farmers' market sales revenue in the UK 2002-2011. (2016). *Statista*. Retrieved from http://www.statista.com/statistics/282479/sales-revenue-of-farmers-markets-in-the-united-kingdom-uk/.

Farrell, A. (2007, October 31). Clorox to buy Burt's Bees. *Forbes*. Retrieved from http://www.forbes.com/2007/10/31/clorox-burts-bees-markets-equity-cx_af_1031markets15.html.

Florida, R. L. (2002). *The rise of the creative class: And how it's transforming work, leisure, community and everyday life*. New York: Basic Books. [한국어판: 리처드 플로리다, 《신창조 계급》, 이길태 옮김, 북콘서트, 2011]

Fortnum & Mason. (2014, February 27). How to make tea. *Fortnum & Mason*. Retrieved from http://www.fortnumandmason.com/c-77-the-perfect-cup-of-tea-fortnum-and-mason.aspx.

Frank, R. (2012, April 27). Do the wealthy work harder than the rest? *Wall Street Journal*. Retrieved from http://blogs.wsj.com/wealth/2012/04/27/do-the-wealthy-work-harder-than-the-rest/tab/video/.

_____. (2015, June 20). For the new superrich, life is much more than a beach. *New York Times*. Retrieved from http://www.nytimes.com/2015/06/21/business/for-the-new-superrich-life-is-much-more-than-a-beach.html?_r=0.

Freeland, C. (2012). *Plutocrats: The rise of the new global super-rich and the fall of everyone else*. New York: Penguin Press. [한국어판: 크리스티아 프릴랜드, 《플루토크라트》, 박세연 옮김, 열린책들, 2013]

Fussell, P. (1983). *Class: A guide through the American status system*. New York: Simon & Schuster.

Galbraith, J. K. (1958). *The affluent society*. New York: Houghton Mifflin Harcourt. [한국어판: 존 케네스 갤브레이스, 《풍요한 사회》, 노택선 옮김, 한국경제신문, 2006]

Garcia-Navarro, L. (2013, May 12). C-sections deliver cachet for

wealthy Brazilian women. *NPR.org.* Retrieved from http://
www.npr.org/2013/05/12/182915406/c-sections-deliver-cachet-for-
wealthy-brazilian-women.

Gershuny, J. (2000). *Changing times: Work and leisure in postindustrial society.*
Oxford; New York: Oxford University Press.

Ghertner, D. A. (2015). *Rule by aesthetics: World-class city making in Delhi.* New
York: Oxford University Press.

Gibbons, F. (2011, April 1). In France, breast is definitely not best. *Guardian.*
Retrieved from https://www.theguardian.com/commentisfree/2011/
apr/01/france-breast-breast-fed-baby-death.

Gill, A. A. (2014, May). Perfection anxiety. *Vanity Fair.* Retrieved from http://
www.vanityfair.com/society/2014/05/super-rich-perfection-anxiety.

Gittleson, K. (2015, February 20). US manufacturing: The rise of the niche
manufacturer. *BBC Business.* Retrieved from http://www.bbc.com/news/
business-31527888.

Glaeser, E. L. (2005). Urban colossus: Why is New York America's largest
city? *Economic Policy Review* (112): 7~24쪽.

_____. (2011). *Triumph of the city: How our greatest invention makes us
richer, smarter, greener, healthier, and happier.* New York: Penguin Press.
[한국어판: 에드워드 글레이저, 《도시의 승리》, 이진원 옮김, 해냄, 2021]

Glaeser, E. L., Kolko, J., & Saiz, A. (2001). Consumer city. *Journal of Economic
Geography 1*(1): 27~50쪽.

Goldberg, C. (1999). Vermonters would keep a lid on Ben & Jerry's pint. *New
York Times*, December 22.

Golden, J. (1996). *A social history of wet nursing in America: From breast to
bottle.* Cambridge: Cambridge University Press.

González, M. C., Hidalgo, C. A., & Barabási, A.-L. (2008). Understanding
individual human mobility patterns. *Nature 453*(7196): 779~782쪽.
doi:10.1038/nature06958.

Gould, J. B., Davey, B., & Stafford, R. S. (1989). Socioeconomic differences
in rates of cesarean section. *New England Journal of Medicine 321*(4):
233~239쪽. doi:10.1056/NEJM198907273210406.

Graham, C., & Pettinato, S. (2001). Frustrated achievers: Winners, losers
and subjective well-being in new market economies. Brookings
Institution Center on Social and Economic Dynamics, Working Paper

No. 21. https://www.brookings.edu/wp-content/uploads/2016/06/
frustrated.pdf.

Greenfeld, K. T. (2014, May 24). Faking cultural literacy. *New York Times*.
Retrieved from http://www.nytimes.com/2014/05/25/opinion/sunday/
faking-cultural-literacy.html.

Grigsby, M. (2004). *Buying time and getting by: The voluntary simplicity
movement*. Albany: State University of New York Press.

Groskop, V. (2013, February 9). Breast is best—isn't it? Debate rages over
the effect on mother and child. *Guardian*. Retrieved from https://
www.theguardian.com/lifeandstyle/2013/feb/10/breastfeeding-best-
debate.

Guendelman, S., Kosa, J. L., Pearl, M., Graham, S., Goodman, J., & Kharrazi, M.
(2009). Juggling work and breastfeeding: Effects of maternity leave and
occupational characteristics. *Pediatrics 123*(1): e38~e46쪽. doi:10.1542/
peds.2008-2244.

Gunderman, R. (2014, July 16). The case for concierge medicine. *Atlantic*.
Retrieved from http://www.theatlantic.com/health/archive/2014/07/the-
case-for-concierge-medicine/374296/.

Guryan, J., Hurst, E., & Kearney, M. (2008). Parental education and parental
time with children. *Journal of Economic Perspectives 22*(3): 23~46쪽.
doi:10.1257/jep.22.3.23.

Handbury, J. (2012). *Are poor cities cheap for everyone? Non-homotheticity and
the cost of living across U.S. cities* (Job Market Paper). Retrieved from
www.princeton.edu/~reddings/cure2012/Handbury.pdf.

Haughney, C. (2013, September 17). A magazine for farm-to-table. *New York
Times*. Retrieved from http://www.nytimes.com/2013/09/18/business/
media/a-magazine-for-farm-to-table.html.

Heck, K. E., Braveman, P., Cubbin, C., Chávez, G. F., & Kiely, J. L. (2006).
Socioeconomic status and breastfeeding initiation among California
mothers. *Public Health Reports 121*(1): 51~59쪽.

Heffetz, O. (2011). A test of conspicuous consumption: Visibility and income
elasticities. *Review of Economics and Statistics 93*(4): 1101~1117쪽.
doi:10.1162/REST_a_00116.

Hills- Bonczyk, S. G., Tromiczak, K. R., Avery, M. D., Potter, S., Savik, K., &
Duckett, L. J. (1994). Women's experiences with breastfeeding longer

than 12 months. *Birth 21*(4): 206~212쪽.

Holt, D. B. (1998). Does cultural capital structure American consumption? *Journal of Consumer Research 25*(1): 1~25쪽. doi:10.1086/jcr.1998.25.issue-1.

Hutchinson, T. W. (1957, November 28). An economist outsider. *Listener.*

Hvistendahl, M. (2012, January 3). Why does China have the world's highest C-section rate? *Slate Magazine.* Retrieved from http://www.slate.com/articles/double_x/doublex/2012/01/cesarean_nation_why_do_nearly_half_of_chinese_women_deliver_babies_via_c_section_.html.

Industrial metamorphosis. (2005, September 29). *Economist.* Retrieved from http://www.economist.com/node/4462685.

Inglehart, R. (2000). Globalization and postmodern values. *Washington Quarterly 23*(1): 215~228쪽.

Iritani, E. (2004). Great idea but don't quote him. *Los Angeles Times,* September 9. http://articles.latimes.com/2004/sep/09/business/fi-deng9.

Is college worth it? (2014, April 5). *Economist.* Retrieved from http://www.economist.com/news/united-states/21600131-too-many-degrees-are-waste-money-return-higher-education-would-be-much-better.

Jackson, K. T. (1985). *Crabgrass frontier: The suburbanization of the United States.* Oxford: Oxford University Press.

Jacobs, J. (1969). *The economy of cities.* New York: Random House.

Johnson, P. (1988). Conspicuous consumption and working-class culture in late-Victorian and Edwardian Britain. *Transactions of the Royal Historical Society 38*: 27~42쪽. doi:10.2307/3678965.

Johnston, J. (2008). The citizen-consumer hybrid: Ideological tensions and the case of Whole Foods Market. *Theory and Society 37*(3): 229~270쪽. doi:10.1007/s11186-007-9058-5.

Johnston, J., & Baumann, S. (2007). Democracy versus distinction: A study of omnivorousness in gourmet food writing. *American Journal of Sociology 113*(1): 165~204쪽. doi:10.1086/518923.

Kahnemon, D. and Deaton, A. (2010). High income improves evaluation of life but not emotional well-being. *PNAS* vol. 107(38) 16489~16493쪽.

Keller, S. (2015). Straight talk on fair trade versus direct trade according to Brazilian coffee farmers. *Huffington Post.* Retrieved from http://www.huffingtonpost.com/stephanie-keller/straight-talk-on-fairtrad_b_8305090.html.

Kendall, M. (2013, September 23). The real mommy wars. *Salon. com*. Retrieved from http://www.salon.com/2013/09/23/the_real_mommy_wars/.

Kerr, W. (1962). *The decline of pleasure*. New York: Simon & Schuster.

Keynes, J. M. (1920). *The economic consequences of the peace*. Library of Economics and Liberty. Retrieved from http://www.econlib.org/library/YPDBooks/Keynes/kynsCP2.html. [한국어판: 존 메이너드 케인스, 《평화의 경제적 결과》, 정명진 옮김, 부글북스, 2016]

Khan, S. (2012). The sociology of elites. *Annual Review of Sociology 38*(1): 361~377쪽. doi:10.1146/annurev-soc-071811-145542.

_____. (2015). The counter-cyclical character of the elite. In *Elites on trial: Research in the sociology of organizations*, vol. 43 (1st ed.), 81~103쪽. UK: Emerald Group Publishing.

Khan, S., & Jerolmack, C. (2013). Saying meritocracy and doing privilege. *Sociological Quarterly 54*(1): 9~19쪽. doi:10.1111/tsq.12008.

Kharas, H. (2011). The emerging middle class in developing countries. OECD Development Centre Working Paper No. 285.

Kharas, H., & Gertz, G. (2010). "The new global middle class." A crossover from west to east. Brookings Institution Report. Retrieved from https://www.brookings.edu/research/the-new-global-middle-class-a-crossover-from-west-to-east/.

Khazan, O. (2014, September 16). Wealthy L.A. schools' vaccination rates are as low as South Sudan's. *Atlantic*. Retrieved from http://www.theatlantic.com/health/archive/2014/09/wealthy-la-schools-vaccination-rates-are-as-low-as-south-sudans/380252/.

Kleinberg, E. (2012). One's a crowd. *Sunday Review: New York Times*, February 4. http://www.nytimes.com/2012/02/05/opinion/sunday/living-alone-means-being-social.html.

Klinkenborg, V. (2013). The decline and fall of the English major. *Sunday Review: New York Times*, June 22.

Kornrich, S., & Furstenberg, F. (2013). Investing in children: Changes in parental spending on children, 1972-2007. *Demography 50*(1): 1~23쪽. doi:10.1007/s13524-012-0146-4.

Krugman, P. (2015, November 30). Inequality and the city. *New York Times*. Retrieved from http://www.nytimes.com/2015/11/30/opinion/inequality-and-the-city.html?_r=0.

Kunstler, J. (1993). *The geography of nowhere*. New York: Simon & Schuster.

Kurtzleben, D. (2013, October 23). Just how fast has college tuition grown? *US News & World Report*. Retrieved from http://www.usnews.com/news/articles/2013/10/23/charts-just-how-fast-has-college-tuition-grown.

Lamont, M. (1992). *Money, morals, and manners: The culture of the French and American upper-middle class*. Chicago: University of Chicago Press.

Landy, B. (2013, August 28). A tale of two recoveries: Wealth inequality after the Great Recession. *Century Foundation*. Retrieved from https://tcf.org/content/commentary/a-tale-of-two-recoveries-wealth-inequality-after-the-great-recession/.

Langellier, B., Chaparro, M. P., Wang, M., Koleilat, M., and Waley, S. E. (2014). The new food package and breastfeeding outcomes among women, infants and children participants in Los Angeles County. *American Journal of Public Health* 104: 2S.

Lee, H., and Painter, G. (2016). Consumption inequality in the Great Recession. *Journal of Economic and Social Measurement 41*, 2 (2016): 145~166쪽.

Leher, J. (2010). A physicist solves the city. *New York Times Magazine*, December 17. Retrieved from http://www.nytimes.com/2010/12/19/magazine/19Urban_West-t.html.

Leibenstein, H. (1950). Bandwagon, snob, and Veblen effects in the theory of consumers' demand. *Quarterly Journal of Economics 64*(2): 183~207쪽. doi:10.2307/1882692.

Leonhardt, D. (2014, April 26). Getting into the Ivies. *New York Times*. Retrieved from http://www.nytimes.com/2014/04/27/upshot/getting-into-the-ivies.html.

Lesnard, L. (2003). Review of *Changing times: Work and leisure in postindustrial society*, by Jonathan Gershuny. *European Sociological Review 19*(2): 235~239쪽. doi:10.1093/esr/19.2.235.

Lewis, L. B., McMillan, T., & Bastani, R. (2015, July 29). *Is healthy living only for the rich?* Zócalo Public Square lecture presented at Museum of Contemporary Art, Los Angeles.

Lewis, M. (2010). *The big short: Inside the doomsday machine.* New York: W.W. Norton. [한국어판: 마이클 루이스, 《빅숏》, 이미정 옮김, 비즈니스맵, 2010]

Lightfeldt, A. (2015, March 1). Bright lights, big rent burden: Understanding New York City's rent affordability problem. *StreetEasy Blog.* Retrieved from http://streeteasy.com/blog/new-york-city-rent-affordability/.

Linder, S. B. (1970). *The harried leisure class.* New York: Columbia University Press.

Livingston, G. (2014, May 7). Opting out? About 10% of highly educated moms are staying at home. *Pew Research Center.* Retrieved from http://www.pewresearch.org/fact-tank/2014/05/07/opting-out-about-10-of-highly-educated-moms-are-staying-at-home/.

Lloyd, R., & Clark, T. N. (2001). The city as an entertainment machine. *Research in Urban Sociology 6:* 357~378쪽.

The lost decade of the middle class. (2012, August 22). *Pew Research Center.* Retrieved from http://www.pewsocialtrends.org/2012/08/22/the-lost-decade-of-the-middle-class/.

Lowrey, A. (2014, April 30). Changed life of the poor: Better off, but far behind. *New York Times.* Retrieved from http://www.nytimes.com/2014/05/01/business/economy/changed-life-of-the-poor-squeak-by-and-buy-a-lot.html.

Luce, E. (2010, July 30). The crisis of middle-class America. *Financial Times.* Retrieved from https://www.ft.com/content/1a8a5cb2-9ab2-11df-87e6-00144feab49a.

Luttmer, E. F. P. (2005). Neighbors as negatives: Relative earnings and well-being. *Quarterly Journal of Economics 120*(3): 963~1002쪽.

"Made in the USA" matters to shoppers [press release]. (2012, September 13). Retrieved from https://www.greenbook.org/marketing-research/made-in-the-usa-matters-to-shoppers-00707.

Martin, J. (1982). *Miss Manners' guide to excruciatingly correct behavior.* New York: W. W. Norton.

McCann, M., Baydar, N. and Williams, R. (2007). Breastfeeding attitudes and report problems in a national sample of WIC participants. *Journal of Human Lactation 23*(4): 314~324쪽.

McDowell, M. M., Wang, C.-Y., & Kennedy-Stephenson, J. (2008). *Breastfeeding in the United States: Findings from the National Health and Nutrition*

Examination Survey, 1999-2006. Centers for Disease Control. NCHS
   Data Brief. Retrieved from http://www.cdc.gov/nchs/data/databriefs/
   db05.htm.

Mendoza, M. 2016. Federal officials are preparing to enforce an 86-year-
   old ban on importing goods made by children or slaves under new
   provisions of a law signed by President Barack Obama. *US News and
   World Report,* February 16. Retrieved from http://www.usnews.com/
   news/us/articles/2016-02-24/obama-bans-us-imports-of-slave-
   produced-goods.

Menken, H. L. (1920). *Prejudices: First series.* New York: Knopf.

Miller, C. C., & Bui, Q. (2016, February 27). Equality in marriages grows,
   and so does class divide. *New York Times.* Retrieved from http://
   www.nytimes.com/2016/02/23/upshot/rise-in-marriages-of-equals-
   and-in-division-by-class.html.

Miller, D. (2012). *Consumption and its consequences.* Cambridge: Polity.

Mills, C. W. (1956). *The power elite.* New York: Oxford University Press.
   [한국어판: C. 라이트 밀스, 《파워 엘리트》, 정명진 옮김, 부글북스, 2013]

Molotch, H. (2002). Place in product. *International Journal of Urban and
   Regional Research 26*(4): 665~688쪽. doi:10.1111/1468-2427.00410.

_____. (2003). *Where stuff comes from: How toasters, toilets, cars, computers, and
   many others things come to be as they are.* New York: Routledge. [한국어판:
   하비 몰로치, 《상품의 탄생, 그리고 디자인 이야기》, 강현주·장혜진·최예주
   옮김, 디플Biz, 2007]

Moore, C. (2012, March 30). Even I'm starting to wonder: What does this
   lot know about anything? *Daily Telegraph.* Retrieved from http://
   www.telegraph.co.uk/news/politics/conservative/9176237/Even-Im-
   starting-to-wonder-what-do-this-lot-know-about-anything.html.

Murray, C. A. (2012). *Coming apart: The state of white America, 1960-2010* (1st
   ed.). New York: Crown Forum.

North, D. C. (1955). Location theory and regional economic growth. *Journal of
   Political Economy 63*(3): 243~258쪽.

Obniski, M. (2008). The Arts and Crafts movement in America. Metropolitan
   Museum of Art. Retrieved from http://www.metmuseum.org/toah/hd/
   acam/hd_acam.htm.

O'Brien, M. (2014, July 29). The middle class is 20 percent poorer than it was in 1984. *Washington Post*. Retrieved from http://www.washingtonpost.com/blogs/wonkblog/wp/2014/07/29/the-middle-class-is-20-percent-poorer-than-it-was-in-1984/.

Oster, E. (2015, May 20). Everybody calm down about breastfeeding. *FiveThirtyEight*. Retrieved from http://fivethirtyeight.com/features/everybody-calm-down-about-breastfeeding/.

Packard, V. (1959). *The status seekers*. David McKay Publications.

PBS NewsHour. (2013, December 26). Tracking the breakdown of American social institutions in "The Unwinding." Retrieved from http://www.pbs.org/newshour/bb/business-july-dec13-packer_12-26/.

Pellow, D. (2005). Review of *Buying time and getting by: The voluntary simplicity movement*, by Mary Grigsby. *American Journal of Sociology* *110*(5): 1520~1522쪽. doi:10.1086/431619.

Percentage of the U.S. population with a college degree 1940-2014, by gender. (2016). *Statista*. Retrieved from http://www.statista.com/statistics/184272/educational-attainment-of-college-diploma-or-higher-by-gender/.

Pezinni, M. (2012). An emerging middle class. *OECD Observer*. http://oecdobserver.org/news/fullstory.php/aid/3681/An_emerging_middle_class.html.

Piketty, T. (2014). *Capital in the twenty-first century*. Cambridge, MA: Harvard University Press. [한국어판: 토마 피케티, 《21세기 자본》, 장경덕 옮김, 글항아리, 2014]

Piore, M. J., & Sabel, C. F. (1984). *The second industrial divide: Possibilities for prosperity*. New York: Basic Books. [한국어판: 마이클 피오르, 《생산의 발전과 노동의 변화》, 강석재·이호창 옮김, 중원문화, 2012]

Postrel, V. (2008, July 8). Inconspicuous consumption: A new theory of the leisure class. *Atlantic*. Retrieved from http://www.theatlantic.com/magazine/archive/2008/07/inconspicuous-consumption/306845/2/.

Price, Q. (2014). Capitalism for the many, not the few. Unpublished working paper.

Pugh, A. J. (2004). Windfall child rearing: Low-income care and consumption. *Journal of Consumer Culture* *4*(2): 229~249쪽. doi:10.1177/1469540504043683.

_____. (2005). Selling compromise: Toys, motherhood, and the cultural deal.

Gender and Society 19(6): 729~749쪽. doi:10.1177/0891243205279286.

_____. (2011). Distinction, boundaries or bridges?: Children, inequality and the uses of consumer culture. *Poetics 39*(1): 1~18쪽. doi:10.1016/j.poetic.2010.10.002.

Raffaelli, R. (2015). *The re-emergence of an institutional field: Swiss watchmaking.* Harvard Business School working paper no. 16-003.

Ramey, G., & Ramey, V. A. (2010). The rug rat race. *Brookings Papers on Economic Activity 2010*(1): 129~176쪽. doi:10.1353/eca.2010.0003.

Rampell, C. (2013, April 23). Who says New York is not affordable? *New York Times.* Retrieved from http://www.nytimes.com/2013/04/28/magazine/who-says-new-york-is-not-affordable.html.

Rapoza, K. (1999, December 16). Will big business gobble up Ben and Jerry's? *Salon.* Retrieved from http://www.salon.com/1999/12/16/ben_and_jerry/.

Reich, R. B. (1992). *The work of nations: Preparing ourselves for 21st-century capitalism* (1st ed.). New York: Knopf. [한국어판: 로버트 라이시, 《국가의 일》, 남경우·이광호·김주현·김선병 옮김, 까치, 1994]

Rice, A. (2014, June 29). Stash pad. *New York Magazine.* Retrieved from http://nymag.com/news/features/foreigners-hiding-money-new-york-real-estate-2014-6.

Richards, T. (1991). *The commodity culture of Victorian England: Advertising and spectacle, 1851-1914.* Palo Alto, CA: Stanford University Press.

Riis, J. (2009, originally 1890). *How the other half lives.* New York: CreateSpace. [한국어판: 제이컵 A. 리스, 《세상의 절반은 어떻게 사는가》, 정탄 옮김, 교유서가, 2017]

Roberts, G. (2010, November 16). Ben & Jerry's builds on its social-values approach. *New York Times.* Retrieved from http://www.nytimes.com/2010/11/17/business/global/17iht-rbofice.html.

Robinson, A. (2011). An A to Z of theories: Roland Barthes' mythologies: A critical theory of myths. *Cease Fire* magazine. Retrieved from https://ceasefiremagazine.co.uk/in-theory-barthes-2/.

Rogers, K. (2014, May 14). Median American savings: $0. *Fox Business.* Retrieved from http://www.foxbusiness.com/personal-finance/2014/05/14/median-american-savings-0/.

Rosenberg, R. (1999). Possibility of sale chills Ben & Jerry's ally. *Boston Globe,*

December 10.

Rosin, H. (2009, April). The case against breast-feeding. *Atlantic*. Retrieved from http://www.theatlantic.com/magazine/archive/2009/04/the-case-against-breast-feeding/307311/.

Roth, L. M., & Henley, M. M. (2012). Unequal motherhood: Racial-ethnic and socioeconomic disparities in cesarean sections in the United States. *Social Problems 59*(2): 207~227쪽.

Sacker, A., Kelly, Y., Iacovou, M., Cable, N., & Bartley, M. (2013). Breast feeding and intergenerational social mobility: What are the mechanisms? *Archives of Disease in Childhood*, archdischild-2012-303199. doi:10.1136/archdischild-2012-303199.

Sadler, P. (2010; 2016). *Sustainable growth in a post-scarcity world: Consumption, demand, and the poverty penalty*. Burlington, VT: Gower.

Salkin, A. (Feb. 6 2009). You try to live on 500k in this town. *New York Times*.

Salsburg, D. (2002). *The lady tasting tea: How statistics revolutionized science in the twentieth century*. New York: Henry Holt. [한국어판: 데이비드 살스버그, 《차를 맛보는 여인》, 강푸름·김지형 옮김, 북앤에듀, 2019]

Sandberg, S. (2013). *Lean in: Women, work, and the will to lead*. New York: Knopf. [한국어판: 셰릴 샌드버그, 《린 인》, 안기순 옮김, 와이즈베리, 2013]

Sassen, S. (1991; 2013). *The global city: New York, London, Tokyo* (2nd rev. ed.). Princeton: Princeton University Press.

_____. (2012). *Cities in a world economy* (4th ed.). Thousand Oaks, CA: SAGE/Pine Forge. [한국어판: 사스키아 사센, 《사스키아 사센의 세계경제와 도시》, 남기범·이원호·유환종·홍인옥 옮김, 푸른길, 2016]

Saxenian, A. L. (1994). *Regional advantage: Culture and competition in Silicon Valley and Route 128*. Cambridge, MA: Harvard University Press.

Sayer, L., Bianchi, S., & Robinson, J. (2004). Are parents investing less in children? Trends in mothers' and fathers' time with children. *American Journal of Sociology 110*(1): 1~43쪽. doi:10.1086/386270.

Schor, J. (1991). *The overworked American: The unexpected decline of leisure*. New York: Basic Books.

_____. (1998). *The overspent American: Upscaling, downshifting, and the new consumer* (1st ed.). New York: Basic Books.

Scott, A. (2005). *Hollywood: The place, the industry*. Princeton: Princeton University Press.

Seckler, D. W. (1975). *Thorstein Veblen and the institutionalists: A study in the social philosophy of economics.* Boulder: Colorado Associated University Press.

Second wind. (2014, June 14). *Economist: Schumpeter.* Retrieved from http:// www.economist.com/news/business/21604156-some-traditional- businesses-are-thriving-age-disruptive-innovation-second-wind.

Segran, E. (2016, March 16). Why clothing startups are returning to American factories. *Fast Company.* Retrieved from https:// www.fastcompany.com/3057738/most-creative-people/why-clothing- startups-are-returning-to-american-factories.

Shapiro, S. M. (2012, May 23). Mommy wars: The prequel. *New York Times Magazine.* Retrieved from http://www.nytimes.com/2012/05/27/ magazine/ina-may-gaskin-and-the-battle-for-at-home-births.html.

Shaxson, N. (2013, April). A tale of two Londons. *Vanity Fair.* Retrieved from http://www.vanityfair.com/society/2013/04/mysterious-residents-one- hyde-park-london.

Silver, D., Clark, T. N., & Yanez, C.J.N. (2010). Scenes: Social context in an age of contingency. *Social Forces 88*(5): 2293~2324쪽. doi:10.1353/ sof.2010.0041.

Simmel, G. (1903). The metropolis and mental Life. Taken from K. H. Wolff (1st Free Press paperback ed.). *The Sociology of Georg Simmel.* New York, London; Free Press; Collier Macmillan.

_____. (1957). Fashion. *American Journal of Sociology 62*(6): 541~558쪽.

Sirkin, H. L., Zinser, M., & Manfred, K. (2013, January 17). That "Made in USA" label may be worth more than you think. *BCG Perspectives.* Retrieved from https://www.bcgperspectives.com/content/commentary/consumer _products_retail_that_made_in_usa_label_may_be_worth_more_than_y ou_think/.

Smock, P. J. (2010). Review of *Longing and belonging: Parents, children, and consumer culture,* by Allison Pugh. *Contemporary Sociology 39*(2): 196~197쪽.

Somerville, K. (2012). Not one of us: Four books that explore the implications of class in America. *Missouri Review 35*(3): 163~175쪽.

Spin to separate: Sweating on purpose is becoming an elite phenomenon. (2015, August 1) *Economist.* Retrieved from http://www.economist.com/

news/united-states/21660170-sweating-purpose-becoming-elite-phenomenon-spin-separate.

Steiner, I. (2011, January 11). Etsy sales increase 74% in 2010 as growth rate slows. *EcommerceBytes*. Retrieved from http://www.ecommercebytes.com/cab/abn/y11/m01/i11/s01.

Storper, M. (1997). *The regional world: Territorial development in a global economy*. New York: Guilford Press.

_____. (2013). *Keys to the city: How economics, institutions, social interactions, and politics shape the development*. Princeton: Princeton University Press. [한국어판: 마이클 스토퍼, 《도시의 열쇠》, 이재열 옮김, 국토연구원, 2021]

Sullivan, P. (2014, July 11). Vacation experiences that only money can buy. *New York Times*. Retrieved from http://www.nytimes.com/2014/07/12/your-money/bespoke-luxury-travel-from-100000-and-up.html.

Summers, L. (2006, December 10). Only fairness will assuage the anxious middle. *Financial Times*. Retrieved from https://www.ft.com/content/06ab25e6-8869-11db-b485-0000779e2340.

Surowiecki, J. (2014, May 19). Real estate goes global. *New Yorker*. Retrieved from http://www.newyorker.com/magazine/2014/05/26/real-estate-goes-global.

Sussman, G. D. (1975). The wet-nursing business in nineteenth-century France. *French Historical Studies* 9(2): 304~328쪽. doi:10.2307/286130.

Taylor-Gooby, P. (1998). Comments on Amitai Etzioni: Voluntary simplicity: Characterization, select psychological implications, and societal consequences. *Journal of Economic Psychology* 19(5): 645~650쪽.

Tracking the breakdown of American social institutions in "The Unwinding." (2013, December 26). *PBS NewsHour*. Retrieved from http://www.pbs.org/newshour/bb/business-july-dec13-packer_12-26/.

Trebay, G. (2010, September 1). The tribes of San Francisco. *New York Times*. Retrieved from http://www.nytimes.com/2010/09/02/fashion/02Diary.html?pagewanted=all.

Trentmann, F. (2016). *Empire of things: How we became a world of consumers, from the fifteenth century to the twenty-first*. New York: Harper.

Tully, K. (2010, June 23). My liquidity moment. *Financial Times*.

Vaizey, J. (1975, May 29). The return of Veblen. *Listener*.

Wallace-Hadrill, A. (1990). The social spread of Roman luxury: Sampling Pompeii and Herculaneum. *Papers of the British School at Rome 58*: 145~192쪽.

_____. (1994). *Houses and society in Pompeii and Herculaneum*. Princeton: Princeton University Press.

Weber, M. (1905). *The Protestant ethic and the spirit of capitalism*. London and Boston: Unwin Hyman. [한국어판: 막스 베버, 《프로테스탄트 윤리와 자본주의 정신》, 박문재 옮김, 현대지성, 2018 외 다수]

_____. (1978). *Economy and society: An outline of interpretive sociology*. Berkeley: University of California Press.

Who's in the middle? (2009, February 12). *Economist*. Retrieved from http://www.economist.com/node/13063338.

Wilson, W. J. (1987). *The truly disadvantaged: The inner city, the underclass, and public policy*. Chicago: University of Chicago Press.

Wirth, L. (1938). Urbanism as a way of life. *American Journal of Sociology 44*(1): 1~24쪽. doi:10.1086/217913.

World Wildlife Fund—endangered species conservation. (날짜 없음). Retrieved from http://www.worldwildlife.org/.

Wright, A. L., & Schanler, R. J. (2001). The resurgence of breastfeeding at the end of the second millennium. *Journal of Nutrition 131*(2): 421S~425S쪽.

Yardley, J. (2013, May 22). Report on deadly factory collapse in Bangladesh finds widespread blame. *New York Times*. Retrieved from http://www.nytimes.com/2013/05/23/world/asia/report-on-bangladesh-building-collapse-finds-widespread-blame.html.

Yoon, H., & Currid-Halkett, E. (2014). Industrial gentrification in West Chelsea, New York: Who survived and who did not? Empirical evidence from discrete-time survival analysis. *Urban Studies 52*(1), 20~49쪽. doi:10.1177/0042098014536785.

Young, M. (2014, March 9). SOMA: The stubborn uncoolness of San Francisco style. *New York Magazine*. Retrieved from http://nymag.com/news/features/san-francisco-style-2014-3/.

Yueh, L. (2013, June 18). The rise of the global middle class. *BBC News*. Retrieved from http://www.bbc.com/news/business-22956470.

Zukin, S. (1989). *Loft living: Culture and capital in urban change* (2nd ed.). New Brunswick, NJ: Rutgers University Press.

_____. (1993). *Landscapes of power: From Detroit to Disney World*. Berkeley: University of California Press.

Zukin, S., & Kosta, E. (2004). Bourdieu off-Broadway: Managing distinction on a shopping block in the East Village. *City & Community 3*(2): 101~114쪽. doi:10.1111/j.1535-6841.2004.00071.x.

Zukin, S., & Maguire, J. S. (2004). Consumers and consumption. *Annual Review of Sociology 30*(1): 173~197쪽. doi:10.1146/annurev.soc.30.012703.110553.

인터뷰

Eugene Ahn, Forage Restaurant, September 16, 2013

Kate Berridge, author, February 26, 2014

Elizabeth Bowen, Altadena Farmers Market, October 15, 2013

Kevin Carney, Mohawk Botique, September 16, 2013

Nancy Chin, professor, Department of Public Health and Sciences, University of Rochester Medical Center, May 29, 2014

Paula Daniels, Los Angeles Food Policy Council, February 24, 2016

Juan Gerscovich, Industry of All Nations, October 9, 2013

Andrew Wallace Hadrill, professor of Roman Studies, University of Cambridge, March 17, 2014

Corky Harvey, The Pump Station, November 30, 2012

Marian MacDorman, senior statistician, Centers for Disease Control and Prevention; editor-in-chief, Birth: Issues in Perinatal Care, May 28, 2014

Laura and Jason O'Dell, Bucks and Does, October 23, 2013

Geoff Watts, Intelligentsia, October 30, 2013

Essie Weingarten, founder, Essie Cosmetics Ltd, December 1, 2012

Jen Williams and Derec Williams, founders, Pop Physique, July 9, 2015

Mark Zambito, Intelligentsia, October 2, 2013

야망계급론

초판 1쇄 펴낸날	2024년 3월 2일
초판 3쇄 펴낸날	2024년 12월 24일
지은이	엘리자베스 커리드핼킷
옮긴이	유강은
펴낸이	박재영
편집	임세현·이다연
마케팅	신연경
디자인	조하늘
제작	제이오
펴낸곳	도서출판 오월의봄
주소	경기도 파주시 회동길 363-15 201호
등록	제406-2010-000111호
전화	070-7704-5240
팩스	0505-300-0518
이메일	maybook05@naver.com
X(트위터)	@oohbom
블로그	blog.naver.com/maybook05
페이스북	facebook.com/maybook05
인스타그램	instagram.com/maybooks_05
ISBN	979-11-6873-096-0 03300

만든 사람들

책임편집	이다연
디자인	조하늘